北京律师业务指导丛书

北京律师业务指导丛书

本卷撰稿人（以姓氏笔画为序）

王　军　王洪秦　王蓓菁　任丽颖　孙　斌　匡敦校
刘　瑛　刘华南　刘世杰　邱苏明　胡占全　项武君
姚　丽　徐　波　徐展勤　梁　超　崔　青

北京律师业务指导丛书

影视合同范本与风险防范

北京市律师协会
北京电视艺术家协会 / 编

图书在版编目(CIP)数据

影视合同范本与风险防范/北京市律师协会编.—北京:北京大学出版社,2012.4
(北京律师业务指导丛书)
ISBN 978-7-301-20499-3

Ⅰ.①影… Ⅱ.①北… Ⅲ.①电影事业-经济合同-研究-中国 ②电视事业-经济合同-研究-中国 Ⅳ.①D922.164

中国版本图书馆 CIP 数据核字(2012)第 066960 号

书　　　名:影视合同范本与风险防范
著作责任者:北京市律师协会　编
策 划 编 辑:曾　健
责 任 编 辑:陈晓洁
标 准 书 号:ISBN 978-7-301-20499-3/D·3096
出 版 发 行:北京大学出版社
地　　　址:北京市海淀区成府路 205 号　100871
网　　　址:http://www.yandayuanzhao.com　电子邮箱:law@pup.pku.edu.cn
电　　　话:邮购部 62752015　发行部 62750672　编辑部 62117788
出版部 62754962
印　刷　者:北京鑫海金澳胶印有限公司
经　销　者:新华书店
730 毫米×980 毫米　16 开本　32.5 印张　596 千字
2012 年 4 月第 1 版　2012 年 4 月第 1 次印刷
定　　　价:59.00 元

序

专业委员会的研究成果是一种财富。当这种知识财富是一杯水时,可以随意享用;是一桶水时,可以存在家里;但如果是一条河时,就得大家分享。传媒与新闻出版专业委员会编写的《影视法律实务与操作指南》(下称《操作指南》)与《影视合同范本与风险防范》(下称《风险防范》)两部著作流淌出的碧绿的智慧和湛蓝的知识给社会人和法律人冲出了一小片共享成就财富的绿洲。

《操作指南》与《风险防范》两部著作以各自专业的视角,实用的内容,通俗的表达,完整的思路,系统的总结,把日常点滴的积累,精心地梳理成集,既实用又具有指导意义。对有志做好影视文化事业的读者而言,《操作指南》一书有引领与导向作用,而《风险防范》一书又有警钟与提示的功能。对于律师中从事文化事业法律服务的群体,既可以在短时间内运用两本书中的知识指导委托人进行实践操作,又可以把两本书中的知识转化为自己的知识为委托人未雨绸缪。

在文化创意产业成为首都经济增长新亮点的今天,在中央提倡大力发展文化创意产业宏伟蓝图的基础上,我们应当用我们的专业成果留下浓墨重彩的一笔。律师不是商人,不以营利为目的;律师不是学者,不用追求知识的深度和广度;律师不是政治家,不用具备治国安邦的雄才大略。律师是解决问题的能手,必须具有的是专业知识和经验。《操作指南》和《风险防范》两本书正是专业委员会的律师们专业知识和经验的结晶。从这两本书的“一斑”,可窥61个专业委员会的“全豹”,那就是律师们正向集商人的精明、学者的渊博、政治家的胸怀于一身的法律职业人的方向迈进。

我们的确无法预先串联起闪光的亮点,但可以在回顾时把它们连接起来。第八届北京律协专业委员会的工作已接近尾声,我们用回顾把专业委员会闪光的亮点串连成一串美丽的项链,在这闪光的成就里就有传媒与新闻出版专业委员会闪亮的汗滴。

我们虽然不能准确的预测未来,但我们可以尽情勾画美丽的愿景。今后北京律协专业委员会的工作会在这几届专业委员会工作经验的基础上百尺竿头,更进一步。

我们不知道这几届专业委员会所取得的成绩是否算得上是巨人的肩膀，让后任者站在上面能起点更高，看得更远。

六、七、八，这是三个多么吉利的数字啊。我有幸在北京律协第六、七、八届三届一直负责专业委员会的工作。尽管我们那么不情愿看着本届工作大幕徐徐落下，但我们还是会把美好蓝图的草稿的最后一笔描绘好，献给未来。希望这两部著作及61个专业委员会的所有著述，是第八届北京律协专业委员会向广大同仁及社会交出的美满答卷。

北京市政协常委
北京市政协社会和法制委员会副主任
北京市律师协会副会长
巩　沙
2012年3月

丛书总序

第八届北京市律师协会拥有61个专业委员会。在2009年4月至2012年4月的三年任期内，北京律师总人数达到了22 300名，律师事务所达到了1 600家，北京律师业务涵盖面越来越宽，作用力、影响力越来越大。同时，如何充分发挥专业委员会的业务指导作用，通过制定业务操作指引、撰写业务操作指南、推荐业务示范文本、出版业务指导文丛、提供典型案例分析，指导全行业律师业务，提升律师业务素质水平，增强律师业务能力，防范律师业务风险，保证律师服务质量，严守律师职业操守，均具有重要的现实意义和历史意义。

北京律协业务指导与继续教育委员会统率各专业委员会，在2010年11月27—28日成功举办第二届北京律师论坛并出版了六卷《北京律师论坛》文集之后，又征集了五百余万字的文稿，经过精选，形成了十二卷《北京律师业务指导丛书》，具体包括：

1.《影视法律实务与操作指南》（传媒与新闻出版法律专业委员会）；

2.《影视合同范本与风险防范》（传媒与新闻出版法律专业委员会）；

3.《反垄断与反不正当竞争法律实务精解》（竞争与反垄断法律专业委员会）；

4.《军事犯罪案件律师辩护指引》（军事法律事务专业委员会）；

5.《医疗纠纷典型案例选编》（医药卫生法律专业委员会）；

6.《民事诉讼典型案例选编》（民事诉讼法专业委员会）；

7.《涉农法律疑难问题与对策分析》（农村法律事务专业委员会）；

8.《婚姻家庭法律疑难问题与典型案例》（婚姻与家庭法律专业委员会）；

9.《刑事辩护疑难问题与典型案例》（刑法专业委员会）；

10.《著作权、专利权疑难问题与典型案例》（著作权法律专业委员会、专利法律专业委员会）；

11.《民事法律实务疑难问题探析》（物权法专业委员会、合同法专业委员会、侵权法专业委员会）；

12.《劳动法疑难问题与典型案例》（劳动与社会保障法律专业委员会）。

《北京律师业务指导丛书》的统一出版，是北京律协业务指导工作的最新尝试。希望这套丛书在律师实务经验交流中，形成独特的品牌，发挥集聚的效应，继而持续做下去，不断总结提高，成为广大律师和其他法律工作者喜爱的法律图书。

北京市律师协会

《北京律师业务指导丛书》编委会

2012 年 4 月 6 日

目录 CONTENTS

一、影视融资、合作类合同范本

二、素材使用许可类合同范本

三、人员聘请类合同范本

四、后期制作、影视技术类合同范本

五、发行放映类合同范本

一、影视融资、合作类合同范本

电影片联合投资摄制合作合同

合同适用范围

《电影片联合投资摄制合同》是意向合作方为合作拍摄电影片而签署的约定合作各方权利义务的合同。合作各方中应至少要有一方取得《摄制电影许可证》或《摄制电影片许可证(单片)》。

特别风险提示

1. 任何一个合同范本都不是万能的,试图以一个一成不变的合同范本包揽一切的想法是最大的风险,因为每个项目或者事情都有其特殊性,况且法律、法规也在不断变化。

2. 审慎审查合作各方的资质文件,包括但不限于企业法人营业执照、法人组织机构代码证、《摄制电影许可证》等证件、文件,并将其作为合同的附件,与合同一同加盖骑缝章。通过对合作各方证件、文件的审查,可以初步了解投资对方有无履行合同的资质与能力,而且当争议发生时,无须再去查阅、复制对方的营业执照等文件(营业执照是起诉时必需提交法院或仲裁机构的证明对方主体资格的文件)。

3. 明确电影剧本的著作权权属来源及剧本著作权侵权的风险承担,以降低投资风险。同时,应审查声称拥有剧本著作权的投资方拥有剧本著作权的文件,必要时,该文件应作为合同的附件。

4. 明确与电影剧组成员签署劳务合同的主体及责任的承担。因剧组不是法律意义上的主体,其无权与剧组成员签订劳务合同,因此,全部合作方或合作各方必须约定由其中一方代表合作各方与剧组成员签署劳务合同,并约定因劳务合同产生的签署合作方的责任由合作各方按投资比例分担。

5. 明确电影著作权的归属及行使。电影的著作权是合作各方投资的利益所在,应在合同中明确约定。

电影一旦拍摄完毕,其即受《著作权法》的保护。根据《著作权法》的规定,电影的著作权人享有 4 项人身权(发表权、署名权、修改权、保护作品完整权)及 13 项财产权(复制权、发行权、出租权、展览权、表演权、反映权、广播权、信息网络传播权、摄制权、改编权、翻译权、汇编权、应当由著作权人享有的其他权利),这些权利能给著作权人带来利益,因此,应在合同中明确约定。

一般情况下,因电影投资人众多,在规定电影的著作权归合作各方共同共有或按份共有的情况下,为提高工作效率,可在合同中约定电影的著作权由其中一个或两个投资方代为行使,但代为行使方应在行使前书面通知其他合作各方,并征得其他合作各方的同意。行使后,应将相关的文件提交合作其他方备案。

6. 审慎选择争议的解决方式与解决机构以及争议解决机构的所在地。实际上,诉讼还是仲裁解决各有利弊,应根据实际情况作出尽可能对自己有利的选择。选择诉讼解决的,首先,双方的约定不得违反我国《民事诉讼法》对级别管辖和专属管辖的规定;其次,双方仅可以在书面合同中协议选择被告住所地、合同履行地、合同签订地、原告住所地、标的物所在地的人民法院管辖。

* * *

电影片联合投资摄制合作合同(范本)

合同编号:

甲方:	乙方:
法定住址:	法定住址:
法定代表人:	法定代表人:
职务:	职务:
委托代理人:	委托代理人:
身份证号码:	身份证号码:
通讯地址:	通讯地址:
邮政编码:	邮政编码:
联系人:	联系人:
电话:	电话:
传真:	传真:
电子信箱:	电子信箱:

鉴于：

1. 甲方是在中华人民共和国________省________市依法注册成立、存续并有权从事电影制作资格的法人单位，持有《摄制电影许可证》。

2. 乙方是在中华人民共和国________省________市依法注册成立、存续的法人单位。

3. 甲乙双方决定共同投资摄制电影片《________________》（以下简称“电影片”）。

甲乙双方依据《中华人民共和国合同法》、《中华人民共和国著作权法》、《电影管理条例》等法律、法规的规定以及平等自愿、诚实信用、等价有偿的原则，经友好协商，特达成如下协议，以资共同遵守。

第一条 投资

1.1 电影片总投资预算初定为人民币大写________元（小写：________）。投资预算方案作为本合同的附件。

甲方出资人民币大写________元（小写：________），其中以________方式出资人民币大写________元（小写：________），以________方式出资人民币大写________元（小写：________），占总投资预算的________%；乙方出资人民币大写________元（小写：________），其中以________方式出资人民币大写________元（小写：________），以________方式出资人民币大写________元（小写________），占总投资预算的________%。

电影片暂定为________分钟（含片头片尾）。

1.2 甲乙双方同意按下列第________种方式出资：

1.2.1 一次性缴付出资

甲乙双方应于本协议生效之日起______日内一次性缴付各自认缴的全部出资额。

1.2.2 分期缴付出资

(1) 甲乙双方应于本协议生效之日起______年内缴付各自认缴出资额的________%；

(2) 甲乙双方应于电影片开机之日起______年内缴付各自认缴出资额的________%；

(3) 甲乙双方应于电影片拍摄过半之日起______年内缴付各自认缴出资额的________%。

1.3 甲乙双方应将认缴的货币出资额按本协议约定的时间汇入以下指定银行账户：

户　名：

账　号：

开户行：

甲乙双方以非货币方式认缴的出资额，应按本协议约定的时间交付至________________（地点），并办理有关财产权的转移手续。

1.4　因剧情及拍摄的实际需要，或因其他原因导致总预算不足时，甲乙双方应按本协议约定的出资比例追加相应的投资，并按双方届时另行商定的时间将追加的投资汇入本协议约定的账户或交付至约定的指定地址。

1.5　本协议生效后，任何一方非经另一方书面同意，不得将本协议约定的出资额全部或部分转让给第三方。

1.6　本协议生效后，任何一方均可联系新的投资方，但联系的新投资方加入电影片拍摄必须经另一方书面同意，并由甲、乙双方共同与之签订联合投资合同。甲乙双方的投资比例、权益按届时双方另行签订的或由甲乙双方与新投资方签订的联合投资合同确定。

第二条　剧本著作权

2.1　剧本著作权情况如下列________：

2.1.1　剧本由________方委托________创作，________方享有将剧本拍摄成电影片的著作权（________方与________签署的《委托创作合同》作为本合同的附件）。________方已为剧本支付了________万元的使用费。

2.1.2　剧本由________方从著作权人________处购买所得，________方已取得将剧本拍摄成电影片的许可权（________方与著作权人________签署的《许可使用合同》或《著作权转让合同》作为本合同的附件）。________方已为剧本支付了________万元的使用费或转让费。

2.1.3　剧本由________方创作，________方享有将剧本拍摄成电影片的著作权。创作剧本发生费用________万元。

2.1.4　________方从作品原著作权人________处取得了将________作品改编成电影片剧本并拍摄成电影片的许可使用权（________方与作品原著作权人________签署的《许可使用合同》作为本合同的附件）。剧本需另行聘请编剧编写。

2.1.5　其他情形：____。

因原著、剧本购买、创作、改编产生的费用，计入电影片成本。从电影片发行收入中扣减。

2.2　因原著、剧本的著作权权属产生的争议，由原著、剧本的提供方负责解决,因此给其他方造成损失的,原著、剧本的提供方应赔偿因此给________方造成的损失。

第三条　电影片著作权

3.1　因联合摄制电影片所形成的知识产权包括但不限于电影片的著作权、商标权,甲乙双方按如下第________种方式享有:

3.1.1　按双方出资比例享有;

3.1.2　共同共有;

3.1.3　其他方式:____。

3.2　电影片所形成的著作权无论以何种方式享有,电影片首映一年后(从首映之日起计算),电影片著作权的后续行使由________方全权负责,但________方在与第三方签订相关著作权许可使用合同前应将有关情况书面通知对方,并经对方书面同意,并在与第三方签订相关合同后将合同的复印件提交对方备案。

第四条　剧组组建

4.1　________方负责摄制组(以下简称"剧组")的组建。________方应制定剧组管理办法,并报________方审核同意,以保证剧组拍摄工作的顺利进行。剧组管理办法作为本协议的附件。

剧组全部工作人员由________方负责与其签订劳务合同包括但不限于导演聘用合同、演员聘用合同等,但劳务合同中因此产生的________方的责任、义务由双方按本协议约定的出资比例分担。

剧组主创人员包括导演、编剧(如需)、男主角、女主角、电影片歌曲创作者、演唱者由甲乙双方共同确定,其他剧组工作人员由________方确定。

4.2　甲方委派________、乙方委派________作为专职负责人住组参加电影片的拍摄,共同负责剧组、拍摄过程中的日常管理工作。

与拍摄电影片有关而订立的合同或协议,需取得前述两名专职负责人的共同同意,并由________方对外签署。

第五条　资金使用

5.1　________方负责电影片资金的管理与建账。________方应制定电影片资金使用管理办法,并报________方审核同意,以保证资金的合理使用和安全。电影片资金使用管理办法作为本协议的附件。

5.2　________方的会计记录应符合中华人民共和国财务会计法律、法规的要求。财务会计凭证由________方负责保管。

________方支出资金时,需取得甲乙双方委派的两名专职负责人的共同签字确认。事后需取得相关的财务支出票据。

5.3 ________方应于每月的15日前向________方提交资金的使用情况报告。________方有权聘请第三方对电影片的资金使用情况进行财务审计,因财务审计发生的费用由________方负担,________方应对审计工作予以配合及协助。

第六条　拍摄

6.1 ________方负责电影片的具体拍摄工作。________方负责电影片的申请、报批、送审、取得电影片公映许可证等工作。由此产生的费用计入电影片拍摄成本。

6.2　电影片的拍摄时间及地点如下:

6.2.1　开机时间:

6.2.2　停机时间:

6.2.3　出片时间:

6.3　电影片的拍摄地点为:________________;根据剧情需要需移至其他地点拍摄时,甲、乙双方另行协商确定。

6.4　双方住组工作人员应督促、监督导演做好电影片拍摄过程中的安全工作,避免意外事故的发生。________方应在与导演签订的聘用合同中约定安全责任条款。

甲乙双方应为剧组全体人员、设备的安全购买保险,并由________方代为与保险公司签订保险合同。

第七条　署名

7.1　电影片"联合摄制单位"的署名顺序按________方在前、________方在后的顺序排列。

甲乙双方可分别指定一人署名为出品人。但署名的出品人应具备相应资质。"出品人"的署名顺序按________方在前、________方在后的顺序排列。

甲乙双方可分别指定一人署名为制片人。但署名的制片人应具备相应资质。"制片人"的署名顺序按________方在前,________方在后的顺序排列。

电影片的总监制由________方指定的人署名。

7.2　其他演职人员署名按剧中相应角色和职务由________方负责排列。

7.3　署名的格式、具体位置和字体大小由双方共同确定。

第八条　宣传

8.1 ________方负责电影片的宣传活动。________方要求________方参加电影片的宣传活动时,________方应按________方的要求参加电影片的宣传活动。

8.2 ________方不得以自己的或________方的或剧组的名义就电影片对外发表任何言论及宣传。

第九条 发行

9.1 电影片的发行价格,发行时间由甲乙双方共同商定。具体发行工作由________方负责,并由________方与电影片购买方签订发行合同。________方应将签订的发行合同复印件提交________方备案。

9.2 因电影片发行产生的收入汇入________方指定的账户。________方在分配前应妥善保管该收入,不能擅自处分、截留或挪用。

第十条 电影片参展、参奖

10.1 电影片参加国内、国外电影展、电影节的,应经双方同意,并由________方具体负责。

10.2 电影片参加国内、国外奖项评选的,应经双方同意,并由________方具体负责。

10.3 电影片的获奖荣誉由双方共享。奖金按双方投资比例分配。获奖证书及奖杯由________方负责保管。电影片若获个人单项奖的,奖金和证书归获奖者个人所有。

第十一条 收益分配

11.1 因电影片形成的净收益或亏损按甲乙双方的出资比例分配或承担。

所谓净收益,指电影片的总收入减去电影片的成本、费用总额。电影片的成本、费用总额必须是为拍摄电影片直接支付的成本、费用以及其他经双方一致同意的项目费用。

所有应缴税款按甲乙双方约定的出资比例分别承担。

电影片的总收入包括但不限于发行收入、赞助收入、广告收入(含植入广告收入)、变卖实物收入及其他收入。

甲乙双方均可为电影片引入赞助方及广告客户,但引入的赞助方及广告客户均需另一方同意,并由双方与赞助方、广告客户签订合同。引入赞助方、广告客户的一方可获得赞助款项、广告收入的________%,其余________%计入总收入。

投资方投入的实物资产、为拍摄电影片所购买的资产,在电影片拍摄结束后,由甲乙双方共同商定实物资产的价值,变卖出售或折抵双方的投资款或应分净收益。

11.2 净收益自首映之日起每间隔3个月计算分配一次。________方应在核算期后5日内将净收益计算分配表交与________方核对。经________方核对无误后,________方应将________方的投资款及应得净收益在核对无误后10日内返还及支付给________方。

自电影片首映之日起一年后,________方不再按照前述约定向________方提交净收益计算分配表。但________方应在获得每笔收入之日起______日内将该笔收入形成的净收益按本协议约定的出资比例分配给________方。

第十二条　保密义务

12.1　未经对方书面同意,任何一方不得向任何第三方泄露本合同以及与本合同相关的一切信息。若本合同未生效,任何一方不得向任何第三方泄露其在签约过程中知悉或取得且无法自公开渠道获得的另一方的文件及资料(包括商业秘密、公司计划、运营活动等信息)。

12.2　甲乙双方保证对其在讨论、签订、执行本协议过程中所获悉的属于对方的且无法自公开渠道获得的文件及资料(包括商业秘密、公司计划、运营活动等信息)予以保密。但法律、法规另有规定或双方另有约定的除外。

12.3　在本合同终止之后,甲乙双方在本条款项下的义务并不随之终止,双方仍需遵守本合同之保密条款,履行其所承诺的保密义务,直到对方同意其解除此项义务,或事实上不会因违反本合同的保密条款而给对方造成任何形式的损害时为止。

12.4　任何一方若违反上述保密义务,应赔偿对方因此而遭受的一切经济损失。

第十三条　违约责任

13.1　一方违反本协议的约定,不按时、足额交付认缴的出资额,每逾期 1 日,应按应缴未缴出资额的________‰向守约方支付违约金,逾期超过______日的,守约方有权解除本合同。

13.2　________方违法本协议的约定,不按时足额向________方返还及支付投资款及净收益的,每逾期 1 日,应按应付投资款及净收益总额的________‰向________方支付违约金。

13.3　一方违反本协议的约定,擅自解除本协议的,违约方应按本协议总投资预算总额的________‰向守约方支付违约金。给守约方造成的损失超过违约金的,违约方还应就超过违约金的部分向守约方承担赔偿责任。

13.4　除本协议另有约定外,一方违反本协议的约定,经守约方提出,在守约方规定的时间内,不予纠正其违约行为的,守约方有权解除本协议。本协议因此解除的,违约方不再享有本协议项下的任何权利,同时违约方应按本协议总投资预算总额的________%向守约方支付违约金,给守约方造成的损失超过违约金的,违约方还应就超过违约金的部分向守约方承担赔偿责任。

第十四条　合同的变更

14.1　本合同履行期间,发生特殊情况时,甲、乙任何一方需变更本合同的,要求变更一方应及时书面通知对方,征得对方同意后,双方在规定的时限内(书面通知发出________天内)签订书面变更协议,该协议将成为合同不可分割的部分。

14.2 未经双方签署书面文件,任何一方无权变更本合同,否则,由此造成对方的一切经济损失,由责任方承担。

第十五条 合同的解除

15.1 除本合同另有约定外,任何一方无权单方解除本合同。

15.2 经甲乙双方协商一致,可以解除本合同。

第十六条 不可抗力

16.1 如果本合同任何一方因受不可抗力事件影响而未能履行其在本合同下的全部或部分义务,该义务的履行在不可抗力事件妨碍其履行期间应予中止。

16.2 声称受到不可抗力事件影响的一方应尽可能在最短的时间内通过书面形式将不可抗力事件的发生通知另一方,并在该不可抗力事件发生后10日内向另一方提供关于此种不可抗力事件及其持续时间的适当证据及合同不能履行或者需要延期履行的书面资料。声称不可抗力事件导致其对本合同的履行在客观上成为不可能或不实际的一方,有责任尽一切合理的努力消除或减轻此等不可抗力事件的影响。

16.3 不可抗力事件发生时,双方应立即通过友好协商决定如何执行本合同。不可抗力事件或其影响终止或消除后,双方须立即恢复履行各自在本合同项下的各项义务。如不可抗力及其影响无法终止或消除而致使合同任何一方丧失继续履行合同的能力,则双方可协商解除合同或暂时延迟合同的履行,且遭遇不可抗力一方无须为此承担责任。当事人迟延履行后发生不可抗力的,不能免除责任。

16.4 本合同所称不可抗力是指受影响一方不能合理控制的,无法预料或即使可预料到也不可避免且无法克服,并于本合同签订日之后出现的,使该方对本合同全部或部分的履行在客观上成为不可能或不实际的任何事件。此等事件包括但不限于自然灾害如水灾、火灾、旱灾、台风、地震,以及社会事件如战争(不论曾否宣战)、动乱、罢工,政府行为或法律规定等。

第十七条 通知与送达

17.1 甲乙双方因履行本意向合同而相互发出或者提供的所有通知、文件、资料等,均应按照本合同首部所列明的通讯地址、传真、电子邮件以邮寄或传真或电子邮件方式送达;一方如果迁址或者变更电话、电子邮件应当书面通知对方,否则发至本合同首部所列明的通讯地址或者传真、电子邮件系统的通知、文件、资料均视为有效送达。

17.2 以邮寄方式送达的,另一方签收之日视为送达;签收之日不明确的,以信件寄出或者投邮之日起算3日视为送达。通过传真、电子邮件方式送达的,通知、文件、资料等数据电文进入另一方系统之时视为送达;通知、文件、资料等数据电文进入另一方系统之时不明确的,以传真、电子邮件发出后的第二日视为送达。

第十八条 争议解决与适用法律

18.1 本协议的订立、效力、解释、履行和争议的解决均适用中华人民共和国的法律。

18.2 凡因本合同引起的或与本合同有关的任何争议,由双方协商解决;协商不成的,按下列第□1/□2 种方式(二选一)解决:

18.2.1 任何一方均有权将争议提交设在______________(地点)的______________仲裁委员会,按照申请仲裁时该会现行有效的仲裁规则进行仲裁。仲裁裁决是终局的,对双方均有约束力。

18.2.2 任何一方均有权向______________人民法院起诉。

第十九条 合同权利和义务的转让

除合同中另有约定或经双方协商同意外,本合同所约定的双方的任何权利和义务,任何一方在未经另一方书面同意之前,不得转让给第三方。

第二十条 合同附件

20.1 本合同未尽事宜,依照有关法律、法规执行,法律、法规未作规定的,甲乙双方可以达成书面补充合同。本合同的附件和补充合同均为本合同不可分割的组成部分,与本合同具有同等的法律效力。

20.2 本合同及本合同的附件和补充合同内空格部分填写的文字与印刷文字具有同等法律效力。

20.3 本合同附件如下:____。

第二十一条 生效

本协议自甲乙双方签字盖章时起生效。本协议一式________份,甲方执________份,乙方执________份,每份具有同等法律效力。

(以下无正文)

甲方:	乙方:
法定代表人或授权代表:	法定代表人或授权代表:
年 月 日	年 月 日

电视剧联合投资摄制合作合同

合同适用范围

《电视剧联合投资摄制合同》是电视剧意向合作方为合作拍摄电视剧而签署的约定合作各方权利义务的合同。合作各方中应至少要有一方取得《电视剧制作许可证(甲种)》或《电视剧制作许可证(乙种)》。

特别风险提示

1. 任何一个合同范本都不是万能的,试图以一个一成不变的合同范本包揽一切的想法是最大的风险,因为每个项目或者事情都有其特殊性,况且法律、法规也在不断变化。

2. 审慎审查合作各方的资质文件,包括但不限于企业法人营业执照、法人组织机构代码证、《电视剧制作许可证》等证件、文件,并将其作为合同的附件,与合同一同加盖骑缝章。通过对合作各方证件、文件的审查,可以初步了解投资对方有无履行合同的资质与能力,而且当争议发生时,无须再去查阅、复制对方的营业执照等文件(营业执照是起诉时必需提交法院或仲裁机构的证明对方主体资格的文件)。

3. 明确电视剧剧本的著作权权属来源及剧本著作权侵权的风险承担,以降低投资风险。同时,应审查声称拥有剧本著作权的投资方拥有剧本著作权的文件,必要时,该文件应作为合同的附件。

4. 明确与电视剧剧组成员签署劳务合同的主体及责任的承担。因剧组不是法律意义上的主体,其无权与剧组成员签订劳务合同,因此,全部合作方或合作各方必须约定由其中一方代表合作各方与剧组成员签署劳务合同,并约定因劳务合同产生的签署合作方的责任由合作各方按投资比例分担。

5. 明确电视剧著作权的归属及行使。电视剧的著作权是合作各方投资的利益所在,应在合同中明确约定。

电视剧一旦拍摄完毕,其即受《著作权法》的保护。根据《著作权法》的规定,电视剧的著作权人享有 4 项人身权(发表权、署名权、修改权、保护作品完整权)及

13 项财产权（复制权、发行权、出租权、展览权、表演权、反映权、广播权、信息网络传播权、摄制权、改编权、翻译权、汇编权、应当由著作权人享有的其他权利），这些权利能给著作权人带来利益，因此，应在合同中明确约定。

一般情况下，因电视剧投资人众多，在规定电视剧的著作权归合作各方共同共有或按份共有的情况下，为提高工作效率，可在合同中约定电视剧的著作权由其中一个或两个投资方代为行使，但代为行使方应在行使前书面通知其他合作各方，并征得其他合作各方的同意。行使后，应将相关的文件提交合作其他方备案。

6. 审慎选择争议的解决方式与解决机构以及争议解决机构的所在地。实际上，诉讼还是仲裁解决各有利弊，应根据实际情况作出尽可能对自己有利的选择。选择诉讼解决的，首先，双方的约定不得违反我国《民事诉讼法》对级别管辖和专属管辖的规定；其次，双方仅可以在书面合同中协议选择被告住所地、合同履行地、合同签订地、原告住所地、标的物所在地的人民法院管辖。

*　　*　　*

电视剧联合投资摄制合作合同（范本）

合同编号：

甲方：	乙方：
法定住址：	法定住址：
法定代表人：	法定代表人：
职务：	职务：
委托代理人：	委托代理人：
身份证号码：	身份证号码：
通讯地址：	通讯地址：
邮政编码：	邮政编码：
联系人：	联系人：
电话：	电话：
传真：	传真：
电子信箱：	电子信箱：

鉴于:

1. 甲方是在中华人民共和国________省________市依法注册成立并存续,有权从事电视剧制作资格的电视剧制作单位,持有《电视剧制作许可证(________种)》。

2. 乙方是在中华人民共和国________省________市依法注册成立并存续的法人单位。

3. 甲乙双方决定共同投资摄制________集电视剧《________________》(以下简称“电视剧”)。

甲乙双方依据《中华人民共和国合同法》、《中华人民共和国著作权法》等法律、法规的规定以及平等自愿、诚实信用、等价有偿的原则,经友好协商,特达成本意向合同,以资共同遵守。

第一条 投资

1.1 电视剧总投资预算初定为人民币大写________元(小写:________),每集预算初定为人民币大写________元(小写:________)。投资预算方案作为本合同的附件。

甲方出资人民币大写________元(小写:________),其中以________方式出资人民币大写________元(小写:________),以________方式出资人民币大写________元(小写:________),占总投资预算的________%;乙方出资人民币大写________元(小写:________),其中以________方式出资人民币大写________元(小写:________),以________方式出资人民币大写________元(小写________),占总投资预算的________%。

电视剧暂定为________集。集数以国家广电总局最终批复为准。电视剧每集实长为________分钟(含片头片尾)。

1.2 甲乙双方同意按下列第________种方式出资:

1.2.1 一次性缴付出资

甲乙双方应于本协议生效之日起______日内一次性缴付各自认缴的全部出资额。

1.2.2 分期缴付出资

(1) 甲乙双方应于本协议生效之日起______日内缴付各自认缴出资额的________%;

(2) 甲乙双方应于电视剧开机之日起______日内缴付各自认缴出资额的________%;

(3) 甲乙双方应于电视剧拍摄过半之日起______日内缴付各自认缴出资额

的________%。

1.3　甲乙双方应将认缴的货币出资额按本协议约定的时间汇入以下指定银行账户：

户　名：

账　号：

开户行：

甲乙双方以非货币方式认缴的出资额，应按本协议约定的时间交付至________________（地点），并办理有关财产权的转移手续。

1.4　因剧情及拍摄的实际需要，增加电视剧的集数或因其他原因导致总预算不足时，甲乙双方应按本协议约定的出资比例追加相应的投资，并按双方届时另行商定的时间将追加的投资汇入本协议约定的账户或交付至约定的指定地址。

1.5　本协议生效后，任何一方非经另一方书面同意，不得将本协议约定的出资额全部或部分转让给第三方。

1.6　本协议生效后，任何一方均可联系新的投资方，但联系的新投资方加入电视剧拍摄必须经另一方书面同意，并由甲、乙双方共同与之签订联合投资合同。甲乙双方的投资比例、权益按届时双方另行签订的或由甲乙双方与新投资方签订的联合投资合同确定。

第二条　剧本著作权

2.1　剧本著作权情况如下列________：

2.1.1　剧本由________方委托________创作，________方享有将剧本拍摄成电视剧的著作权（________方与________签署的《委托创作合同》作为本合同的附件）。________方已为剧本支付了________万元的使用费。

2.1.2　剧本由________方从著作权人________处购买所得，________方已取得将剧本拍摄成电视剧的许可权（________方与著作权人________签署的《许可使用合同》或《著作权转让合同》作为本合同的附件）。________方已为剧本支付了________万元的使用费或转让费。

2.1.3　剧本由________方创作，________方享有将剧本拍摄成电视剧的著作权。创作剧本发生费用________万元。

2.1.4　________方从作品原著作权人________处取得了将________作品改编成电视剧剧本并拍摄成电视剧的许可使用权（________方与作品原著作权人________签署的《许可使用合同》作为本合同的附件）。剧本需另行聘请编剧编写。

2.1.5　其他情形：____。

因剧本购买、创作、改编产生的费用，计入电视剧成本。从电视剧发行收入中扣减。

2.2 因原著、剧本的著作权权属产生的争议，由原著、剧本的提供方负责解决，因此给其他方造成损失的，原著、剧本的提供方应赔偿因此给________方造成的损失。

第三条 电视剧著作权

3.1 因联合摄制电视剧所形成的知识产权包括但不限于电视剧的著作权、商标权，甲乙双方按如下第________种方式享有：

3.1.1 按双方出资比例享有；

3.1.2 共同共有；

3.1.3 其他方式：____。

3.2 电视剧所形成的著作权无论以何种方式享有，电视剧播出一年后（从首播之日起计算），电视剧著作权的后续行使由________方全权负责，但________方在与第三方签订相关著作权许可使用合同前应将有关情况书面通知对方，并经对方书面同意，并在与第三方签订相关合同后将合同的复印件提交对方备案。

第四条 剧组组建

4.1 ________方负责摄制组（以下简称“剧组”）的组建。________方应制定剧组管理办法，并报________方审核同意，以保证剧组拍摄工作的顺利进行。剧组管理办法作为本协议的附件。

剧组全部工作人员由________方负责与其签订劳务合同包括但不限于导演聘用合同、演员聘用合同等，但劳务合同中因此产生的________方的责任、义务由双方按本协议约定的出资比例分担。

剧组主创人员包括导演、编剧（如需）、男主角、女主角、电视剧歌曲创作者、演唱者由甲乙双方共同确定，其他剧组工作人员由________方确定。

4.2 甲方委派________、乙方委派________作为专职负责人住组参加电视剧的拍摄，共同负责剧组、拍摄过程中的日常管理工作。

与拍摄电视剧有关而订立的合同或协议，需取得前述两名专职负责人的共同同意，并由________方对外签署。

第五条 资金使用

5.1 ________方负责电视剧资金的管理与建账。________方应制定电视剧资金使用管理办法，并报________方审核同意，以保证资金的合理使用和安全。电视剧资金使用管理办法作为本协议的附件。

5.2 ________方的会计记录应符合中华人民共和国财务会计法律、法规的要求。财务会计凭证由________方负责保管。

________方支出资金时，需取得甲乙双方委派的两名专职负责人的共同签字确认。事后需取得相关的财务支出票据。

5.3 ________方应于每月的15日前向________方提交资金的使用情况报告。________方有权聘请第三方对电视剧的资金使用情况进行财务审计，因财务审计发生的费用由________方负担，________方应对审计工作予以配合及协助。

第六条 拍摄

6.1 ________方负责电视剧的具体拍摄工作。________方负责电视剧的申请、报批、送审、取得发行许可证等工作。由此产生的费用计入电视剧拍摄成本。

6.2 电视剧的拍摄时间及地点如下：

6.2.1 开机时间：

6.2.2 停机时间：

6.2.3 出片时间：

6.3 电视剧的拍摄地点为：________________；根据剧情需要需移至其他地点拍摄时，甲、乙双方另行协商确定。

6.4 双方住组工作人员应督促、监督导演做好电视剧拍摄过程中的安全工作，避免意外事故的发生。________方应在与导演签订的聘用合同中约定安全责任条款。

甲乙双方应为剧组全体人员、设备的安全购买保险，并由________方代为与保险公司签订保险合同。

第七条 署名

7.1 电视剧"联合摄制单位"的署名顺序按________方在前、________方在后的顺序排列。

甲乙双方可分别指定一人署名为出品人。但署名的出品人应具备相应资质。"出品人"的署名顺序按________方在前、________方在后的顺序排列。

甲乙双方可分别指定一人署名为制片人。但署名的制片人应具备相应资质。"制片人"的署名顺序按________方在前，________方在后的顺序排列。

电视剧的总监制由________方指定的人署名。

7.2 其他演职人员署名按剧中相应角色和职务由________方负责排列。

7.3 署名的格式、具体位置和字体大小由双方共同确定。

第八条 宣传

8.1 ________方负责电视剧的宣传活动。________方要求________方参加电视剧的宣传活动时，________方应按________方的要求参加电视剧的宣传活动。

8.2 ________方不得以自己的或________方的或剧组的名义就电视剧对外

发表任何言论及宣传。

第九条　发行

9.1　电视剧的发行价格，发行时间由甲乙双方共同商定。具体发行工作由________方负责，并由________方与电视剧购买方签订发行合同。________方应将签订的发行合同复印件提交________方备案。

9.2　因电视剧发行产生的收入汇入________方指定的账户。________方在分配前应妥善保管该收入，不能擅自处分、截留或挪用。

第十条　电视剧参展、参奖

10.1　电视剧参加国内、国外电视剧展、电视剧节的，应经双方同意，并由________方具体负责。

10.2　电视剧参加国内、国外奖项评选的，应经双方同意，并由________方具体负责。

10.3　电视剧的获奖荣誉由双方共享。奖金按双方投资比例分配。获奖证书及奖杯由________方负责保管。电视剧若获个人单项奖的，奖金和证书归获奖者个人所有。

第十一条　收益分配

11.1　因电视剧形成的净收益或亏损按甲乙双方的出资比例分配或承担。

所谓净收益，指电视剧的总收入减去电视剧的成本、费用总额。电视剧的成本、费用总额必须是为拍摄电视剧直接支付的成本、费用以及其他经双方一致同意的项目费用。

所有应缴税款按甲乙双方约定的出资比例分别承担。

电视剧的总收入包括但不限于发行收入、赞助收入、广告收入（含植入广告收入）、变卖实物收入及其他收入。

甲乙双方均可为电视剧引入赞助方及广告客户，但引入的赞助方及广告客户均需另一方同意，并由双方与赞助方、广告客户签订合同。引入赞助方、广告客户的一方可获得赞助款项、广告收入的________%，其余________%计入总收入。

投资者投入的实物资产、为拍摄电视剧所购买的资产，在电视剧拍摄结束后，由甲乙双方共同商定实物资产的价值，变卖出售或折抵双方的投资款或应分利润。

11.2　净收益自首播之日起每间隔3个月计算分配一次。________方应在核算期后5日内将净收益计算分配表交与________方核对。经________方核对无误后，________方应将________方的投资款及应得净收益在核对无误后10日内返还及支付给________方。

自电视剧首播之日起一年后，________方不再按照前述约定向________方提交净收益计算分配表。但________方应在获得每笔收入之日起______日内将该笔收入形成的净收益按本协议约定的出资比例分配给________方。

第十二条　保密义务

12.1　未经对方书面同意，任何一方不得向任何第三方泄露本合同以及与本合同相关的一切信息。若本合同未生效，任何一方不得向任何第三方泄露其在签约过程中知悉或取得且无法自公开渠道获得的另一方的文件及资料（包括商业秘密、公司计划、运营活动等信息）。

12.2　甲乙双方保证对其在讨论、签订、执行本协议过程中所获悉的属于对方的且无法自公开渠道获得的文件及资料（包括商业秘密、公司计划、运营活动等信息）予以保密。但法律、法规另有规定或双方另有约定的除外。

12.3　在本合同终止之后，甲乙双方在本条款项下的义务并不随之终止，双方仍需遵守本合同之保密条款，履行其所承诺的保密义务，直到对方同意其解除此项义务，或事实上不会因违反本合同的保密条款而给对方造成任何形式的损害时为止。

12.4　任何一方若违反上述保密义务，应赔偿对方因此而遭受的一切经济损失。

第十三条　违约责任

13.1　一方违反本协议的约定，不按时、足额交付认缴的出资额，每逾期1日，应按应缴未缴出资额的________‰向守约方支付违约金，逾期超过30日的，守约方有权解除本合同。

13.2　________方违法本协议的约定，不按时足额向________方返还及支付投资款及净收益的，每逾期1日，应按应付投资款及净收益总额的________‰向________方支付违约金。

13.3　一方违反本协议的约定，擅自解除本协议的，违约方应按本协议总投资预算总额的________‰向守约方支付违约金。给守约方造成的损失超过违约金的，违约方还应就超过违约金的部分向守约方承担赔偿责任。

13.4　除本协议另有约定外，一方违反本协议的约定，经守约方提出，在守约方规定的时间内，不予纠正其违约行为的，守约方有权解除本协议。本协议因此解除的，违约方不再享有本协议项下的任何权利，同时违约方应按本协议总投资预算总额的________‰向守约方支付违约金，给守约方造成的损失超过违约金的，违约方还应就超过违约金的部分向守约方承担赔偿责任。

第十四条　合同的变更

14.1　本合同履行期间，发生特殊情况时，甲、乙任何一方需变更本合同的，要求变更一方应及时书面通知对方，征得对方同意后，双方在规定的时限内（书面通知发出________天内）签订书面变更协议，该协议将成为合同不可分割的部分。

14.2　未经双方签署书面文件，任何一方无权变更本合同，否则，由此造成对方的一切经济损失，由责任方承担。

第十五条　合同的解除

15.1　除本合同另有约定外，任何一方无权单方解除本合同。

15.2　经甲乙双方协商一致，可以解除本合同。

第十六条　不可抗力

16.1　如果本合同任何一方因受不可抗力事件影响而未能履行其在本合同下的全部或部分义务，该义务的履行在不可抗力事件妨碍其履行期间应予中止。

16.2　声称受到不可抗力事件影响的一方应尽可能在最短的时间内通过书面形式将不可抗力事件的发生通知另一方，并在该不可抗力事件发生后10日内向另一方提供关于此种不可抗力事件及其持续时间的适当证据及合同不能履行或者需要延期履行的书面资料。声称不可抗力事件导致其对本合同的履行在客观上成为不可能或不实际的一方，有责任尽一切合理的努力消除或减轻此等不可抗力事件的影响。

16.3　不可抗力事件发生时，双方应立即通过友好协商决定如何执行本合同。不可抗力事件或其影响终止或消除后，双方须立即恢复履行各自在本合同项下的各项义务。如不可抗力及其影响无法终止或消除而致使合同任何一方丧失继续履行合同的能力，则双方可协商解除合同或暂时延迟合同的履行，且遭遇不可抗力一方无须为此承担责任。当事人迟延履行后发生不可抗力的，不能免除责任。

16.4　本合同所称不可抗力是指受影响一方不能合理控制的，无法预料或即使可预料到也不可避免且无法克服，并于本合同签订日之后出现的，使该方对本合同全部或部分的履行在客观上成为不可能或不实际的任何事件。此等事件包括但不限于自然灾害如水灾、火灾、旱灾、台风、地震，以及社会事件如战争(不论曾否宣战)、动乱、罢工，政府行为或法律规定等。

第十七条　通知与送达

17.1　甲乙双方因履行本意向合同而相互发出或者提供的所有通知、文件、资料等，均应按照本合同首部所列明的通讯地址、传真、电子邮件以邮寄或传真或电子邮件方式送达；一方如果迁址或者变更电话、电子邮件应当书面通知对方，否则发至本合同首部所列明的通讯地址或者传真、电子邮件系统的通知、文件、资料均视为有效送达。

17.2　以邮寄方式送达的，另一方签收之日视为送达；签收之日不明确的，以信件寄出或者投邮之日起算3日视为送达。通过传真、电子邮件方式送达的，通知、文件、资料等数据电文进入另一方系统之时视为送达；通知、文件、资料等数据电文进入另一方系统之时不明确的，以传真、电子邮件发出后的第二日视为送达。

第十八条　争议解决与适用法律

18.1　本协议的订立、效力、解释、履行和争议的解决均适用中华人民共和国的法律。

18.2　凡因本合同引起的或与本合同有关的任何争议，由双方协商解决；协商不成的，按下列第□1/□2 种方式（二选一）解决：

18.2.1　任何一方均有权将争议提交设在＿＿＿＿＿＿＿＿（地点）的＿＿＿＿＿＿＿＿仲裁委员会，按照申请仲裁时该会现行有效的仲裁规则进行仲裁。仲裁裁决是终局的，对双方均有约束力。

18.2.2　任何一方均有权向＿＿＿＿＿＿＿＿人民法院起诉。

第十九条　合同权利和义务的转让

除合同中另有约定或经双方协商同意外，本合同所约定的双方的任何权利和义务，任何一方在未经另一方书面同意之前，不得转让给第三方。

第二十条　合同附件

20.1　本合同未尽事宜，依照有关法律、法规执行，法律、法规未作规定的，甲乙双方可以达成书面补充合同。本合同的附件和补充合同均为本合同不可分割的组成部分，与本合同具有同等的法律效力。

20.2　本合同及本合同的附件和补充合同内空格部分填写的文字与印刷文字具有同等法律效力。

20.3　本合同附件如下：＿＿＿＿＿＿＿＿＿＿＿＿＿＿＿＿＿＿＿＿。

第二十一条　生效

本协议自甲乙双方签字盖章时起生效。本协议一式＿＿＿＿份，甲方执＿＿＿＿份，乙方执＿＿＿＿份，每份具有同等法律效力。

（以下无正文）

甲方：	乙方：
法定代表人或授权代表：	法定代表人或授权代表：
年　　月　　日	年　　月　　日

中外联合摄制电影合作合同

合同适用范围

1.《中外联合摄制电影合作合同》(以下简称"本合同")仅为中方电影制片单位与外方公司、组织或个人在为联合摄制电影片合作事项进行磋商并签订《中外联合摄制电影合作意向书》后,为进一步确定并实际履行联合摄制电影合作事宜而制订,供签订合作协议的双方使用。

2. 本合同适用于中方电影制片单位与外方(包括中国香港、澳门、台湾地区)的合作者在中华人民共和国境内合作摄制电影。

3. 本合同仅规范《中外合作摄制电影片管理规定》中的"联合摄制"电影片的合作形式,不规范"协作摄制"电影片和"委托摄制"电影片的合作形式。联合摄制,即由中外双方共同投资(含资金、劳务或实物)、共同摄制、共同分享利益及共同承担风险的摄制形式。

4. 本合同第十四条、第十六条和第十八条为必备条款;第十条、第十一条、第十二条、第十五条、第二十条、第二十一条、第二十三条和第二十四条为通用条款。

特别风险提示

1. 双方应共同防范如下风险:

(1) 任何一个合同范本都不是万能的,试图以一个一成不变的合同范本包揽一切的想法是最大的风险,因为每个项目或者事情都有其特殊性,况且法律、法规也在不断变化。

(2) 审慎审查对方的资质文件,包括但不限于工商营业执照、法人组织机构代码证等相应的资质材料。

(3) 明确电影剧本的著作权权属来源、著作权取得方式及剧本著作权侵权的风险承担,以降低投资风险。

(4) 双方应就各方聘请主创人员的条件进行约定,明确各方应在与聘请主创人员时签订的协议中明确主创人员因参与电影片的拍摄而享有的著作权归属,并将聘用协议作为本合同的附件。

(5) 明确电影片著作权的归属。电影片的著作权是投资各方投资的利益所在,应在合同中明确约定。

(6) 双方应在合同中明确约定双方投资数额、各自投资额比例、出资时间和出资方式。并就合作事项的质量要求、制作周期、交付及验收程序等,根据具体需求对本合同条款进行相应增减调整。

(7) 审慎选择争议的解决方式与解决机构以及争议解决机构的所在地。实际上,诉讼还是仲裁解决各有利弊,应根据实际情况作出尽可能对自己有利的选择。选择诉讼解决的,首先,双方的约定不得违反我国《民事诉讼法》对级别管辖和专属管辖的规定;其次,双方仅可以在书面合同中协议选择被告住所地、合同履行地、合同签订地、原告住所地、标的物所在地的人民法院管辖。

(8) 双方因满足本合同约定条件终止后,对双方因联合拍摄电影片产生的相关权益的处理亦应予以明确。

2. 就中方而言,应对外方注意防范如下风险:

(1) 审慎审查外方主体的身份或资格,要求外方主体(公司、个人或其他组织)提交完备的身份或资格信息的原件和翻译件,并且外方所提交的上述信息应经过所在国的公证和中国使领馆认证。

(2) 中方应对外方的出资方式、资金到位时间及相关担保进行明确的约定,并要求外方将出资担保文件进行公证后作为本合同的附件,并在本合同中明确约定出资不到位的违约条款。

3. 就外方而言,应对中方注意防范如下风险:

(1) 中方应为持有《摄制电影许可证》或《摄制电影片许可(单片)》的制片单位(含在中国境内批准注册的中外合资电影制片公司),且应在本合同中对前述资质予以保证。

(2) 外方应对中方的出资方式、资金到位时间及相关担保进行明确的约定,并在本合同中明确约定出资不到位的违约责任。

* * *

中外联合摄制电影合作合同(范本)

合同编号：

甲方(中方)：	乙方(外方)：
住所地：	住所地：
法定代表人：	法定代表人：
职务：	职务：
通讯地址：	通讯地址：
邮政编码：	邮政编码：
电话：	电话：
传真：	传真：
电子邮箱：	电子邮箱：
委托代理人：	委托代理人：
身份证号码：	身份证件类型及号码：

鉴于：

1. 甲方是在中华人民共和国境内依法注册成立的电影制片单位，乙方为下列________种主体：

1.1 依据________(国家/地区)的法律并在该________(国家/地区)注册成立的从事电影片摄制的公司、组织。

乙方为上述主体的，其相关资质证明应经公证、认证后提交作为本合同附件________。

1.2 ________(国家/地区)公民。乙方应提交个人身份证明文件作为本合同附件________。

2. 为促进中外文化交流，提高中国电影制作水平和在国际影响力，甲乙双方决定联合摄制电影《________________》(________文名称《________________》，下称"电影片")，该电影片基于________________创作的原著《________________》改编。

3. 甲乙双方联合摄制电影片的立项申请已经获得中华人民共和国广播电影电视行政主管部门的批准并取得《中外合作摄制电影片许可证》。

甲乙双方本着自愿、平等、互惠互利、诚实信用的原则，经友好协商，达成如下合同条款,以资共同遵守。

第一条　合作方式与投资

1.1　本合同约定的联合摄制电影片系甲乙双方共同投资、共派主创人员、共享利益、共担风险的电影片制作方式。

1.2　电影片投资预算总额初步定为________万元,其中:甲方共计出资额为________万元,占总投资预算的________%;乙方共计出资额为________万元,占总投资预算的________%。

1.3　甲乙双方应按时、足额地履行各自的出资义务,否则,视为违约的一方自动放弃参与联合摄制电影片的任何权利,且应向守约方承担相应的违约责任,并赔偿对方因此而遭受的一切损失。前述出资的具体方式、数额及时间由双方另行签订补充协议作为本合同附件________。

1.4　在本合同签订后______日内,双方应各支付定金________万元(大写:________________),如果一方未能按时支付定金,另一方有权终止本合同书,并有权以本合同约定的题材或剧本与第三方签订类似联合摄制电影合作合同。

1.5　因剧情及拍摄的实际需要或因其他原因导致投资预算不能满足电影摄制完成时,甲乙双方应按本协议约定的出资比例追加相应的投资,有关追加投资比例、数额和支付方式等具体内容,甲乙双方另行协商并补充协议,作为本合同的附件。

第二条　原著、剧本及著作权

2.1　本合同约定联合摄制电影片剧本的原著由________(甲方/乙方)提供,且原著提供方拥有著作权属属于下列________类:

2.1.1　原著提供方已经向原作者获得包括但不限于改编权、摄制权、翻译权、信息网络传播权等著作权财产权,并与原作者签订了《著作权专用使用权许可合同》或《著作权转让合同》。

2.1.2　原著提供方拥有除署名权外的全部著作权,并与原作者签订了《著作权转让合同》。

2.1.3　因本款1.1项或1.2项签订的《著作权专用使用权许可合同》或《著作权转让合同》作为本合同的附件________。

2.2　联合摄制电影片剧本的获得方式及相关权益,在本合同中为以下的________类:

2.2.1　根据上述原著改编剧本的改编者、改编剧本的风格及其他主要创作要素、改编者的薪酬、剧本著作权的归属等与剧本改编有关的事项由双方共同确定,经甲、乙双方同意并获国家广播电影电视总局批准拍摄。

经甲乙双方同意聘请作者改编剧本的，因著作权归属、薪酬支付等与剧本改编有关事项签订的合同作为本合同的附件________。

2.2.2 本合同电影剧本由________方从著作权人________处购买所得，________方已取得将剧本拍摄成电影片的许可权（________方与著作权人________签署的《许可使用合同》或《著作权转让合同》作为本合同的附件________）。________方已为剧本支付了________万元的使用费或转让费，前述费用________（是/否）由联合摄制电影片投资款支出。

2.2.3 其他情形：____。

2.3 双方一致同意，本合同约定联合拍摄的电影片经国家广播电影电视总局批准立项后，将严格按照审查通过的剧本拍摄，不得随意进行实质性的改动。确需对剧名、主要人物、故事梗概和主要情节等进行改动的，须经双方协商同意，并报送国家广播电影电视总局重新审批。

2.4 甲方承担并办理与电影片有关的合拍申请、中外联合摄制电影立项报批、电影片拍摄完成送审、取得发行许可证等相关手续。审查电影及取得发行放映许可证的费用由甲方承担并预先支付（前述费用限于相关行政管理部门按正式文件规定收取费用，且必须提供有效证明）。

2.5 本合同约定联合摄制的电影片在拍摄制作过程中应遵守中华人民共和国法律、法规的规定，并符合中国国情，尊重中华民族的风俗习惯。

第三条 财务会计与结算

3.1 甲乙双方应于本合同生效之日起________个工作日内开设联合摄制电影片专用账户，所开设的专用账户信息及专用账户开立资料作为本合同附件________。

3.2 甲方委派________、乙方委派________作为专职财务人员负责专用账户的财务监管人员，以监督投资双方资金的投入及支出情况。双方委派的专职财务人员应于本合同生效之日开始工作。在本合同生效期间内，任何一方变更专职财务人员，应事先书面通知对方。

3.3 双方委派的专职财务人员应协助专职负责人制定联合拍摄电影片资金使用管理办法，并经双方审核同意，以保证资金的合理使用和安全。电影片资金使用管理办法作为本协议的附件________。

3.4 甲乙双方应在电影主要摄制地保存全部运营账簿和会计记录，账簿与会计记录和报送应当符合中华人民共和国财务会计法律、法规的要求。专职财务人员有义务定期向甲乙双方的法定代表人及其委派的专职负责人提供财务报表(包括月报、季报和年报)和特殊情况下应要求提供的临时报表。

上述“特殊情况”是指____。

3.5　甲乙双方法定代表人及其委派的专职负责人有权在不妨碍电影摄制工作进展的合理情形下可随时自行或委托中介机构查阅或审核会计账簿以及其他会计记录。

上述“合理情形”是指____。

3.6　甲乙双方应按会计年度做结算,即每个会计年度结束时,应就联合摄制电影片制作全面准确的会计结算。该年度会计结算应当确定本会计年度内的利润或亏损的净值按约定的比例记录在会计账簿上,并经双方签字确认。

3.7　任何一方对联合摄制项目负有债务的,在电影片产生收益并按甲乙双方的约定进行分配或因发生本合同约定的终止事项导致清算时,应当首先从其应得分配额中针对其债务予以冲抵。

第四条　主创人员组成

4.1　专职负责人

4.1.1　甲方委派________、乙方委派________作为专职负责人参加电影片的拍摄,由其全权负责拍摄电影片的日常管理工作。财务支出的票据和其他财务报销单据,均需取得该被委派的两名专职负责人的共同签字确认。

4.1.2　专职负责人的薪酬享受电影片制片人待遇。

专职负责因协调电影片拍摄的各项工作所发生的食、宿、交通、通讯等费用由摄制组承担,实报实销。

4.1.3　在本合同生效期间内,任何一方变更专职负责人,应事先书面通知对方,并取得对方的同意方可变更。

4.2　其他主创人员

4.2.1　双方商定电影出品人甲方为________,乙方为________。

4.2.2　电影片的导演为________,编剧为________。

4.2.3　电影片演员由以下________种方式组成,经双方同意,并按规定程序将有关资料报批:

4.2.3.1　由甲方派出。

4.2.3.2　由乙方派出。

4.2.3.3　由甲乙双方共同聘用。

4.3　联合摄制中主创人员(编剧、制片人、导演、主要演员)由甲乙双方各自派出、共同聘用等方式组成，需要聘用境外主创人员的，应当报国家广播电影电视总局批准，且外方主要演员比例不得超过主要演员总数的2/3。

甲乙双方应对各自派出人员的工作内容、薪酬数额、薪酬支付方式等内容签订补充合同。

4.4 本条全体工作人员、设备及重要拍摄场地的安全均购买商业保险，保险费由摄制组从联合摄制电影片投资款中支付。

第五条 拍摄和后期制作

5.1 电影的拍摄周期，由甲乙双方商定自______年______月______日至______年______月______日前完成；

5.1.1 开机时间：

5.1.2 停机时间：

5.1.3 出片时间：

5.2 联合摄制的电影片，应当制作普通话语言版本，其字幕须使用规范汉字。根据影片发行的需要，应以普通话版本为标准，制作相应国家、地区、少数民族的语言文字版本。

5.3 电影的主要拍摄地点为________________________。如根据剧情需要增加的其他拍摄地点，由甲乙双方协商确定。

5.4 电影在中国内地拍摄期间，摄制组人员应遵守中华人民共和国法律、法规及有关规定，摄制组人员及拍摄工作方式均应尊重拍摄地民族的风俗、宗教、信仰、生活习惯和村规民约，遵守拍摄地环境保护要求。

5.5 电影拍摄结束后，摄制组应当做好清理拍摄地设施和卫生工作，清场后符合进场前拍摄地的环境保护标准。

第六条 电影片及其他财产权利

6.1 因联合摄制电影片而形成的全部有形财产、无形财产及其衍生权利，除甲乙双方另有约定外，均属甲乙双方共有。所有权利的分配比例及行使的地域范围等详见本合同附件________。

6.2 有形财产包括但不限于因拍摄而置备的各类道具、摄像器材、搭建的场景布置等财产。

6.3 无形财产包括但不限于电影剧本及电影片著作权、摄制电影片和商业运作过程中衍生出来的其他具有财产性质的著作权、商标权和专利权等知识产权。

6.4 对于因联合摄制电影片而涉及的作品创作、商业融资、宣传以及相关法律、法规适用等方面的权利及其衍生权利，甲乙双方拥有同等的权利进行管理和控制，即此类权利必须由甲乙双方一致同意决定才能实施。并且，对外宣传一律以双方的名义进行。

上述“权利及其衍生权利”包括但不限于进行总预算投资，电影主要拍摄地点，电影及其剧本的名称，聘用编剧、导演、演员等主创人员，音乐制作，宣传计划，选择发行人以及对合作对方转让权利或者其他人提供服务予以认可等权利。

第七条　收益分配与税费承担

7.1　因联合摄制电影形成的净收益或亏损按甲乙双方的出资比例分配或承担。

所谓净收益，指摄制电影的总收入减去摄制电影的支出总额。摄制电影的支出总额必须是为拍摄电影片直接支付的费用以及其他经双方一致同意的项目。

所有应缴税款按甲乙双方约定的出资比例分别承担。

电影片的总收入包括但不限于发行收入、赞助收入、广告收入（含植入广告收入）、变卖实物收入及其他收入。

甲乙双方均可为摄制电影片引入赞助方及广告主，但引入的赞助方及广告主均需另一方同意，并由双方与赞助方、广告主签订合同。引入赞助方、广告主的一方可获得赞助款项、广告收入的________%，其余________%计入总收入。

投资者投入的实物资产、为拍摄电影片所购买的资产，在电影片拍摄结束后，由甲乙双方共同商定实物资产的价值，变卖出售或折抵双方的投资款或应分利润。

7.2　与联合摄制电影片有关的应缴税款和其他费用应按照中华人民共和国法律、法规的规定缴纳，于甲乙双方按约定的利润分配前列支。

7.3　电影片转让或发行利润分配、损失和税费的具体承担方式，由甲乙双方另行签订补充协议作为本合同的附件________。

第八条　报审与署名

8.1　电影片摄制完成后，由甲方负责报送相应电影片审查机构审查，乙方应予以协助。

8.2　若电影片能够通过电影片审查机构的审查并取得《电影片公映许可证》，甲乙双方制片人、编剧、导演、演员等主创人员及协助单位等在电影字幕及相关衍生产品中的署名的格式、具体位置及字体大小由甲乙双方协商并制作协议作为本合同附件________。

由于上述附件内容产生的争议，由甲乙双方另行协商解决，甲乙双方一致同意该争议不影响本合同其他条款的履行。

第九条　保证与承诺

9.1　甲方保证：

9.1.1　甲方为依法注册并合法存续且取得《摄制电影许可证》的电影制片单位（或已就计划拍摄的电影取得《摄制电影片许可证（单片）》并经依法注册和合法存续的法人单位）。

9.1.2　甲方签署和履行本合同所需的一切手续，均已提交作为本合同的附件备存并合法有效。

9.1.3　在签署本合同时，甲方不存在对履行本合同产生重大不利影响的由任何法院、仲裁机构、行政机关或监管机构作出的任何判决、裁定、裁决或具体行政行为。

9.1.4　若本合同的签署人是甲方的委托代理人的，甲方确认已经签署本合同所需的授权委托书并提交相关证明材料。本合同生效后即对合同双方具有法律约束力。

9.2　乙方保证：

9.2.1　乙方是具有[合法手续的依据________（国家/地区）法律并在其本国/地区注册成立且合法从事电影片制作的公司、组织]/（完全民事行为能力的个人）。

9.2.2　乙方已按照中华人民共和国法律、法规的规定办妥签署和履行本合同所需的一切手续，且均符合其本国/地区和中华人民共和国法律的要求。

9.2.3　在签署本合同时，乙方不存在足以对履行本合同产生重大不利影响的由任何国家或地区的法院、仲裁机构等裁决机构作出的任何判决、裁定、裁决。

9.2.4　若本合同的签署人是乙方的委托代理人的，乙方确认已经签署本合同所需的授权委托书并提供相关证明材料。本合同生效后即对合同双方具有法律约束力。

9.3　甲乙双方共同保证：

9.3.1　双方的法定代表人或委托代理人有权利签订本合同，且双方在履行本合同下的所有义务时，皆不存在任何法律上的障碍。

9.3.2　未经对方书面同意，任何一方不得以任何方式处置与联合摄制电影片有关的任何权利和权益，处置方式包括但不限于转让、抵押、资金信贷等。

前述权利和权益包括但不限于为联合摄制电影片添置的资产、与联合摄制电影片有关的无形权利及其衍生权利等。

9.3.3　未经事先取得对方书面同意，任何一方产生的与联合摄制电影片无关的任何费用、责任和义务由其自行承担。

9.3.4　____。

9.4　任何一方及其授权代表因违反其承诺或者保证而引起的赔偿、法律责任及相应的诉讼费用等，由该方自行承担。

第十条　保密义务

10.1　未经对方书面同意，任何一方不得向任何第三方泄露本合同以及与本合同相关的一切信息。若本合同未生效，任何一方不得向任何第三方泄露其在签约过程中知悉或取得且无法自公开渠道获得的另一方的文件及资料（包括商业秘密、公司计划、运营活动、电影片筹拍情况等信息）。

10.2　甲乙双方保证对其在讨论、签订、执行本协议过程中所获悉的属于对方的且无法自公开渠道获得的文件及资料（包括商业秘密、公司计划、运营活动、电影片筹拍情况等信息）予以保密。但法律、法规另有规定或双方另有约定的除外。

10.3　在本合同终止之后，甲乙双方在本条款项下的义务并不随之终止，双方仍需遵守本合同之保密条款，履行其所承诺的保密义务，直到对方同意其解除此项义务，或事实上不会因违反本合同的保密条款而给对方造成任何形式的损害时为止。

10.4　任何一方若违反上述保密义务，应赔偿对方因此而遭受的一切经济损失。

第十一条　不可抗力及其他特殊情形

11.1　如果本合同任何一方因受不可抗力事件影响而未能履行其在本合同下的全部或部分义务，该义务的履行在不可抗力事件妨碍其履行期间应予中止。

11.2　声称受到不可抗力事件影响的一方应尽可能在最短的时间内通过书面形式将不可抗力事件的发生通知另一方，并在该不可抗力事件发生后10日内向另一方提供关于此种不可抗力事件及其持续时间的适当证据及合同不能履行或者需要延期履行的书面资料。声称不可抗力事件导致其对本合同的履行在客观上成为不可能或不实际的一方，有责任尽一切合理的努力消除或减轻此等不可抗力事件的影响。

11.3　不可抗力事件发生时，双方应立即通过友好协商决定如何执行本合同。不可抗力事件或其影响终止或消除后，双方须立即恢复履行各自在本合同项下的各项义务。如不可抗力及其影响无法终止或消除而致使合同任何一方丧失继续履行合同的能力，则双方可协商解除合同或暂时延迟合同的履行，且遭遇不可抗力一方无须为此承担责任。当事人迟延履行后发生不可抗力的，不能免除责任。

11.4 本合同所称不可抗力是指由于发生了合同当事人无法预见、无法预防、无法避免和无法控制的事件，以致不能履行或不能如期履行合同，发生意外事件的一方可以免除履行合同的责任或者推迟履行合同，包括但不限于自然灾害、战争、动乱、罢工，政府行为、法律规定或其适用的变化等。

11.5 非因双方当事人的过错，出现本合同约定的不可抗力事件之外的双方当事人不能控制的情形，包括但不限于气候变化影响或电影片主创人员生病、受到意外伤害或者死亡等，致使电影片拍摄暂停或延迟，甲乙双方应立即协商采取补救措施，并确定拍摄时间的顺延。因前述原因导致未能按原计划完成电影片拍摄的，甲乙双方均无须承担违约责任。

若前款约定的情况致使电影片拍摄延迟超过________天，任何一方皆可通过书面形式通知对方而解除本合同。

第十二条 通知和送达

12.1 甲乙双方因履行本合同而相互发出或者提供的所有通知、文件、资料等，应按照本合同扉页所列明的以下方式中________种方式送达。

12.1.1 邮寄方式

12.1.2 传真方式

12.1.3 电子邮件方式

12.2 送达时间的确定：采用邮寄方式的，挂号寄出或者投邮当日视为送达；通过传真、电子邮件方式送达的，通知、文件、资料等数据电文进入另一方系统之时视为送达；通知、文件、资料等数据电文进入另一方系统之时不明确的，以传真、电子邮件发出后的第二日视为送达。

12.3 一方变更通讯地址或其他联系方式的，应自变更之日起______日内，以书面形式通知对方，否则，未通知方应承担因地址或其他联系方式通知不及时导致对方不能及时发出通知或者送达相关文件、资料责任。

第十三条 竞业禁止

13.1 甲乙双方应保证为联合摄制的电影片投入必要的时间、本合同约定的资金及履行其他相关的义务。在此前提下，任何一方当事人都可以参与本合同约定联合摄制电影片以外的其他任何类型和性质的电影业的商业项目，但不得参与本合同约定的联合摄制电影片有竞争的电影业投资项目。

13.2 一方参与上述商业项目，无须通知对方，有权获得其在该商业项目上的所有收益，并且没有给另一方提供商业投资的机会的义务。任何一方均不得因此向对方主张任何权利。

第十四条 合同的变更

14.1 本合同履行期间，发生特殊情况时，甲、乙任何一方需变更本合同的，要求变更一方应及时书面通知对方，征得对方同意后，双方在规定的时限内（书面通知发出________天内）签订书面变更协议，该协议将成为合同不可分割的部分。

14.2 未经双方签署书面文件，任何一方不得对本合同约定的事项进行更改，未经双方协商并签署书面文件的更改无效。且擅自更改一方由此给对方造成的经济损失，由擅自更改一方自行承担。

14.3 本合同未尽事宜，由双方另行协商并签订补充合同。

第十五条 合同权利义务的转让

除合同中另有约定或经双方协商同意外，本合同所约定的双方的任何权利和义务，任何一方在未征得另一方书面同意之前，不得转让给第三方。

第十六条 合同的解除

16.1 发生下列情形之一，甲可以书面形式通知乙方解除本合同：

16.1.1 乙方在本合同中所作的保证不真实或无法实现的。

16.1.2 乙方依据其本国法律破产、解散或被吊销法人资格（或者乙方丧失或部分丧失与智力有关的民事行为能力/死亡）。

16.1.3 ____。

16.2 发生下列情形之一，乙可以书面形式通知甲方解除本合同：

16.2.1 甲方在本合同中所作的保证不真实或无法实现的。

16.2.2 甲方依照中华人民共和国法律破产、解散或被吊销法人资格。

16.2.3 甲方被依法吊销《摄制电影许可证》或《摄制电影片许可证（单片）》。

16.2.4 ____。

第十七条 合同的终止

甲乙双方约定，发生下列情况之一，本合同终止履行：

17.1 本合同约定的合同期限届满。

17.2 甲乙双方通过书面协议一致同意解除本合同。

17.3 电影拍摄完毕后报请电视剧审查机构审批不能通过，经修改后仍不能通过。

17.4 在本合同履行期限届满之前，一方明确表示或以自己的行为表明不履行合同主要义务的。

17.5 任何一方严重违反本合同或不适当履行或迟延履行本合同主要义

务,在一方发出书面通知之日起______日内仍未予以补救,则另一方有权解除本合同。此种情形下的合同终止,违约一方支付违约金不免除履行债务的责任。

17.6 任何一方有其他违约或违法行为致使合同目的不能实现的。

17.7 ____。

本条所指的"严重违反合同"包括但不限于任何一方未能依约将资金按时投入专用账户,时间累计或连续超过________天;以及任何一方未能依约将资金按量投入专用账户,数量累计达到总承诺出资额的________%。

第十八条 违约责任

18.1 一方违反本协议的约定,不按时、足额交付认缴的出资额,每逾期1日,应按应缴未缴出资额的________‰向守约方支付违约金,逾期超过30日的,守约方有权解除本合同。

18.2 ________方违法本协议的约定,不按时足额向________方返还及支付投资款及净收益的,每逾期1日,应按应付投资款及净收益总额的________‰向________方支付违约金。

18.3 一方违反本协议的约定,擅自解除本协议的,违约方应按本协议总投资预算总额的________‰向守约方支付违约金。给守约方造成的损失超过违约金的,违约方还应就超过违约金的部分向守约方承担赔偿责任。

18.4 除本协议另有约定外,一方违反本协议的约定,经守约方提出,在守约方规定的时间内,不予纠正其违约行为的,守约方有权解除本协议。本协议因此解除的,违约方不再享有本协议项下的任何权利,同时违约方应按本协议总投资预算总额的________‰向守约方支付违约金。给守约方造成的损失超过违约金的,违约方还应就超过违约金的部分向守约方承担赔偿责任。

18.5 ____
____。

第十九条 清算

19.1 本合同约定联合摄制的电影片拍摄完毕后,为拍摄电影片所购买的资产由双方的财务人员共同列出清单折算后,按比例归还给双方或按照双方同意的折价出售。

19.2 本合同终止后,甲乙双方应结束与本合同相关的商业活动,并对全部财产进行清算。

19.3 本合同终止后,与联合摄制电影片相关的资产、收益应当按照下列顺序进行清算:

19.3.1 支付清算费用

19.3.2　支付摄制组人员的工资、报酬及其相关保险等费用；

19.3.3　支付税款；

19.3.4　清偿债务；

19.3.5　按照甲乙双方投资比例分配剩余财产。

19.4　按照前述第1、2、3款约定进行清算后，对未能处理的财产权利及衍生权利将作为未分配的共同产权，由甲乙双方共同所有。

19.5　处置相关资产产生的收益或损失，按照本合同终止前甲乙双方收益损失分配的比例承担。

第二十条　合同的解释

20.1　本合同解释应依据合同文本原义签订目的进行，本合同的标题仅为体例而设，不应影响本合同的整体解释。

20.2　本合同每份同时提供中文和________文两种文字的合同文本，两种文字的合同文本的条款解释如产生歧义，则以中文文本条款的解释为准。

第二十一条　法律适用和争议解决

21.1　与本合同约定事项有关的全部内容，包括但不限于本合同的订立、效力、解释、履行和争议的解决均适用中华人民共和国的法律。

21.2　本合同在履行过程中发生的争议，由双方当事人协商解决协商不成的，按下列第________种方式解决：

21.2.1　任何一方均有权将争议提交____________________仲裁委员会仲裁。

21.2.2　任何一方均有权按照法律规定向__________________________人民法院起诉。

第二十二条　其他

22.1　本合同中明确约定的赔偿方式并不排除其他赔偿方式，不视为守约方放弃其他赔偿方式，并且，守约方亦有权要求法定的其他赔偿方式。

22.2　甲乙双方于______年______月______日签署的《中外联合摄制电影合作意向书》为本合同附件________，该意向书的条款如存在与本合同相违背之处，以本合同为准。

22.3　本合同文本由________（甲方/乙方）提供，其已采取合理的方式提请对方主要免除或者限制责任的条款，并予以说明。甲乙双方对本合同各条款的内容均充分理解并经协商达成一致同意。

第二十三条　合同的效力和签署

23.1　本合同自甲乙双方法定代表人或其授权代表人签字并加盖单位公章或合同专用章之日起生效。

23.2 本合同期限从合同生效之日起计算，除本合同约定提前终止，则持续时间以下列第________种为准：

23.2.1 因联合摄制电影片所产生的剧本和电影片等作品著作权的法定最长存续期限。

23.2.2 所有联合摄制电影片所涉及财产权的协议的最长存续期限。

23.2.3 ____。

23.3 本合同的附件和补充协议与本合同具有同等的法律效力。

23.4 本合同及其附件内空格部分填写的文字与印刷文字具有同等法律效力。空格部分填写的文字不得有错误修改，若有修改，以另一方持有合同中填写且未有修改的内容为准。

23.5 本合同由甲乙双方（法定代表人/委托代理人）在中华人民共和国____共同签署。

23.6 本合同正本、附件及补充合同均一式________份，双方各执________份，摄制组保留一份，具有同等法律效力。

第二十四条 合同附件

24.1 本合同附件和补充合同为本合同的组成部分。

24.2 本合同及其他所有契约或协议均应以书面形式，在联合摄制电影的工作记录簿中归档保留一份，且甲乙双方委派的专职负责人均应予以签名。

24.3 合同附件清单

序号	名称	附件性质	提交方	签字
1				
2				
3				
4				
5				
6				
7				

甲方（盖章）：

法定代表人（签字）：

委托代理人（签字）：

年 月 日

乙方（盖章/签字）：

法定代表人（签字）：

委托代理人（签字）：

年 月 日

中外联合摄制电视剧合作合同

合同适用范围

1.《中外联合摄制电视剧合作合同》(以下简称“合同”)仅为中方电视剧制片单位与外方公司、组织或个人在为联合摄制电视剧合作事项进行磋商并签订《中外联合摄制电视剧合作意向书》后,为进一步确定并实际履行联合摄制电视剧合作事宜而制订,供签订合作协议的双方使用。

2. 本合同适用于中方电视剧制片单位与外方(包括中国香港、澳门、台湾地区)的合作者在中华人民共和国境内合作摄制电视剧。

3. 本合同仅规范《中外合作制作电视剧管理规定》中的“联合制作”电视剧的合作形式,不规范“协助制作”电视剧和“委托制作”电视剧的合作形式。联合制作,系指中方与外方共同投资、共派主创人员、共同分享利益及共同承担风险的电视剧(含电视动画片)制作方式。

4. 本合同第十四条、第十六条和第十八条为必备条款;第十条、第十一条、第十二条、第十五条、第二十条、第二十一条、第二十三条和第二十四条为通用条款。

特别风险提示

1. 双方应共同防范如下风险:

(1) 任何一个合同范本都不是万能的,试图以一个一成不变的合同范本包揽一切的想法是最大的风险,因为每个项目或者事情都有其特殊性,况且法律、法规也在不断变化。

(2) 审慎审查对方的资质文件,包括但不限于企业法人营业执照、法人组织机构代码证等相应的资质材料。

(3) 明确电视剧剧本的著作权权属来源、著作权取得方式及剧本著作权侵权的风险承担,以降低投资风险。

(4) 双方应就各方聘请主创人员的条件进行约定,明确各方应在与聘请主创人员时签订的协议中明确主创人员因参与电视剧的拍摄而享有的著作权归属,并将聘用协议作为本合同的附件。

(5) 明确电视剧著作权的归属。电视剧的著作权是投资各方投资的利益所在,应在合同中明确约定。

(6) 双方应在合同中明确约定双方投资数额、各自投资额比例、出资时间和出资方式。并就合作事项的质量要求、制作周期、交付及验收程序等,根据具体需求对本合同条款进行相应增减调整。

(7) 审慎选择争议的解决方式与解决机构以及争议解决机构的所在地。实际上,诉讼还是仲裁解决各有利弊,应根据实际情况作出尽可能对自己有利的选择。选择诉讼解决的,首先,双方的约定不得违反我国《民事诉讼法》对级别管辖和专属管辖的规定;其次,双方仅可以在书面合同中协议选择被告住所地、合同履行地、合同签订地、原告住所地、标的物所在地的人民法院管辖。

(8) 双方因满足本合同约定条件终止后,对双方因联合拍摄电视剧产生的相关权益的处理亦应予以明确。

2. 就中方而言,应对外方注意防范如下风险:

(1) 审慎审查外方主体的身份或资格,要求外方主体(公司、个人或其他组织)提交完备的身份或资格信息的原件和翻译件,并且外方所提交的上述信息应经过所在国的公证和中国使领馆认证。

(2) 中方应对外方的出资方式、资金到位时间及相关担保进行明确的约定,并要求外方将出资担保文件进行公证后作为本合同的附件,并在本合同中明确约定出资不到位的违约责任。

3. 就外方而言,应对中方注意防范如下风险:

(1) 中方应为持有《电视剧制作许可证(甲种)》(若联合摄制的电视剧为动画片,则还需持有《广播电视节目制作经营许可证》)的制作单位(含在中国境内批准注册的中外合资电视剧制片公司),且应在《中外联合摄制电视剧合作合同》中对前述资质予以保证。

(2) 外方应对中方的出资方式、资金到位时间及相关担保进行明确的约定,并在本合同中明确约定出资不到位的违约条款。

* * *

中外联合摄制电视剧合作合同（范本）

合同编号：

甲方（中方）：	乙方（外方）：
住所地：	住所地：
法定代表人：	法定代表人：
职务：	职务：
通讯地址：	通讯地址：
邮政编码：	邮政编码：
电话：	电话：
传真：	传真：
电子邮箱：	电子邮箱：
委托代理人：	委托代理人：
身份证号码：	身份证件类型及号码：

鉴于：

1. 甲方是在中华人民共和国境内依法注册成立的广播电视剧节目制作机构，乙方为下列________种主体：

1.1　依据________（国家/地区）的法律并在该________（国家/地区）注册成立的从事电视剧摄制的公司、组织。

乙方为上述主体的，其相关资质证明应经公证、认证后提交作为本合同附件________。

1.2　________（国家/地区）公民。乙方应提交个人身份证明文件作为本合同附件________。

2. 为促进中外文化交流，提高中国电视剧制作水平和在国际影响力，甲乙双方共同决定联合制作________集电视剧《____________________》（________文名称《____________________》，下称“电视剧”），该电视剧基于________创作的原著《____________________》改编。

3. 甲乙双方联合摄制电视剧的立项申请已经获得中华人民共和国广播电视剧电视行政主管部门的批准并取得批准文件。

甲乙双方本着自愿、平等、互惠互利、诚实信用的原则，经友好协商，达成如下合同条款,以资共同遵守。

第一条　合作方式与投资

1.1　本合同约定的联合摄制电视剧系甲乙双方共同投资、共派主创人员、共同分享利益及共同承担风险的电视剧(含电视动画片)制作方式。

1.2　电视剧投资预算总额初步定为________万元,每集为________万元。其中:甲方共计出资额为________万元,占总投资预算总额的________%;乙方共计出资额为________万元,占总投资预算总额的________%。

1.3　甲乙双方应按时、足额地履行各自的出资义务,否则,视为违约的一方自动放弃参与联合摄制电视剧的任何权利,且应向守约方承担相应的违约责任,并赔偿对方因此而遭受的一切损失。前述出资的具体方式、数额及时间由双方另行签订补充协议作为本合同附件________。

1.4　在本合同签订后______日内,双方应各支付定金________万元(大写:________________),如果一方未能按时支付定金,另一方有权终止本合同书,并有权以本合同约定的题材或剧本与第三方签订类似联合摄制电视剧合作合同。

1.5　因剧情及拍摄的实际需要,增加电视剧的集数或因其他原因导致投资预算不能满足电视剧制作完成时,甲乙双方应按本协议约定的出资比例追加相应的投资,有关追加投资比例、数额和支付方式等具体内容,甲乙双方另行协商并补充协议,作为本合同的附件。

第二条　原著、剧本及著作权

2.1　本合同约定联合摄制电视剧剧本的原著由________(甲方/乙方)提供,且原著提供方拥有著作权属属于下列________类:

2.1.1　原著提供方已经向原作者获得包括但不限于改编权、摄制权、翻译权、信息网络传播权等著作权财产权,并与原作者签订了《著作权专用使用权许可合同》或《著作权转让合同》。

2.1.2　原著提供方拥有除署名权外的全部著作权,并与原作者签订了《著作权转让合同》。

2.1.3　因本款第1.1项或第1.2项签订的《著作权专用使用权许可合同》或《著作权转让合同》作为本合同的附件________。

2.2　联合摄制电视剧剧本的获得方式及相关权益,在本合同中为以下的________类:

2.2.1　根据上述原著改编剧本的改编者、改编剧本的风格及其他主要创作要素、改编者的薪酬、剧本著作权的归属等与剧本改编有关的事项由双方共同确定,经甲乙双方同意并获中国国家广播电影电视总局批准摄制。

经甲乙双方同意聘请作者改编剧本的，因著作权归属、薪酬支付等与剧本改编有关事项签订的合同作为本合同的附件________。

2.2.2 本合同电视剧剧本由________方从著作权人________处购买所得，________方已取得将剧本拍摄成电视剧的许可权（________方与著作权人________签署的《许可使用合同》或《著作权转让合同》作为本合同的附件）。________方已为剧本支付了________万元的使用费或转让费，前述费用________（是/否）由联合摄制电视剧投资款支出。

2.2.3 其他情形：____。

2.3 双方一致同意，本合同约定联合摄制的电视剧经国家广播电视剧电视总局批准立项后，将严格按照审查通过的剧本摄制，不得随意进行实质性的改动。确需对剧名、主要人物、故事梗概和主要情节等进行改动的，须经双方协商同意，并报送国家广播电视剧电视总局重新审批。

2.4 甲方承担并办理与电视剧有关的合拍申请、中外联合摄制电视剧立项报批、电视剧制作完成送审、取得发行许可证等相关手续。审查电视剧及取得发行放映许可证的费用由甲方承担并预先支付（前述费用限于相关行政管理部门按正式文件规定收取的费用，且必须提供有效证明）。

2.5 本合同约定联合摄制的电视剧在拍摄制作过程中应遵守中华人民共和国法律、法规的规定，并符合中国国情，尊重中华民族的风俗习惯。

第三条 财务会计与结算

3.1 甲乙双方应于本合同生效之日起________个工作日内开设联合摄制电视剧专用账户，所开设的专用账户信息及专用账户开立资料作为本合同附件________。

3.2 甲方委派________、乙方委派________作为专职财务人员负责专用账户的财务监管人员，以监督投资双方资金的投入及支出情况。双方委派的专职财务人员应于本合同生效之日开始工作。在本合同生效期间内，任何一方变更专职财务人员，应事先书面通知对方。

3.3 甲乙双方委派的专职财务人员应协助专职负责人制定电视剧资金使用管理办法，并经双方审核同意，以保证资金的合理使用和安全。电视剧资金使用管理办法作为本协议的附件________。

3.4 甲乙双方应在电视剧主要摄制地保存全部运营账簿和会计记录，账簿与会计记录和报送应当符合中华人民共和国财务会计法律、法规的要求。专职财务人员有义务定期向甲乙双方的法定代表人及其委派的专职负责人提供财务报表

（包括月报、季报和年报）和特殊情况下应要求提供的临时报表。

上述“特殊情况”是指____。

3.5　甲乙双方法定代表人及其委派的专职负责人有权在不妨碍电影摄制工作进展的合理情形下可随时自行或委托中介机构查阅或审核会计账簿以及其他会计记录。

上述“合理情形”是指____。

3.6　甲乙双方应按会计年度做结算，即每个会计年度结束时，应就联合摄制电视剧制作全面准确的会计结算。该年度会计结算应当确定本会计年度内的利润或亏损的净值按约定的比例记录在会计账簿上，并经双方签字确认。

3.7　任何一方对联合摄制项目负有债务的，在电视剧产生收益并按甲乙双方的约定进行分配或因发生本合同约定的终止事项导致清算时，应当首先从其应得分配额中针对其债务予以冲抵。

第四条　主创人员组成

4.1　专职负责人

4.1.1　甲方委派________、乙方委派________作为专职负责人参加电视剧的摄制，由其全权负责摄制电视剧的日常管理工作。财务支出的票据和其他财务报销单据，均需取得该被委派的两名专职负责人的共同签字确认。

4.1.2　专职负责人的薪酬享受电视剧制片人待遇。

专职负责因协调电视剧摄制的各项工作所发生的食宿、交通、通讯等费用由摄制组承担，实报实销。

4.1.3　在本合同生效期间内，任何一方变更专职负责人，应事先书面通知对方，并取得对方的同意方可变更。

4.2　其他主创人员

4.2.1　双方商定电视剧出品人甲方为________，乙方为________。

4.2.2　电视剧的导演为________，编剧为________。

4.2.3　电视剧演员由以下________种方式组成，经双方同意，并按规定程序将有关资料报批：

4.2.3.1　由甲方派出。

4.2.3.2　由乙方派出。

4.2.3.3　由甲乙双方共同聘用。

4.3　本条约定主创人员（编剧、制片人、导演、主要演员）由甲乙双方各自派出、共同聘用等方式组成，前述人员中，中方人员不得少于1/3。

甲乙双方应对各自派出人员的工作内容、薪酬数额、薪酬支付方式等内容签订补充合同。

4.4 本条全体工作人员、设备及重要摄制场地的安全均购买商业保险，保险费由摄制组从联合摄制电视剧投资款中支付。

第五条 摄制和后期制作

5.1 电视剧的摄制周期，由甲乙双方商定自______年______月______日至______年______月______日前完成；

5.1.1 开机时间：

5.1.2 停机时间：

5.1.3 出片时间：

5.2 电视剧的主要摄制地点为______________________。如根据剧情需要增加的其他摄制地点，由甲乙双方协商确定。

5.3 电视剧在中国内地摄制期间，摄制组人员应遵守中华人民共和国法律、法规及有关规定，摄制组人员及摄制工作方式均应尊重摄制地民族的风俗、宗教、信仰、生活习惯和村规民约，遵守摄制地环境保护要求。

5.4 电视剧摄制结束后，摄制组应当做好清理摄制地设施和卫生工作，清场后符合进场前摄制地的环境保护标准。

第六条 电视剧及其他财产权利

6.1 因联合制作电视剧而形成的全部有形财产、无形财产及其衍生权利，除甲乙双方另有约定外，均属甲乙双方共有。所有权利的分配比例及行使的地域范围等详见本合同附件________。

6.2 有形财产包括但不限于因摄制而置备的各类道具、摄像器材、搭建的场景布置等财产。

6.3 无形财产包括但不限于电视剧著作权、制作电视剧和商业运作过程中衍生出来的其他具有财产性质的著作权、商标权和专利权等知识产权。

6.4 对于因联合摄制电视剧而涉及的作品创作、商业融资、宣传以及相关法律、法规适用等方面的权利及其衍生权利，甲乙双方拥有同等的权利进行管理和控制，即此类权利必须由甲乙双方一致同意决定才能实施。并且，对外宣传一律以双方的名义进行。

上述“权利及其衍生权利”包括但不限于进行总预算投资，电视剧主要拍摄地点，电视剧及其剧本的名称，聘用编剧、导演、演员等主创人员，音乐制作，宣传计划，选择发行人以及对合作对方转让权利或者其他人提供服务予以认可等权利。

第七条 收益分配与税费承担

7.1 因联合摄制电视剧形成的净收益或亏损按甲乙双方的出资比例分配或承担。

所谓净收益，指电视剧的总收入减去电视剧的支出总额。电视剧的支出总额必须是为摄制电视剧直接支付的费用以及其他经双方一致同意的项目。

所有应缴税款按甲乙双方约定的出资比例分别承担。

电视剧的总收入包括但不限于发行收入、赞助收入、广告收入（含植入广告收入）、变卖实物收入及其他收入。

甲乙双方均可为电视剧引入赞助方及广告主，但引入的赞助方及广告主均需另一方同意，并由双方与赞助方、广告主签订合同。引入赞助方、广告主的一方可获得赞助款项、广告收入的________%，其余________%计入总收入。

投资者投入的实物资产、为摄制电视剧所购买的资产，在电视剧摄制结束后，由甲乙双方共同商定实物资产的价值，变卖出售或折抵双方的投资款或应分利润。

7.2 与联合摄制电视剧有关的应缴税款和其他费用应按照中华人民共和国法律、法规的规定缴纳，于甲乙双方按约定的利润分配前列支。

7.3 电视剧转让或发行利润分配、损失和税费的具体承担方式，由甲乙双方另行签订补充协议作为本合同的附件________。

第八条 报审与署名

8.1 电视剧摄制完成后，由甲方负责报送相应电视剧审查机构审查，乙方应予以协助。

8.2 若电视剧能够通过电视剧审查机构的审查并取得《电视剧（动画片）发行许可证》，甲乙双方制片人、编剧、导演、演员等主创人员及协助单位等在电视剧字幕及相关衍生产品中的署名的格式、具体位置及字体大小由甲乙双方协商并制作协议作为本合同附件________。

由于上述附件内容产生的争议，由甲乙双方另行协商解决，甲乙双方一致同意该争议不影响本合同其他条款的履行。

第九条 保证与承诺

9.1 甲方保证：

9.1.1 甲方为依法注册并合法存续且取得《电视剧制作许可证（甲种）》（若联合摄制的电视剧为动画片，则还需持有《广播电视节目制作经营许可证》）的电视剧制作单位。

9.1.2 甲方签署和履行本合同所需的一切手续，均已提交作为本合同的附件备存并合法有效。

9.1.3 在签署本合同时，甲方不存在对履行本合同产生重大不利影响的由任何法院、仲裁机构、行政机关或监管机构作出的任何判决、裁定、裁决或具体行政行为。

9.1.4 若本合同的签署人是甲方的委托代理人的，甲方确认已经签署本合同所需的授权委托书并提交相关证明材料。本合同生效后即对合同双方具有法律约束力。

9.2 乙方保证：

9.2.1 乙方是具有[合法手续的依据________（国家/地区）法律并在其本国/地区注册成立且合法从事电视剧制作的公司、组织]/（完全民事行为能力的个人）。

9.2.2 乙方已按照中华人民共和国法律、法规的规定办妥签署和履行本合同所需的一切手续，且均符合其本国/地区和中华人民共和国法律的要求。

9.2.3 在签署本合同时，乙方不存在足以对履行本合同产生重大不利影响的由任何国家或地区的法院、仲裁机构等裁决机构作出的任何判决、裁定、裁决。

9.2.4 若本合同的签署人是乙方的委托代理人的，乙方确认已经签署本合同所需的授权委托书并提供相关证明材料。本合同生效后即对合同双方具有法律约束力。

9.3 甲乙双方共同保证：

9.3.1 双方的法定代表人或委托代理人有权利签订本合同，且双方在履行本合同下的所有义务时，皆不存在任何法律上的障碍。

9.3.2 未经对方书面同意，任何一方不得以任何方式处置与联合摄制电视剧有关的任何权利和权益，处置方式包括但不限于转让、抵押、资金信贷等。

前述权利和权益包括但不限于为联合摄制电视剧添置的资产、与联合摄制电视剧有关的无形权利及其衍生权利等。

9.3.3 未经事先取得对方书面同意，任何一方产生的与联合摄制电视剧无关的任何费用、责任和义务由其自行承担。

9.3.4 ____。

9.4 任何一方及其授权代表因违反其承诺或者保证而引起的赔偿、法律责任及相应的诉讼费用等，由该方自行承担。

第十条 保密义务

10.1 未经对方书面同意，任何一方不得向任何第三方泄露本合同以及与本合同相关的一切信息。若本合同未生效，任何一方不得向任何第三方泄露其在签约过程中知悉或取得且无法自公开渠道获得的另一方的文件及资料（包括商业秘密、公司计划、运营活动、电视剧筹拍情况等信息）。

10.2 甲乙双方保证对其在讨论、签订、执行本协议过程中所获悉的属于对方的且无法自公开渠道获得的文件及资料(包括商业秘密、公司计划、运营活动、电视剧筹拍情况等信息)予以保密。但法律、法规另有规定或双方另有约定的除外。

10.3 在本合同终止之后,甲乙双方在本条款项下的义务并不随之终止,双方仍需遵守本合同之保密条款,履行其所承诺的保密义务,直到对方同意其解除此项义务,或事实上不会因违反本合同的保密条款而给对方造成任何形式的损害时为止。

10.4 任何一方若违反上述保密义务,应赔偿对方因此而遭受的一切经济损失。

第十一条 不可抗力及其他特殊情形

11.1 如果本合同任何一方因受不可抗力事件影响而未能履行其在本合同下的全部或部分义务,该义务的履行在不可抗力事件妨碍其履行期间应予中止。

11.2 声称受到不可抗力事件影响的一方应尽可能在最短的时间内通过书面形式将不可抗力事件的发生通知另一方,并在该不可抗力事件发生后10日内向另一方提供关于此种不可抗力事件及其持续时间的适当证据及合同不能履行或者需要延期履行的书面资料。声称不可抗力事件导致其对本合同的履行在客观上成为不可能或不实际的一方,有责任尽一切合理的努力消除或减轻此等不可抗力事件的影响。

11.3 不可抗力事件发生时,双方应立即通过友好协商决定如何执行本合同。不可抗力事件或其影响终止或消除后,双方须立即恢复履行各自在本合同项下的各项义务。如不可抗力及其影响无法终止或消除而致使合同任何一方丧失继续履行合同的能力,则双方可协商解除合同或暂时延迟合同的履行,且遭遇不可抗力一方无须为此承担责任。当事人迟延履行后发生不可抗力的,不能免除责任。

11.4 本合同所称不可抗力是指由于发生了合同当事人无法预见、无法预防、无法避免和无法控制的事件,以致不能履行或不能如期履行合同,发生意外事件的一方可以免除履行合同的责任或者推迟履行合同,包括但不限于自然灾害、战争、动乱、罢工,政府行为、法律规定或其适用的变化等。

11.5 非因双方当事人的过错,出现本合同约定的不可抗力事件之外的双方当事人不能控制的情形,包括但不限于气候变化影响或电视剧主创人员生病、受到意外伤害或者死亡等,致使电视剧暂停或延迟摄制,甲乙双方应立即协商采取补救措施,并确定摄制时间的顺延。因前述原因导致未能按原计划完成电视剧制作的,甲乙双方均无须承担违约责任。

若前款约定的情况致使电视剧摄制延迟超过________天,任何一方皆可通过书面形式通知对方而解除本合同。

第十二条 通知和送达

12.1 甲乙双方因履行本合同而相互发出或者提供的所有通知、文件、资料等,应按照本合同扉页所列明的以下方式中________种方式送达。

12.1.1 邮寄方式

12.1.2 传真方式

12.1.3 电子邮件方式

12.2 送达时间的确定:采用邮寄方式的,挂号寄出或者投邮当日视为送达;通过传真、电子邮件方式送达的,通知、文件、资料等数据电文进入另一方系统之时视为送达;通知、文件、资料等数据电文进入另一方系统之时不明确的,以传真、电子邮件发出后的第二日视为送达。

12.3 一方变更通讯地址或其他联系方式的,应自变更之日起______日内,以书面形式通知对方,否则,未通知方应承担因地址或其他联系方式通知不及时导致对方不能及时发出通知或者送达相关文件、资料责任。

第十三条 竞业禁止

13.1 甲乙双方应保证为联合摄制的电视剧投入必要的时间、本合同约定的资金及履行其他相关的义务。在此前提下,任何一方当事人都可以参与本合同约定的联合摄制电视剧以外的,独立于对方的其他任何类型和性质的电视剧和电视业界的商业项目,但不得参与本合同约定的联合摄制电视剧有竞争的电视剧和电视节目的投资项目。

13.2 一方参与上述商业项目,无须通知对方,有权获得其在该商业项目上的所有收益,并且没有给另一方提供商业投资机会的义务。任何一方均不得因此向对方主张任何权利。

第十四条 合同的变更

14.1 本合同履行期间,发生特殊情况时,甲、乙任何一方需变更本合同的,要求变更一方应及时书面通知对方,征得对方同意后,双方在规定的时限内(书面通知发出________天内)签订书面变更协议,该协议将成为合同不可分割的部分。

14.2 未经双方签署书面文件,任何一方不得对本合同约定的事项进行更改,未经双方协商并签署书面文件的更改无效。且擅自更改一方由此给对方造成的经济损失,由擅自更改一方自行承担。

14.3 本合同未尽事宜,由双方另行协商并签订补充合同。

第十五条 合同权利义务的转让

除合同中另有约定或经双方协商同意外,本合同所约定的双方的任何权利和义务,任何一方在未征得另一方书面同意之前,不得转让给第三方。

第十六条 合同的解除

16.1 发生下列情形之一,甲可以书面形式通知乙方解除本合同:

16.1.1 乙方在本合同中所作的保证不真实或无法实现的。

16.1.2 乙方依据其本国法律破产、解散或被吊销法人资格(或乙方丧失与智力有关的民事行为能力/死亡)。

16.1.3 ____。

16.2 发生下列情形之一,乙可以书面形式通知甲方解除本合同:

16.2.1 甲方在本合同中所作的保证不真实或无法实现的。

16.2.2 甲方依照中华人民共和国法律破产、解散或被吊销法人资格。

16.2.3 甲方被依法吊销《电视剧制作许可证(甲种)》。

16.2.4 ____。

第十七条 合同的终止

17.1 甲乙双方约定,发生下列情况之一,本合同终止履行:

17.1.1 本合同约定的合同期限届满。

17.1.2 甲乙双方通过书面协议一致同意解除本合同。

17.1.3 电视剧摄制完毕后报请电视剧审查机构审批不能通过,经修改后仍不能通过。

17.1.4 在本合同履行期限届满之前,一方明确表示或以自己的行为表明不履行合同主要义务的。

17.1.5 任何一方严重违反本合同或不适当履行或迟延履行本合同主要义务,在一方发出书面通知之日起______日内仍未予以补救,则另一方有权解除本合同。此种情形下的合同终止,违约一方支付违约金不免除履行债务的责任。

17.1.6 任何一方有其他违约或违法行为致使合同目的不能实现的。

17.1.7 ____。

17.2 本条所指的"严重违反合同"包括但不限于任何一方未能依约将资金按时投入专用账户,时间累计或连续超过________天;以及任何一方未能依约将资金按量投入专用账户,数量累计达到总承诺出资额的________%。

第十八条 违约责任

18.1 一方违反本协议的约定,不按时、足额交付认缴的出资额,每逾期1日,应按应缴未缴出资额的________‰向守约方支付违约金,逾期超过30日的,守约方有权解除本合同。

18.2 ________方违法本协议的约定,不按时足额向________方返还及支付投资款及净收益的,每逾期1日,应按应付投资款及净收益总额的________‰向________方支付违约金。

18.3 一方违反本协议的约定,擅自解除本协议的,违约方应按本协议总投资预算总额的________‰向守约方支付违约金。给守约方造成的损失超过违约金的，违约方还应就超过违约金的部分向守约方承担赔偿责任。

18.4 除本协议另有约定外，一方违反本协议的约定，经守约方提出，在守约方规定的时间内，不予纠正其违约行为的，守约方有权解除本协议。本协议因此解除的，违约方不再享有本协议项下的任何权利，同时违约方应按本协议总投资预算总额的________‰向守约方支付违约金。给守约方造成的损失超过违约金的，违约方还应就超过违约金的部分向守约方承担赔偿责任。

18.5 ____。

第十九条 清算

19.1 本合同约定联合摄制的电视剧制作完毕后，为拍摄电视剧所购买的资产由双方的财务人员共同列出清单折算后，按比例归还给双方或按照双方同意的折价出售。

19.2 本合同终止后，甲乙双方应结束与本合同相关的商业活动，并对全部财产进行清算。

19.3 本合同终止后，与联合制作电视剧相关的资产、收益应当按照下列顺序进行清算：

19.3.1 支付清算费用

19.3.2 支付摄制组人员的工资、报酬及其相关保险等费用；

19.3.3 支付税款；

19.3.4 清偿债务；

19.3.5 按照甲乙双方投资比例分配剩余财产。

19.4 按照前述第1、2、3款约定进行清算后，对未能处理的财产权利及衍生权利将作为未分配的共同产权，由甲乙双方共同所有。

19.5 处置相关资产产生的收益或损失，按照本合同终止前甲乙双方收益损失分配的比例承担。

第二十条 合同的解释

20.1 本合同解释应依据合同文本原义签订目的进行，本合同的标题仅为合同文本体例而设，不应影响本合同的整体解释。

20.2 本合同每份同时提供中文和________文两种文字的合同文本，两种文字的合同文本的条款解释如产生歧义，则以中文文本条款的解释为准。

第二十一条 法律适用和争议解决

21.1 与本合同约定事项有关的全部内容，包括但不限于本合同的订立、效力、解释、履行和争议的解决均适用中华人民共和国的法律。

21.2 本合同在履行过程中发生的争议，由双方当事人协商解决协商不成的，按下列第________种方式解决：

21.2.1　任何一方均有权将争议提交________________仲裁委员会仲裁。

21.2.2　任何一方均有权按照法律规定向________________人民法院起诉。

第二十二条　其他

22.1　本合同中明确约定的赔偿方式并不排除其他赔偿方式，不视为守约方放弃其他赔偿方式，并且，守约方亦有权要求法定的其他赔偿方式。

22.2　甲乙双方于______年______月______日签署的《中外联合摄制电视剧合作意向书》为本合同附件________，该意向书的条款如存在与本合同相违背之处，以本合同为准。

22.3　本合同文本由________（甲方/乙方）提供，其已采取合理的方式提请对方主要免除或者限制责任的条款，并予以说明。甲乙双方对本合同各条款的内容均充分理解并经协商达成一致同意。

第二十三条　合同的效力和签署

23.1　本合同自甲乙双方法定代表人或其授权代表人签字并加盖单位公章或合同专用章之日起生效。

23.2　本合同期限从合同生效之日起计算，除本合同约定提前终止，则持续时间以下列第________种为准：

23.2.1　因联合摄制电视剧所产生的剧本和电视剧等作品著作权的法定最长存续期限。

23.2.2　所有联合摄制电视剧所涉及财产权的协议的最长存续期限。

23.2.3　____。

23.3　本合同的附件和补充协议与本合同具有同等的法律效力。

23.4　本合同及其附件内空格部分填写的文字与印刷文字具有同等法律效力。空格部分填写的文字不得有错误修改，若有修改，以另一方持有合同中填写且未有修改的内容为准。

23.5　本合同由甲、乙双方（法定代表人/委托代理人）在中华人民共和国____共同签署。

23.6　本合同正本、附件及补充合同均一式________份，双方各执________份，摄制组保留一份，具有同等法律效力。

第二十四条　合同附件

24.1　本合同附件和补充合同为本合同的组成部分。

24.2　本合同及其他所有契约或协议均应以书面形式，在联合摄制电视剧的工作记录簿中归档保留一份，且甲乙双方委派的专职负责人均应予以签名。

24.3 合同附件清单

序号	名称	附件性质	提交方	签字
1				
2				
3				
4				
5				
6				
7				

甲方(盖章):
法定代表人(签字):
委托代理人(签字):
年 月 日

乙方(盖章/签字):
法定代表人(签字):
委托代理人(签字):
年 月 日

电影贴片广告代理合同

合同适用范围

电影贴片广告是指将企业的产品广告或企业形象广告与影片一同拷贝，在电影放映前播出的广告。

《电影贴片广告代理合同》是电影的版权方（以下简称“版权方”）授权广告公司为电影进行贴片广告招商所使用的合同。合同条款一般应包括电影的基本情况、授权类型、双方的权利义务等内容，由电影版权方与广告公司协商一致后签署。

特别风险提示

1．双方应共同防范如下风险：

（1）任何一个合同范本都不是万能的，试图以一个一成不变的合同范本包揽一切的想法是最大的风险，因为每个项目或者事情都有其特殊性，况且法律、法规也在不断变化。

（2）审慎审查合作各方的资质文件，包括但不限于企业法人营业执照、法人组织机构代码证、《广告经营许可证》等证件、文件，并将其作为合同的附件，与合同一同加盖骑缝章。通过对合作各方证件、文件的审查，可以初步了解合作对方有无履行合同的资质与能力，而且当争议发生时，无须再去查阅、复制对方的营业执照等文件（营业执照是起诉时必需提交法院或仲裁机构的证明对方主体资格的文件）。

（3）明确授权类型：版权方许可广告公司的代理权是独家代理权，还是非独家代理权。独家代理权是指在指定地区和一定的期限内，由该独家代理人单独代表委托人从事有关的商业活动，委托人在该地区内不得再授权第二个代理人从事有关的商业活动。非独家代理权是指在指定地区和一定的期限内，委托人可委托多个代理人从事有关的商业活动。

（4）明确代理费支付方式：固定代理费支付方式、按贴片广告收入的一定比例支付代理费方式、固定代理费加贴片广告收入的一定比例支付代理费方式、其他代理费支付方式。固定代理费支付方式是指版权方把贴片广告招商的代理权授权给广告公司,广告公司向版权方支付固定的报酬。广告公司通过贴片广告所取得的广告收入多少与版权方无关,版权方仅享有按约定的固定代理费获得报酬的权利。按贴片广告收入一定比例支付代理费方式是指版权方根据广告公司所获得的贴片广告收入的一定比例取得代理费,版权方与广告公司之间是"一荣共荣、一损俱损"的关系。固定代理费加贴片广告收入的一定比例支付代理费方式是指广告公司向版权方支付一个比较低的固定代理费,再按广告公司所获得的贴片广告收入的一定比例取得代理费。其他代理费支付方式是指除上述代理费支付方式外,合同双方约定的其他代理费支付方式。

(5) 审慎选择争议的解决方式与解决机构以及争议解决机构的所在地。实际上,诉讼还是仲裁解决各有利弊,应根据实际情况作出尽可能对自己有利的选择。选择诉讼解决的,首先,双方的约定不得违反我国《民事诉讼法》对级别管辖和专属管辖的规定;其次,双方仅可以在书面合同中协议选择被告住所地、合同履行地、合同签订地、原告住所地、标的物所在地的人民法院管辖。

2. 就电影的版权方而言,应着重防范如下风险:

(1) 现有法律没有对电影贴片广告的多少和时长作出明确规定,但电影贴片广告时间过长,会给观众造成厌烦情绪,导致观众迁怒于电影的版权方,造成观众对电影的评价降低,因此,在合同中约定的贴片广告时间不宜过长。

(2) 贴片广告的内容应符合《广告法》等法律法规的规定,不应含有法律禁止的内容或虚假宣传,否则,因贴片广告同电影一同拷贝,电影的版权方可能会承担一定的法律责任。因此,电影的版权方在签订合同时,最好能在合同中约定对广告公司的贴片广告招商方案及贴片广告完成片的内容拥有审核权及最终的决定权。

(3) 向广告公司签发对外的《授权委托书》时一定要写明授权的事项,权限及时间,以免广告公司超越代理权给电影版权方造成损害。

3. 就广告公司而言,应着重防范如下风险:

(1) 一定要审查签订合同的电影版权方的版权证明,以确定其是否有签署本合同的资格。

(2) 一定要在本合同及电影版权方签发的《授权委托书》的权限范围内行使代理权,否则超越代理权给电影版权方造成损失的,应向电影版权方承担赔偿责任。

*　　*　　*

电影贴片广告代理合同(范本)

合同编号:

甲方:	乙方:
法定住址:	法定住址:
法定代表人:	法定代表人:
职务:	职务:
委托代理人:	委托代理人:
身份证号码:	身份证号码:
通讯地址:	通讯地址:
邮政编码:	邮政编码:
联系人:	联系人:
电话:	电话:
传真:	传真:
电子信箱:	电子信箱:

鉴于:

1. 甲方是电影《________________》(以下简称"本片")的版权方。已获得电影其他版权方的授权,有权签署本协议。

2. 乙方具有广告经营资格,具有履行本协议项下的资质与能力。

甲乙双方根据《中华人民共和国合同法》、《中华人民共和国广告法》,经友好协商,就甲方授权乙方为本片进行贴片广告招商事宜达成如下协议,以资共同遵守。

第一条 电影基本情况

1.1 本片由甲方、________________有限公司、________________有限公司共同投资拍摄。本片计划聘请________担任导演;聘请________、________担任男女主角。

1.2 本片计划在______年______月________前开机,并计划在______年______月______日前关机。本片计划在______年______月至______年______月期间在中国大陆播出。放映场次预计________场。

第二条　授予权利

2.1　甲方授予乙方在________（区域）□独家□非独家对本片进行贴片广告招商的资格。

甲方授予乙方的代理资格如为非独家代理，则甲方授权的非独家代理人应不得多于________家（不含乙方）。甲方应将授权的其他非独家代理人的名单和其已经签约或即将签约的广告客户名单及时通知乙方，以避免撞单和行业冲突。

2.2　甲方授予乙方第2.1款约定的权利的期限自本协议生效之日起至______年______月______日止。

第三条　甲方的权利义务

3.1　甲方应自本协议生效之日起______日内将本片的故事梗概提交给乙方，以便乙方制定贴片广告招商基础方案及进行贴片广告招商工作。

3.2　本片的重要信息发生变动时，甲方应及时书面通知乙方。重要信息是指对乙方的招商工作会产生实质性影响的信息，包括本片开机、关机时间，主创人员及公映时间等信息。

3.3　甲方应自本协议生效之日起______日内向乙方出具正式的书面《授权委托书》，为乙方的招商活动提供便利与配合。

3.4　甲方授予乙方的资格如为非独家代理，则乙方一旦将需要保护的重点广告客户名单报给甲方，甲方应保护乙方通报的重点广告客户，并禁止己方及其他代理人接触乙方的重点广告客户；如因甲方过错导致其他代理人接触、洽谈乙方通报的重点广告客户，且最后贴片广告中出现此客户的，则甲方应按从该广告客户处所获收益的________%向乙方支付赔偿金。

3.5　甲方应将乙方提交的符合本协议约定的贴片广告与影片一同拷贝，在电影放映前播出。

第四条　乙方的权利义务

4.1　乙方代理影片的贴片广告时间片头不得长于________分钟。

4.2　乙方应自收到甲方提供的本片故事梗概之日起______日内，向甲方提交本片贴片广告招商基础方案。甲方应自收到前述方案之日起______日审核完毕。经甲方审核，甲方提出修改意见的，乙方应按甲方意见进行修改。乙方经两次修改仍不能达到甲方要求的，甲方有权解除本协议。

经甲方同意的本片广告招商基础方案作为本合同的附件。

4.3　乙方应根据经甲方审核批准的本片广告招商基础方案进行广告招商工作，在招商工作中，如需对本片广告招商基础方案进行修改的，乙方应及时书面通知甲方，经甲方书面同意后，方可按修改后的方案进行。

4.4 乙方应将与广告客户签订的贴片广告发布协议的文本(包括协议、协议的附件、广告方案)在签署后提交一份复印件给甲方备案。

乙方应以自己的名义与广告客户签署贴片广告发布协议,并自行对广告客户承担法律责任。

乙方应在与广告客户签订的贴片广告发布协议中约定保密条款,约定广告客户不得将所知悉的本片信息包括但不限于本片故事梗概、主创人员信息泄露给第三方。

4.5 乙方应于______年______月______日前将贴片广告完成片提交给甲方。乙方提交的贴片广告完成片的要求见附件。

乙方提交的贴片广告内容应符合广告管理的有关规定,内容真实合法,符合社会主义精神文明建设的要求,不得欺骗和误导消费者。

乙方提交的贴片广告完成片不符合本协议约定的要求或贴片广告的内容违法本协议有关约定的,甲方有权要求乙方调整,乙方应在甲方规定的时间内予以调整。

4.6 乙方自行承担贴片广告招商过程中发生的所有费用。

第五条 代理费支付

5.1 甲乙双方同意按以下第________种方式支付代理费:

5.1.1 固定代理费支付方式

乙方向甲方支付固定代理费人民币________万元。乙方取得的植入广告收入归乙方所有。固定代理费按如下时间支付:

(1) 本协议生效之日起______日内,乙方向甲方支付固定代理费的________%;

(2) 本片关机之日起______日内,乙方向甲方支付固定代理费的________%;

(3) 本片公映之日起______日内,乙方向甲方支付固定代理费的________%。

5.1.2 按贴片广告收入的一定比例支付代理费方式

乙方应按代理本片贴片广告取得的收入包括但不限于货币收入、实物、无形资产等可以用货币估价的财产收入的________%向甲方支付代理费,代理费支付时间如下:

乙方应在收到广告客户的每一笔广告款之日起________个工作日内,将甲方应得的该笔代理费支付给甲方。

乙方向广告客户收取的广告收入若为实物、无形资产等可以用货币估价的财产时,甲方同意,该财产的所有权归乙方所有,但乙方应按该实物、无形资产的公允价值将甲方应得的代理费以货币的形式支付给甲方。

5.1.3　固定代理费加贴片广告收入的一定比例支付代理费方式

乙方向甲方支付固定代理费人民币________万元，该代理费于本协议生效之日起______日内支付。

除前述代理费外，乙方还应按代理本片贴片广告取得的收入包括但不限于货币收入、实物、无形资产等可以用货币估价的财产收入的________%向甲方支付代理费，该代理费乙方应在收到广告客户的每一笔广告款之日起________个工作日内，将甲方应得的该笔代理费支付给甲方。

5.1.4　其他代理费支付方式：

5.1.5　甲方收款账户信息：

户　名：

开户行：

账　号：

第六条　保密义务

6.1　未经对方书面同意，任何一方不得向任何第三方泄露本合同以及与本合同相关的一切信息。若本合同未生效，任何一方不得向任何第三方泄露其在签约过程中知悉或取得且无法自公开渠道获得的另一方的文件及资料（包括商业秘密、公司计划、运营活动、电影筹拍情况等信息）。

6.2　甲乙双方保证对其在讨论、签订、执行本协议过程中所获悉的属于对方的且无法自公开渠道获得的文件及资料（包括商业秘密、公司计划、运营活动、电影筹拍情况等信息）予以保密。但法律、法规另有规定或双方另有约定的除外。

6.3　在本合同终止之后，甲乙双方在本条款项下的义务并不随之终止，双方仍需遵守本合同之保密条款，履行其所承诺的保密义务，直到对方同意其解除此项义务，或事实上不会因违反本合同的保密条款而给对方造成任何形式的损害时为止。

6.4　任何一方若违反上述保密义务，应赔偿对方因此而遭受的一切经济损失。

第七条　违约责任

7.1　乙方未按本合同的约定按时足额向甲方支付本合同约定的款项的，每逾期1日，应按应付未付金额的________‰向甲方支付违约金。

7.2　除本协议另有约定外，一方违反本协议的约定给对方造成损失的，违约方应向守约方承担赔偿责任。

第八条　合同的变更

8.1　本合同履行期间，发生特殊情况时，甲、乙任何一方需变更本合同的，要求变更一方应及时书面通知对方，征得对方同意后，双方在规定的时限内（书面通知发出________天内）签订书面变更协议，该协议将成为合同不可分割的部分。

8.2 未经双方签署书面文件，任何一方无权变更本合同，否则，由此造成对方的一切经济损失，由责任方承担。

第九条 合同的解除

9.1 除本合同另有约定外，任何一方无权单方解除本合同。

9.2 经甲乙双方协商一致，可以解除本合同。

第十条 不可抗力

10.1 如果本合同任何一方因受不可抗力事件影响而未能履行其在本合同下的全部或部分义务，该义务的履行在不可抗力事件妨碍其履行期间应予中止。

10.2 声称受到不可抗力事件影响的一方应尽可能在最短的时间内通过书面形式将不可抗力事件的发生通知另一方，并在该不可抗力事件发生后10日内向另一方提供关于此种不可抗力事件及其持续时间的适当证据及合同不能履行或者需要延期履行的书面资料。声称不可抗力事件导致其对本合同的履行在客观上成为不可能或不实际的一方，有责任尽一切合理的努力消除或减轻此等不可抗力事件的影响。

10.3 不可抗力事件发生时，双方应立即通过友好协商决定如何执行本合同。不可抗力事件或其影响终止或消除后，双方须立即恢复履行各自在本合同项下的各项义务。如不可抗力及其影响无法终止或消除而致使合同任何一方丧失继续履行合同的能力，则双方可协商解除合同或暂时延迟合同的履行，且遭遇不可抗力一方无须为此承担责任。当事人迟延履行后发生不可抗力的，不能免除责任。

10.4 本合同所称不可抗力是指受影响一方不能合理控制的，无法预料或即使可预料到也不可避免且无法克服，并于本合同签订日之后出现的，使该方对本合同全部或部分的履行在客观上成为不可能或不实际的任何事件。此等事件包括但不限于自然灾害如水灾、火灾、旱灾、台风、地震，以及社会事件如战争（不论曾否宣战）、动乱、罢工，政府行为或法律规定等。

第十一条 通知与送达

11.1 甲乙双方因履行本意向合同而相互发出或者提供的所有通知、文件、资料等，均应按照本合同首部所列明的通讯地址、传真、电子邮件以邮寄或传真或电子邮件方式送达；一方如果迁址或者变更电话、电子邮件应当书面通知对方，否则发送至本合同首部所列明的通讯地址或者传真、电子邮件系统的通知、文件、资料均视为有效送达。

11.2 以邮寄方式送达的，另一方签收之日视为送达；签收之日不明确的，以信件寄出或者投邮之日起算3日视为送达。通过传真、电子邮件方式送达的，通知、文件、资料等数据电文进入另一方系统之时视为送达；通知、文件、资料等数据电文进入另一方系统之时不明确的，以传真、电子邮件发出后的第二日视为送达。

第十二条　争议解决与适用法律

12.1　本协议的订立、效力、解释、履行和争议的解决均适用中华人民共和国的法律。

12.2　凡因本合同引起的或与本合同有关的任何争议，由双方协商解决；协商不成的，按下列第□1/□2种方式（二选一）解决：

12.2.1　任何一方均有权将争议提交设在________________（地点）的________________仲裁委员会，按照申请仲裁时该会现行有效的仲裁规则进行仲裁。仲裁裁决是终局的，对双方均有约束力。

12.2.2　任何一方均有权向________________人民法院起诉。

第十三条　合同权利和义务的转让

除合同中另有约定或经双方协商同意外，本合同所约定的双方的任何权利和义务，任何一方在未征得另一方书面同意之前，不得转让给第三方。

第十四条　合同附件

14.1　本合同未尽事宜，依照有关法律、法规执行，法律、法规未作规定的，甲乙双方可以达成书面补充合同。本合同的附件和补充合同均为本合同不可分割的组成部分，与本合同具有同等的法律效力。

14.2　本合同及本合同的附件和补充合同内空格部分填写的文字与印刷文字具有同等法律效力。

14.3　本合同附件如下：____。

第十五条　生效

本协议自甲乙双方签字盖章时起生效。本协议一式________份，甲方执________份，乙方执________份，每份具有同等法律效力。

（以下无正文）

甲方：	乙方：
法定代表人或授权代表：	法定代表人或授权代表：
年　　月　　日	年　　月　　日

签约地点：

电视剧植入式广告代理合同

合同适用范围

《电视剧植入式广告代理合同》是电视剧的投资方或版权方(以下简称“投资方”)授权广告公司为电视剧进行植入式广告策划及植入式广告招商所使用的合同。合同条款一般应包括电视剧的基本情况、授权类型、双方的权利义务等内容,由电视剧授权投资方或版权方与广告公司协商一致后签署。

特别风险提示

1. 双方应共同防范如下风险:

(1) 任何一个合同范本都不是万能的,试图以一个一成不变的合同范本包揽一切的想法是最大的风险,因为每个项目或者事情都有其特殊性,况且法律、法规也在不断变化。

(2) 审慎审查合作各方的资质文件,包括但不限于企业法人营业执照、法人组织机构代码证、《广告经营许可证》等证件、文件,并将其作为合同的附件,与合同一同加盖骑缝章。通过对合作各方证件、文件的审查,可以初步了解合作对方有无履行合同的资质与能力,而且当争议发生时,无须再去查阅、复制对方的营业执照等文件(营业执照是起诉时必需提交法院或仲裁机构的证明对方主体资格的文件)。

(3) 明确授权类型:投资方许可广告公司的代理权是独家代理权,还是非独家代理权。独家代理权是指在指定地区和一定的期限内,由该独家代理人单独代表委托人从事有关的商业活动,委托人在该地区内不得再授权第二个代理人从事有关的商业活动。非独家代理权是指在指定地区和一定的期限内,委托人可委托多个代理人从事有关的商业活动。

(4) 明确代理费支付方式:固定代理费支付方式、按广告收入的一定比例支付代理费方式、固定代理费加广告收入的一定比例支付代理费方式、其他代理费支付方式。固定代理费支付方式是指投资方把植入式广告招商的代理权授权给广告公司，广告公司向投资方支付固定的报酬。广告公司通过植入式广告所取得的广告收入多少与投资方无关，投资方仅享有按约定的固定代理费获得报酬的权利。按广告收入一定比例支付代理费方式是指投资方根据广告公司所获得的植入式广告收入的一定比例取得代理费，投资方与广告公司之间是“一荣共荣、一损俱损”的关系。固定代理费加广告收入的一定比例支付代理费方式是指广告公司向投资方支付一个比较低的固定代理费，再按广告公司所获得的植入式广告收入的一定比例取得代理费。其他代理费支付方式是指除上述代理费支付方式外，合同双方约定的其他代理费支付方式。

（5）审慎选择争议的解决方式与解决机构以及争议解决机构的所在地。实际上，诉讼还是仲裁解决各有利弊，应根据实际情况作出尽可能对自己有利的选择。选择诉讼解决的，首先，双方的约定不得违反我国《民事诉讼法》对级别管辖和专属管辖的规定；其次，双方仅可以在书面合同中协议选择被告住所地、合同履行地、合同签订地、原告住所地、标的物所在地的人民法院管辖。

2. 就电视剧的版权方而言，应着重防范如下风险：

（1）电视剧植入式广告现在越来越受到观众的质疑，植入式广告过多，或植入式广告植入的痕迹过于明显，会影响电视剧的质量。因此，电视剧授权投资方或版权方在签订合同时，最好能在合同中约定对广告公司的植入式广告策划方案及植入式广告创意脚本拥有审核权及最终的决定权。

（2）向广告公司签发对外的《授权委托书》时一定要写明授权的事项，权限及时间，以免广告公司超越代理权给版权方造成损害。

3. 就广告公司而言，应着重防范如下风险：

（1）一定要审查签订合同的电视剧版权方的版权证明，以确定其是否有签署本合同的资格。

（2）一定要在本合同及电视剧版权方签发的《授权委托书》的权限范围内行使代理权，否则超越代理权给电视剧版权方造成损失的，应向电视剧版权方承担赔偿责任。

*　　　*　　　*

电视剧植入式广告代理合同(范本)

合同编号：

甲方：	乙方：
法定住址：	法定住址：
法定代表人：	法定代表人：
职务：	职务：
委托代理人：	委托代理人：
身份证号码：	身份证号码：
通讯地址：	通讯地址：
邮政编码：	邮政编码：
联系人：	联系人：
电话：	电话：
传真：	传真：
电子信箱：	电子信箱：

鉴于：

1. 甲方是电视剧《________________》(以下简称"本剧")的投资方及版权方之一。已获得电视剧其他投资方及版权方的授权,有权签署本协议。

2. 乙方具有广告经营资格,具有履行本协议项下的资质与能力。

甲乙双方根据《中华人民共和国合同法》、《中华人民共和国广告法》,经友好协商,就甲方授权乙方为本剧进行剧情植入式广告策划及植入式广告招商事宜达成如下协议,以兹共同遵守。

第一条 电视剧基本情况

1.1 本剧由甲方、________________有限公司、________________有限公司共同投资拍摄。本剧计划聘请________担任导演;聘请________、________担任男女主角。

1.2 本剧计划在______年______月________前开机,并计划在______年______月______日前关机。本剧计划在______年______月至______年______月期间播出(播出时间以国家广电总局颁发的发行许可证为准)。播出的省级、省会级电视台计划不低于________家,卫星频道不低于________家。

第二条　授予权利

2.1　甲方授予乙方在________（区域）□独家□非独家对本剧进行剧情植入式广告策划及剧情植入式广告招商的资格。

甲方授予乙方的代理资格如为非独家代理，则甲方授权的非独家代理人应不得多于________家（不含乙方）。甲方应将授权的其他非独家代理人的名单和其已经签约或即将签约的广告客户名单及时通知乙方，以避免撞单和行业冲突。

2.2　甲方授予乙方第2.1款约定的权利的期限自本协议生效之日起至______年______月______日止。

第三条　甲方的权利义务

3.1　甲方应自本协议生效之日起______日内将本剧的剧本提交给乙方，以便乙方制定剧情植入式广告策划方案和广告招商基础方案。

3.2　本剧的重要信息发生变动时，甲方应及时书面通知乙方。重要信息是指对乙方的招商工作会产生实质性影响的信息，包括本剧开机、关机时间，主创人员及播出时间等信息。

3.3　经甲方同意植入的广告，甲方应负责与本剧编剧、导演、主演等剧组成员协调，以保证植入式广告按照乙方与广告客户的约定出现在本剧中。

3.4　本剧拍摄完成、播出前，甲方须将与广告客户相关的植入式广告剧情片段复制后提供给乙方，以便于乙方及时与广告客户进行协调沟通。

3.5　甲方应向乙方出具正式的书面《授权委托书》，为乙方的招商活动提供便利与配合。

3.6　甲方授予乙方的资格如为非独家代理，则乙方一旦将需要保护的重点广告客户名单报给甲方，甲方应保护乙方通报的重点广告客户，并禁止己方及其他代理人接触乙方的重点广告客户；如因甲方过错导致其他代理人接触、洽谈乙方通报的重点广告客户，且最后本剧中出现此客户的，则甲方应按从该广告客户处所获收益的________%向乙方支付赔偿金。

第四条　乙方的权利义务

4.1　乙方应自收到甲方提供的本剧剧本之日起______日内，向甲方提交本剧植入式广告策划方案和广告招商基础方案。甲方应自收到前述方案之日起______日审核完毕。经甲方审核，甲方提出修改意见的，乙方应按甲方意见进行修改。乙方经两次修改仍不能达到甲方要求的，甲方有权解除本协议。

乙方提交的本剧植入式广告策划方案应立足本剧，自然流畅，不得留有明显插入广告的痕迹，影响本剧质量；乙方提交的广告招商基础方案应根据广告市场情况，切实可行。

经甲方同意的本剧植入式广告策划方案和广告招商基础方案作为本合同的附件。

4.2　乙方应于本剧开机前______日之前向甲方提交植入式广告的创意脚本,甲方对创意脚本拥有最终的决定权。

4.3　乙方应根据经甲方审核批准的广告招商基础方案进行广告招商工作,在招商工作中,如需对本剧广告招商基础方案进行修改的,乙方应及时书面通知甲方,经甲方书面同意后,方可按修改后的方案进行。

4.4　乙方应将与广告客户签订的植入式广告协议的文本(包括协议、协议的附件、植入式广告方案)在签署3日前提交给甲方,经甲方审核同意后,乙方与广告客户按照批准的文本签署。乙方应在与广告客户签署协议后,将签署的协议副本提交甲方备案。

乙方应以自己的名义与广告客户签署协议,并自行对广告客户承担法律责任。

乙方应在与广告客户签订的植入式广告协议中约定保密条款,约定广告客户不得将所知悉的本剧信息包括但不限于本剧故事梗概、主创人员信息泄露给第三方。

4.5　乙方自行承担广告策划及广告招商过程中发生的所有费用。

第五条　代理费支付

5.1　甲乙双方同意按以下第________种方式支付代理费:

5.1.1　固定代理费支付方式

乙方向甲方支付固定代理费人民币________万元。乙方取得的植入式广告收入归乙方所有。固定代理费按如下时间支付:

(1) 本协议生效之日起______日内,乙方向甲方支付固定代理费的________%;

(2) 本剧开机之日起______日内,乙方向甲方支付固定代理费的________%;

(3) 本剧关机之日起______日内,乙方向甲方支付固定代理费的________%;

(4) 甲方向乙方提交本剧植入式广告剧情片段之日起______日内,乙方向甲方支付固定代理费的________%;

(5) 本剧播出之日起______日内,乙方向甲方支付固定代理费的________%。

5.1.2　按广告收入的一定比例支付代理费方式

乙方应按代理本剧植入式广告取得的收入包括但不限于货币收入、实物、无形资产等可以用货币估价的财产收入的________%向甲方支付代理费,代理费支付时间如下:

乙方应在收到广告客户的每一笔广告款之日起________个工作日内,将甲方应得的该笔代理费支付给甲方。

乙方向广告客户收取的广告收入若为实物、无形资产等可以用货币估价的财产时，甲方同意，该财产的所有权归乙方所有，但乙方应按该实物、无形资产的公允价值将甲方应得的代理费以货币的形式支付给甲方。

5.1.3 固定代理费加广告收入的一定比例支付代理费方式

乙方向甲方支付固定代理费人民币________万元，该代理费于本协议生效之日起______日内支付。

除前述代理费外，乙方还应按代理本剧植入式广告取得的收入包括但不限于货币收入、实物、无形资产等可以用货币估价的财产收入的________%向甲方支付代理费，该代理费乙方应在收到广告客户的每一笔广告款之日起________个工作日内，将甲方应得的该笔代理费支付给甲方。

5.1.4 其他代理费支付方式：

5.1.5 甲方收款账户信息：

户 名：

开户行：

账 号：

第六条 保密义务

6.1 未经对方书面同意，任何一方不得向任何第三方泄露本合同以及与本合同相关的一切信息。若本合同未生效，任何一方不得向任何第三方泄露其在签约过程中知悉或取得且无法自公开渠道获得的另一方的文件及资料（包括商业秘密、公司计划、运营活动、电视剧筹拍情况等信息）。

6.2 甲乙双方保证对其在讨论、签订、执行本协议过程中所获悉的属于对方的且无法自公开渠道获得的文件及资料（包括商业秘密、公司计划、运营活动、电视剧筹拍情况等信息）予以保密。但法律、法规另有规定或双方另有约定的除外。

6.3 在本合同终止之后，甲乙双方在本条款项下的义务并不随之终止，双方仍需遵守本合同之保密条款，履行其所承诺的保密义务，直到对方同意其解除此项义务，或事实上不会因违反本合同的保密条款而给对方造成任何形式的损害时为止。

6.4 任何一方若违反上述保密义务，应赔偿对方因此而遭受的一切经济损失。

第七条 违约责任

7.1 乙方未按本合同的约定按时足额向甲方支付本合同约定的款项的，每逾期1日，应按应付未付金额的________‰向甲方支付违约金。

7.2 除本协议另有约定外，一方违反本协议的约定给对方造成损失的，违约方应向守约方承担赔偿责任。

第八条 合同的变更

8.1 本合同履行期间,发生特殊情况时,甲、乙任何一方需变更本合同的,要求变更一方应及时书面通知对方,征得对方同意后,双方在规定的时限内(书面通知发出________天内)签订书面变更协议,该协议将成为合同不可分割的部分。

8.2 未经双方签署书面文件,任何一方无权变更本合同,否则,由此造成对方的一切经济损失,由责任方承担。

第九条 合同的解除

9.1 除本合同另有约定外,任何一方无权单方解除本合同。

9.2 经甲乙双方协商一致,可以解除本合同。

第十条 不可抗力

10.1 如果本合同任何一方因受不可抗力事件影响而未能履行其在本合同下的全部或部分义务,该义务的履行在不可抗力事件妨碍其履行期间应予中止。

10.2 声称受到不可抗力事件影响的一方应尽可能在最短的时间内通过书面形式将不可抗力事件的发生通知另一方,并在该不可抗力事件发生后 10 日内向另一方提供关于此种不可抗力事件及其持续时间的适当证据及合同不能履行或者需要延期履行的书面资料。声称不可抗力事件导致其对本合同的履行在客观上成为不可能或不实际的一方,有责任尽一切合理的努力消除或减轻此等不可抗力事件的影响。

10.3 不可抗力事件发生时,双方应立即通过友好协商决定如何执行本合同。不可抗力事件或其影响终止或消除后,双方须立即恢复履行各自在本合同项下的各项义务。如不可抗力及其影响无法终止或消除而致使合同任何一方丧失继续履行合同的能力,则双方可协商解除合同或暂时延迟合同的履行,且遭遇不可抗力一方无须为此承担责任。当事人迟延履行后发生不可抗力的,不能免除责任。

10.4 本合同所称不可抗力是指受影响一方不能合理控制的,无法预料或即使可预料到也不可避免且无法克服,并于本合同签订日之后出现的,使该方对本合同全部或部分的履行在客观上成为不可能或不实际的任何事件。此等事件包括但不限于自然灾害如水灾、火灾、旱灾、台风、地震,以及社会事件如战争(不论曾否宣战)、动乱、罢工,政府行为或法律规定等。

第十一条 通知与送达

11.1 甲乙双方因履行本意向合同而相互发出或者提供的所有通知、文件、资料等,均应按照本合同首部所列明的通讯地址、传真、电子邮件以邮寄或传真或电子邮件方式送达;一方如果迁址或者变更电话、电子邮件应当书面通知对方,否则发至本合同首部所列明的通讯地址或者传真、电子邮件系统的通知、文件、资料均视为有效送达。

11.2　以邮寄方式送达的,另一方签收之日视为送达;签收之日不明确的,以信件寄出或者投邮之日起算 3 日视为送达。通过传真、电子邮件方式送达的,通知、文件、资料等数据电文进入另一方系统之时视为送达;通知、文件、资料等数据电文进入另一方系统之时不明确的,以传真、电子邮件发出后的第二日视为送达。

第十二条　争议解决与适用法律

12.1　本协议的订立、效力、解释、履行和争议的解决均适用中华人民共和国的法律。

12.2　凡因本合同引起的或与本合同有关的任何争议,由双方协商解决;协商不成的,按下列第□1/□2 种方式(二选一)解决:

12.2.1　任何一方均有权将争议提交设在________________(地点)的________________仲裁委员会,按照申请仲裁时该会现行有效的仲裁规则进行仲裁。仲裁裁决是终局的,对双方均有约束力。

12.2.2　任何一方均有权向________________人民法院起诉。

第十三条　合同权利和义务的转让

除合同中另有约定或经双方协商同意外,本合同所约定的双方的任何权利和义务,任何一方在未征得另一方书面同意之前,不得转让给第三方。

第十四条　合同附件

14.1　本合同未尽事宜,依照有关法律、法规执行,法律、法规未作规定的,甲乙双方可以达成书面补充合同。本合同的附件和补充合同均为本合同不可分割的组成部分,与本合同具有同等的法律效力。

14.2　本合同及本合同的附件和补充合同内空格部分填写的文字与印刷文字具有同等法律效力。

14.3　本合同附件如下:____。

第十五条　生效

本协议自甲乙双方签字盖章时起生效。本协议一式________份,甲方执________份,乙方执________份,每份具有同等法律效力。

(以下无正文)

甲方:　　　　　　　　　　　　　　　乙方:
法定代表人或授权代表:　　　　　　　法定代表人或授权代表:
　　　年　　月　　日　　　　　　　　　　　年　　月　　日
合同签订地点:

二、素材使用许可类合同范本

艺术作品许可使用合同

合同适用范围

《艺术作品许可使用合同》主要适用于影视制作单位在制作影视剧的过程中，与艺术作品的所有权人就使用其艺术作品在影视剧中当做道具或布景事宜而进行约定的情形。

特别风险提示

1. 双方应共同防范如下风险：

（1）任何一个合同范本都不是万能的，试图以一个一成不变的合同范本包揽一切的想法是最大的风险，因为每个项目或者事情都有其特殊性，况且法律、法规也在不断变化。

（2）由于艺术作品在影视剧的拍摄过程中存在损坏或丢失后的可能，而艺术作品的价值评估又存在不确定性，因此应当在合同中明确约定艺术作品损坏或丢失后的违约责任。

（3）就一方需要保证与承诺的事项进行明确约定，并视具体情形进行增减。

（4）审慎选择争议的解决方式与解决机构以及争议解决机构的所在地。实际上，诉讼还是仲裁解决各有利弊，应根据实际情况作出尽可能对自己有利的选择。选择诉讼解决的，双方的约定首先不得违反我国《民事诉讼法》对级别管辖和专属管辖的规定，其次，双方仅可以在书面合同中协议选择被告住所地、合同履行地、合同签订地或者原告住所地的人民法院管辖。

2. 就艺术作品所有权人而言，应着重防范如下风险：

（1）审慎审查影视制作单位的资质文件，包括但不限于企业法人营业执照、法人组织机构代码证等证件、文件，并将其作为合同的附件，与合同一同加盖骑缝章。

（2）对于某些具有可复制性的艺术作品，在影视剧拍摄完成后可能留有多个复制件或其他影像资料。对上述复制件或其他影像资料的处理应当在合同中明确约定一并归还或进行销毁。

（3）应将涉及艺术作品的交付时间、内容、接收人等的信息作为档案予以保存，一旦发生争议便可作为有力证据证明己方已依据法律规定、合同约定进行了适格交付。例如，当面交付的，应要求对方签字、盖章，不便盖章的，应要求对方事先出具授权委托书，授权委托书应载明授权某人负责接收、签署、送达文件、资料等事项；邮寄送达的，应在邮递物件时签署的详情单的“文件名称”栏中明确记载邮递的物料内容、份数等信息。

（4）影视制作单位依据合同约定应支付报酬之日起满两年未支付，而艺术作品所有权人又不能证明存在诉讼时效中止、中断、延长等情形的，将导致艺术作品所有权人因诉讼时效内未主张权利而丧失胜诉权。因此，一旦影视制作单位在两年内不支付或不能全部报酬，或未能就争议达成一致的，艺术作品所有权人应至迟在两年的诉讼时效期间届满前提起诉讼或者依据仲裁条款申请仲裁。

3．就影视制作单位而言，应着重防范如下风险：

（1）审慎艺术作品所有权人的资质文件，包括但不限于企业法人营业执照、法人组织机构代码证或自然人的身份证，并将该信息作为合同的附件，与合同一同加盖骑缝章或由自然人在每页签名。

（2）鉴于我国《著作权法》的相关规定，艺术作品著作权人享有署名权和获酬权，因此应当明确约定署名方式和获酬金额、支付方式。考虑到影视剧制作、发行等涉及多个环节，因此建议一般应当采用一次性付费的方式支付给艺术作品著作权人报酬。

（3）收到艺术作品所有权人交付的艺术作品后，应依据法律规定、合同约定及时查验，以免丧失权利，造成对己方不利的后果。

*　　*　　*

艺术作品许可使用合同（范本）

合同编号：

甲方（被许可方、影视单位）：	乙方（许可方）：
住所地：	住所地：
通信地址：	通信地址：
邮政编码：	邮政编码：
法定代表人：	证件号码：
签约代表人：	签约代表人：

合同联系人：　　　　　　　　　　合同联系人：
联系电话：　　　　　　　　　　　联系电话：
传真：　　　　　　　　　　　　　传真：
电子信箱：　　　　　　　　　　　电子信箱：

鉴于：

甲方是依法注册成立并取得合法从事影视剧制作资格的法人单位，乙方是艺术作品________的所有权人。甲方有意在其计划/正在摄制的影视剧中使用乙方的艺术作品；乙方同意甲方使用其艺术作品。

甲乙双方依据《中华人民共和国合同法》、《中华人民共和国著作权法》、《中华人民共和国民法通则》等法律、法规的规定以及平等自愿、诚实信用、等价有偿的原则，经友好协商，特达成本合同，以兹共同遵守。

第一条　许可安排

1.1　本合同所指艺术作品（以下简称“艺术作品”）的具体描述详见本合同附件一。

1.2　乙方同意甲方在其计划/正在拍摄的影视剧《________________》中使用艺术作品。

1.3　甲方应于合同签订之日起______日内一次性向乙方支付□税前□税后许可使用费人民币________元整。如为税前款的，则费用中含________%的税款□由乙方承担，甲方为代扣代缴义务人；□或根据法律法规规定由各方自行承担相关税负。如为税后款的则甲方应当在款项支付后______日内为乙方出具完税证明。

1.4　甲方使用乙方艺术作品的期限为______日，自本合同签署生效之日起至______年______月______日止。

1.5　乙方应于本合同签署之日起______日内向甲方提供艺术作品，由此产生的费用由甲方承担。

1.6　甲方独立依法享有含有该艺术作品的影像在内的影视剧的完整著作权。该影视剧创作完成后，该艺术作品的影像即构成影视剧内容及画面不可分割的组成部分，甲方因此所获之全部权益，与乙方无关。

1.7　若影视剧得以公开发行且乙方履行了本合同下的全部义务，无论甲方以何种方式使用艺术作品，乙方皆依法享有相应的署名权。乙方署名采用下列方式□艺术作品“______________”由________（乙方）提供；□其他______________。

1.8　艺术作品自交付甲方之日起损坏、灭失的风险由甲方承担。

1.9　甲方应于本合同第1.4款约定的到期日前将艺术作品归还乙方,同时应将其制作的艺术作品全部复制品或除影视剧以外的影像资料一并归还或按照乙方要求进行销毁。

1.10　乙方有权查验甲方对艺术作品的使用情况,但不得干扰甲方正常的拍摄工作,甲方应予以配合。

1.11　在影视剧的宣传或发行过程中,甲方有权在有关宣传或销售资料中使用艺术作品。

第二条　声明与保证

2.1　双方互相向对方声明、陈述和保证如下:该方是合法设立并有效存续的独立法人或有完全行为能力的自然人;该方有法定资格签署本合同。本合同所述的许可符合法律法规的规定;该方有能力履行其于本合同项下之义务,并且该等履行义务的行为不违反任何对其有约束力的法律文件或约定的限制。本合同一经合法签署及交付,即构成对该方合法有效的约束,并可强制执行。

2.2　甲方需按照合同约定的目的使用该艺术作品,未经乙方同意,不得将该艺术作品出租、出借给他人使用。甲方在该艺术作品的使用过程中,应注意维护乙方的财产权益和人身权益,保证含有该艺术作品影像在内的影视剧内容及画面不对乙方产生侮辱、诽谤等不良影响。

2.3　乙方保证甲方不会因该艺术作品的使用而侵犯到他人名誉权、隐私权、肖像权、著作权等合法权益。如果因甲方在合理范围内使用该艺术作品而侵犯他人合法权益或引起任何纠纷、争议、诉讼或其他法律程序的,应由乙方承担相关法律责任,并赔偿甲方因此而产生的任何及所有损失,包括但不限于合理的法律费用及支出等。

第三条　违约责任

3.1　甲乙双方应正当行使权利,履行义务,保证本合同的顺利履行。任何一方违反本合同项下的任何规定,均应当承担违约责任;给对方造成损失的,应赔偿对方由此所遭受的全部经济损失。

3.2　甲方未履行或未按约定履行本合同规定的义务,应分别承担相应的违约责任,具体如下:① 若甲方未如期向乙方支付许可使用费,每逾期1日,应向乙方支付逾期许可使用费的________‰作为违约金;② 若因甲方原因导致本合同解除的,则不论工作的进度如何,甲方应向乙方支付尚未支付的许可使用费。③ 若艺术作品在交付甲方后损坏或丢失,甲方应赔偿乙方因此而遭受的经济损失人民币________元。

3.3　乙方未履行或未按约定履行本合同规定的义务,应分别承担相应的违约责任,具体如下:① 乙方未依据本合同的规定如期向甲方提供符合约定的艺术作品,每逾期1日,乙方应向甲方支付违约金人民币________元;② 若因乙方原因导致本合同解除的,则合同解除后5日内,乙方需将已收取的许可使用费加算银行同期存款利率按照甲方指定的方式返还甲方,并赔偿甲方因此遭受的经济损失。

第四条　合同的变更

4.1　本合同履行期间,发生特殊情况时,甲、乙任何一方需变更本合同的,要求变更一方应及时书面通知对方,征得对方同意后,双方在规定的时限内(书面通知发出________天内)签订书面变更合同,该合同将成为本合同不可分割的组成部分。

4.2　未经双方签署书面文件,任何一方无权变更本合同,否则,由此造成对方的一切经济损失,由责任方承担。

第五条　合同的解除

5.1　在本合同履行过程中发生下列情形之一,甲方可以通过书面形式通知乙方而解除本合同:

5.1.1　乙方未能按本合同的规定向甲方提供符合约定的艺术作品,经甲方催告后______日内仍未予以交付;

5.1.2　乙方部分或完全丧失民事行为能力致使其不能继续履行本合同;

5.1.3　乙方在本合同第二条中所做的保证不真实。

5.2　在本合同履行过程中发生下列情形之一,乙方可以通过书面形式通知甲方而解除本合同:

5.2.1　甲方迟延支付乙方的许可使用费,经乙方催告后______日内仍未予以支付;

5.2.2　甲方破产、解散或被依法吊销企业法人营业执照且无权利、义务承受人的。

5.3　除本合同规定的情形之外,甲乙双方皆不得擅自解除本合同。

第六条　保密义务

6.1　未经对方书面同意,任何一方不得向任何第三方泄露本合同以及与本合同相关的一切信息。若本合同未生效,任何一方不得向任何第三方泄露其在签约过程中知悉或取得且无法自公开渠道获得的另一方的文件及资料(包括商业秘密、公司计划、运营活动、财务信息、经营信息及其他商业秘密等)。

6.2　甲乙双方保证对其在讨论、签订、执行本合同过程中所获悉的属于对方的且无法自公开渠道获得的文件及资料(包括商业秘密、公司计划、运营活动、财务信息、技术信息、经营信息及其他商业秘密)予以保密。但法律、法规另有规定或双方另有约定的除外。

6.3 在本合同终止之后,甲乙双方在本条款项下的义务并不随之终止,双方仍需遵守本合同之保密条款,履行其所承诺的保密义务,直到对方同意其解除此项义务,或事实上不会因违反本合同的保密条款而给对方造成任何形式的损害时为止。

6.4 任何一方若违反上述保密义务,应赔偿对方因此而遭受的一切经济损失。

第七条 不可抗力

7.1 如果本合同任何一方因受不可抗力事件影响而未能履行其在本合同下的全部或部分义务,该义务的履行在不可抗力事件妨碍其履行期间应予中止。

7.2 声称受到不可抗力事件影响的一方应尽可能在最短的时间内通过书面形式将不可抗力事件的发生通知另一方,并在该不可抗力事件发生后10日内向另一方提供关于此种不可抗力事件及其持续时间的适当证据及合同不能履行或者需要延期履行的书面资料。声称不可抗力事件导致其对本合同的履行在客观上成为不可能或不实际的一方,有责任尽一切合理的努力消除或减轻此等不可抗力事件的影响。

7.3 不可抗力事件发生时,双方应立即通过友好协商决定如何执行本合同。不可抗力事件或其影响终止或消除后,双方须立即恢复履行各自在本合同项下的各项义务。如不可抗力及其影响无法终止或消除而致使合同任何一方丧失继续履行合同的能力,则双方可协商解除合同或暂时延迟合同的履行,且遭遇不可抗力一方无须为此承担责任。当事人迟延履行后发生不可抗力的,不能免除责任。

7.4 本合同所称不可抗力是指受影响一方不能合理控制的,无法预料或即使可预料到也不可避免且无法克服,并于本合同签订日之后出现的,使该方对本合同全部或部分的履行在客观上成为不可能或不实际的任何事件。此等事件包括但不限于自然灾害如水灾、火灾、旱灾、台风、地震,以及社会事件如战争(不论曾否宣战)、动乱、罢工,政府行为或法律规定等。

第八条 通知与送达

8.1 甲乙双方因履行本合同而相互发出或者提供的所有通知、文件、资料等,均应按照本合同首部所列明的通讯地址、传真、电子邮件以邮寄或传真或电子邮件方式送达;一方如果迁址或者变更电话、电子邮件应当书面通知对方,否则发至本合同首部所列明的通讯地址或者传真、电子邮件系统的通知、文件、资料均视为有效送达。

8.2 以邮寄方式送达的,另一方签收之日视为送达;签收之日不明确的,以信件寄出或者投邮之日起算3日视为送达。通过传真、电子邮件方式送达的,通知、文件、资料等数据电文进入另一方系统之时视为送达;通知、文件、资料等数据电文进入另一方系统之时不明确的,以传真、电子邮件发出后的第二日视为送达。

第九条 争议解决与适用法律

9.1 本合同的订立、效力、解释、履行和争议的解决均适用中华人民共和国的法律。

9.2 凡因本合同引起的或与本合同有关的任何争议,由双方协商解决;协商不成的,按下列第□1/□2种方式(二选一)解决:

9.2.1 任何一方均有权将争议提交设在________________(地点)的________________仲裁委员会,按照申请仲裁时该会现行有效的仲裁规则进行仲裁。仲裁裁决是终局的,对双方均有约束力。

9.2.2 任何一方均有权向________________人民法院起诉。

第十条 合同权利和义务的转让

除合同中另有规定或经双方协商同意外,本合同所规定双方的任何权利和义务,任何一方在未征得另一方书面同意之前,不得转让给第三者。任何转让,未经另一方书面明确同意,均属无效。

第十一条 合同的解释

11.1 本合同文本由□甲方□乙方提供,其已采取合理的方式提请对方注意免除或者限制其责任的条款并予以说明;甲乙双方对本合同各条款的内容均充分理解并经协商达成一致同意。

11.2 本合同的理解与解释应依据合同目的和文本原意进行,本合同的标题仅是为了阅读方便而设,不应影响本合同的解释。

第十二条 合同效力和签署

12.1 本合同对每一方的继承人和受让人均有约束力。

12.2 本合同的任何一方未能及时行使本合同项下的权利不应被视为放弃该权利,也不影响该方在将来行使该权利。

12.3 如果本合同中的任何条款无论因何种原因完全或部分无效或不具有执行力,或违反任何适用的法律,则该条款被视为删除。但本合同的其余条款仍应有效并且有约束力。

12.4 本合同一式肆份,双方各执两份,具有同等法律效力。

12.5　本合同经双方签字、盖章,以最后签字、盖章日期为本合同生效日期。本合同未尽事宜,需修订或变更时由双方签署补充合同,补充合同与本合同具有同等法律效力。

12.6　本合同之任何修改除非经双方以书面形式签署确认,否则均属无效。

第十三条　合同附件

13.1　本合同未尽事宜,依照有关法律、法规执行,法律、法规未作规定的,甲乙双方可以达成书面补充合同。本合同的附件和补充合同均为本合同不可分割的组成部分,与本合同具有同等的法律效力。

13.2　本合同及本合同的附件和补充合同内空格部分填写的文字与印刷文字具有同等法律效力。

13.3　本合同附件如下:

附件一:艺术作品的具体描述。

(以下无正文)

甲方: (盖章)	乙方: (盖章)
授权代表签字: 签字日期: 合同签订地点:	授权代表签字: 签字日期:

文字作品提交合同

合同适用范围

《文字作品提交合同》主要适用于希望将文字作品拍摄成影视剧的著作权人向影视制作单位提交文字作品进行审阅，由影视制作单位决定是否采用其文字作品拍摄成影视剧的情形。

特别风险提示

1. 双方应共同防范如下风险：

（1）任何一个合同范本都不是万能的，试图以一个一成不变的合同范本包揽一切的想法是最大的风险，因为每个项目或者事情都有其特殊性，况且法律、法规也在不断变化。

（2）为维护文字作品著作权人的合法权益，应限定影视制作单位仅对文字作品享有审阅权。

（3）鉴于影视制作单位不一定采用该文字作品，一般可以约定文字作品著作权人有权将同一作品提交给他人。

（4）由于文字作品尚未发表，因此双方应当签署本合同的同时另行签署《文字作品保密协议》。

（5）就一方需要保证与承诺的事项进行明确约定，并视具体情形进行增减。

（6）审慎选择争议的解决方式与解决机构以及争议解决机构的所在地。实际上，诉讼还是仲裁解决各有利弊，应根据实际情况作出尽可能对自己有利的选择。选择诉讼解决的，双方的约定首先不得违反我国《民事诉讼法》对级别管辖和专属管辖的规定，其次，双方仅可以在书面合同中协议选择被告住所地、合同履行地、合同签订地或者原告住所地的人民法院管辖。

2. 就文字作品的著作权人而言，应着重防范如下风险：

（1）审慎审查影视制作单位的资质文件，包括但不限于工商营业执照、法人组织机构代码证等证件、文件，并将其作为合同的附件，与合同一同加盖骑缝章。

（2）为预防影视制作单位擅自使用文字作品的情形，应当向明确约定对上述行为的违约金，违约金的数额最好能够明确，或约定不得低于相同情况下许可他人使用文字作品能够获得的许可使用费。

3. 就影视制作单位而言，应着重防范如下风险：

(1) 审慎审查文字作品著作权人的资质文件，包括但不限于企业法人营业执照、法人组织机构代码证或自然人的身份证以及相应的著作权的权属文件，并将该信息作为合同的附件，与合同一同加盖骑缝章或由自然人在每页签名。

(2) 审慎审查文字作品的权利证明文件，包括但不限于著作权登记证书、公开出版物等，并将该信息作为合同的附件，与合同一同加盖骑缝章或由自然人在每页签名。同时注意演绎作品应当获得原作品著作权人的许可，并约定详细权利保证条款。

* * *

文字作品提交合同(范本)

合同编号：

甲方(收稿方、影视单位)：	乙方(交稿方)：
住所地：	住所地：
通信地址：	通信地址：
邮政编码：	邮政编码：
法定代表人：	法定代表人：
签约代表人：	签约代表人：
合同联系人：	合同联系人：
联系电话：	联系电话：
传真：	传真：
电子信箱：	电子信箱：

鉴于：

甲方是依法注册成立并取得合法从事影视剧制作资格的法人单位；乙方依法享有文字作品《________________》(下称“文字作品”)的著作权。乙方自愿将文字作品提交给甲方，以供甲方决定是否采用文字作品拍摄影视剧。

甲乙双方依据《中华人民共和国合同法》、《中华人民共和国著作权法》、《中华人民共和国著作权法实施条例》等法律、法规的规定以及平等自愿、诚实信用、等价有偿的原则,经友好协商,特达成本合同,以兹共同遵守。

第一条 提交安排

1.1 乙方应于本合同签署之日起______日内将文字作品的电子版本和打印稿或者文字作品手稿的复印件提交给甲方,因此而产生的相关费用由乙方自行承担。

1.2 甲方阅读文字作品后,可就是否采用文字作品及其他相关事项与乙方进一步协商。

1.3 乙方有权将与文字作品相同或类似的文字材料提交给除甲方以外的任何第三方。

1.4 若甲方有意采用文字作品,应当与乙方协商,另行签订书面合同。

甲乙双方应当签署并遵守有关文字作品的保密协议。保密协议由甲乙双方另行签署。

1.5 甲方应于乙方向其提交文字作品之日起______日内决定是否愿意采用文字作品并书面告知乙方。

1.6 若本条规定的期限届满,甲方仍未告知乙方是否愿意采用文字作品,视为甲方决定不采用文字作品,但经乙方同意,甲方仍可采用文字作品。

1.7 若甲方决定不采用文字作品或依据本合同第九条的规定视为甲方决定不采用文字作品,甲方应于作出决定之日或本合同第九条规定的期限届满之日起______日内将乙方向其提交的所有资料退还乙方或按照乙方要求予以销毁,由此产生的费用由甲方承担。

1.8 若甲方不慎将乙方向其提交的有关资料丢失,甲方不必因此向乙方承担任何责任,但应将资料丢失情况及是否需要乙方重新提交相关资料书面告知乙方。

第二条 声明与保证

2.1 双方互相向对方声明、陈述和保证如下:该方是合法设立并有效存续的独立法人或有完全行为能力的自然人;该方有法定资格签署本合同。本合同所述的许可符合法律法规的规定;该方有能力履行其于本合同项下之义务,并且该等履行义务的行为不违反任何对其有约束力的法律文件或约定的限制。本合同一经合法签署及交付,即构成对该方合法有效的约束,并可强制执行。

2.2 乙方保证其依法享有文字作品的著作权,有权许可他人行使文字作品的有关权益。

2.3 未经乙方同意,甲方不得使用乙方提供的文字作品。甲方使用自己或任何第三方享有著作权的、与文字作品相同或类似的文字材料,不属于本合同第六条中的“擅自使用文字作品”。

第三条 违约责任

甲方擅自使用乙方提供的文字作品的,应当向乙方支付违约金,□违约金的数额为人民币________元;□违约金不得低于相同情况下乙方许可他人使用文字作品能够获得的许可使用费。

第四条 合同的变更

4.1 本合同履行期间,发生特殊情况时,甲、乙任何一方需变更本合同的,要求变更一方应及时书面通知对方,征得对方同意后,双方在规定的时限内(书面通知发出________天内)签订书面变更合同,该合同将成为本合同不可分割的组成部分。

4.2 未经双方签署书面文件,任何一方无权变更本合同,否则,由此造成对方的一切经济损失,由责任方承担。

第五条 合同的解除

5.1 在本合同履行过程中经甲乙双方友好协商可书面解除本合同。

5.2 除本合同规定的情形之外,甲乙双方皆不得擅自解除本合同。

第六条 保密义务

6.1 未经对方书面同意,任何一方不得向任何第三方泄露本合同以及与本合同相关的一切信息。若本合同未生效,任何一方不得向任何第三方泄露其在签约过程中知悉或取得且无法自公开渠道获得的另一方的文件及资料(包括商业秘密、公司计划、运营活动、财务信息、经营信息及其他商业秘密等)。

6.2 甲乙双方保证对其在讨论、签订、执行本合同过程中所获悉的属于对方的且无法自公开渠道获得的文件及资料(包括商业秘密、公司计划、运营活动、财务信息、技术信息、经营信息及其他商业秘密)予以保密。但法律、法规另有规定或双方另有约定的除外。

6.3 在本合同终止之后,甲乙双方在本条款项下的义务并不随之终止,双方仍需遵守本合同之保密条款,履行其所承诺的保密义务,直到对方同意其解除此项义务,或事实上不会因违反本合同的保密条款而给对方造成任何形式的损害时为止。

6.4 任何一方若违反上述保密义务,应赔偿对方因此而遭受的一切经济损失。

第七条　不可抗力

7.1　如果本合同任何一方因受不可抗力事件影响而未能履行其在本合同下的全部或部分义务,该义务的履行在不可抗力事件妨碍其履行期间应予中止。

7.2　声称受到不可抗力事件影响的一方应尽可能在最短的时间内通过书面形式将不可抗力事件的发生通知另一方,并在该不可抗力事件发生后10日内向另一方提供关于此种不可抗力事件及其持续时间的适当证据及合同不能履行或者需要延期履行的书面资料。声称不可抗力事件导致其对本合同的履行在客观上成为不可能或不实际的一方,有责任尽一切合理的努力消除或减轻此等不可抗力事件的影响。

7.3　不可抗力事件发生时,双方应立即通过友好协商决定如何执行本合同。不可抗力事件或其影响终止或消除后,双方须立即恢复履行各自在本合同项下的各项义务。如不可抗力及其影响无法终止或消除而致使合同任何一方丧失继续履行合同的能力,则双方可协商解除合同或暂时延迟合同的履行,且遭遇不可抗力一方无须为此承担责任。当事人迟延履行后发生不可抗力的,不能免除责任。

7.4　本合同所称不可抗力是指受影响一方不能合理控制的,无法预料或即使可预料到也不可避免且无法克服,并于本合同签订日之后出现的,使该方对本合同全部或部分的履行在客观上成为不可能或不实际的任何事件。此等事件包括但不限于自然灾害如水灾、火灾、旱灾、台风、地震,以及社会事件如战争(不论曾否宣战)、动乱、罢工,政府行为或法律规定等。

第八条　通知与送达

8.1　甲乙双方因履行本合同而相互发出或者提供的所有通知、文件、资料等,均应按照本合同首部所列明的通讯地址、传真、电子邮件以邮寄或传真或电子邮件方式送达;一方如果迁址或者变更电话、电子邮件应当书面通知对方,否则发至本合同首部所列明的通讯地址或者传真、电子邮件系统的通知、文件、资料均视为有效送达。

8.2　以邮寄方式送达的,另一方签收之日视为送达;签收之日不明确的,以信件寄出或者投邮之日起算3日视为送达。通过传真、电子邮件方式送达的,通知、文件、资料等数据电文进入另一方系统之时视为送达;通知、文件、资料等数据电文进入另一方系统之时不明确的,以传真、电子邮件发出后的第二日视为送达。

第九条　争议解决与适用法律

9.1　本合同的订立、效力、解释、履行和争议的解决均适用中华人民共和国的法律。

9.2 凡因本合同引起的或与本合同有关的任何争议,由双方协商解决;协商不成的,按下列第□1/□2 种方式(二选一)解决:

9.2.1 任何一方均有权将争议提交设在______(地点)的______仲裁委员会,按照申请仲裁时该会现行有效的仲裁规则进行仲裁。仲裁裁决是终局的,对双方均有约束力。

9.2.2 任何一方均有权向______人民法院起诉。

第十条 合同权利和义务的转让

除合同中另有规定或经双方协商同意外,本合同所规定双方的任何权利和义务,任何一方在未征得另一方书面同意之前,不得转让给第三者。任何转让,未经另一方书面明确同意,均属无效。

第十一条 合同的解释

11.1 本合同文本由□甲方□乙方提供,其已采取合理的方式提请对方注意免除或者限制其责任的条款并予以说明;甲乙双方对本合同各条款的内容均充分理解并经协商达成一致同意。

11.2 本合同的理解与解释应依据合同目的和文本原意进行,本合同的标题仅是为了阅读方便而设,不应影响本合同的解释。

第十二条 合同效力和签署

12.1 本合同对每一方的继承人和受让人均有约束力。

12.2 本合同的任何一方未能及时行使本合同项下的权利不应被视为放弃该权利,也不影响该方在将来行使该权利。

12.3 如果本合同中的任何条款无论因何种原因完全或部分无效或不具有执行力,或违反任何适用的法律,则该条款被视为删除。但本合同的其余条款仍应有效并且有约束力。

12.4 本合同一式肆份,双方各执两份,具有同等法律效力。

12.5 本合同经双方签字、盖章,以最后签字、盖章日期为本合同生效日期。本合同未尽事宜,需修订或变更时由双方签署补充合同,补充合同与本合同具有同等法律效力。

12.6 本合同之任何修改除非经双方以书面形式签署确认,否则均属无效。

第十三条 合同附件

13.1 本合同未尽事宜,依照有关法律、法规执行,法律、法规未作规定的,甲乙双方可以达成书面补充合同。本合同的附件和补充合同均为本合同不可分割的组成部分,与本合同具有同等的法律效力。

13.2 本合同及本合同的附件和补充合同内空格部分填写的文字与印刷文字具有同等法律效力。

13.3 本合同附件如下：____。

（以下无正文）

甲方：	乙方：
（盖章）	（盖章）
授权代表签字：	授权代表签字：
签字日期：	签字日期：
合同签订地点：	

文字作品保密协议

合同适用范围

《文字作品保密协议》主要适用于希望将文字作品拍摄成影视剧的著作权人在与影视制作单位签署了《文字作品提交合同》后,双方认为有必要而另行签署保密协议书的情形。

特别风险提示

《文字作品保密协议》一般与《文字作品提交合同》一起签署,所以此部分未提及的内容,请参照《文字作品提交合同》部分。

(1) 文字作品保密协议应明确保密信息的范围,限定于影视制作单位直接负责审阅的工作人员。

(2) 为预防影视制作单位违反保密协议的情形,应当明确约定对上述行为的违约金,违约金的数额最好能够明确,或约定不得低于著作权人因此而遭受的一切经济损失。

*　　　*　　　*

文字作品保密协议(范本)

协议编号:

甲方(影视单位):
住所地:
通信地址:
邮政编码:

乙方(著作权人):
住所地:
通信地址:
邮政编码:

法定代表人：	法定代表人：
签约代表人：	签约代表人：
协议联系人：	协议联系人：
联系电话：	联系电话：
传真：	传真：
电子信箱：	电子信箱：

鉴于：

甲方是依法注册成立并取得合法从事影视剧制作资格的法人单位；乙方依法享有文字作品《__________________》（下称“文字作品”）的著作权；甲乙双方于______年______月______日签署《文字作品提交合同》。

甲乙双方依据《中华人民共和国合同法》、《中华人民共和国著作权法》、《中华人民共和国著作权法实施条例》等法律、法规的规定以及平等自愿、诚实信用、等价有偿的原则，经友好协商，特达成本协议，以兹共同遵守。

第一条 保密安排

1.1 本协议所称保密信息是指乙方在履行文字作品提交合同时以口头形式或者书面形式透露的、与文字作品直接或者间接相关的包括文字作品本身在内的所有信息（下称保密信息）。

1.2 下列信息不属于保密信息：

1.2.1 甲方有证据证明在乙方向其透露之前已经为其所知的信息；

1.2.2 非因甲方故意或者过失所致，已公之于众的信息，包括乙方已自行公之于众的信息；

1.2.3 甲方有证据证明与保密信息无关的信息。

1.3 甲方仅可以利用乙方向其透露的保密信息对文字作品的质量进行评估，以便决定是否采用文字作品。

1.4 甲方同意接受乙方向其透露的保密信息，并对保密信息加以合理管理以使保密信息不被泄露。

1.5 保密信息属于乙方所有。除本协议第1.6款的规定外，未经乙方事先书面授权，甲方不得向任何第三方泄露保密信息。

1.6 甲方可以向需要知悉保密信息的其工作人员透露保密信息，但应当告知该工作人员此信息的保密性质，并要求该工作人员履行保密义务。甲方应当对其工作人员泄露保密信息的行为向乙方承担法律责任。

1.7 甲方在获得乙方授权之前，不得超越本协议第1.3款的规定使用保密信息。

1.8 甲方履行本协议规定的保密义务的期限为本协议签署之日起______年，甲乙双方另有约定的除外。

第二条 通知与送达

2.1 甲乙双方因履行本协议而相互发出或者提供的所有通知、文件、资料等，均应按照本协议首部所列明的通讯地址、传真、电子邮件以邮寄或传真或电子邮件方式送达；一方如果迁址或者变更电话、电子邮件应当书面通知对方，否则发至本协议首部所列明的通讯地址或者传真、电子邮件系统的通知、文件、资料均视为有效送达。

2.2 以邮寄方式送达的，另一方签收之日视为送达；签收之日不明确的，以信件寄出或者投邮之日起算3日视为送达。通过传真、电子邮件方式送达的，通知、文件、资料等数据电文进入另一方系统之时视为送达；通知、文件、资料等数据电文进入另一方系统之时不明确的，以传真、电子邮件发出后的第二日视为送达。

第三条 违约责任

甲方违反保密义务的，应当向乙方支付违约金，□违约金的数额为人民币________元；□违约金不得低于乙方因此而遭受的一切经济损失。

第四条 争议解决与适用法律

4.1 本协议的订立、效力、解释、履行和争议的解决均适用中华人民共和国的法律。

4.2 凡因本协议引起的或与本协议有关的任何争议，由双方协商解决；协商不成的，按下列第□1/□2种方式(二选一)解决：

4.2.1 任何一方均有权将争议提交设在________________(地点)的________________仲裁委员会，按照申请仲裁时该会现行有效的仲裁规则进行仲裁。仲裁裁决是终局的，对双方均有约束力。

4.2.2 任何一方均有权向________________人民法院起诉。

第五条 协议权利和义务的转让

除协议中另有规定或经双方协商同意外，本协议所规定双方的任何权利和义务，任何一方在未征得另一方书面同意之前，不得转让给第三者。任何转让，未经另一方书面明确同意，均属无效。

第六条 协议的解释

6.1 本协议文本由□甲方□乙方提供，其已采取合理的方式提请对方注意免除或者限制其责任的条款并予以说明；甲乙双方对本协议各条款的内容均充分理解并经协商达成一致同意。

6.2 本协议的理解与解释应依据协议目的和文本原意进行,本协议的标题仅是为了阅读方便而设,不应影响本协议的解释。

第七条 协议效力和签署

7.1 本协议对每一方的继承人和受让人均具有约束力。

7.2 本协议的任何一方未能及时行使本协议项下的权利不应被视为放弃该权利,也不影响该方在将来行使该权利。

7.3 如果本协议中的任何条款无论因何种原因完全或部分无效或不具有执行力,或违反任何适用的法律,则该条款被视为删除。但本协议的其余条款仍应有效并且具有约束力。

7.4 本协议一式肆份,双方各执两份,具有同等法律效力。

7.5 本协议经双方签字、盖章,以最后签字、盖章日期为本协议生效日期。本协议未尽事宜,需修订或变更时由双方签署补充协议,补充协议与本协议具有同等法律效力。

7.6 本协议之任何修改除非经双方以书面形式签署确认,否则均属无效。

第八条 协议附件

8.1 本协议未尽事宜,依照有关法律、法规执行,法律、法规未作规定的,甲乙双方可以达成书面补充协议。本协议的附件和补充协议均为本协议不可分割的组成部分,与本协议具有同等法律效力。

8.2 本协议及本协议的附件和补充协议内空格部分填写的文字与印刷文字具有同等法律效力。

8.3 本协议附件如下:____。

(以下无正文)

甲方:	乙方:
(盖章)	(盖章)
授权代表签字:	授权代表签字:
签字日期:	签字日期:
协议签订地点:	

文字作品使用意向书

合同适用范围

《文字作品使用意向书》主要适用于影视制作单位在制作影视剧的过程中，与文字作品著作权人接洽之前文字作品已经诞生，影视制作单位经初步接触该作品，认为具有拍摄的价值，双方都有将其拍摄成影视剧的意向的情形。

特别风险提示

1. 双方应共同防范如下风险：

(1) 任何一个合同范本都不是万能的，试图以一个一成不变的合同范本包揽一切的想法是最大的风险，因为每个项目或者事情都有其特殊性，况且法律、法规也在不断变化。

(2)《文字作品使用意向书》是一项预备性的协议，不能取代本约。其目的在于通过支付一定的对价，换取作品的一定期限内的排他的选择权，在该期限届满前的任何一天影视制作单位都可以“行权”，从而达到“锁定”作品的目的。因此，影视制作单位选择“行权”的，双方应当及时另行签署《文字作品许可使用合同》。

(3) 就一方需要保证与承诺的事项进行明确约定，并视具体情形进行增减。

(4) 审慎选择争议的解决方式与解决机构以及争议解决机构的所在地。实际上，诉讼还是仲裁解决各有利弊，应根据实际情况作出尽可能对自己有利的选择。选择诉讼解决的，首先，双方的约定不得违反我国《民事诉讼法》对级别管辖和专属管辖的规定，其次，双方仅可以在书面合同中协议选择被告住所地、合同履行地、合同签订地或者原告住所地的人民法院管辖。

2. 就文字作品的著作权人而言，应着重防范如下风险：

(1) 审慎审查影视制作单位的资质文件，包括但不限于工商营业执照、法人组织机构代码证等证件、文件，并将其作为合同的附件，与合同一同加盖骑缝章。

(2) 影视制作单位依据合同约定自应支付许可费用之日起满两年未支付，而著作权人又不能证明存在诉讼时效中止、中断、延长等情形的，将导致著作权人因在诉讼时效内未主张权利而丧失胜诉权。因此，一旦影视制作单位在两年内不支付或不能全部支付许可费用，或未能就争议达成一致的，著作权人应至迟在两年诉讼时效届满前提起诉讼或者仲裁。

3．就影视制作单位而言，应着重防范如下风险：

（1）审慎审查文字作品著作权人的资质文件，包括但不限于法人单位的工商营业执照、法人组织机构代码证或自然人的身份证以及相应的著作权的权属文件，并将该信息作为合同附件，与合同一同加盖骑缝章或由自然人在每页签名。

（2）审慎审查文字作品的权利证明文件，包括但不限于著作权登记证书、公开出版物等，并将该信息作为合同的附件，与合同一同加盖骑缝章或由自然人在每页签名。同时注意演绎作品应当获得原作品著作权人的许可，并约定详细权利保证条款。

（3）如果影视制作单位未能按期行权，务必在期限届满的若干天前（具体期限依双方约定）通知著作权人进行首次续期，在此期限届满前还有一次续期的机会。若期满仍未行权，则视为制作单位放弃行权，期权宣告失效。

（4）在期权的有效期内、影视制作单位正式行权之前，便开始与第三人的接洽，包括签署合约（如租用外景地、聘用演员等）。所以，假如著作权人违约，其所应负担的违约成本就增大了。虽然囿于契约的相对性，第三人无权直接向著作权人追偿，但是影视制作单位对第三人所应承担的赔偿是可以归入对著作权人的违约索偿金额之中的。

*　　*　　*

文字作品使用意向书（范本）

合同编号：

甲方（影视单位）：
住所地：
通信地址：
邮政编码：
法定代表人：
签约代表人：
合同联系人：
联系电话：
传真：
电子信箱：

乙方（文字作品著作权人）：
住所地：
通信地址：
邮政编码：
法定代表人：
签约代表人：
证件号码：
合同联系人：
联系电话：
传真：
电子信箱：

鉴于：

甲方是依法注册成立并取得合法从事影视剧制作资格的法人单位；乙方是文字作品《________________》（下称“文字作品”）的著作权人；甲方有意采用文字作品拍摄影视剧，乙方表示同意。

甲乙双方依据《中华人民共和国合同法》、《中华人民共和国著作权法》、《中华人民共和国著作权法实施条例》等法律、法规的规定以及平等自愿、诚实信用、等价有偿的原则，经友好协商，特达成本意向书，以兹共同遵守。

名词定义：本意向书所称“期权”，系指被许可方以支付一定对价所取得的在未来一定期间内决定是否采用约定文字作品的选择权。在该期间内，文字作品的著作权人本人不得行使本意向书第七条项下的权利，更不得将上述权利授予任何第三人。

第一条　首个期权

1.1　乙方特此授予甲方一个不可撤销的、为期________个月的期权（自本意向书签署时起算）。

1.2　甲方同意为此向乙方支付人民币________元。该款项应当于本意向书签署之日起______日内支付。

1.3　假如期权得以行使，为首个期权支付的款额可从付给乙方的购买价格中予以扣减。

第二条　续展权

2.1　甲方享有先后两次通过下列方式，每次按________个月期限（即“续展期间”）的延长期权的权利。

2.2　作为行使首次续展的对价，向乙方支付人民币________元。该款项应当于续展通知到达乙方之日起______日内支付。

2.3　作为行使第二次续展的对价，向乙方支付人民币________元。该款项应当于续展通知到达乙方之日起______日内支付。

2.4　甲方应于当期期权期间届满5日前，把续展期权的意思以书面形式通知乙方。该通知到达乙方时，期权的续展即发生效力。

第三条　独家许可

在上述期限内，甲方享有使用作品的排他的、独家的选择权。在上述期限内，乙方不得将本意向书第七条所规定的权利许可给任何第三方使用，而且乙方本人也不得行使。

第四条　期权续展费的独立性

如果期权得以行使，由甲方向乙方支付的续展期权的全部费用（即“续展费”）

不得从应付给乙方的许可使用费中予以扣除。

第五条 许可使用费的预先约定

5.1 如果甲方行使期权,双方同意作品的许可使用费为人民币________元。具体支付时间、支付方式及其他条款由拟签署的文字作品许可使用合同另行约定。

5.2 本意向书第一条、第二条所约定的期限届满前,甲方未以书面方式通知乙方表示采用该作品的,甲方的选择权终止,其向乙方支付的金额不予退还。

5.3 甲方未向乙方按期支付约定金额的,本意向书终止,双方互不承担责任。

第六条 与第三人接洽的权利

6.1 在期权的有效期间和续展期内(如果办理了续展的话),甲方享有与第三人进行接洽、就项目进行磋商并针对本意向书项下的作品的开发订立意向书的权利。在甲方行使期权并支付期权对价的前提下,乙方特此授予甲方下列全球范围的排他的权利:

6.1.1 通过媒介和设备进行开发、制作、利用的一切权利,包括但不限于通过院线发行、非院线发行、互联网发行、电视(包括但不限于免费的、付费的、有线的以及卫星传输)、音像带和 DVD,以及基于任何一切目前所知或者日后开发的媒介和技术所进行的复制或传播。

6.1.2 将作者姓名、肖像、声音和生平用于影音制作和其他项目以及立足于作品的其他材料,将其用于广告、宣传和推广。在行使这些权利过程中,甲方就作品的修改、编辑、剪切、重新编排或者更改作品方面享有不受限制的自决权。

第七条 拟使用作品权利的范围

7.1 在本意向书第一条确定的期限内,甲方有权自主决定是否受让乙方对文字作品享有的下列权利:

7.1.1 根据文字作品(当作品的形式表现为影视剧剧本时)拍摄影视剧;

7.1.2 将作品改编成影视剧剧本(当作品的形式表现为小说、报告文学等其他形式时),根据改编而成的剧本拍摄影视剧。

7.2 以上权利应一并行使。在甲乙双方最终订立的《文字作品许可使用合同》中,甲方仅要求部分受让上述权利并经乙方同意的,合同成立。但甲方收取的、许可合同中未包含的那部分权利所涉及的金额,甲方不得要求乙方退还。

第八条 甲方的缔约义务

在本意向书期限内,一旦甲方决定采用作品用于本议定书第七条所定用途,甲方即负有于______日内与乙方订立《文字作品许可使用合同》的义务。

第九条 原始稿件的返还及复制件的删除、销毁

9.1 若乙方提交的是原始手稿,甲方应妥善保管。本意向书期限届满,甲方未行使优先缔结作品许可使用合同权利的,或者甲方在期满前明确表示放弃该项权利的,应将上述稿件在______日内返还给乙方。

9.2　若乙方提交的是复制件(包括但不限于复印件、誊写本、摘录本、微缩照片、文稿诵读录音、文稿电子版等)、网络邮件等,在符合前款所列情形时,甲方应将上述材料予以返还,无法返还的应当全部删除或者销毁。

第十条　义务转让的限制

除本意向书约定情形外,非经对方书面同意,当事人不得将基于本意向书所负义务转让给第三人。一方擅自将其所负义务转让给第三人的,该转让行为对另一方不发生效力。

第十一条　权利担保

对本意向书项下的作品的权属情况,乙方作出如下担保:

11.1　截至本意向书签署之时,乙方对作品享有完全的、合法的著作权。

11.2　对于本意向书第三条所约定之权利,乙方从未转让或许可给任何第三人行使,乙方本人亦未行使。而且,在本意向书的有效期限内乙方保证不实施上述行为。

11.3　乙方从未就作品著作权(无论全部或一部)设定质押,且迄今为止作品之上不存在任何权利负担;而且,在本意向书的有效期限内乙方保证不实施上述行为。

11.4　作品不存在任何著作权的纷争,作品的内容亦未侵害任何第三人的人身权或财产权。

11.5　在本意向书的期限内,若因作品引发来自任何第三人的追索,从而给甲方带来任何不便或损失,乙方愿意承担全部责任。

11.6　在本意向书的期限内,若发生继承或者合并、分立等事由,依法由变更后的当事人享受相应的权利,承担相应的义务。

第十二条　收回

如果甲方已经行使期权但在行使期权之后的5年内并未开始影音制作的主要拍摄工作,则(原授予给甲方的)权利由作品著作权人收回。

第十三条　使用已进入公有领域的材料的权利

在任何情况下,本意向书的签订不得使甲方或甲方权利义务的受让人就使用公有领域的材料(包括但不限于作品中所包含的已进入公有领域的材料)的权利方面处于比本意向书签署前更为不利的地位。

第十四条　违约责任

14.1　甲乙双方应正当行使权利,履行义务,保证本意向书的顺利履行。任何一方违反本意向书项下的任何规定,均应当承担违约责任;给对方造成损失的,应赔偿对方由此所遭受的全部经济损失。

14.2 乙方违反本意向书第三条规定情形的,甲方有权通知乙方解除本意向书;因此造成甲方损失的,乙方应依法予以赔偿。

14.3 乙方违反本意向书第十一条所规定的义务,应当向甲方支付违约金________元(人民币)。甲方并有权要求乙方承担赔偿损失及其他违约责任。甲方与第三人的接洽,包括签署合约(如租用外景地、聘用演员等)而产生的损失由乙方承担。

14.4 乙方将未经公开发表的作品透露给第三方,包括但不限于由于乙方、乙方工作人员或乙方聘用或委托的其他人员的原因致使该作品被不合理地散布、传播、复制或者被第三人剽窃的,甲方可以选择要求乙方承担违约责任或者要求乙方单独承担或与其他侵权行为人一同承担侵权责任。

14.5 对乙方提交的原始稿件,甲方未予妥善保管,导致该稿件全部或部分遗失、玷污、损毁的,甲方应赔偿乙方由此所受到的损失。

第十五条　合同的变更

15.1 本意向书履行期间,发生特殊情况时,甲、乙任何一方需变更本意向书的,要求变更一方应及时书面通知对方,征得对方同意后,双方在规定的时限内(书面通知发出________天内)签订书面变更协议,该协议将成为本意向书不可分割的组成部分。

15.2 未经双方签署书面文件,任何一方无权变更本意向书,否则,由此造成对方的一切经济损失,由责任方承担。

第十六条　保密义务

16.1 未经对方书面同意,任何一方不得向任何第三方泄露本意向书以及与本意向书相关的一切信息。若本意向书未生效,任何一方不得向任何第三方泄露其在签约过程中知悉或取得且无法自公开渠道获得的另一方的文件及资料(包括商业秘密、公司计划、运营活动、财务信息、经营信息及其他商业秘密等)。

16.2 甲乙双方保证对其在讨论、签订、执行本意向书过程中所获悉的属于对方的且无法自公开渠道获得的文件及资料(包括商业秘密、公司计划、运营活动、财务信息、技术信息、经营信息及其他商业秘密)予以保密。但法律、法规另有规定或双方另有约定的除外。

16.3 在本意向书终止之后,甲乙双方在本条款项下的义务并不随之终止,双方仍需遵守本意向书之保密条款,履行其所承诺的保密义务,直到对方同意其解除此项义务,或事实上不会因违反本意向书的保密条款而给对方造成任何形式的损害时为止。

16.4　任何一方若违反上述保密义务，应赔偿对方因此而遭受的一切经济损失。

第十七条　不可抗力

17.1　如果本意向书任何一方因受不可抗力事件影响而未能履行其在本意向书下的全部或部分义务，该义务的履行在不可抗力事件妨碍其履行期间应予中止。

17.2　声称受到不可抗力事件影响的一方应尽可能在最短的时间内通过书面形式将不可抗力事件的发生通知另一方，并在该不可抗力事件发生后10日内向另一方提供关于此种不可抗力事件及其持续时间的适当证据及不能履行或者需要延期履行的书面资料。声称不可抗力事件导致其对本意向书的履行在客观上成为不可能或不实际的一方，有责任尽一切合理的努力消除或减轻此等不可抗力事件的影响。

17.3　不可抗力事件发生时，双方应立即通过友好协商决定如何执行本意向书。不可抗力事件或其影响终止或消除后，双方须立即恢复履行各自在本意向书项下的各项义务。如不可抗力及其影响无法终止或消除而致使任何一方丧失继续履行本意向书的能力，则双方可协商解除本意向书或暂时延迟本意向书的履行，且遭遇不可抗力一方无须为此承担责任。当事人迟延履行后发生不可抗力的，不能免除责任。

17.4　本意向书所称不可抗力是指受影响一方不能合理控制的，无法预料或即使可预料到也不可避免且无法克服，并于本意向书签订日之后出现的，使该方对本意向书全部或部分的履行在客观上成为不可能或不实际的任何事件。此等事件包括但不限于自然灾害如水灾、火灾、旱灾、台风、地震，以及社会事件如战争（不论曾否宣战）、动乱、罢工，政府行为或法律规定等。

第十八条　通知与送达

18.1　甲乙双方因履行本意向书而相互发出或者提供的所有通知、文件、资料等，均应按照本意向书首部所列明的通讯地址、传真、电子邮件以邮寄或传真或电子邮件方式送达；一方如果迁址或者变更电话、电子邮件应当书面通知对方，否则发至本意向书首部所列明的通讯地址或者传真、电子邮件系统的通知、文件、资料均视为有效送达。

18.2　以邮寄方式送达的，另一方签收之日视为送达；签收之日不明确的，以信件寄出或者投邮之日起算3日视为送达。通过传真、电子邮件方式送达的，通知、文件、资料等数据电文进入另一方系统之时视为送达；通知、文件、资料等数据电文进入另一方系统之时不明确的，以传真、电子邮件发出后的第二日视为送达。

第十九条 争议解决与适用法律

19.1 本意向书的订立、效力、解释、履行和争议的解决均适用中华人民共和国的法律。

19.2 凡因本意向书引起的或与本意向书有关的任何争议，由双方协商解决；协商不成的，按下列第□1/□2 种方式（二选一）解决：

19.2.1 任何一方均有权将争议提交设在________________（地点）的________________仲裁委员会，按照申请仲裁时该会现行有效的仲裁规则进行仲裁。仲裁裁决是终局的，对双方均有约束力。

19.2.2 任何一方均有权向________________人民法院起诉。

第二十条 合同权利和义务的转让

除意向书中另有规定或经双方协商同意外，本意向书所规定双方的任何权利和义务，任何一方在未征得另一方书面同意之前，不得转让给第三者。任何转让，未经另一方书面明确同意，均属无效。

第二十一条 合同的解释

21.1 本意向书文本由□甲方□乙方提供，其已采取合理的方式提请对方注意免除或者限制其责任的条款并予以说明；甲乙双方对本意向书各条款的内容均充分理解并经协商达成一致同意。

21.2 本意向书的理解与解释应依据合同目的和文本原意进行，本意向书的标题仅是为了阅读方便而设，不应影响本意向书的解释。

第二十二条 合同效力和签署

22.1 本意向书对每一方的继承人和受让人均有约束力。

22.2 本意向书的任何一方未能及时行使本意向书项下的权利不应被视为放弃该权利，也不影响该方在将来行使该权利。

22.3 如果本意向书中的任何条款无论因何种原因完全或部分无效或不具有执行力，或违反任何适用的法律，则该条款被视为删除。但本意向书的其余条款仍应有效并且具有约束力。

22.4 本意向书一式肆份，双方各执两份，具有同等法律效力。

22.5 本意向书经双方签字、盖章，以最后签字、盖章日期为本意向书生效日期。本意向书未尽事宜，需修订或变更时由双方签署补充合同，补充合同与本意向书具有同等法律效力。

22.6 本意向书之任何修改除非经双方以书面形式签署确认，否则均属无效。

第二十三条 合同附件

23.1 本意向书未尽事宜，依照有关法律、法规执行，法律、法规未作规定的，甲乙双方可以达成书面补充合同。本意向书的附件和补充合同均为本意向书不可分割的组成部分,与本意向书具有同等法律效力。

23.2 本意向书及本意向书的附件和补充合同内空格部分填写的文字与印刷文字具有同等法律效力。

23.3 本意向书附件如下:______________________________。

甲方:
(盖章)

授权代表签字:
签字日期:

乙方:
(盖章)

授权代表签字:
签字日期:

本意向书签订地点:

文字作品许可使用合同

合同适用范围

《文字作品许可使用合同》主要适用于影视制作单位在制作影视剧的过程中，与文字作品著作权人协商，由影视制作单位支付一定的稿酬，取得文字作品的使用权，并在此基础上改编成文学剧本并摄制影视剧的情形。

特别风险提示

1. 双方应共同防范如下风险：

(1) 任何一个合同范本都不是万能的，试图以一个一成不变的合同范本包揽一切的想法是最大的风险，因为每个项目或者事情都有其特殊性，况且法律、法规也在不断变化。

(2) 鉴于我国《著作权法》的相关规定，《文字作品许可使用合同》履行完毕后会创作产生相关的文学剧本，因此双方应当对文学剧本的著作权进行明确约定，以免日后产生纠纷。

(3) 鉴于我国《著作权法》第15条的规定，影视制作单位作为制片者对影视剧享有整体著作权。因此应当明确以根据文字作品改编的文学剧本为基础而拍摄的影视剧的著作权由影视制作单位享有，影视制作单位在使用和处分该影视剧时，不需要再另行获得文字作品著作权人的许可和付酬。

(4) 就一方需要保证与承诺的事项进行明确约定，并视具体情形进行增减。

(5) 审慎选择争议的解决方式与解决机构以及争议解决机构的所在地。实际上，诉讼还是仲裁解决各有利弊，应根据实际情况作出尽可能对自己有利的选择。选择诉讼解决的，双方的约定首先不得违反我国《民事诉讼法》对级别管辖和专属管辖的规定，其次，双方仅可以在书面合同中协议选择被告住所地、合同履行地、合同签订地或者原告住所地的人民法院管辖。

2. 就文字作品的著作权人而言，应着重防范如下风险：

(1) 审慎审查影视制作单位的资质文件，包括但不限于企业法人营业执照、法人组织机构代码证等证件、文件，并将其作为合同的附件，与合同一同加盖骑缝章。

（2）谨慎预测文字作品创作完成和准备的期间，并在合同中留有足够的交付时间，以免违约。

（3）应将涉及文字作品的交付时间、内容、接收人等信息作为档案予以保存，一旦发生争议便可作为有力证据证明己方已依据法律规定、合同约定进行了适格交付。例如，当面交付的，应要求对方签字、盖章，不便盖章的，应要求对方事先出具授权委托书，授权委托书应载明授权某人负责接收、签署、送达文件、资料等事项；邮寄送达的，应在邮递物件时签署的详情单的“文件名称”栏中明确记载邮递的物料内容、份数等信息。

（4）影视制作单位依据合同约定自应支付许可费用之日起满两年未支付，而著作权人又不能证明存在诉讼时效中止、中断、延长等情形的，将导致著作权人因在诉讼时效内未主张权利而丧失胜诉权。因此，一旦影视制作单位在两年内不支付或不能全部支付许可费用，或未能就争议达成一致的，著作权人应至迟在两年的诉讼时效届满前提起诉讼或者仲裁。

3. 就影视制作单位而言，应着重防范如下风险：

（1）审慎审查文字作品著作权人的资质文件，包括但不限于法人单位的工商营业执照、法人组织机构代码证或自然人的身份证以及相应的著作权的权属文件，并将该信息作为合同的附件，与合同一同加盖骑缝章或由自然人在每页签名。

（2）审慎审查文字作品的权利证明文件，包括但不限于著作权登记证书、公开出版物等，并将该信息作为合同的附件，与合同一同加盖骑缝章或由自然人在每页签名。同时注意演绎作品应当获得原作品著作权人的许可，并约定详细权利保证条款。

（3）鉴于我国《著作权法》第15条的规定，文字作品的著作权人享有署名权和获酬权，因此应当明确约定署名方式和获酬金额、支付方式。考虑到许可使用的文字作品已经完成，其价值基本确定，因此建议一般应当采用一次性付费的方式向文字作品的著作权人支付报酬。

（4）为了避免对同一文字作品改编的不同影视剧进行市场竞争的情形，一般应当约定对文字作品享有专有使用权。

（5）收到著作权人交付的物料后，应依据法律规定、合同约定及时查验，以免丧失权利，造成对己方不利的后果。

*　　　*　　　*

文字作品许可使用合同(范本)

合同编号:

甲方(被许可方、影视单位):	乙方(许可方):
住所地:	住所地:
通信地址:	通信地址:
邮政编码:	邮政编码:
法定代表人:	法定代表人:
签约代表人:	签约代表人:
合同联系人:	证件号码:
联系电话:	合同联系人:
传真:	联系电话:
电子信箱:	传真:
	电子信箱:

鉴于:

甲方是依法注册成立并取得合法从事影视剧制作资格的法人单位;乙方是文字作品《________________》(下称“文字作品”)的著作权人;乙方同意许可甲方将文字作品改编成影视剧文学剧本并拍摄成影视剧。

甲乙双方依据《中华人民共和国合同法》、《中华人民共和国著作权法》、《中华人民共和国著作权法实施条例》等法律、法规的规定以及平等自愿、诚实信用、等价有偿的原则,经友好协商,特达成本合同,以兹共同遵守。

第一条　许可安排

1.1　乙方许可甲方将文字作品《________________》改编成影视剧文学剧本并拍摄成影视剧。该文字作品的创作完成时间为______年______月______日,□已发表□未发表,出版社及书号为(如有)________________________________,著作权登记证书号码为(如有)____。

1.2　乙方同意甲方将该文字作品改编为□电影片□电视剧□其他________的文学剧本并拍摄成相应类型的影视剧。

1.3　根据文字作品改编的文学剧本的著作权,按照甲方与创作文学剧本的编剧之间的约定由甲方或编剧享有。

1.4　根据改编的文学剧本摄制的影视剧的著作权由甲方享有。甲方在《著作权法》规定的全部权利种类内使用和处分影视剧而不需要另行获得乙方许可和支付报酬。

1.5　甲方获得许可的有效期限自本合同签署生效之日起至______年______月______日止。但在本合同期满后,甲方可以在《著作权法》规定的全部权利种类内继续使用和处分根据文字作品摄制的影视剧而无须另行获得乙方许可和支付报酬。

1.6　专有许可:在合同有效期内,乙方不得将本合同范畴内所列权利授予任何第三方行使,而且乙方自己也不得行使。

1.7　转授权许可:对于转授权事宜,甲乙双方同意按以下执行:

□甲方有权将本合同范畴内所列权利转授权给第三人行使;

□甲方不得将本合同范畴内所列权利转授权给第三人行使,但具备相应资质的第三人以甲方的名义代理甲方行使上述权利的,不在此限。

1.8　甲方向乙方支付许可使用费共计________元人民币(大写)。上述金额为□税前□税后款。如为税前款的,则费用中含________%的税款□由乙方承担,甲方为代扣代缴义务人;□或根据法律、法规规定由各方自行承担相关税负。如为税后款的,则甲方应当在全部款项支付后______日内为乙方出具完税证明。

1.9　上述许可使用费按以下方式支付:

□甲方应于合同签订之日起______日内一次性向乙方支付许可使用费人民币________元整。

□上述许可使用费分________次支付。其中本合同签订当日支付费用总额的________%,即________元;本合同签订之日起满______月时,支付其余款项,即________元。

1.10　乙方同意接受本合同第1.8款的许可费金额作为甲方取得文字作品许可使用的全部有偿代价;甲方因行使上述权利而取得的影视剧著作权(含剧本著作权)以及因此而衍生的一切权益归属于甲方,与乙方无关。

1.11　乙方应于本合同签字生效后10个工作日内,向甲方提供许可使用文字作品的□电子版本□纸介版本。甲方就该文稿出具书面认可书后,方视为乙方已履行本条款约定的交稿义务。

1.12　若根据文字作品改编的影视剧得以公开发行且乙方履行了本合同下的全部义务,无论甲方以何种方式使用该文字作品,乙方皆依法享有相应的署名权。乙方署名采用下列方式:“根据________(乙方)的文学作品《________________》改编”,署名的形式、先后顺序和字体由甲方确定。

1.13 甲方有权自主决定影视剧片名是否采用与文字作品相同的名称,无须另行向乙方支付许可使用费。

1.14 乙方同意提供一切必要及合理的协助,包括签发有关的授权书与声明给甲方,使甲方可有效地行使上述权利及证明其为上述权利的独家及合法的权利人。

1.15 甲方在行使乙方授权的过程中,若甲方认为必要,乙方应担任甲方顾问,为甲方及其工作人员提供咨询服务。乙方的酬金按日结算,标准为每日人民币________元。若乙方担任甲方顾问需要到甲方指定的工作地点,甲方应负责安排乙方食宿及往返交通,费用由甲方承担。

1.16 甲方对乙方作品进行改编时应保留原作的基本风貌,不得任意改变原作的主题思想和故事主线,更不得歪曲作品内容,不得破坏作品的完整性。

1.17 甲方为其摄制的影视剧及其衍生产品的宣传、推广需要,有权使用乙方向其提供的资料以及乙方的姓名和肖像,无须另行征得乙方同意,亦无须另行向乙方支付酬金,但仅限于对影视剧进行宣传、推广之目的。

第二条 声明与保证

2.1 双方互相向对方声明、陈述和保证如下:该方是合法设立并有效存续的独立法人或有完全行为能力的自然人;该方有法定资格签署本合同。本合同所述的许可符合法律、法规的规定;该方有能力履行其于本合同项下之义务,并且该等履行义务的行为不违反任何对其有约束力的法律文件或约定的限制。本合同一经合法签署及交付,即构成对该方合法有效的约束,并可强制执行。

2.2 甲方应严格按照本合同规定的期限、用途和范围使用该文字作品,除用于本合同规定的特定用途外,甲方不得超越乙方授权对文字作品进行处置,不得制作或允许第三方制作该文字作品整体或部分的任何复制品。甲方行使乙方向其授予的权利,不得损害乙方及其文字作品的其他合法权益。

2.3 乙方保证甲方不会因文字作品的使用而侵犯到他人著作权、名誉权、隐私权、肖像权等合法权益。如果因甲方在合理范围内使用文字作品而侵犯他人合法权益或引起任何纠纷、争议、诉讼或其他法律程序的,应由乙方承担相关法律责任,并赔偿甲方因此而产生的任何及所有损失,包括但不限于合理的法律费用及支出等。

第三条 违约责任

3.1 甲乙双方应正当行使权利,履行义务,保证本合同的顺利履行。任何一方违反本合同项下的任何规定,均应当承担违约责任;给对方造成损失的,应赔偿对方由此所遭受的全部经济损失。

3.2 甲方未履行或未按约定履行本合同规定的义务,应分别承担相应的违约责任,具体如下:① 若甲方未如期向乙方支付许可使用费,每逾期1日,应向乙方支付逾期许可使用费的________%作为违约金;② 若因甲方原因导致本合同解除的,则不论工作的进度如何,甲方应向乙方支付尚未支付的许可使用费。

3.3 乙方未履行或未按约定履行本合同规定的义务,应分别承担相应的违约责任,具体如下:① 乙方未依据本合同第1.11款的规定如期向甲方提供符合约定的文字作品的,每逾期1日,乙方应向甲方支付违约金人民币________元;② 若因乙方原因导致本合同解除的,则合同解除后5日内,乙方需将已收取的许可使用费加算银行同期存款利率按照甲方指定的方式返还甲方,并赔偿甲方因此遭受的经济损失。

第四条 合同的变更

4.1 本合同履行期间,发生特殊情况时,甲、乙任何一方需变更本合同的,要求变更一方应及时书面通知对方,征得对方同意后,双方在规定的时限内(书面通知发出________天内)签订书面变更合同,该合同将成为本合同不可分割的组成部分。

4.2 未经双方签署书面文件,任何一方无权变更本合同,否则,由此造成对方的一切经济损失,由责任方承担。

第五条 合同的解除

5.1 在本合同履行过程中发生下列情形之一,甲方可以通过书面形式通知乙方、乙方的合法监护人而解除本合同:

5.1.1 乙方未能按本合同的规定向甲方提供符合约定的文字作品,经甲方催告后______日内仍未予以交付;

5.1.2 乙方部分或完全丧失民事行为能力致使其不能继续履行本合同;

5.1.3 乙方在本合同第二条中所做的保证不真实。

5.2 在本合同履行过程中发生下列情形之一,乙方可以通过书面形式通知甲方而解除本合同:

5.2.1 甲方迟延支付乙方的许可使用费,经乙方催告后______日内仍未予以支付的;

5.2.2 甲方破产、解散或被依法吊销企业法人营业执照且无权利、义务承受人的。

5.3 除本合同规定的情形外,甲乙双方皆不得擅自解除本合同。

第六条 保密义务

6.1 未经对方书面同意,任何一方不得向任何第三方泄露本合同以及与本合同相关的一切信息。若本合同未生效,任何一方不得向任何第三方泄露其在签约过程中知悉或取得且无法自公开渠道获得的另一方的文件及资料(包括商业秘密、公司计划、运营活动、财务信息、经营信息及其他商业秘密等)。

6.2 甲乙双方保证对其在讨论、签订、执行本合同过程中所获悉的属于对方的且无法自公开渠道获得的文件及资料(包括商业秘密、公司计划、运营活动、财务信息、技术信息、经营信息及其他商业秘密)予以保密。但法律、法规另有规定或双方另有约定的除外。

6.3 在本合同终止之后,甲乙双方在本条款项下的义务并不随之终止,双方仍需遵守本合同之保密条款,履行其所承诺的保密义务,直到对方同意其解除此项义务,或事实上不会因违反本合同的保密条款而给对方造成任何形式的损害时为止。

6.4 任何一方若违反上述保密义务,应赔偿对方因此而遭受的一切经济损失。

第七条 不可抗力

7.1 如果本合同任何一方因受不可抗力事件影响而未能履行其在本合同项下的全部或部分义务,该义务的履行在不可抗力事件妨碍其履行期间应予中止。

7.2 声称受到不可抗力事件影响的一方应尽可能在最短的时间内通过书面形式将不可抗力事件的发生通知另一方,并在该不可抗力事件发生后10日内向另一方提供关于此种不可抗力事件及其持续时间的适当证据,以及合同不能履行或者需要延期履行的书面资料。声称不可抗力事件导致其对本合同的履行在客观上成为不可能或不实际的一方,有责任尽一切合理的努力消除或减轻此等不可抗力事件的影响。

7.3 不可抗力事件发生时,双方应立即通过友好协商决定如何执行本合同。不可抗力事件或其影响终止或消除后,双方须立即恢复履行各自在本合同项下的各项义务。如不可抗力及其影响无法终止或消除而致使合同任何一方丧失继续履行合同的能力,则双方可协商解除合同或暂时延迟合同的履行,且遭遇不可抗力一方无须为此承担责任。当事人迟延履行后发生不可抗力的,不能免除责任。

7.4 本合同所称不可抗力是指受影响一方不能合理控制的,无法预料或即使可预料到也不可避免且无法克服,并于本合同签订日之后出现的,使该方对本合同全部或部分的履行在客观上成为不可能或不实际的任何事件。此等事件包括但不限于自然灾害如水灾、火灾、旱灾、台风、地震,以及社会事件如战争(不论曾否宣战)、动乱、罢工,政府行为或法律规定等。

第八条　通知与送达

8.1　甲乙双方因履行本合同而相互发出或者提供的所有通知、文件、资料等，均应按照本合同首部所列明的通讯地址、传真、电子邮件以邮寄或传真或电子邮件方式送达；一方如果迁址或者变更电话、电子邮件应当书面通知对方，否则发至本合同首部所列明的通讯地址或者传真、电子邮件系统的通知、文件、资料均视为有效送达。

8.2　以邮寄方式送达的，另一方签收之日视为送达；签收之日不明确的，以信件寄出或者投邮之日起算3日视为送达。通过传真、电子邮件方式送达的，通知、文件、资料等数据电文进入另一方系统之时视为送达；通知、文件、资料等数据电文进入另一方系统之时不明确的，以传真、电子邮件发出后的第二日视为送达。

第九条　争议解决与适用法律

9.1　本合同的订立、效力、解释、履行和争议的解决均适用中华人民共和国的法律。

9.2　凡因本合同引起的或与本合同有关的任何争议，由双方协商解决；协商不成的，按下列第□1/□2种方式（二选一）解决：

9.2.1　任何一方均有权将争议提交设在________________（地点）的________________仲裁委员会，按照申请仲裁时该会现行有效的仲裁规则进行仲裁。仲裁裁决是终局的，对双方均有约束力。

9.2.2　任何一方均有权向________________人民法院起诉。

第十条　合同权利和义务的转让

除合同中另有规定或经双方协商同意外，本合同所规定双方的任何权利和义务，任何一方在未征得另一方书面同意之前，不得转让给第三者。任何转让，未经另一方书面明确同意，均属无效。

第十一条　合同的解释

11.1　本合同文本由□甲方□乙方提供，其已采取合理的方式提请对方注意免除或者限制其责任的条款并予以说明；甲乙双方对本合同各条款的内容均充分理解并经协商达成一致同意。

11.2　本合同的理解与解释应依据合同目的和文本原意进行，本合同的标题仅是为了阅读方便而设，不应影响本合同的解释。

第十二条　合同效力和签署

12.1　本合同对每一方的继承人和受让人均有约束力。

12.2　本合同的任何一方未能及时行使本合同项下的权利不应被视为放弃该权利，也不影响该方在将来行使该权利。

12.3 如果本合同中的任何条款无论因何种原因完全或部分无效或不具有执行力,或违反任何适用的法律,则该条款被视为删除。但本合同的其余条款仍应有效并且具有约束力。

12.4 本合同一式肆份,双方各执两份,具有同等法律效力。

12.5 本合同经双方签字、盖章,以最后签字、盖章日期为本合同生效日期。本合同未尽事宜,需修订或变更时由双方签署补充合同,补充合同与本合同具有同等法律效力。

12.6 本合同之任何修改除非经双方以书面形式签署确认,否则均属无效。

第十三条 合同附件

13.1 本合同未尽事宜,依照有关法律、法规执行,法律、法规未作规定的,甲乙双方可以达成书面补充合同。本合同的附件和补充合同均为本合同不可分割的组成部分,与本合同具有同等法律效力。

13.2 本合同及本合同的附件和补充合同内空格部分填写的文字与印刷文字具有同等法律效力。

13.3 本合同附件如下:______________________________。

甲方:	乙方:
(盖章)	(盖章)
授权代表签字:	授权代表签字:
签字日期:	签字日期:
合同签订地点:	

电影剧本委托创作合同

合同适用范围

《电影剧本委托创作合同》主要适用于影视制作单位在制作影视剧的过程中，与电影的编剧就电影剧本创作事宜而进行约定的情形。

特别风险提示

1. 双方应共同防范如下风险：

（1）任何一个合同范本都不是万能的，试图以一个一成不变的合同范本包揽一切的想法是最大的风险，因为每个项目或者事情都有其特殊性，况且法律、法规也在不断变化。

（2）此类合同的重点在于明确电影剧本编剧的具体工作内容、对编剧创作剧本的要求和标准、工作期限及著作权归属问题。

（3）就一方需要保证与承诺的事项进行明确约定，并视具体情形进行增减。

（4）审慎选择争议的解决方式与解决机构以及争议解决机构的所在地。实际上，诉讼还是仲裁解决各有利弊，应根据实际情况作出尽可能对自己有利的选择。选择诉讼解决的，双方的约定首先不得违反我国《民事诉讼法》对级别管辖和专属管辖的规定，其次，双方仅可以在书面合同中协议选择被告住所地、合同履行地、合同签订地、原告住所地、标的物所在地的人民法院管辖。

2. 就电影剧本的编剧而言，应着重防范如下风险：

（1）审慎审查影视制作单位的资质文件，包括但不限于工商营业执照、法人组织机构代码证等证件、文件，并将其作为合同的附件，与合同一同加盖骑缝章。

（2）影视制作单位可能最终未能采用电影剧本的编剧提交的剧本进行拍摄，但只要提交的剧本符合合同约定的要求，影视制作单位仍应按照合同约定支付酬金，对此，可在合同中明确约定。

（3）应将涉及电影剧本的交付时间、内容、接收人等信息作为档案予以保存，一旦发生争议便可作为有力证据证明己方已依据法律规定、合同约定进行了适格交付。例如，当面交付的，应要求对方签字、盖章，不便盖章的，应要求对方事先出具授权委托书，授权委托书应载明授权某人负责接收、签署、送达文件、资料等事项;邮寄送达的,应在邮递物件时签署的详情单的“文件名称”栏中明确记载邮递的物料内容、份数等信息。

(4)影视制作单位依据合同约定自应支付报酬之日起满两年未支付,而电影剧本的编剧又不能证明存在诉讼时效中止、中断、延长等情形的,将导致因在诉讼时效内未主张权利而丧失胜诉权。因此,一旦影视制作单位在两年内不支付或不能全部支付报酬,或未能就争议达成一致的,电影剧本的编剧应至迟在两年的诉讼时效届满前提起诉讼或者仲裁。

3. 就影视制作单位而言,应着重防范如下风险:

(1)审慎审查电影剧本的编剧的资质文件,包括但不限于法人单位的工商营业执照、法人组织机构代码证或自然人的身份证,并将该信息作为合同附件,与合同一同加盖骑缝章或由自然人在每页签名。

(2)鉴于我国《著作权法》的相关规定,电影剧本的编剧享有署名权和获酬权,因此,应当明确约定署名方式和获酬金额、支付方式。考虑到影视剧制作、发行等涉及多个环节,因此建议一般应当采用分期付费的方式对电影剧本的编剧支付报酬。

(3)收到编剧交付的剧本后,应依据法律规定、合同约定及时查验,以免丧失权利,造成对己方不利的后果。

*　　*　　*

电影剧本委托创作合同(范本)

合同编号:

甲方(影视单位):	乙方(编剧):
住所地:	住所地:
通信地址:	通信地址:
邮政编码:	邮政编码:
法定代表人:	证件号码:
签约代表人:	签约代表人:
合同联系人:	合同联系人:
联系电话:	联系电话:
传真:	传真:
电子信箱:	电子信箱:

鉴于：

甲方是依法注册成立并取得合法从事影视剧制作资格的法人单位，乙方具有丰富的电影剧本创作经验。甲方有意在其计划/正在摄制的影视剧中委托乙方创作电影剧本；乙方同意接受甲方的委托。

甲乙双方依据《中华人民共和国合同法》、《中华人民共和国著作权法》、《中华人民共和国民法通则》等法律、法规的规定以及平等自愿、诚实信用、等价有偿的原则，经友好协商，特达成本合同，以兹共同遵守。

第一条 合同内容

1.1 甲方聘请乙方负责《________________》一剧编剧工作，乙方同意接受甲方委托，甲乙双方以合同形式确定双方委托创作关系的成立。

1.2 该电影片片长________分钟，剧本包含的有效画面不应少于________分钟。剧本与实际长度的变更不改变本合同的有效性及双方在本合同项下的权利义务。

1.3 剧本创作要求和标准为：

题材类型为：

角色情况：

文学剧本字数：________（以电脑统计不计空格的字数为准）

其他：

双方对剧本是否达到拍摄要求发生争议的，可以委托双方共同接受的专家进行鉴定。如果剧本经国家有关部门审查通过，即认定为达到标准。

1.4 甲方同意向乙方支付编剧酬金（税前/税后）人民币________万元整。

1.5 付款方式：

1.5.1 合同签订后10个工作日内，甲方向乙方支付剧本总酬金的10%，即人民币________万元整作为定金。

1.5.2 乙方在合同签订后________个工作日内交付本片故事大纲和人物小传，经甲方书面认可（即经甲方对剧本故事大纲和人物小传进行讨论后，在甲方提出的修改意见的基础上，甲方再认可乙方可进行分场提纲创作）后，甲方向乙方支付剧本总酬金的10%，即人民币________万元整。

1.5.3 乙方在收到甲方对故事大纲和人物小传的书面认可后________个工作日内交付本片分场大纲，经甲方书面认可（即经甲方对剧本分场大纲进行讨论后，在甲方提出的修改意见的基础上，认可乙方可进行剧本初稿的创作），甲方向乙方支付剧本总酬金的20%，即人民币________万元整。

1.5.4 乙方在收到甲方对分场大纲的书面认可后________个工作日内根据

甲方的要求对剧本分场大纲进行修改后创作剧本初稿，初稿经甲方书面认可，甲方向乙方支付剧本总酬金的30%，即人民币________万元整。

1.5.5　乙方在收到甲方对剧本初稿的书面认可后________个工作日内根据甲方对初稿的修改意见完成剧本的二稿创作，并提交甲方讨论审定。经甲方审定认可后，甲方向乙方支付剧本总酬金的20%，即人民币________万元整。

1.5.6　该片开机前，乙方根据甲方意见进行认真修改，至剧本定稿经过甲方最终确认后，甲方向乙方支付剧本总酬金的10%，即人民币________万元整。至此，编剧酬金全部支付完毕。

1.5.7　乙方在上述剧本创作过程中提交的各阶段性成果的审核通过，以甲方制片人和导演一致签字认可为准。

1.5.8　在本合同约定的每一个创作阶段中，乙方根据甲方的要求和意见，对本阶段工作成果进行修改和调整，并且在得到甲方的书面确认后，方可继续进行下一阶段的创作。

1.6　乙方收款账户信息：

开户银行：

户　　名：

账　　号：

1.7　委托创作日期：本合同签署生效之日起至该片首次公映之日止。

第二条　甲乙双方的权利与义务

2.1　甲方的权利与义务：

2.1.1　甲方永久性拥有该片剧本和该片全部版权及衍生制品的所有权利（包括电影、电视录像带、录音带、VCD、DVD及诉诸各种传媒的全部永久版权及一切与本剧有关的角色名称、人物造型、肖像、对白、动作、剧照、音乐、歌曲等图文、音频及视频的所有权），未经甲方同意，乙方不得将创作的剧本内容以任何形式应用于其他相同或近似题材的影视剧中。甲方自主拥有该剧权益的处置权及该剧的发行、宣传推广等权利。

2.1.2　甲方有权与任何单位或个人联合摄制本剧及决定本剧的主要创作人员，甲方有权将该剧转让给其他单位或个人拍摄，乙方不得干涉。

2.1.3　甲方有权随时了解剧本创作的进展情况，并对乙方创作完成的剧本进行审查。无正当理由，乙方不得拒绝。

2.1.4　乙方提交的剧本经修改后仍不能达到甲方要求时，甲方保留聘请其他人员进行本剧剧本的修改和创作的权利。甲乙双方同意，在此情况下，其他编剧对剧本所作的修改不视为是对乙方权利的侵犯。甲方就经其认可的、乙方仅完成的该部分剧本同样拥有完全版权。

2.2 乙方的权利与义务:

2.2.1 乙方应在聘约期限内优先高质量地完成该剧剧本创作,不应有任何其他工作实质影响到本合同项下义务的履行,包括在本合同签订前,未接受任何第三方以与甲方相同或近似的方式创作合同约定之剧本,也不在本合同有效期内为任何第三方创作相同题材的剧本。

2.2.2 乙方必须保证作品的原创性。如果出现侵犯他人知识产权或其他权利的行为,由乙方个人承担相应责任。如果因为乙方的侵权行为而造成甲方经济损失的,乙方应当承担赔偿责任。

2.2.3 乙方拥有该剧编剧的署名权及依据本合同取得编剧劳务报酬的权利。如甲方中途安排他人续写、修改和改编时,续写/修改/改编人有权以编剧/改编者方式署名,但并不排斥乙方的署名权,署名的先后顺序依创作部分的比例大小确定。

2.2.4 乙方接受甲方对其编剧工作的监督及对该剧艺术创作质量的认定。甲乙双方如因创作问题发生分歧或矛盾时,应认真研究,及时协商解决,无法达成一致意见时,应以甲方的意见为最终方案完成剧本创作,乙方知悉并认可且不得以公开的方式表示异议。

2.2.5 在电影拍摄过程中,甲方有权根据拍摄需要要求乙方对剧本进行相应修改,乙方应予配合,甲方无须因此向乙方另行支付酬金。

2.2.6 应甲方的邀请和安排,乙方应出席剧本研讨活动及该剧的新闻发布会、首映式等重要的宣传推广活动。

2.2.7 双方约定,乙方对于剧本(电子版/纸介版)负有保密义务。除非事先经甲方同意,或应甲方的要求参加对外宣传推广等活动所必须披露外,乙方不得将剧本内容以任何方式提供给任何第三方。

2.2.8 无论甲方最终是否采用乙方的剧本进行拍摄,但只要乙方提交的剧本符合合同约定的要求,甲方仍应按照合同约定支付酬金。

第三条 违约责任

3.1 甲乙双方应正当行使权利,履行义务,保证本合同的顺利履行。任何一方违反本合同项下的任何规定,均应当承担违约责任;给对方造成损失的,应赔偿对方由此所遭受的全部经济损失。

3.2 甲方未履行或未按约定履行本合同规定的义务,应分别承担相应的违约责任,具体如下:① 若甲方未如期向乙方支付酬金的,每逾期 1 日,应向乙方支付逾期许可使用费的________% 作为违约金;② 若因甲方原因导致本合同解除的,则不论工作的进度如何，甲方应向乙方支付尚未支付的酬金。

3.3　乙方未履行或未按约定履行本合同规定的义务，应分别承担相应的违约责任，具体如下：① 乙方未依据本合同的规定如期向甲方提供符合约定的剧本的，每逾期 1 日，乙方应向甲方支付违约金人民币________元；② 若因乙方原因导致本合同解除的，则合同解除后 5 日内，乙方需将已收取的酬金加算银行同期存款利率按照甲方指定的方式返还甲方，并赔偿甲方因此遭受的经济损失，包括但不限于基于剧本筹备而投入的所有经济损失。

第四条　合同的变更

4.1　本合同履行期间，发生特殊情况时，甲、乙任何一方需变更本合同的，要求变更一方应及时书面通知对方，征得对方同意后，双方在规定的时限内（书面通知发出________天内）签订书面变更合同，该合同将成为本合同不可分割的组成部分。

4.2　未经双方签署书面文件，任何一方无权变更本合同，否则，由此造成对方的一切经济损失，由责任方承担。

第五条　合同的解除

5.1　在本合同履行过程中发生下列情形之一，甲方可以通过书面形式通知乙方而解除本合同：

5.1.1　乙方未能按本合同的规定向甲方提供符合约定的剧本，经甲方催告后______日内仍未予以交付；

5.1.2　乙方部分或完全丧失民事行为能力致使其不能继续履行本合同；

5.1.3　乙方在本合同第二条中所做的保证不真实。

5.2　在本合同履行过程中发生下列情形之一，乙方可以通过书面形式通知甲方而解除本合同：

5.2.1　甲方迟延支付乙方的酬金的，经乙方催告后______日内仍未予以支付；

5.2.2　甲方破产、解散或被依法吊销企业法人营业执照且无权利、义务承受人的。

5.3　除本合同规定的情形外，甲乙双方皆不得擅自解除本合同。

第六条　保密义务

6.1　未经对方书面同意，任何一方不得向任何第三方泄露本合同以及与本合同相关的一切信息。若本合同未生效，任何一方不得向任何第三方泄露其在签约过程中知悉或取得且无法自公开渠道获得的另一方的文件及资料（包括商业秘密、公司计划、运营活动、财务信息、经营信息及其他商业秘密等）。

6.2　甲乙双方保证对其在讨论、签订、执行本合同过程中所获悉的属于对方的且无法自公开渠道获得的文件及资料(包括商业秘密、公司计划、运营活动、财务信息、技术信息、经营信息及其他商业秘密)予以保密。但法律、法规另有规定或双方另有约定的除外。

6.3　在本合同终止之后,甲乙双方在本条款项下的义务并不随之终止,双方仍需遵守本合同之保密条款,履行其所承诺的保密义务,直到对方同意其解除此项义务,或事实上不会因违反本合同的保密条款而给对方造成任何形式的损害时为止。

6.4　任何一方若违反上述保密义务,应赔偿对方因此而遭受的一切经济损失。

第七条　不可抗力

7.1　如果本合同任何一方因受不可抗力事件影响而未能履行其在本合同项下的全部或部分义务,该义务的履行在不可抗力事件妨碍其履行期间应予中止。

7.2　声称受到不可抗力事件影响的一方应尽可能在最短的时间内通过书面形式将不可抗力事件的发生通知另一方,并在该不可抗力事件发生后10日内向另一方提供关于此种不可抗力事件及其持续时间的适当证据,以及合同不能履行或者需要延期履行的书面资料。声称不可抗力事件导致其对本合同的履行在客观上成为不可能或不实际的一方,有责任尽一切合理的努力消除或减轻此等不可抗力事件的影响。

7.3　不可抗力事件发生时,双方应立即通过友好协商决定如何执行本合同。不可抗力事件或其影响终止或消除后,双方须立即恢复履行各自在本合同项下的各项义务。如不可抗力及其影响无法终止或消除而致使合同任何一方丧失继续履行合同的能力,则双方可协商解除合同或暂时延迟合同的履行,且遭遇不可抗力一方无须为此承担责任。当事人迟延履行后发生不可抗力的,不能免除责任。

7.4　本合同所称不可抗力是指受影响一方不能合理控制的,无法预料或即使可预料到也不可避免且无法克服,并于本合同签订日之后出现的,使该方对本合同全部或部分的履行在客观上成为不可能或不实际的任何事件。此等事件包括但不限于自然灾害如水灾、火灾、旱灾、台风、地震,以及社会事件如战争(不论曾否宣战)、动乱、罢工,政府行为或法律规定等。

第八条　通知与送达

8.1　甲乙双方因履行本合同而相互发出或者提供的所有通知、文件、资料等,均应按照本合同首部所列明的通讯地址、传真、电子邮件以邮寄或传真或电子邮件方式送达;一方如果迁址或者变更电话、电子邮件应当书面通知对方,否则发至本合同首部所列明的通讯地址或者传真、电子邮件系统的通知、文件、资料均视为有效送达。

8.2 以邮寄方式送达的，另一方签收之日视为送达；签收之日不明确的，以信件寄出或者投邮之日起算3日视为送达。通过传真、电子邮件方式送达的，通知、文件、资料等数据电文进入另一方系统之时视为送达；通知、文件、资料等数据电文进入另一方系统之时不明确的，以传真、电子邮件发出后的第二日视为送达。

第九条 争议解决与适用法律

9.1 本合同的订立、效力、解释、履行和争议的解决均适用中华人民共和国的法律。

9.2 凡因本合同引起的或与本合同有关的任何争议，由双方协商解决；协商不成的，按下列第□1/□2种方式(二选一)解决：

9.2.1 任何一方均有权将争议提交设在________________(地点)的________________仲裁委员会，按照申请仲裁时该会现行有效的仲裁规则进行仲裁。仲裁裁决是终局的，对双方均有约束力。

9.2.2 任何一方均有权向________________人民法院起诉。

第十条 合同权利和义务的转让

除合同中另有规定或经双方协商同意外，本合同所规定双方的任何权利和义务，任何一方在未征得另一方书面同意之前，不得转让给第三者。任何转让，未经另一方书面明确同意，均属无效。

第十一条 合同的解释

11.1 本合同文本由□甲方□乙方提供，其已采取合理的方式提请对方注意免除或者限制其责任的条款并予以说明；甲乙双方对本合同各条款的内容均充分理解并经协商达成一致同意。

11.2 本合同的理解与解释应依据合同目的和文本原意进行，本合同的标题仅是为了阅读方便而设，不应影响本合同的解释。

第十二条 合同效力和签署

12.1 本合同对每一方的继承人和受让人均有约束力。

12.2 本合同的任何一方未能及时行使本合同项下的权利不应被视为放弃该权利，也不影响该方在将来行使该权利。

12.3 如果本合同中的任何条款无论因何种原因完全或部分无效或不具有执行力，或违反任何适用的法律，则该条款被视为删除。但本合同的其余条款仍应有效并且具有约束力。

12.4 本合同一式肆份，双方各执两份，具有同等法律效力。

12.5　本合同经双方签字、盖章,以最后签字、盖章日期为本合同生效日期。本合同未尽事宜,需修订或变更时由双方签署补充合同,补充合同与本合同具有同等法律效力。

12.6　本合同之任何修改除非经双方以书面形式签署确认,否则均属无效。

第十三条　合同附件

13.1　本合同未尽事宜,依照有关法律、法规执行,法律、法规未作规定的,甲乙双方可以达成书面补充合同。本合同的附件和补充合同均为本合同不可分割的组成部分,与本合同具有同等法律效力。

13.2　本合同及本合同的附件和补充合同内空格部分填写的文字与印刷文字具有同等法律效力。

13.3　本合同附件如下:

附件一:艺术作品的具体描述。

(以下无正文)

甲方:　　　　　　　　　　　　乙方:
(盖章)　　　　　　　　　　　　(盖章)

授权代表签字:　　　　　　　　授权代表签字:
签字日期:　　　　　　　　　　签字日期:
合同签订地点:

电影剧本委托改编合同

合同适用范围

《电影剧本委托改编合同》主要适用于影视制作单位在制作影视剧的过程中，与电影的编剧就电影剧本改编事宜而进行约定的情形。

特别风险提示

1. 双方应共同防范如下风险：

(1) 任何一个合同范本都不是万能的，试图以一个一成不变的合同范本包揽一切的想法是最大的风险，因为每个项目或者事情都有其特殊性，况且法律、法规也在不断变化。

(2) 此类合同的重点在于明确电影剧本编剧的具体工作内容、对编剧改编剧本的要求和标准、工作期限及著作权归属问题。

(3) 就一方需要保证与承诺的事项进行明确约定，并视具体情形进行增减。

(4) 审慎选择争议的解决方式与解决机构以及争议解决机构的所在地。实际上，诉讼还是仲裁解决各有利弊，应根据实际情况作出尽可能对自己有利的选择。选择诉讼解决的，双方的约定首先不得违反我国《民事诉讼法》对级别管辖和专属管辖的规定，其次，双方仅可以在书面合同中协议选择被告住所地、合同履行地、合同签订地、原告住所地、标的物所在地的人民法院管辖。

2. 就电影剧本的编剧而言，应着重防范如下风险：

(1) 审慎审查影视制作单位的资质文件，包括但不限于工商营业执照、法人组织机构代码证等证件、文件，并将其作为合同的附件，与合同一同加盖骑缝章。

(2) 影视制作单位可能最终未能采用电影剧本的编剧提交的剧本进行拍摄，但只要提交的剧本符合合同约定的要求，影视制作单位仍应按照合同约定支付酬金，对此，可在合同中明确约定。

(3) 应将涉及电影剧本的交付时间、内容、接收人等信息作为档案予以保存，一旦发生争议便可作为有力证据证明己方已依据法律规定、合同约定进行了适格交付。例如，当面交付的，应要求对方签字、盖章，不便盖章的，应要求对方事先出具授权委托书，授权委托书应载明授权某人负责接收、签署、送达文件、资料等事项;邮寄送达的,应在邮递物件时签署的详情单的“文件名称”栏中明确记载邮递的物料内容、份数等信息。

(4)影视制作单位依据合同约定自应支付报酬之日起满两年未支付,而电影剧本的编剧又不能证明存在诉讼时效中止、中断、延长等情形的,将导致因在诉讼时效内未主张权利而丧失胜诉权。因此,一旦影视制作单位在两年内不支付或不能全部支付报酬,或未能就争议达成一致的,电影剧本的编剧应至迟在两年诉讼时效届满前提起诉讼或者仲裁。

3．就影视制作单位而言,应着重防范如下风险:

(1)审慎审查电影剧本的编剧的资质文件,包括但不限于法人单位的工商营业执照、法人组织机构代码证或自然人的身份证,并将该信息作为合同的附件,与合同一同加盖骑缝章或由自然人在每页签名。

(2)鉴于我国《著作权法》的相关规定,电影剧本的编剧享有署名权和获酬权,因此应当明确约定署名方式和获酬金额、支付方式。考虑到影视剧制作、发行等涉及多个环节,因此建议一般应当采用分期付费的方式对电影剧本的编剧支付报酬。

(3)收到编剧交付的剧本后,应依据法律规定、合同约定及时查验,以免丧失权利,造成对己方不利的后果。

*　　*　　*

电影剧本委托改编合同(范本)

合同编号:

甲方(影视单位):	乙方(编剧):
住所地:	住所地:
通信地址:	通信地址:
邮政编码:	邮政编码:
签约代表人:	证件号码:
合同联系人:	签约代表人:
联系电话:	合同联系人:
传真:	联系电话:
电子信箱:	传真:
	电子信箱:

鉴于：

甲方是依法注册成立并取得合法从事影视剧制作资格的法人单位，乙方具有丰富的电影剧本改编经验。甲方有意在其计划/正在摄制的影视剧中委托乙方改编电影剧本；乙方同意接受甲方的委托。

甲乙双方依据《中华人民共和国合同法》、《中华人民共和国著作权法》、《中华人民共和国民法通则》等法律、法规的规定以及平等自愿、诚实信用、等价有偿的原则，经友好协商，特达成本合同，以兹共同遵守。

第一条　合同内容

1.1　甲方聘请乙方负责《________________》一剧编剧工作，将文字作品《________________》改编为电影片文学剧本；乙方同意接受甲方委托，甲乙双方以合同形式确定双方委托改编关系的成立。

1.2　文字作品《________________》由甲方提供，该电影片片长________分钟，剧本包含的有效画面不应少于________分钟。剧本与实际长度的变更不改变本合同的有效性及双方在本合同项下的权利义务。

1.3　剧本改编要求和标准为：

题材类型为：

角色情况：

文学剧本字数：________（以电脑统计不计空格的字数为准）

其他：

双方对剧本是否达到拍摄要求发生争议的，可以委托双方共同接受的专家进行鉴定。如果剧本经国家有关部门审查通过，即认定为达到标准。

1.4　甲方同意向乙方支付编剧酬金（税前/税后）人民币________万元整。

1.5　付款方式：

1.5.1　合同签订后10个工作日内，甲方向乙方支付剧本总酬金的10%，即人民币________万元整作为定金。

1.5.2　乙方在合同签订后________个工作日内交付本片故事大纲和人物小传，经甲方书面认可（即经甲方对剧本故事大纲和人物小传进行讨论后，在甲方提出的修改意见的基础上，甲方再认可乙方可进行分场提纲创作）后，甲方向乙方支付剧本总酬金的10%，即人民币________万元整。

1.5.3　乙方在收到甲方对故事大纲和人物小传的书面认可后________个工作日内交付本片分场大纲，经甲方书面认可（即经甲方对剧本分场大纲进行讨论后，在甲方提出的修改意见的基础上，认可乙方可进行剧本初稿的创作）后，甲方向乙方支付剧本总酬金的20%，即人民币________万元整。

1.5.4　乙方在收到甲方对分场大纲的书面认可后________个工作日内根据甲方的要求对剧本分场大纲进行修改后创作剧本初稿，初稿经甲方书面认可，甲方向乙方支付剧本总酬金的30%，即人民币________万元整。

1.5.5　乙方在收到甲方对剧本初稿的书面认可后________个工作日内根据甲方对初稿的修改意见完成剧本的二稿创作，并提交甲方讨论审定。经甲方审定认可后，甲方向乙方支付剧本总酬金的20%，即人民币________万元整。

1.5.6　该片开机前，乙方根据甲方意见进行认真修改，至剧本定稿经过甲方最终确认后，甲方向乙方支付剧本总酬金的10%，即人民币________万元整。至此，编剧酬金全部支付完毕。

1.5.7　乙方在上述剧本创作改编过程中提交的各阶段性成果的审核通过，以甲方制片人和导演一致签字认可为准。

1.5.8　在本合同约定的每一个创作阶段中，乙方根据甲方的要求和意见，对本阶段工作成果进行修改和调整，并且在得到甲方的书面确认后，方可继续进行下一阶段的工作。

1.6　乙方收款账户信息：

开户银行：

户　　名：

账　　号：

1.7　委托改编日期：本合同签署生效之日起至该片首次公映之日止。

第二条　甲乙双方的权利与义务

2.1　甲方的权利与义务：

2.1.1　甲方永久性拥有该片剧本及该片全部版权及衍生制品的所有权利（包括电影、电视录像带、录音带、VCD、DVD及诉诸各种传媒的全部永久版权及一切与本剧有关的角色名称、人物造型、肖像、对白、动作、剧照、音乐、歌曲等图文、音频及视频的所有权），未经甲方同意，乙方不得将改编的剧本内容以任何形式应用于其他相同或近似题材的影视剧中。甲方自主拥有该剧权益的处置权及该剧的发行、宣传推广等权利。

2.1.2　甲方必须保证提供的文字作品《________________》的合法性。如果出现侵犯他人知识产权或其他权利的行为，由甲方承担相应责任。如果因为甲方的侵权行为而造成乙方经济损失的，甲方应当承担赔偿责任。

2.1.3　甲方有权与任何单位或个人联合摄制本剧及决定本剧的主要创作人员，甲方有权将该剧转让给其他单位或个人拍摄，乙方不得干涉。

2.1.4　甲方有权随时了解剧本改编的进展情况，并对乙方改编完成的剧本进行审查。无正当理由,乙方不得拒绝。

2.1.5　乙方提交的剧本经修改后仍不能达到甲方要求时,甲方保留聘请其他人员进行本剧剧本的修改和改编的权利。甲乙双方同意,在此情况下,其他编剧对剧本所作的修改不视为是对乙方权利的侵犯。甲方就经其认可的、乙方仅完成的该部分剧本同样拥有完全版权。

2.2　乙方的权利与义务:

2.2.1　乙方应在聘约期限内优先高质量地完成该剧剧本改编,不应有任何其他工作实质影响到本合同项下义务的履行,包括在本合同签订前,未接受任何第三方以与甲方相同或近似的方式改编合同约定之剧本,也不在本合同有效期内为任何第三方改编相同题材的剧本。

2.2.2　乙方必须保证作品的原创性。如果出现侵犯他人知识产权或其他权利的行为,由乙方个人承担相应责任。如果因为乙方的侵权行为而造成甲方经济损失的,乙方应当承担赔偿责任。

2.2.3　乙方拥有该剧编剧的署名权及依据本合同取得编剧劳务报酬的权利。如甲方中途安排他人续写、修改和改编时,续写/修改/改编人有权以编剧/改编者方式署名,但并不排斥乙方的署名权,署名的先后顺序依改编部分的比例大小确定。

2.2.4　乙方接受甲方对其编剧工作的监督及对该剧艺术改编质量的认定。甲乙双方如因改编问题发生分歧或矛盾时,应认真研究,及时协商解决,无法达成一致意见时,应以甲方的意见为最终方案完成剧本改编,乙方知悉并认可且不得以公开的方式表示异议。

2.2.5　在电影拍摄过程中,甲方有权根据拍摄需要要求乙方对剧本进行相应的修改,乙方应予配合,甲方无须因此向乙方另行支付酬金。

2.2.6　应甲方的邀请和安排,乙方应出席剧本研讨活动及该剧的新闻发布会、首映式等重要的宣传推广活动。

2.2.7　双方约定,乙方对于剧本(电子版/纸介版)负有保密义务。除非事先经甲方同意,或应甲方的要求参加对外宣传推广等活动所必须披露外,乙方不得将剧本内容以任何方式提供给任何第三方。

2.2.8　无论甲方最终是否采用乙方的剧本进行拍摄,但只要乙方提交的剧本符合合同约定的要求,甲方仍应按照合同约定支付酬金。

第三条　违约责任

3.1　甲乙双方应正当行使权利,履行义务,保证本合同的顺利履行。任何一方违反本合同项下的任何规定,均应承担违约责任;给对方造成损失的,应赔偿对方由此所遭受的全部经济损失。

3.2　甲方未履行或未按约定履行本合同规定的义务，应分别承担相应的违约责任，具体如下：① 若甲方未如期向乙方支付酬金的，每逾期1日，应向乙方支付逾期许可使用费的________%作为违约金；② 若因甲方原因导致本合同解除的，则不论工作的进度如何，甲方应向乙方支付尚未支付的酬金。

3.3　乙方未履行或未按约定履行本合同规定的义务，应分别承担相应的违约责任，具体如下：① 乙方未依据本合同的规定如期向甲方提供符合约定的剧本的，每逾期1日，乙方应向甲方支付违约金人民币________元；② 若因乙方原因导致本合同解除的，则合同解除后5日内，乙方需将已收取的酬金加算银行同期存款利率按照甲方指定的方式返还甲方，并赔偿甲方因此遭受的经济损失，包括但不限于基于剧本筹备而投入的所有经济损失。

第四条　合同的变更

4.1　本合同履行期间，发生特殊情况时，甲、乙任何一方需变更本合同的，要求变更一方应及时书面通知对方，征得对方同意后，双方在规定的时限内（书面通知发出________天内）签订书面变更合同，该合同将成为本合同不可分割的组成部分。

4.2　未经双方签署书面文件，任何一方无权变更本合同，否则，由此造成对方的一切经济损失，由责任方承担。

第五条　合同的解除

5.1　在本合同履行过程中发生下列情形之一，甲方可以通过书面形式通知乙方而解除本合同：

5.1.1　乙方未能按本合同的规定向甲方提供符合约定的剧本，经甲方催告后______日内仍未予以交付；

5.1.2　乙方部分或完全丧失民事行为能力致使其不能继续履行本合同；

5.1.3　乙方在本合同第二条中所做的保证不真实。

5.2　在本合同履行过程中发生下列情形之一，乙方可以通过书面形式通知甲方而解除本合同：

5.2.1　甲方迟延支付乙方的酬金的，经乙方催告后______日内仍未予以支付；

5.2.2　甲方破产、解散或被依法吊销企业法人营业执照且无权利、义务承受人的。

5.3　除本合同规定的情形外，甲乙双方皆不得擅自解除本合同。

第六条 保密义务

6.1 未经对方书面同意,任何一方不得向任何第三方泄露本合同以及与本合同相关的一切信息。若本合同未生效,任何一方不得向任何第三方泄露其在签约过程中知悉或取得且无法自公开渠道获得的另一方的文件及资料(包括商业秘密、公司计划、运营活动、财务信息、经营信息及其他商业秘密等)。

6.2 甲乙双方保证对其在讨论、签订、执行本合同过程中所获悉的属于对方的且无法自公开渠道获得的文件及资料(包括商业秘密、公司计划、运营活动、财务信息、技术信息、经营信息及其他商业秘密)予以保密。但法律、法规另有规定或双方另有约定的除外。

6.3 在本合同终止之后,甲乙双方在本条款项下的义务并不随之终止,双方仍需遵守本合同之保密条款,履行其所承诺的保密义务,直到对方同意其解除此项义务,或事实上不会因违反本合同的保密条款而给对方造成任何形式的损害时为止。

6.4 任何一方若违反上述保密义务,应赔偿对方因此而遭受的一切经济损失。

第七条 不可抗力

7.1 如果本合同任何一方因受不可抗力事件影响而未能履行其在本合同项下的全部或部分义务,该义务的履行在不可抗力事件妨碍其履行期间应予中止。

7.2 声称受到不可抗力事件影响的一方应尽可能在最短的时间内通过书面形式将不可抗力事件的发生通知另一方,并在该不可抗力事件发生后 10 日内向另一方提供关于此种不可抗力事件及其持续时间的适当证据,以及合同不能履行或者需要延期履行的书面资料。声称不可抗力事件导致其对本合同的履行在客观上成为不可能或不实际的一方,有责任尽一切合理的努力消除或减轻此等不可抗力事件的影响。

7.3 不可抗力事件发生时,双方应立即通过友好协商决定如何执行本合同。不可抗力事件或其影响终止或消除后,双方须立即恢复履行各自在本合同项下的各项义务。如不可抗力及其影响无法终止或消除而致使合同任何一方丧失继续履行合同的能力,则双方可协商解除合同或暂时延迟合同的履行,且遭遇不可抗力一方无须为此承担责任。当事人迟延履行后发生不可抗力的,不能免除责任。

7.4 本合同所称不可抗力是指受影响一方不能合理控制的,无法预料或即使可预料到也不可避免且无法克服,并于本合同签订日之后出现的,使该方对本合同全部或部分的履行在客观上成为不可能或不实际的任何事件。此等事件包括但不限于自然灾害如水灾、火灾、旱灾、台风、地震,以及社会事件如战争(不论曾否宣

战)、动乱、罢工,政府行为或法律规定等。

第八条　通知与送达

8.1　甲乙双方因履行本合同而相互发出或者提供的所有通知、文件、资料等,均应按照本合同首部所列明的通讯地址、传真、电子邮件以邮寄或传真或电子邮件方式送达;一方如果迁址或者变更电话、电子邮件应当书面通知对方,否则发至本合同首部所列明的通讯地址或者传真、电子邮件系统的通知、文件、资料均视为有效送达。

8.2　以邮寄方式送达的,另一方签收之日视为送达;签收之日不明确的,以信件寄出或者投邮之日起算3日视为送达。通过传真、电子邮件方式送达的,通知、文件、资料等数据电文进入另一方系统之时视为送达;通知、文件、资料等数据电文进入另一方系统之时不明确的,以传真、电子邮件发出后的第二日视为送达。

第九条　争议解决与适用法律

9.1　本合同的订立、效力、解释、履行和争议的解决均适用中华人民共和国的法律。

9.2　凡因本合同引起的或与本合同有关的任何争议,由双方协商解决;协商不成的,按下列第□1/□2种方式(二选一)解决:

9.2.1　任何一方均有权将争议提交设在________________(地点)的________________仲裁委员会,按照申请仲裁时该会现行有效的仲裁规则进行仲裁。仲裁裁决是终局的,对双方均有约束力。

9.2.2　任何一方均有权向________________人民法院起诉。

第十条　合同权利和义务的转让

除合同中另有规定或经双方协商同意外,本合同所规定双方的任何权利和义务,任何一方在未征得另一方书面同意之前,不得转让给第三者。任何转让,未经另一方书面明确同意,均属无效。

第十一条　合同的解释

11.1　本合同文本由□甲方□乙方提供,其已采取合理的方式提请对方注意免除或者限制其责任的条款并予以说明;甲乙双方对本合同各条款的内容均充分理解并经协商达成一致同意。

11.2　本合同的理解与解释应依据合同目的和文本原意进行,本合同的标题仅是为了阅读方便而设,不应影响本合同的解释。

第十二条　合同效力和签署

12.1　本合同对每一方的继承人和受让人均有约束力。

12.2　本合同的任何一方未能及时行使本合同项下的权利不应被视为放弃该

权利,也不影响该方在将来行使该权利。

12.3 如果本合同中的任何条款无论因何种原因完全或部分无效或不具有执行力,或违反任何适用的法律,则该条款被视为删除。但本合同的其余条款仍应有效并且具有约束力。

12.4 本合同一式肆份,双方各执两份,具有同等法律效力。

12.5 本合同经双方签字、盖章,以最后签字、盖章日期为本合同生效日期。本合同未尽事宜,需修订或变更时由双方签署补充合同,补充合同与本合同具有同等法律效力。

12.6 本合同之任何修改除非经双方以书面形式签署确认,否则均属无效。

第十三条 合同附件

13.1 本合同未尽事宜,依照有关法律、法规执行,法律、法规未作规定的,甲乙双方可以达成书面补充合同。本合同的附件和补充合同均为本合同不可分割的组成部分,与本合同具有同等法律效力。

13.2 本合同及本合同的附件和补充合同内空格部分填写的文字与印刷文字具有同等法律效力。

13.3 本合同附件如下:

附件一:艺术作品的具体描述。

(以下无正文)

甲方:	乙方:
(盖章)	(盖章)
授权代表签字:	授权代表签字:
签字日期:	签字日期:
合同签订地点:	

电视剧剧本委托创作合同

合同适用范围

《电视剧剧本委托创作合同》主要适用于影视制作单位在制作影视剧的过程中，与电视剧的编剧就电视剧剧本创作事宜而进行约定的情形。

特别风险提示

1．双方应共同防范如下风险：

（1）任何一个合同范本都不是万能的，试图以一个一成不变的合同范本包揽一切的想法是最大的风险，因为每个项目或者事情都有其特殊性，况且法律、法规也在不断变化。

（2）此类合同的重点在于明确电视剧剧本编剧的具体工作内容、对编剧创作剧本的要求和标准、工作期限及著作权归属问题。

（3）就一方需要保证与承诺的事项进行明确约定，并视具体情形进行增减。

（4）审慎选择争议的解决方式与解决机构以及争议解决机构的所在地。实际上，诉讼还是仲裁解决各有利弊，应根据实际情况作出尽可能对自己有利的选择。选择诉讼解决的，双方的约定首先不得违反我国《民事诉讼法》对级别管辖和专属管辖的规定，其次，双方仅可以在书面合同中协议选择被告住所地、合同履行地、合同签订地、原告住所地、标的物所在地的人民法院管辖。

2．就电视剧剧本的编剧而言，应着重防范如下风险：

（1）审慎审查影视制作单位的资质文件，包括但不限于工商营业执照、法人组织机构代码证等证件、文件，并将其作为合同的附件，与合同一同加盖骑缝章。

（2）影视制作单位可能最终未能采用电视剧剧本的编剧提交的剧本进行拍摄，但只要提交的剧本符合合同约定的要求，影视制作单位仍应按照合同约定支付酬金，对此，可在合同中明确约定。

（3）应将涉及电视剧剧本的交付时间、内容、接收人等信息作为档案予以保存，一旦发生争议便可作为有力证据证明己方已依据法律规定、合同约定进行了适格交付。例如，当面交付的，应要求对方签字、盖章，不便盖章的，应要求对方事先出具授权委托书,授权委托书应载明授权某人负责接收、签署、送达文件、资料等事项;邮寄送达的,应在邮递物件时签署的详情单的“文件名称”栏中明确记载邮递的物料内容、份数等信息。

(4) 影视制作单位依据合同约定自应支付报酬之日起满两年未支付,而电视剧剧本的编剧又不能证明存在诉讼时效中止、中断、延长等情形的,将导致因在诉讼时效内未主张权利而丧失胜诉权。因此,一旦影视制作单位在两年内不支付或不能全部支付报酬,或未能就争议达成一致的,电视剧剧本的编剧应至迟在两年诉讼时效届满前提起诉讼或者仲裁。

3. 就影视制作单位而言,应着重防范如下风险:

(1) 审慎审查电视剧剧本的编剧的资质文件,包括但不限于法人单位的工商营业执照、法人组织机构代码证或自然人的身份证,并将该信息作为合同的附件,与合同一同加盖骑缝章或由自然人在每页签名。

(2) 鉴于我国《著作权法》的相关规定,电视剧剧本的编剧享有署名权和获酬权,因此应当明确约定署名方式和获酬金额、支付方式。考虑到影视剧制作、发行等涉及多个环节,因此建议一般应当采用分期付费的方式对电视剧剧本的编剧支付报酬。

(3) 收到编剧交付的剧本后,应依据法律规定、合同约定及时查验,以免丧失权利,造成对己方不利的后果。

*　　*　　*

电视剧剧本委托创作合同(范本)

合同编号:

甲方(影视单位):	乙方(编剧):
住所地:	住所地:
通信地址:	通信地址:
邮政编码:	邮政编码:
法定代表人:	证件号码:
签约代表人:	签约代表人:
合同联系人:	合同联系人:

联系电话： 联系电话：
传真： 传真：
电子信箱： 电子信箱：

鉴于：

甲方是依法注册成立并取得合法从事影视剧制作资格的法人单位，乙方具有丰富的电视剧剧本创作经验。甲方有意在其计划/正在摄制的影视剧中委托乙方创作电视剧剧本；乙方同意接受甲方的委托。

甲乙双方依据《中华人民共和国合同法》、《中华人民共和国著作权法》、《中华人民共和国民法通则》等法律、法规的规定以及平等自愿、诚实信用、等价有偿的原则，经友好协商，特达成本合同，以兹共同遵守。

第一条　合同内容

1.1　甲方聘请乙方负责《________________》一剧编剧工作，乙方同意接受甲方委托，甲乙双方以合同形式确定双方委托创作关系的成立。

1.2　该剧长度暂定为________集，完成片剧名、剧集与实际长度的变更不改变本合同的有效性及双方在本合同项下的权利义务。

1.3　剧本创作要求和标准为：

题材类型为：

角色情况：

文学剧本字数：________（以电脑统计不计空格的字数为准）

其他：

双方对剧本是否达到拍摄要求发生争议的，可以委托双方共同接受的专家进行鉴定。如果剧本经国家有关部门审查通过，即认定为达到标准。

1.4　编剧酬金及付款方式：甲方同意以每集人民币________万元支付乙方编剧酬金，________集共计人民币________万元整（税前/税后）。

1.5　付款方式：

1.5.1　合同签订后10个工作日内，甲方向乙方支付剧本总酬金的10%，即人民币________万元整作为定金。

1.5.2　乙方在合同签订后________个工作日内，交付本剧故事大纲，经甲方书面认可（即经甲方对剧本故事大纲进行讨论后，在甲方提出的修改意见的基础上，甲方再认可乙方可进行分集提纲创作）后，甲方向乙方支付剧本总酬金的10%，即人民币________万元整。

1.5.3　乙方在收到甲方对故事大纲的书面认可后________个工作日内，交付本剧分集提纲，经甲方书面认可（即经甲方对剧本分集提纲进行讨论后，在甲方提出的修改意见的基础上，认可乙方可进行剧本初稿的创作）后，甲方向乙方支付剧本总酬金的20%，即人民币________万元整。

1.5.4 乙方在收到甲方对分集提纲的书面认可后________个工作日内，根据甲方的要求对剧本分集提纲进行修改后创作剧本初稿，初稿经甲方书面认可，甲方向乙方支付剧本总酬金的30%，即人民币________万元整。

1.5.5 乙方在收到甲方对剧本初稿的书面认可后________个工作日内，根据甲方对初稿的修改意见完成剧本的二稿创作，并提交甲方讨论审定。经甲方审定认可后，甲方向乙方支付剧本总酬金的20%，即人民币________万元整。

1.5.6 该剧开机前，乙方根据甲方意见进行认真修改，至剧本定稿经过甲方最终书面确认后，甲方向乙方支付剧本总酬金的10%，即人民币________万元整。至此，编剧酬金全部支付完毕。

1.5.7 乙方在上述剧本创作过程中提交的各阶段性成果的审核通过，以甲方制片人和导演一致签字认可为准。

1.5.8 在本合同约定的每一个创作阶段中，乙方根据甲方的要求和意见，对本阶段工作成果进行修改和调整，并且在得到甲方的书面确认后，方可继续进行下一阶段的创作。

1.6 乙方收款账户信息：

开户银行：

户　　名：

账　　号：

1.7 委托创作日期：本合同签署生效之日起至该剧首轮发行之日止。

第二条　甲乙双方的权利与义务

2.1 甲方的权利与义务：

2.1.1 甲方永久性拥有该剧剧本及该剧全部版权及衍生制品的所有权利（包括电影、电视录像带、录音带、VCD、DVD及诉诸各种传媒的全部永久版权及一切与本剧有关的角色名称、人物造型、肖像、对白、动作、剧照、音乐、歌曲等图文、音频及视频的所有权），未经甲方同意，乙方不得将创作的剧本内容以任何形式应用于其他相同或近似题材的影视剧中。甲方自主拥有该剧权益的处置权及该剧的发行、宣传推广等权利。

2.1.2 甲方有权与任何单位或个人联合摄制本剧及决定本剧的主要创作人员，甲方有权将该剧转让给其他单位或个人拍摄，乙方不得干涉。

2.1.3 甲方有权随时了解剧本创作的进展情况，并对乙方创作完成的剧本进行审查。无正当理由,乙方不得拒绝。

2.1.4 乙方提交的剧本经修改后仍不能达到甲方要求时,甲方保留聘请其他人员进行本剧剧本的修改和创作的权利。甲乙双方同意,在此情况下,其他编剧对剧本所作的修改不视为是对乙方权利的侵犯。甲方就经其认可的、乙方仅完成的该部分剧本同样拥有完全版权。

2.2 乙方的权利与义务:

2.2.1 乙方应在聘约期限内优先高质量地完成该剧剧本创作,不应有任何其他工作实质影响到本合同项下义务的履行,包括在本合同签订前,未接受任何第三方以与甲方相同或近似的方式创作合同约定之剧本,也不在本合同有效期内为任何第三方创作相同题材的剧本。

2.2.2 乙方必须保证作品的原创性。如果出现侵犯他人知识产权或其他权利的行为,由乙方个人承担相应责任。如果因为乙方的侵权行为而造成甲方经济损失的,乙方应当承担赔偿责任。

2.2.3 乙方拥有该剧编剧的署名权及依据本合同取得编剧劳务报酬的权利。如甲方中途安排他人续写、修改和改编时,续写/修改/改编人有权以编剧/改编者方式署名,但并不排斥乙方的署名权,署名的先后顺序依创作部分的比例大小确定。

2.2.4 乙方接受甲方对其编剧工作的监督及对该剧艺术创作质量的认定。甲乙双方如因创作问题发生分歧或矛盾时,应认真研究,及时协商解决,无法达成一致意见时,应以甲方的意见为最终方案完成剧本创作,乙方知悉并认可且不得以公开的方式表示异议。

2.2.5 在电视剧拍摄过程中,甲方有权根据拍摄需要要求乙方对剧本进行相应的修改,乙方应予配合,甲方无须因此向乙方另行支付酬金。

2.2.6 应甲方的邀请和安排,乙方应出席剧本研讨活动及该剧的新闻发布会、首映式等重要的宣传推广活动。

2.2.7 双方约定,乙方对于剧本(电子版/纸介版)负有保密义务。除非事先经甲方同意,或应甲方的要求参加对外宣传推广等活动所必须披露外,乙方不得将剧本内容以任何方式提供给任何第三方。

2.2.8 无论甲方最终是否采用乙方的剧本进行拍摄,但只要乙方提交的剧本符合合同约定的要求,甲方仍应按照合同约定支付酬金。

第三条 违约责任

3.1 甲乙双方应正当行使权利,履行义务,保证本合同的顺利履行。任何一方违反本合同项下的任何规定,均应当承担违约责任;给对方造成损失的,应赔偿对方由此所遭受的全部经济损失。

3.2 甲方未履行或未按约定履行本合同规定的义务,应分别承担相应的违约责任,具体如下:① 若甲方未如期向乙方支付酬金的,每逾期1日,应向乙方支付逾期许可使用费的________%作为违约金;② 若因甲方原因导致本合同解除的,则不论工作的进度如何,甲方应向乙方支付尚未支付的酬金。

3.3 乙方未履行或未按约定履行本合同规定的义务,应分别承担相应的违约责任,具体如下:① 乙方未依据本合同的规定如期向甲方提供符合约定的剧本的,每逾期1日,乙方应向甲方支付违约金人民币________元;② 若因乙方原因导致本合同解除的,则合同解除后5日内,乙方需将已收取的酬金加算银行同期存款利率按照甲方指定的方式返还甲方,并赔偿甲方因此遭受的经济损失,包括但不限于基于剧本筹备而投入的所有经济损失。

第四条 合同的变更

4.1 本合同履行期间,发生特殊情况时,甲、乙任何一方需变更本合同的,要求变更一方应及时书面通知对方,征得对方同意后,双方在规定的时限内(书面通知发出________天内)签订书面变更合同,该合同将成为本合同不可分割的组成部分。

4.2 未经双方签署书面文件,任何一方无权变更本合同,否则,由此造成对方的一切经济损失,由责任方承担。

第五条 合同的解除

5.1 在本合同履行过程中发生下列情形之一,甲方可以通过书面形式通知乙方而解除本合同:

5.1.1 乙方未能按本合同的规定向甲方提供符合约定的剧本,经甲方催告后______日内仍未予以交付;

5.1.2 乙方部分或完全丧失民事行为能力致使其不能继续履行本合同;

5.1.3 乙方在本合同第二条中所做的保证不真实。

5.2 在本合同履行过程中发生下列情形之一,乙方可以通过书面形式通知甲方而解除本合同:

5.2.1 甲方迟延支付乙方的酬金的,经乙方催告后______日内仍未予以支付;

5.2.2 甲方破产、解散或被依法吊销企业法人营业执照且无权利、义务承受人的。

5.3 除本合同规定的情形外,甲乙双方皆不得擅自解除本合同。

第六条 保密义务

6.1 未经对方书面同意,任何一方不得向任何第三方泄露本合同以及与本合同相关的一切信息。若本合同未生效,任何一方不得向任何第三方泄露其在签约过程中知悉或取得且无法自公开渠道获得的另一方的文件及资料(包括商业秘密、公司计划、运营活动、财务信息、经营信息及其他商业秘密等)。

6.2 甲乙双方保证对其在讨论、签订、执行本合同过程中所获悉的属于对方的且无法自公开渠道获得的文件及资料(包括商业秘密、公司计划、运营活动、财务信息、技术信息、经营信息及其他商业秘密)予以保密。但法律、法规另有规定或双方另有约定的除外。

6.3 在本合同终止之后,甲乙双方在本条款项下的义务并不随之终止,双方仍需遵守本合同之保密条款,履行其所承诺的保密义务,直到对方同意其解除此项义务,或事实上不会因违反本合同的保密条款而给对方造成任何形式的损害时为止。

6.4 任何一方若违反上述保密义务,应赔偿对方因此而遭受的一切经济损失。

第七条 不可抗力

7.1 如果本合同任何一方因受不可抗力事件影响而未能履行其在本合同项下的全部或部分义务,该义务的履行在不可抗力事件妨碍其履行期间应予中止。

7.2 声称受到不可抗力事件影响的一方应尽可能在最短的时间内通过书面形式将不可抗力事件的发生通知另一方,并在该不可抗力事件发生后10日内向另一方提供关于此种不可抗力事件及其持续时间的适当证据,以及合同不能履行或者需要延期履行的书面资料。声称不可抗力事件导致其对本合同的履行在客观上成为不可能或不实际的一方,有责任尽一切合理的努力消除或减轻此等不可抗力事件的影响。

7.3 不可抗力事件发生时,双方应立即通过友好协商决定如何执行本合同。不可抗力事件或其影响终止或消除后,双方须立即恢复履行各自在本合同项下的各项义务。如不可抗力及其影响无法终止或消除而致使合同任何一方丧失继续履行合同的能力,则双方可协商解除合同或暂时延迟合同的履行,且遭遇不可抗力一方无须为此承担责任。当事人迟延履行后发生不可抗力的,不能免除责任。

7.4 本合同所称不可抗力是指受影响一方不能合理控制的,无法预料或即使可预料到也不可避免且无法克服,并于本合同签订日之后出现的,使该方对本合同全部或部分的履行在客观上成为不可能或不实际的任何事件。此等事件包括但不限于自然灾害如水灾、火灾、旱灾、台风、地震,以及社会事件如战争(不论曾否宣

战)、动乱、罢工,政府行为或法律规定等。

第八条 通知与送达

8.1 甲乙双方因履行本合同而相互发出或者提供的所有通知、文件、资料等,均应按照本合同首部所列明的通讯地址、传真、电子邮件以邮寄或传真或电子邮件方式送达;一方如果迁址或者变更电话、电子邮件应当书面通知对方,否则发至本合同首部所列明的通讯地址或者传真、电子邮件系统的通知、文件、资料均视为有效送达。

8.2 以邮寄方式送达的,另一方签收之日视为送达;签收之日不明确的,以信件寄出或者投邮之日起算3日视为送达。通过传真、电子邮件方式送达的,通知、文件、资料等数据电文进入另一方系统之时视为送达;通知、文件、资料等数据电文进入另一方系统之时不明确的,以传真、电子邮件发出后的第二日视为送达。

第九条 争议解决与适用法律

9.1 本合同的订立、效力、解释、履行和争议的解决均适用中华人民共和国的法律。

9.2 凡因本合同引起的或与本合同有关的任何争议,由双方协商解决;协商不成的,按下列第□1/□2种方式(二选一)解决:

9.2.1 任何一方均有权将争议提交设在________________(地点)的________________仲裁委员会,按照申请仲裁时该会现行有效的仲裁规则进行仲裁。仲裁裁决是终局的,对双方均有约束力。

9.2.2 任何一方均有权向________________人民法院起诉。

第十条 合同权利和义务的转让

除合同中另有规定或经双方协商同意外,本合同所规定双方的任何权利和义务,任何一方在未征得另一方书面同意之前,不得转让给第三者。任何转让,未经另一方书面明确同意,均属无效。

第十一条 合同的解释

11.1 本合同文本由□甲方□乙方提供,其已采取合理的方式提请对方注意免除或者限制其责任的条款并予以说明;甲乙双方对本合同各条款的内容均充分理解并经协商达成一致同意。

11.2 本合同的理解与解释应依据合同目的和文本原意进行,本合同的标题仅是为了阅读方便而设,不应影响本合同的解释。

第十二条 合同效力和签署

12.1 本合同对每一方的继承人和受让人均有约束力。

12.2 本合同的任何一方未能及时行使本合同项下的权利不应被视为放弃该

权利,也不影响该方在将来行使该权利。

12.3 如果本合同中的任何条款无论因何种原因完全或部分无效或不具有执行力,或违反任何适用的法律,则该条款被视为删除。但本合同的其余条款仍应有效并且具有约束力。

12.4 本合同一式肆份,双方各执两份,具有同等法律效力。

12.5 本合同经双方签字、盖章,以最后签字、盖章日期为本合同生效日期。本合同未尽事宜,需修订或变更时由双方签署补充合同,补充合同与本合同具有同等法律效力。

12.6 本合同之任何修改除非经双方以书面形式签署确认,否则均属无效。

第十三条 合同附件

13.1 本合同未尽事宜,依照有关法律、法规执行,法律、法规未作规定的,甲乙双方可以达成书面补充合同。本合同的附件和补充合同均为本合同不可分割的组成部分,与本合同具有同等法律效力。

13.2 本合同及本合同的附件和补充合同内空格部分填写的文字与印刷文字具有同等法律效力。

13.3 本合同附件如下:

附件一:艺术作品的具体描述。

(以下无正文)

甲方: (盖章)	乙方: (盖章)
授权代表签字: 签字日期: 合同签订地点:	授权代表签字: 签字日期:

电视剧剧本委托改编合同

合同适用范围

《电视剧剧本委托改编合同》主要适用于影视制作单位在制作影视剧的过程中，与电视剧的编剧就电视剧剧本改编事宜而进行约定的情形。

特别风险提示

1. 双方应共同防范如下风险：

(1) 任何一个合同范本都不是万能的，试图以一个一成不变的合同范本包揽一切的想法是最大的风险，因为每个项目或者事情都有其特殊性，况且法律、法规也在不断变化。

(2) 此类合同的重点在于明确电视剧剧本编剧的具体工作内容、对编剧改编剧本的要求和标准、工作期限及著作权归属问题。

(3) 就一方需要保证与承诺的事项进行明确约定，并视具体情形进行增减。

(4) 审慎选择争议的解决方式与解决机构以及争议解决机构的所在地。实际上，诉讼还是仲裁解决各有利弊，应根据实际情况作出尽可能对自己有利的选择。选择诉讼解决的，双方的约定首先不得违反我国《民事诉讼法》对级别管辖和专属管辖的规定，其次，双方仅可以在书面合同中协议选择被告住所地、合同履行地、合同签订地、原告住所地、标的物所在地的人民法院管辖。

2. 就电视剧剧本的编剧而言，应着重防范如下风险：

(1) 审慎审查影视制作单位的资质文件，包括但不限于工商营业执照、法人组织机构代码证等证件、文件，并将其作为合同的附件，与合同一同加盖骑缝章。

(2) 影视制作单位可能最终未能采用电视剧剧本的编剧提交的剧本进行拍摄，但只要提交的剧本符合合同约定的要求，影视制作单位仍应按照合同约定支付酬金，对此，可在合同中明确约定。

(3) 应将涉及电视剧剧本的交付时间、内容、接收人等信息作为档案予以保存，一旦发生争议便可作为有力证据证明己方已依据法律规定、合同约定进行了适格交付。例如，当面交付的，应要求对方签字、盖章，不便盖章的，应要求对方事先出具授权委托书,授权委托书应载明授权某人负责接收、签署、送达文件、资料等事项;邮寄送达的,应在邮递物件时签署的详情单的“文件名称”栏中明确记载邮递的物料内容、份数等信息。

(4) 影视制作单位依据合同约定自应支付报酬之日起满两年未支付,而电视剧剧本的编剧又不能证明存在诉讼时效中止、中断、延长等情形的,将导致因在诉讼时效内未主张权利而丧失胜诉权。因此,一旦影视制作单位在两年内不支付或不能全部支付报酬,或未能就争议达成一致的,电视剧剧本的编剧应至迟在两年诉讼时效届满前提起诉讼或者仲裁。

3. 就影视制作单位而言,应着重防范如下风险:

(1) 审慎审查电视剧剧本的编剧的资质文件,包括但不限于法人单位的工商营业执照、法人组织机构代码证或自然人的身份证,并将该信息作为合同的附件,与合同一同加盖骑缝章或由自然人在每页签名。

(2) 鉴于我国《著作权法》的相关规定,电视剧剧本的编剧享有署名权和获酬权,因此应当明确约定署名方式和获酬金额、支付方式。考虑到影视剧制作、发行等涉及多个环节,因此建议一般应当采用分期付费的方式对电视剧剧本的编剧支付报酬。

(3) 收到编剧交付的剧本后,应依据法律规定、合同约定及时查验,以免丧失权利,造成对己方不利的后果。

* * *

电视剧剧本委托改编合同(范本)

合同编号:

甲方(影视单位):	乙方(编剧):
住所地:	住所地:
通信地址:	通信地址:
邮政编码:	邮政编码:
法定代表人:	证件号码:
签约代表人:	签约代表人:
合同联系人:	合同联系人:

联系电话：　　　　　　　　　　　　联系电话：
传真：　　　　　　　　　　　　　　传真：
电子信箱：　　　　　　　　　　　　电子信箱：

鉴于：

甲方是依法注册成立并取得合法从事影视剧制作资格的法人单位，乙方具有丰富的电视剧剧本改编经验。甲方有意在其计划/正在摄制的影视剧中委托乙方改编电视剧剧本，乙方同意接受甲方的委托。

甲乙双方依据《中华人民共和国合同法》、《中华人民共和国著作权法》、《中华人民共和国民法通则》等法律、法规的规定以及平等自愿、诚实信用、等价有偿的原则，经友好协商，特达成本合同，以兹共同遵守。

第一条　合同内容

1.1　甲方聘请乙方负责《＿＿＿＿＿＿＿＿》一剧编剧工作，将文字作品《＿＿＿＿＿＿＿＿》改编为电视剧文学剧本；乙方同意接受甲方委托，甲乙双方以合同形式确定双方委托改编关系的成立。

1.2　文字作品《＿＿＿＿＿＿＿＿》由甲方提供，该剧长度暂定为＿＿＿＿集，完成片剧名、剧集与实际长度的变更不改变本合同的有效性及双方在本合同项下的权利义务。

1.3　剧本改编要求和标准为：

题材类型为：

角色情况：

文学剧本字数：＿＿＿＿（以电脑统计不计空格的字数为准）

其他：

双方对剧本是否达到拍摄要求发生争议的，可以委托双方共同接受的专家进行鉴定。如果剧本经国家有关部门审查通过，即认定为达到标准。

1.4　编剧酬金及付款方式：甲方同意以每集人民币＿＿＿＿万元支付乙方编剧酬金，＿＿＿＿集共计人民币＿＿＿＿万元整（税前/税后）。

1.5　付款方式：

1.5.1　合同签订后10个工作日内，甲方向乙方支付剧本总酬金的10%，即人民币＿＿＿＿万元整作为定金。

1.5.2　乙方在合同签订后＿＿＿＿个工作日内，交付本剧故事大纲，经甲方书面认可（即经甲方对剧本故事大纲进行讨论后，在甲方提出的修改意见的基础上，甲方再认可乙方可进行分集提纲创作）后，甲方向乙方支付剧本总酬金的

10%，即人民币________万元整。

1.5.3　乙方在收到甲方对故事大纲的书面认可后________个工作日内，交付本剧分集提纲，经甲方书面认可（即经甲方对剧本分集提纲进行讨论后，在甲方提出的修改意见的基础上，认可乙方可进行剧本初稿的创作）后，甲方向乙方支付剧本总酬金的20%，即人民币________万元整。

1.5.4　乙方在收到甲方对分集提纲的书面认可后________个工作日内，根据甲方的要求对剧本分集提纲进行修改后创作剧本初稿，初稿经甲方书面认可，甲方向乙方支付剧本总酬金的30%，即人民币________万元整。

1.5.5　乙方在收到甲方对剧本初稿的书面认可后________个工作日内，根据甲方对初稿的修改意见完成剧本的二稿创作，并提交甲方讨论审定。经甲方审定认可后，甲方向乙方支付剧本总酬金的20%，即人民币________万元整。

1.5.6　该剧开机前，乙方根据甲方意见进行认真修改，至剧本定稿经过甲方最终书面确认后，甲方向乙方支付剧本总酬金的10%，即人民币________万元整。至此，编剧酬金全部支付完毕。

1.5.7　乙方在上述剧本改编过程中提交的各阶段性成果的审核通过，以甲方制片人和导演一致签字认可为准。

1.5.8　在本合同约定的每一个改编阶段中，乙方根据甲方的要求和意见，对本阶段工作成果进行修改和调整，并且在得到甲方的书面确认后，方可继续进行下一阶段的工作。

1.6　乙方收款账户信息：

开户银行：

户　　名：

账　　号：

1.7　委托改编日期：本合同签署生效之日起至该剧首轮发行之日止。

第二条　甲乙双方的权利与义务

2.1　甲方的权利与义务：

2.1.1　甲方永久性拥有该剧剧本及该剧全部版权及衍生制品的所有权利（包括电影、电视录像带、录音带、VCD、DVD及诉诸各种传媒的全部永久版权及一切与本剧有关的角色名称、人物造型、肖像、对白、动作、剧照、音乐、歌曲等图文、音频及视频的所有权），未经甲方同意，乙方不得将改编的剧本内容以任何形式应用于其他相同或近似题材的影视剧中。甲方自主拥有该剧权益的处置权及该剧的发行、宣传推广等权利。

2.1.2　甲方必须保证提供的文字作品《________________》的合法性。如果出现侵犯他人知识产权或其他权利的行为,由甲方承担相应责任。如果因为甲方的侵权行为而造成乙方经济损失的,甲方应当承担赔偿责任。

2.1.3 甲方有权与任何单位或个人联合摄制本剧及决定本剧的主要创作人员,甲方有权将该剧转让给其他单位或个人拍摄,乙方不得干涉。

2.1.4 甲方有权随时了解剧本改编的进展情况,并对乙方改编完成的剧本进行审查。无正当理由,乙方不得拒绝。

2.1.5 乙方提交的剧本经修改后仍不能达到甲方要求时,甲方保留聘请其他人员进行本剧剧本的修改和改编的权利。甲乙双方同意,在此情况下,其他编剧对剧本所作的修改不视为是对乙方权利的侵犯。甲方就经其认可的、乙方仅完成的该部分剧本同样拥有完全版权。

2.2 乙方的权利与义务:

2.2.1 乙方应在聘约期限内优先高质量地完成该剧剧本改编,不应有任何其他工作实质影响到本合同项下义务的履行,包括在本合同签订前,未接受任何第三方以与甲方相同或近似的方式改编合同约定之剧本,也不在本合同有效期内为任何第三方改编相同题材的剧本。

2.2.2 乙方必须保证作品的原创性。如果出现侵犯他人知识产权或其他权利的行为,由乙方个人承担相应责任。如果因为乙方的侵权行为而造成甲方经济损失的,乙方应当承担赔偿责任。

2.2.3 乙方拥有该剧编剧的署名权及依据本合同取得编剧劳务报酬的权利。如甲方中途安排他人续写、修改和改编时,续写/修改/改编人有权以编剧/改编者方式署名,但并不排斥乙方的署名权,署名的先后顺序依改编部分的比例大小确定。

2.2.4 乙方接受甲方对其编剧工作的监督及对该剧艺术改编质量的认定。甲乙双方如因改编问题发生分歧或矛盾时,应认真研究,及时协商解决,无法达成一致意见时,应以甲方的意见为最终方案完成剧本改编,乙方知悉并认可且不得以公开的方式表示异议。

2.2.5 在电视剧拍摄过程中,甲方有权根据拍摄需要要求乙方对剧本进行相应的修改,乙方应予配合,甲方无须因此向乙方另行支付酬金。

2.2.6 应甲方的邀请和安排,乙方应出席剧本研讨活动及该剧的新闻发布会、首映式等重要的宣传推广活动。

2.2.7 双方约定,乙方对于剧本(电子版/纸介版)负有保密义务。除非事先经甲方同意,或应甲方的要求参加对外宣传推广等活动所必须披露外,乙方不得将剧本内容以任何方式提供给任何第三方。

2.2.8　无论甲方最终是否采用乙方的剧本进行拍摄，但只要乙方提交的剧本符合合同约定的要求，甲方仍应按照合同约定支付酬金。

第三条　违约责任

3.1　甲乙双方应正当行使权利，履行义务，保证本合同的顺利履行。任何一方违反本合同项下的任何规定，均应当承担违约责任；给对方造成损失的，应赔偿对方由此所遭受的全部经济损失。

3.2　甲方未履行或未按约定履行本合同规定的义务，应分别承担相应的违约责任，具体如下：① 若甲方未如期向乙方支付酬金的，每逾期 1 日，应向乙方支付逾期许可使用费的________% 作为违约金；② 若因甲方原因导致本合同解除的，则不论工作的进度如何，甲方应向乙方支付尚未支付的酬金。

3.3　乙方未履行或未按约定履行本合同规定的义务，应分别承担相应的违约责任，具体如下：① 乙方未依据本合同的规定如期向甲方提供符合约定的剧本的，每逾期 1 日，乙方应向甲方支付违约金人民币________元；② 若因乙方原因导致本合同解除的，则合同解除后 5 日内，乙方需将已收取的酬金加算银行同期存款利率按照甲方指定的方式返还甲方，并赔偿甲方因此遭受的经济损失，包括但不限于基于剧本筹备而投入的所有经济损失。

第四条　合同的变更

4.1　本合同履行期间，发生特殊情况时，甲、乙任何一方需变更本合同的，要求变更一方应及时书面通知对方，征得对方同意后，双方在规定的时限内（书面通知发出________天内）签订书面变更合同，该合同将成为本合同不可分割的组成部分。

4.2　未经双方签署书面文件，任何一方无权变更本合同，否则，由此造成对方的一切经济损失，由责任方承担。

第五条　合同的解除

5.1　在本合同履行过程中发生下列情形之一，甲方可以通过书面形式通知乙方而解除本合同：

5.1.1　乙方未能按本合同的规定向甲方提供符合约定的剧本，经甲方催告后______日内仍未予以交付；

5.1.2　乙方部分或完全丧失民事行为能力致使其不能继续履行本合同；

5.1.3　乙方在本合同第二条中所做的保证不真实。

5.2　在本合同履行过程中发生下列情形之一，乙方可以通过书面形式通知甲方而解除本合同：

5.2.1　甲方迟延支付乙方的酬金的，经乙方催告后______日内仍未予以支付；

5.2.2　甲方破产、解散或被依法吊销企业法人营业执照且无权利、义务承受人的。

5.3　除本合同规定的情形外，甲乙双方皆不得擅自解除本合同。

第六条　保密义务

6.1　未经对方书面同意，任何一方不得向任何第三方泄露本合同以及与本合同相关的一切信息。若本合同未生效，任何一方不得向任何第三方泄露其在签约过程中知悉或取得且无法自公开渠道获得的另一方的文件及资料（包括商业秘密、公司计划、运营活动、财务信息、经营信息及其他商业秘密等）。

6.2　甲乙双方保证对其在讨论、签订、执行本合同过程中所获悉的属于对方的且无法自公开渠道获得的文件及资料（包括商业秘密、公司计划、运营活动、财务信息、技术信息、经营信息及其他商业秘密）予以保密。但法律、法规另有规定或双方另有约定的除外。

6.3　在本合同终止之后，甲乙双方在本条款项下的义务并不随之终止，双方仍需遵守本合同之保密条款，履行其所承诺的保密义务，直到对方同意其解除此项义务，或事实上不会因违反本合同的保密条款而给对方造成任何形式的损害时为止。

6.4　任何一方若违反上述保密义务，应赔偿对方因此而遭受的一切经济损失。

第七条　不可抗力

7.1　如果本合同任何一方因受不可抗力事件影响而未能履行其在本合同项下的全部或部分义务，该义务的履行在不可抗力事件妨碍其履行期间应予中止。

7.2　声称受到不可抗力事件影响的一方应尽可能在最短的时间内通过书面形式将不可抗力事件的发生通知另一方，并在该不可抗力事件发生后10日内向另一方提供关于此种不可抗力事件及其持续时间的适当证据，以及合同不能履行或者需要延期履行的书面资料。声称不可抗力事件导致其对本合同的履行在客观上成为不可能或不实际的一方，有责任尽一切合理的努力消除或减轻此等不可抗力事件的影响。

7.3　不可抗力事件发生时，双方应立即通过友好协商决定如何执行本合同。不可抗力事件或其影响终止或消除后，双方须立即恢复履行各自在本合同项下的各项义务。如不可抗力及其影响无法终止或消除而致使合同任何一方丧失继续履行合同的能力，则双方可协商解除合同或暂时延迟合同的履行，且遭遇不可抗力一方无须为此承担责任。当事人迟延履行后发生不可抗力的，不能免除责任。

7.4　本合同所称不可抗力是指受影响一方不能合理控制的,无法预料或即使可预料到也不可避免且无法克服,并于本合同签订日之后出现的,使该方对本合同全部或部分的履行在客观上成为不可能或不实际的任何事件。此等事件包括但不限于自然灾害如水灾、火灾、旱灾、台风、地震,以及社会事件如战争(不论曾否宣战)、动乱、罢工,政府行为或法律规定等。

第八条　通知与送达

8.1　甲乙双方因履行本合同而相互发出或者提供的所有通知、文件、资料等,均应按照本合同首部所列明的通讯地址、传真、电子邮件以邮寄或传真或电子邮件方式送达;一方如果迁址或者变更电话、电子邮件应当书面通知对方,否则发至本合同首部所列明的通讯地址或者传真、电子邮件系统的通知、文件、资料均视为有效送达。

8.2　以邮寄方式送达的,另一方签收之日视为送达;签收之日不明确的,以信件寄出或者投邮之日起算 3 日视为送达。通过传真、电子邮件方式送达的,通知、文件、资料等数据电文进入另一方系统之时视为送达;通知、文件、资料等数据电文进入另一方系统之时不明确的,以传真、电子邮件发出后的第二日视为送达。

第九条　争议解决与适用法律

9.1　本合同的订立、效力、解释、履行和争议的解决均适用中华人民共和国的法律。

9.2　凡因本合同引起的或与本合同有关的任何争议,由双方协商解决;协商不成的,按下列第□1/□2 种方式(二选一)解决:

9.2.1　任何一方均有权将争议提交设在________________(地点)的________________仲裁委员会,按照申请仲裁时该会现行有效的仲裁规则进行仲裁。仲裁裁决是终局的,对双方均有约束力。

9.2.2　任何一方均有权向________________人民法院起诉。

第十条　合同权利和义务的转让

除合同中另有规定或经双方协商同意外,本合同所规定双方的任何权利和义务,任何一方在未征得另一方书面同意之前,不得转让给第三者。任何转让,未经另一方书面明确同意,均属无效。

第十一条　合同的解释

11.1　本合同文本由□甲方□乙方提供,其已采取合理的方式提请对方注意免除或者限制其责任的条款并予以说明;甲乙双方对本合同各条款的内容均充分理解并经协商达成一致同意。

11.2　本合同的理解与解释应依据合同目的和文本原意进行,本合同的标题仅是为了阅读方便而设,不应影响本合同的解释。

第十二条 合同效力和签署

12.1 本合同对每一方的继承人和受让人均有约束力。

12.2 本合同的任何一方未能及时行使本合同项下的权利不应被视为放弃该权利,也不影响该方在将来行使该权利。

12.3 如果本合同中的任何条款无论因何种原因完全或部分无效或不具有执行力,或违反任何适用的法律,则该条款被视为删除。但本合同的其余条款仍应有效并且具有约束力。

12.4 本合同一式肆份,双方各执两份,具有同等法律效力。

12.5 本合同经双方签字、盖章,以最后签字、盖章日期为本合同生效日期。本合同未尽事宜,需修订或变更时由双方签署补充合同,补充合同与本合同具有同等法律效力。

12.6 本合同之任何修改除非经双方以书面形式签署确认,否则均属无效。

第十三条 合同附件

13.1 本合同未尽事宜,依照有关法律、法规执行,法律、法规未作规定的,甲乙双方可以达成书面补充合同。本合同的附件和补充合同均为本合同不可分割的组成部分,与本合同具有同等法律效力。

13.2 本合同及本合同的附件和补充合同内空格部分填写的文字与印刷文字具有同等法律效力。

13.3 本合同附件如下:

附件一:艺术作品的具体描述。

甲方:	乙方:
(盖章)	(盖章)
授权代表签字:	授权代表签字:
签字日期:	签字日期:
合同签订地点:	

音乐著作权许可使用合同

合同适用范围

《音乐著作权许可使用合同》主要适用于影视制作单位在制作影视剧的过程中，与音乐作品的著作权人就已有的音乐作品在影视剧中的许可使用事宜进行约定的情形。

特别风险提示

1. 双方应共同防范如下风险：

(1) 任何一个合同范本都不是万能的，试图以一个一成不变的合同范本包揽一切的想法是最大的风险，因为每个项目或者事情都有其特殊性，况且法律、法规也在不断变化。

(2) 鉴于我国《著作权法》第15条的规定，影视制作单位作为制片者对影视剧享有整体著作权，影视剧创作完成后音乐作品即构成了影视剧不可分割的组成部分。因此应当明确影视制作单位有权使用和处分含有该音乐作品的影视剧，而不需要再另行获得音乐作品著作权人的许可和付酬。

(3) 鉴于我国《著作权法》第15条的规定，音乐作品的著作权人享有署名权和获酬权，因此应当明确约定署名方式和获酬金额、支付方式。考虑到许可使用的音乐作品已经完成，其价值基本确定，因此建议一般应当采用一次性付费的方式对音乐作品的著作权人支付报酬。

(4) 就一方需要保证与承诺的事项进行明确约定，并视具体情形进行增减。

(5) 审慎选择争议的解决方式与解决机构以及争议解决机构的所在地。实际上，诉讼还是仲裁解决各有利弊，应根据实际情况作出尽可能对自己有利的选择。选择诉讼解决的，双方的约定首先不得违反我国《民事诉讼法》对级别管辖和专属管辖的规定，其次，双方仅可以在书面合同中协议选择被告住所地、合同履行地、合同签订地、原告住所地、标的物所在地的人民法院管辖。

2. 就音乐作品的著作权人而言，应着重防范如下风险：

(1) 审慎审查影视制作单位的资质文件，包括但不限于工商营业执照、法人组织机构代码证等证件、文件,并将其作为合同的附件,与合同一同加盖骑缝章。

(2) 谨慎预测音乐作品完成创作或准备的期间,并在合同中留有足够的交付时间,以免违约。

(3) 应将涉及音乐作品的交付时间、内容、接收人等信息作为档案予以保存,一旦发生争议便可作为有力证据证明己方已依据法律规定、合同约定进行了适格交付。例如,当面交付的,应要求对方签字、盖章,不便盖章的,应要求对方事先出具授权委托书,授权委托书应载明授权某人负责接收、签署、送达文件、资料等事项;邮寄送达的,应在邮递物件时签署的详情单的"文件名称"栏中明确记载邮递的物料内容、份数等信息。

(4) 影视制作单位依据合同约定自应支付许可费用之日起满两年未支付,而著作权人又不能证明存在诉讼时效中止、中断、延长等情形的,将导致著作权人因在诉讼时效内未主张权利而丧失胜诉权。因此,一旦影视制作单位在两年内不支付或不能全部支付许可费用,或未能就争议达成一致的,著作权人应至迟在两年诉讼时效届满前提起诉讼或者依据仲裁条款申请仲裁。

3. 就影视制作单位而言,应着重防范如下风险:

(1) 审慎审查音乐作品著作权人的资质文件,包括但不限于法人单位的工商营业执照、法人组织机构代码证或自然人的身份证以及相应的著作权的权属文件,并将该信息作为合同的附件,与合同一同加盖骑缝章或由自然人在每页签名。

(2) 审慎审查音乐作品的权属,演绎作品应当获得原作品著作权人的许可,合作作品应当获得合作作者的许可,录音作品应当获得词曲作者、表演者的许可,并约定详细权利保证条款。

(3) 鉴于我国《著作权法》第 15 条的规定,音乐作品的著作权人对可以单独使用的音乐作品有权单独行使其著作权。因此,影视制作单位如需获得音乐作品的其他使用权时,应格外注意在合同中将被授予的权利予以明确。

(4) 收到著作权人交付的物料后,应依据法律规定、合同约定及时查验,以免丧失权利,造成对己方不利的后果。

*　　*　　*

音乐著作权许可使用合同(范本)

合同编号:

甲方(许可方、著作权人):
住所地:
通信地址:
邮政编码:
法定代表人(如甲方为法人单位):
签约代表人(如甲方为法人单位):
合同联系人:
证件名称及号码(如甲方为自然人):
联系电话:
传真:
电子信箱:

乙方(受许可方、影视单位):
住所地:
通信地址:
邮政编码:
法定代表人:
签约代表人:
合同联系人:
联系电话:
传真:
电子信箱:

鉴于:

甲方是音乐作品(以下简称"甲方作品")的合法著作权人或使用权人,有权独立作出本合同项下的权利许可;乙方是依法注册成立并取得合法从事影视剧制作资格的法人单位,乙方拟在其计划或正在拍摄的影视剧《________________》中使用甲方作品,乙方欲取得甲方许可。

甲乙双方依据《中华人民共和国合同法》、《中华人民共和国著作权法》、《中华人民共和国著作权法实施条例》等法律、法规的规定以及平等自愿、诚实信用、等价有偿的原则,经友好协商,特达成本合同,以兹共同遵守。

第一条 许可安排

1.1 作品名称:________________________(□或见附件清单)。

1.2 作品长度:________________________分钟/首(□或见附件清单)。

1.3 作品格式和类别:□词作品□曲作品 □词曲作品 □录音作品。

1.4 作品语种:□中文(普通话)□中文 (粤语) □英语□其他________。

1.5 作品用途:□片头曲 □片尾曲 □插曲 □主题曲 □背景音乐 □其他________。

1.6 许可性质:□独家; □非独家。

1.7　许可区域:根据现行《著作权法》之规定,乙方作为制片者对该影视剧享有整体著作权,因此乙方有权在全世界范围内使用含有该音乐作品的影视剧。

1.8　许可期限:根据现行《著作权法》之规定,乙方作为制片者对该影视剧享有整体著作权,因此乙方有权永久使用含有该音乐作品的影视剧。

1.9　许可权限:根据现行《著作权法》之规定,乙方作为制片者对该影视剧享有整体著作权,因此乙方有权在复制、出版、发行、放映、广播、信息网络传播等全部著作权财产权利及衍生权利中使用含有甲方作品的影视剧,且可以转授权予第三方行使。

1.10　许可语种:□中文(普通话)□中文(粤语)□英语□其他________。

1.11　许可费用:□无偿;□为实现本合同项下之许可,甲方依合同第2.1/2.2款约定自完成交付之日起______日内,乙方应以(□现金□支票□汇票)形式向甲方□一次性□分期□按净收益比例付款。

1.12　采用一次性付款形式的,乙方应向甲方支付许可使用费人民币________元。

1.13　采用分期付款形式的,具体情况由双方另行协商确定,详见本合同附件。

1.14　采用按净收益比例付款形式的,具体情况由双方另行协商确定,详见本合同附件。

1.15　音乐作品许可使用费为□税前□税后款。如为税前款的,则费用中含________%的税款□由甲方承担,乙方为代扣代缴义务人;□或根据法律、法规规定由各方自行承担相关税负。如为税后款的,则乙方应当在最后一笔款项支付的同时为甲方出具完税证明。

1.16　甲方同意,在使用过程中,乙方有权根据乙方的需要(权利行使的需要)对甲方作品进行适当的修改、编辑,且该种修改得由乙方自行或许可第三方为之,但以不造成对甲方作品实质上的更改为限。

1.17　若在甲方的作品中涉及对第三方作品(包括但不限于词、曲、表演者、录音录像制作者等权利)的使用,则乙方还应取得第三方的书面同意。甲方应尽力协助乙方从第三方处获得必要的书面许可,相关费用由□甲方□乙方承担。

第二条　交付

2.1　基于知识产权的无形性特点,依本合同许可使用的著作权等相关权利自本合同经双方签署盖章后即完成权利交付。另,为保证实现本合同第1.11款之规定,甲方另需完成如下交付安排。

2.2　交付时间:甲方需于签署本合同后______日内(即______年______月

______日之前）向乙方交付。

2.3　交付材料：

□该作品词曲创作完成稿一份，包括但不限于打印稿、手写稿，并附创作人签字。

□记录有该作品的□纸质□录音磁带（母带）□录像带（母带）。

□计算机软盘□光盘□其他______________套（如有）。

□第三方权利许可文件（如有）。

□附图、照片、主创者介绍和说明、创作内容背景简介等相关资料。

□该作品著作权的相关证明、制作证书、公证书等有效资质证明文件。

第三条　声明与保证

3.1　双方互相向对方声明、陈述和保证如下：该方是合法设立并有效存续的独立法人或有完全行为能力的自然人；该方有法定资格签署本合同。本合同所述的许可符合法律、法规的规定；该方有能力履行其于本合同项下之义务，并且该等履行义务的行为不违反任何对其有约束力的法律文件或约定的限制。本合同一经合法签署及交付，即构成对该方合法有效的约束，并可强制执行。

3.2　甲方保证其在本合同项下作出授权许可的相关署名权无争议，若发生署名权争议问题，一切责任由甲方承担。甲方保证其对甲方作品独家享有完整、独立的著作权或合法使用权，且有权作出本合同项下之许可。甲方保证所许可使用作品及其内容不违反法律法规、不侵犯任何第三方财产权、著作权、专利权或其他任何合法权益。甲方保证乙方在合理范围内使用甲方作品而侵犯他人合法权益或引起任何纠纷、争议、诉讼或其他法律程序的，应由甲方承担相关法律责任，并赔偿乙方因此而产生的任何及所有损失，包括但不限于合理的法律费用及支出等。

3.3　甲方保证签署本合同之前，不存在任何与本合同相冲突的在先合同，未向第三方授权许可过本合同项下之版权。在本合同有效期内，甲方保证不以任何类似方式将本合同项下所授予乙方之权利再行授予其他方，或参与同乙方在本合同项下的权利相抵触的交易。同时，甲方也不得对在此类合同期限内有效的现有许可进行更新或延期（若有）。

3.4　乙方保证履行此合同中的义务和责任，包括支付音乐作品许可使用费等，并协助甲方履行本合同。

3.5　若甲方作品仅为词和（或）曲作品，乙方有权对甲方作品自行或许可第三方进行录音、录像制作和使用，但制作和使用方式仅限于该影视剧的范畴内为限。乙方制作或授权制作而产生的录音或录像作品之全部版权归乙方所有，未经乙方书面许可，甲方不得擅自使用。如果乙方欲将上述录音或录像作品应用于该影视剧范畴以外的领域,则应当另行获得甲方的授权许可。

3.6　甲方就其作品在本合同书约定范畴以外的领域仍独立享有著作权,未经甲方书面许可,乙方不得擅自使用。

第四条　双方权利义务

4.1　乙方自行或许可他人行使上述权利时,或在其他任何情况下,甲方对该作品的署名权不受侵犯。乙方将以行业惯例之通行做法以最合适方式在相关页面上展示和体现甲方的署名权,甲方署名方式为□作词:________、□作曲:________、□演唱:________、□录音制作者:________。但因技术和服务方式无法展示的情况除外。

4.2　甲方有义务向乙方提供甲方作品的详细信息,包括但不限于词和/或曲谱、创作说明、作品名称及相关证明资料,该等详细信息将作为本合同附件提供予乙方。

4.3　根据甲方的实际情况,甲方在交付作品时应提供《权利保证书》、《作品登记证》或《著作权登记证书》(如有),或单位开具的《非职务作品证明书》(如有)以及其他能够证明该著作权人合法拥有该作品的任何证明文件。

4.4　如依本合同第1.6款规定下之许可为独家许可时,甲方承诺在本合同规定的许可期限及区域内,无论是否以营利性、商业性为目的,甲方均不得将本合同项下之许可作品许可给任何其他第三方在影视剧中使用,也不得自行在影视剧中使用上述权利。

4.5　如依本合同第1.6款规定下之许可为独家许可时,如有第三方在影视剧中侵权使用甲方作品时,乙方得以合法使用权利人身份向该第三方主张权利,甲方应予以协助。

第五条　违约责任

5.1　甲乙双方应正当行使权利,履行义务,保证本合同的顺利履行。任何一方违反本合同项下的任何规定,均应当承担违约责任;给对方造成损失的,应赔偿对方由此所遭受的全部经济损失。

5.2　甲方违反本合同第4.4款规定时,应立即停止侵权行为,督促第三方立即停止对甲方作品的使用。同时甲方应向乙方支付违约金人民币________元,并赔偿甲方因此而遭受的全部经济损失。

5.3　乙方未履行或未按约定履行本合同规定的义务,应分别承担相应的违约责任,具体如下:① 若乙方未如期向甲方支付许可使用费,每逾期1日,应向甲方支付逾期许可使用费的________‰作为违约金;② 若因乙方原因导致本合同解除的,则不论工作的进度如何,乙方应向甲方支付尚未支付的许可使用费。

5.4　甲方未履行或未按约定履行本合同规定的义务，应分别承担相应的违约责任，具体如下：① 甲方未依据本合同第 2.2 款的规定如期向乙方提供符合约定的音乐作品的，每逾期 1 日，甲方应向乙方支付违约金人民币________元；② 若因甲方原因导致本合同解除的，则合同解除后 5 日内，甲方需将已收取的许可使用费加算银行同期存款利率按照乙方指定的方式返还乙方，并赔偿乙方因此遭受的经济损失。

第六条　合同的变更

6.1　本合同履行期间，发生特殊情况时，甲、乙任何一方需变更本合同的，要求变更一方应及时书面通知对方，征得对方同意后，双方在规定的时限内（书面通知发出________天内）签订书面变更合同，该合同将成为本合同不可分割的组成部分。

6.2　未经双方签署书面文件，任何一方无权变更本合同，否则，由此造成对方的一切经济损失，由责任方承担。

第七条　合同的解除

7.1　在本合同履行过程中发生下列情形之一，乙方可以通过书面形式通知甲方、甲方的合法监护人而解除本合同：

7.1.1　甲方未能按本合同的规定交付音乐作品，经乙方催告后______日内仍未完成并交付；

7.1.2　甲方部分或完全丧失民事行为能力致使其不能继续履行本合同；

7.1.3　甲方在本合同第三条中所做的保证不真实。

7.2　在本合同履行过程中发生下列情形之一，甲方可以通过书面形式通知乙方而解除本合同：

7.2.1　乙方拖欠甲方音乐作品许可使用费累计达到甲方全部应得酬金的________%；

7.2.2　乙方破产、解散或被依法吊销企业法人营业执照且无权利、义务承受人的。

7.3　除本合同规定的情形外，甲乙双方皆不得擅自解除本合同。

第八条　保密义务

8.1　未经对方书面同意，任何一方不得向任何第三方泄露本合同以及与本合同相关的一切信息。若本合同未生效，任何一方不得向任何第三方泄露其在签约过程中知悉或取得且无法自公开渠道获得的另一方的文件及资料（包括商业秘密、公司计划、运营活动、财务信息、经营信息及其他商业秘密等）。

8.2　甲乙双方保证对其在讨论、签订、执行本合同过程中所获悉的属于对方的且无法自公开渠道获得的文件及资料(包括商业秘密、公司计划、运营活动、财务信息、技术信息、经营信息及其他商业秘密)予以保密。但法律、法规另有规定或双方另有约定的除外。

8.3 在本合同终止之后,甲乙双方在本条款项下的义务并不随之终止,双方仍需遵守本合同之保密条款,履行其所承诺的保密义务,直到对方同意其解除此项义务,或事实上不会因违反本合同的保密条款而给对方造成任何形式的损害时为止。

8.4 任何一方若违反上述保密义务,应赔偿对方因此而遭受的一切经济损失。

第九条 不可抗力

9.1 如果本合同任何一方因受不可抗力事件影响而未能履行其在本合同项下的全部或部分义务,该义务的履行在不可抗力事件妨碍其履行期间应予中止。

9.2 声称受到不可抗力事件影响的一方应尽可能在最短的时间内通过书面形式将不可抗力事件的发生通知另一方,并在该不可抗力事件发生后10日内向另一方提供关于此种不可抗力事件及其持续时间的适当证据,以及合同不能履行或者需要延期履行的书面资料。声称不可抗力事件导致其对本合同的履行在客观上成为不可能或不实际的一方,有责任尽一切合理的努力消除或减轻此等不可抗力事件的影响。

9.3 不可抗力事件发生时,双方应立即通过友好协商决定如何执行本合同。不可抗力事件或其影响终止或消除后,双方须立即恢复履行各自在本合同项下的各项义务。如不可抗力及其影响无法终止或消除而致使合同任何一方丧失继续履行合同的能力,则双方可协商解除合同或暂时延迟合同的履行,且遭遇不可抗力一方无须为此承担责任。当事人迟延履行后发生不可抗力的,不能免除责任。

9.4 本合同所称不可抗力是指受影响一方不能合理控制的,无法预料或即使可预料到也不可避免且无法克服,并于本合同签订日之后出现的,使该方对本合同全部或部分的履行在客观上成为不可能或不实际的任何事件。此等事件包括但不限于自然灾害如水灾、火灾、旱灾、台风、地震,以及社会事件如战争(不论曾否宣战)、动乱、罢工,政府行为或法律规定等。

第十条 通知与送达

10.1 甲乙双方因履行本合同而相互发出或者提供的所有通知、文件、资料等,均应按照本合同首部所列明的通讯地址、传真、电子邮件以邮寄或传真或电子邮件方式送达;一方如果迁址或者变更电话、电子邮件应当书面通知对方,否则发至本合同首部所列明的通讯地址或者传真、电子邮件系统的通知、文件、资料均视为有效送达。

10.2 以邮寄方式送达的，另一方签收之日视为送达；签收之日不明确的，以信件寄出或者投邮之日起算3日视为送达。通过传真、电子邮件方式送达的，通知、文件、资料等数据电文进入另一方系统之时视为送达；通知、文件、资料等数据电文进入另一方系统之时不明确的，以传真、电子邮件发出后的第二日视为送达。

第十一条 争议解决与适用法律

11.1 本合同的订立、效力、解释、履行和争议的解决均适用中华人民共和国的法律。

11.2 凡因本合同引起的或与本合同有关的任何争议，由双方协商解决；协商不成的，按下列第□1/□2种方式（二选一）解决：

11.2.1 任何一方均有权将争议提交设在______________（地点）的______________仲裁委员会，按照申请仲裁时该会现行有效的仲裁规则进行仲裁。仲裁裁决是终局的，对双方均有约束力。

11.2.2 任何一方均有权向______________人民法院起诉。

第十二条 合同权利和义务的转让

除合同中另有规定或经双方协商同意外，本合同所规定双方的任何权利和义务，任何一方在未征得另一方书面同意之前，不得转让给第三者。任何转让，未经另一方书面明确同意，均属无效。

第十三条 合同的解释

13.1 本合同文本由□甲方□乙方提供，其已采取合理的方式提请对方注意免除或者限制其责任的条款并予以说明；甲乙双方对本合同各条款的内容均充分理解并经协商达成一致同意。

13.2 本合同的理解与解释应依据合同目的和文本原意进行，本合同的标题仅是为了阅读方便而设，不应影响本合同的解释。

第十四条 合同效力和签署

14.1 本合同对每一方的继承人和受让人均有约束力。

14.2 本合同的任何一方未能及时行使本合同项下的权利不应被视为放弃该权利，也不影响该方在将来行使该权利。

14.3 如果本合同中的任何条款无论因何种原因完全或部分无效或不具有执行力，或违反任何适用的法律，则该条款被视为删除。但本合同的其余条款仍应有效并且具有约束力。

14.4 本合同一式肆份，双方各执两份，具有同等法律效力。

14.5 本合同经双方签字、盖章，以最后签字、盖章日期为本合同生效日期。

本合同未尽事宜,需修订或变更时由双方签署补充合同,补充合同与本合同具有同等法律效力。

14.6 本合同之任何修改除非经双方以书面形式签署确认,否则均属无效。

第十五条 合同附件

15.1 本合同未尽事宜,依照有关法律、法规执行,法律、法规未作规定的,甲乙双方可以达成书面补充合同。本合同的附件和补充合同均为本合同不可分割的组成部分,与本合同具有同等法律效力。

15.2 本合同及本合同的附件和补充合同内空格部分填写的文字与印刷文字具有同等法律效力。

15.3 本合同附件如下:

许可使用作品清单、权利证明书、其他。

甲方:	乙方:
证件号码:	
(盖章)	(盖章)
授权代表签字:	授权代表签字:
签字日期:	签字日期:
合同签订地点:	

音乐作品录制合同

合同适用范围

《音乐作品录制合同》主要适用于影视制作单位在制作影视剧的过程中,与音乐作品的制作人就音乐作品的录制及许可使用事宜进行约定的情形。

特别风险提示

1. 双方应共同防范如下风险:

(1) 任何一个合同范本都不是万能的,试图以一个一成不变的合同范本包揽一切的想法是最大的风险,因为每个项目或者事情都有其特殊性,况且法律、法规也在不断变化。

(2) 鉴于我国《著作权法》第 15 条的规定,影视制作单位作为制片者对影视剧享有整体著作权,影视剧创作完成后音乐作品即构成了影视剧不可分割的组成部分。因此应当明确影视制作单位有权在全世界范围内以及各个权利种类内永久使用含有该录制的音乐作品的影视剧,而不需要再另行获得许可和付酬。

(3) 鉴于我国《著作权法》第 17 条的规定,音乐作品录制合同中音乐制作人制作完成的录音作品属于委托作品,因此应当在合同中明确录音作品的权属是属于影视制作单位还是属于音乐制作人。

(4) 定金是在合同订立或在履行之前支付的一定数额的金钱作为担保的担保方式,是一把"双刃剑"。本合同的定金类别为违约定金,一旦一方违约将适用定金罚则,所以双方均应根据合同的总价款作出适当的约定。当然,定金的额度不应超过总价款的 20%。

(5) 就一方需要保证与承诺的事项进行明确约定,并视具体情形进行增减。

(6) 审慎选择争议的解决方式与解决机构以及争议解决机构的所在地。实际上,诉讼还是仲裁解决各有利弊,应根据实际情况作出尽可能对自己有利的选择。选择诉讼解决的,双方的约定首先不得违反我国《民事诉讼法》对级别管辖和专属管辖的规定,其次,双方仅可以在书面合同中协议选择被告住所地、合同履行地、合同签订地或者原告住所地的人民法院管辖。

2. 就音乐作品的制作人而言,应着重防范如下风险:

(1) 审慎审查影视制作单位的资质文件,包括但不限于企业法人营业执照、法人组织机构代码证等证件、文件,并将其作为合同的附件,与合同一同加盖骑缝章。

(2) 谨慎对音乐作品的权属进行检查,录制工作开始之前应当获得音乐作品的词曲作者、表演者的许可。词曲作品、表演者由影视制作单位选定的,应当审查他们之间签署的书面合同并留存复印件备案;词曲作品、表演者由自己选定的,应当与其签署书面的正式合同。

(3) 谨慎预测录制期间并在合同中留有足够的交付时间,以免违约。

(4) 鉴于我国《〈担保法〉若干问题的解释》的规定,实际交付的定金数额多于或者少于约定数额的,视为变更定金合同,因此制作人应一次性收取合同约定的定金,否则一旦收取较少的定金后影视制作单位不再交付的,则视为制作人同意变更定金合同,从而无权再要求影视制作单位予以交付。

(5) 应将涉及录制的音乐作品的交付时间、内容、接收人等信息作为档案予以保存,一旦发生争议便可作为有力证据证明己方已依据法律规定、合同约定进行了适格交付。例如,当面交付的,应要求对方签字、盖章,不便盖章的,应要求对方事先出具授权委托书,授权委托书应载明授权某人负责接收、签署、送达文件、资料等事项;邮寄送达的,应在邮递物件时签署的详情单的“文件名称”栏中明确记载邮递的物料内容、份数等信息。

(6) 影视制作单位依据合同约定自应支付录制报酬之日起满两年未支付,而制作人又不能证明存在诉讼时效中止、中断、延长等情形的,将导致制作人因在诉讼时效内未主张权利而丧失胜诉权。因此,一旦影视制作单位在两年内不支付或不能全部支付录制报酬,或未能就争议达成一致的,制作人应至迟在两年诉讼时效届满前提起诉讼或者依据仲裁条款申请仲裁。

3. 就影视制作单位而言,应着重防范如下风险:

(1) 审慎审查音乐作品制作人的资质文件,包括但不限于法人单位的工商营业执照、法人组织机构代码证或自然人的身份证以及相应的著作权的权属文件,并将该信息作为合同的附件,与合同一同加盖骑缝章或由自然人在每页签名。

(2) 对音乐作品的权属进行检查,录制工作开始之前,应当获得音乐作品的词曲作者、表演者的许可。词曲作品、表演者由自己选定的,应当与其签署书面的正式合同。词曲作品、表演者由制作人选定的,应当审查他们之间签署的书面合同并留存复印件备案,并约定详细权利保证条款。

(3) 审慎评估制作人的履约能力,不交付过高的定金,以免录音作品未能制作完成或者制作人将录音作品授权他人后,在制作人无财产的情形下,造成影视制作单位的定金，甚至发行费用等的损失。

(4) 为保证录音工作的质量和进度，应当指定具有一定音乐知识的专人对录制工作进行跟进，及时提出修改意见或建议。同时应当对延期交付录音作品而解除合同的催告期间予以合理约定，以免影响影视剧的制作进度。

(5) 在收到制作人交付的物料后，应依据法律规定、合同约定及时查验，以免丧失权利，造成对己方不利的后果。

* * *

音乐作品录制合同(范本)

合同编号：

甲方(聘请方、影视单位)：	乙方(被聘请方、制作人)：
住所地：	住所地：
通信地址：	通信地址：
邮政编码：	邮政编码：
法定代表人：	法定代表人(如甲方为法人单位)：
签约代表人：	签约代表人(如甲方为法人单位)：
合同联系人：	合同联系人：
联系电话：	证件名称及号码(如甲方为自然人)：
传真：	联系电话：
电子信箱：	传真：
	电子信箱：

鉴于：

甲方是依法注册成立并取得合法从事影视剧制作资格的法人单位。甲方拟在其计划或正在拍摄的影视剧《__________________》中聘用乙方根据该影视剧内容的需要将词曲作品录制成录音作品；乙方是具有音乐作品录制经验的音乐制作人，愿意接受甲方的聘用。

甲乙双方依据《中华人民共和国合同法》、《中华人民共和国著作权法》、《中华人民共和国著作权法实施条例》等法律、法规的规定以及平等自愿、诚实信用、等价有偿的原则,经友好协商,特达成本合同,以兹共同遵守。

第一条 录制安排

1.1 作品名称:________________(□或见附件清单)。

1.2 作品长度:________________分钟/首(□或见附件清单)。

1.3 作品格式和类别:录音作品。

1.4 作品语种:□中文(普通话)□中文(粤语)□英语□其他________。

1.5 作品用途:□片头曲□片尾曲□插曲□主题曲□背景音乐□其他________。

1.6 作品权属:□甲方所有 □乙方所有 □双方共有。

1.7 如归乙方所有或双方共有,则甲方有权在影视剧音乐领域内□独家□非独家使用。该录音作品在影视剧音乐领域以外的使用情况由甲乙双方另行协商确定。

1.8 如归乙方所有或双方共有,根据现行《著作权法》之规定,甲方作为制片者对该影视剧享有整体著作权,因此甲方有权在全世界范围内永久使用含有该录音作品的影视剧,并可以合理进行处分。

1.9 被录制的音乐作品的词曲由甲方提供。乙方在音乐作品的录制过程中担任制作人。

1.10 表演者(歌手、和声)由□甲方□乙方选任并获得授权,支付相应报酬。如果由乙方选任的,则应当提交乙方与表演者的合同给甲方备案。甲方按照本合同的约定使用该录音作品无须再另行获得表演者的许可,也无须再另行支付报酬。

1.11 乐曲演奏者由□甲方□乙方选任并获得授权,支付相应报酬。如果由乙方选任的,则应当提交乙方与乐曲演奏者的合同给甲方备案。甲方按照本合同的约定使用该录音作品无须再另行获得乐曲演奏者的许可,也无须再另行支付报酬。

1.12 乙方应于______年______月______日起开始进行本合同确定的音乐作品的录制,该日为乙方工作开始之日。

1.13 甲方应于本合同签署之日起______日内向乙方提供词曲书稿和其他制作录音作品所必需的资料,并向乙方介绍其对录音作品的总体设想和要求。

1.14 乙方应按照甲方的要求,根据甲方提供的相关资料,勤勉、尽责、高效地进行录音作品的制作。

1.15 乙方应于______年______月______日前完成并向甲方提供本合同约定的录音作品的初步小样,甲方应于收到相关录音作品小样之日起______日内进行审核并与乙方协商进一步的修改方案,并根据此方案完成本合同约定的录音作品。

1.16　乙方应于本合同约定的录音作品确定后______日内完成经双方确定的录音作品的录制，并向甲方提供□录音作品总谱□录制成品光碟□数字录音带以及甲乙双方所约定的相关音乐素材。

1.17　甲方应于接到乙方上述录音作品之日起______日内进行审核并将审核结果通知乙方，若甲方未在此期限内将审核结果通知乙方，视为甲方对乙方的创作成果予以认可，期限届满，乙方工作即告结束。

1.18　若甲方经审核认为乙方制作的录音作品不需要再行修改的，接到甲方的相应通知之日乙方的工作结束。若甲方经审核认为乙方制作的录音作品仍需再行修改的，乙方应于接到甲方相应通知之日起______日内按甲方要求对录音作品进行最后一次修改，并将最终的录音作品提交甲方，向甲方提交最终□录音作品总谱□录制成品光碟□数字录音带以及甲乙双方所约定的相关音乐素材之日乙方的工作结束。

1.19　录制费用：□无偿；□乙方应以（□现金□支票□汇票）形式向甲方□一次性□分期付款。除本合同另有约定外，录制费用已包括表演者、乐队演奏者、乐器、录制器材、录音棚、缩混等后期制作的全部费用。

1.20　采用一次性付款形式的，甲方应在______日前向乙方支付总酬金人民币________元。

1.21　采用分期付款形式的，甲方应向乙方支付总酬金人民币________元，甲方应于本合同签署之日向乙方支付定金人民币________元，本合同得以实际履行之日即乙方工作开始之日，此定金自动转为甲方向乙方支付的酬金。若因甲方原因导致本合同未得以实际履行，甲方无权要求乙方返还定金；若因乙方原因导致本合同未得以实际履行，乙方应双倍返还定金。自乙方工作开始之日起______日内支付全部酬金的________%（人民币________元，包含已支付的定金），自乙方交付录音作品初步的小样之日起______日内支付全部酬金的________%（人民币________元），其余酬金即全部酬金的________%（人民币________元）于乙方工作结束之日起______日内支付。

1.22　录制费用为□税前□税后款。如为税前款的，则录制费用中含________%的税款□由乙方承担，甲方为代扣代缴义务人；□或根据法律、法规规定由各方自行承担相关税负。如为税后款的，则甲方应当在最后一笔款项支付的同时为乙方出具完税证明。

1.23　使用方式：乙方同意，在使用过程中，甲方有权根据需要对该录音作品进行适当的修改、编辑，且该种修改得由甲方自行或许可第三方为之，但以不造成对乙方作品实质上的更改为限。同时，甲方有权自行决定是否采用乙方制作的录音作品。

1.24 甲方自行或许可他人行使上述权利时,或在其他任何情况下,乙方对该作品的署名权不受侵犯。甲方将以行业惯例之通行做法以最合适方式在相关页面上展示和体现甲方的署名权,乙方署名方式为录音制作者:________。但因技术和服务方式无法展示的情况除外。

1.25 甲方有权将录音作品应用在影视剧的衍生产品、影视剧的宣传片或预告片以及其他宣传活动中。

1.26 甲方有权无偿使用或授权他人使用乙方的姓名和肖像,但此使用仅限于对该影视剧的宣传之目的。

1.27 未经甲方同意,乙方不得在影视剧公映之前向任何第三方泄露剧情、演员、拍摄进度等其所知晓的与影视剧相关的一切信息。若本合同未生效,乙方不得泄露在签约过程中知悉的甲方的商业秘密。乙方若违反上述保密义务,应赔偿甲方因此而遭受的经济损失。

第二条 声明与保证

2.1 双方互相向对方声明、陈述和保证如下:该方是合法设立并有效存续的独立法人和/或有完全行为能力的自然人;该方有法定资格签署本合同。本合同所述的许可符合法律、法规的规定;该方有能力履行其于本合同项下之义务,并且该等履行义务的行为不违反任何对其有约束力的法律文件或约定的限制。本合同一经合法签署及交付,即构成对该方合法有效的约束,并可强制执行。

2.2 乙方保证其在本合同项下录音作品署名权无争议,若发生署名权争议问题,一切责任由乙方承担。乙方保证其对该录音作品独家享有完整、独立的版权而且其内容不违反法律法规、不侵犯任何第三方财产权、著作权、专利权或其他任何合法权益。乙方保证甲方在合理范围内行使权利而侵犯他人合法权益或引起任何纠纷、争议、诉讼或其他法律程序的,应由乙方承担相关法律责任,并赔偿甲方因此而产生的任何及所有损失,包括但不限于合理的法律费用及支出等。

2.3 甲方保证履行此合同中的义务和责任,包括提供所需文件和支付录制费用,并协助乙方履行本合同。

2.4 乙方应根据甲方委派的监制人提出的要求进行音乐作品的录制。乙方在录制音乐作品的过程中应接受甲方的指导和管理,但甲方的指导和管理行为不得干涉乙方的正常工作或违反行业惯例。否则,乙方有权终止合同。乙方应勤勉、尽责、高效地进行音乐作品的录制。

第三条 违约责任

3.1 甲乙双方应正当行使权利,履行义务,保证本合同的顺利履行。任何一方违反本合同项下的任何规定，均应当承担违约责任；给对方造成损失的，应赔偿对方由此所遭受的全部经济损失。

3.2　甲方未履行或未按约定履行本合同规定的义务，应分别承担相应的违约责任，具体如下：① 若甲方未如期向乙方支付酬金，每逾期1日，应向乙方支付逾期酬金的________‰作为违约金；② 若因甲方原因导致本合同解除的，则不论录制工作的进度如何，甲方应向乙方支付尚未支付的酬金。

3.3　乙方未履行或未按约定履行本合同规定的义务，应分别承担相应的违约责任，具体如下：① 乙方未依据本合同的规定按时完成并交付音乐作品，每逾期1日，乙方应向甲方支付违约金人民币________元；② 若因乙方原因导致本合同解除的，则乙方应退还甲方已向其支付的酬金并赔偿甲方因此而遭受的一切经济损失。

第四条　合同的变更

4.1　本合同履行期间，发生特殊情况时，甲、乙任何一方需变更本合同的，要求变更一方应及时书面通知对方，征得对方同意后，双方在规定的时限内（书面通知发出________天内）签订书面变更合同，该合同将成为本合同不可分割的组成部分。

4.2　未经双方签署书面文件，任何一方无权变更本合同，否则，由此造成对方的一切经济损失，由责任方承担。

第五条　合同的解除

5.1　在本合同履行过程中发生下列情形之一，甲方可以通过书面形式通知乙方、乙方的合法监护人而解除本合同：

5.1.1　乙方未能按本合同的规定交付音乐作品，经甲方催告后______日内仍未完成并交付；

5.1.2　乙方部分或完全丧失民事行为能力致使其不能继续履行本合同；

5.1.3　乙方在本合同第二条中所做的保证不真实。

5.2　在本合同履行过程中发生下列情形之一，乙方可以通过书面形式通知甲方而解除本合同：

5.2.1　甲方拖欠乙方音乐作品许可使用费累计达到乙方全部应得酬金的________%；

5.2.2　甲方破产、解散或被依法吊销企业法人营业执照且无权利、义务承受人的。

5.3　除本合同规定的情形外，甲乙双方皆不得擅自解除本合同。

第六条 保密义务

6.1 未经对方书面同意,任何一方不得向任何第三方泄露本合同以及与本合同相关的一切信息。若本合同未生效,任何一方不得向任何第三方泄露其在签约过程中知悉或取得且无法自公开渠道获得的另一方的文件及资料(包括商业秘密、公司计划、运营活动、财务信息、经营信息及其他商业秘密等)。

6.2 甲乙双方保证对其在讨论、签订、执行本合同过程中所获悉的属于对方的且无法自公开渠道获得的文件及资料(包括商业秘密、公司计划、运营活动、财务信息、技术信息、经营信息及其他商业秘密)予以保密。但法律、法规另有规定或双方另有约定的除外。

6.3 在本合同终止之后,甲乙双方在本条款项下的义务并不随之终止,双方仍需遵守本合同之保密条款,履行其所承诺的保密义务,直到对方同意其解除此项义务,或事实上不会因违反本合同的保密条款而给对方造成任何形式的损害时为止。

6.4 任何一方若违反上述保密义务,应赔偿对方因此而遭受的一切经济损失。

第七条 不可抗力

7.1 如果本合同任何一方因受不可抗力事件影响而未能履行其在本合同项下的全部或部分义务,该义务的履行在不可抗力事件妨碍其履行期间应予中止。

7.2 声称受到不可抗力事件影响的一方应尽可能在最短的时间内通过书面形式将不可抗力事件的发生通知另一方,并在该不可抗力事件发生后 10 日内向另一方提供关于此种不可抗力事件及其持续时间的适当证据,以及合同不能履行或者需要延期履行的书面资料。声称不可抗力事件导致其对本合同的履行在客观上成为不可能或不实际的一方,有责任尽一切合理的努力消除或减轻此等不可抗力事件的影响。

7.3 不可抗力事件发生时,双方应立即通过友好协商决定如何执行本合同。不可抗力事件或其影响终止或消除后,双方须立即恢复履行各自在本合同项下的各项义务。如不可抗力及其影响无法终止或消除而致使合同任何一方丧失继续履行合同的能力,则双方可协商解除合同或暂时延迟合同的履行,且遭遇不可抗力一方无须为此承担责任。当事人迟延履行后发生不可抗力的,不能免除责任。

7.4 本合同所称不可抗力是指受影响一方不能合理控制的,无法预料或即使可预料到也不可避免且无法克服,并于本合同签订日之后出现的,使该方对本合同全部或部分的履行在客观上成为不可能或不实际的任何事件。此等事件包括但不限于自然灾害如水灾、火灾、旱灾、台风、地震,以及社会事件如战争(不论曾否宣

战)、动乱、罢工,政府行为或法律规定等。

第八条 通知与送达

8.1 甲乙双方因履行本合同而相互发出或者提供的所有通知、文件、资料等,均应按照本合同首部所列明的通讯地址、传真、电子邮件以邮寄或传真或电子邮件方式送达;一方如果迁址或者变更电话、电子邮件应当书面通知对方,否则发至本合同首部所列明的通讯地址或者传真、电子邮件系统的通知、文件、资料均视为有效送达。

8.2 以邮寄方式送达的,另一方签收之日视为送达;签收之日不明确的,以信件寄出或者投邮之日起算3日视为送达。通过传真、电子邮件方式送达的,通知、文件、资料等数据电文进入另一方系统之时视为送达;通知、文件、资料等数据电文进入另一方系统之时不明确的,以传真、电子邮件发出后的第二日视为送达。

第九条 争议解决与适用法律

9.1 本合同的订立、效力、解释、履行和争议的解决均适用中华人民共和国的法律。

9.2 凡因本合同引起的或与本合同有关的任何争议,由双方协商解决;协商不成的,按下列第□1/□2 种方式(二选一)解决:

9.2.1 任何一方均有权将争议提交设在________________(地点)的________________仲裁委员会,按照申请仲裁时该会现行有效的仲裁规则进行仲裁。仲裁裁决是终局的,对双方均有约束力。

9.2.2 任何一方均有权向________________人民法院起诉。

第十条 合同权利和义务的转让

除合同中另有规定或经双方协商同意外,本合同所规定双方的任何权利和义务,任何一方在未征得另一方书面同意之前,不得转让给第三者。任何转让,未经另一方书面明确同意,均属无效。

第十一条 合同的解释

11.1 本合同文本由□甲方□乙方提供,其已采取合理的方式提请对方注意免除或者限制其责任的条款并予以说明;甲乙双方对本合同各条款的内容均充分理解并经协商达成一致同意。

11.2 本合同的理解与解释应依据合同目的和文本原意进行,本合同的标题仅是为了阅读方便而设,不应影响本合同的解释。

第十二条 合同效力和签署

12.1 本合同对每一方的继承人和受让人均有约束力。

12.2 本合同的任何一方未能及时行使本合同项下的权利不应被视为放弃该

权利,也不影响该方在将来行使该权利。

12.3 如果本合同中的任何条款无论因何种原因完全或部分无效或不具有执行力,或违反任何适用的法律,则该条款被视为删除。但本合同的其余条款仍应有效并且具有约束力。

12.4 本合同一式肆份,双方各执两份,具有同等法律效力。

12.5 本合同经双方签字、盖章,以最后签字、盖章日期为本合同生效日期。本合同未尽事宜,需修订或变更时由双方签署补充合同,补充合同与本合同具有同等法律效力。

12.6 本合同之任何修改除非经双方以书面形式签署确认,否则均属无效。

第十三条 合同附件

13.1 本合同未尽事宜,依照有关法律、法规执行,法律、法规未作规定的,甲乙双方可以达成书面补充合同。本合同的附件和补充合同均为本合同不可分割的组成部分,与本合同具有同等法律效力。

13.2 本合同及本合同的附件和补充合同内空格部分填写的文字与印刷文字具有同等法律效力。

13.3 本合同附件如下:______________________________。

(以下无正文)

甲方:	乙方:
	证件号码:
(盖章)	(盖章)
授权代表签字:	授权代表签字:
签字日期:	签字日期:
合同签订地点:	

影视饰演许可使用合同

合同适用范围

《影视饰演许可使用合同》主要适用于影视制作单位在制作影视剧的过程中，与某些具有独特生活经历的人就将其独特的生活经历进行剧本创作和影视剧拍摄事宜而进行约定的情形。

特别风险提示

1. 双方应共同防范如下风险：

(1) 任何一个合同范本都不是万能的，试图以一个一成不变的合同范本包揽一切的想法是最大的风险，因为每个项目或者事情都有其特殊性，况且法律、法规也在不断变化。

(2) 鉴于我国《著作权法》的相关规定，《影视饰演许可使用合同》履行完毕后会创作产生相关的文学剧本，因此双方应当对文学剧本的著作权进行明确的约定，以免日后产生纠纷。

(3) 在将独特的生活经历进行剧本创作和影视剧拍摄的过程中，不可避免要涉及是否使用人物的真实姓名、剧情对人物的荣誉或名誉是否产生不良影响等问题，因此双方应当对上述问题进行明确约定，以免日后产生纠纷。

(4) 就一方需要保证与承诺的事项进行明确约定，并视具体情形进行增减。

(5) 审慎选择争议的解决方式与解决机构以及争议解决机构的所在地。实际上，诉讼还是仲裁解决各有利弊，应根据实际情况作出尽可能对自己有利的选择。选择诉讼解决的，双方的约定首先不得违反我国《民事诉讼法》对级别管辖和专属管辖的规定，其次，双方仅可以在书面合同中协议选择被告住所地、合同履行地、合同签订地或者原告住所地的人民法院管辖。

2. 就影视饰演许可人而言，应着重防范如下风险：

(1) 审慎审查影视制作单位的资质文件，包括但不限于企业法人营业执照、法人组织机构代码证等证件、文件，并将其作为合同的附件，与合同一同加盖骑缝章。

(2) 谨慎预测影视饰演资料收集和准备的期间，并在合同中留有足够的交付时间，以免违约。

（3）应将涉及影视饰演资料的交付时间、内容、接收人等信息作为档案予以保存，一旦发生争议便可作为有力证据证明己方已依据法律规定、合同约定进行了适格交付。例如，当面交付的，应要求对方签字、盖章，不便盖章的，应要求对方事先出具授权委托书，授权委托书应载明授权某人负责接收、签署、送达文件、资料等事项；邮寄送达的，应在邮递物件时签署的详情单的“文件名称”栏中明确记载邮递的物料内容、份数等信息。

（4）影视制作单位依据合同约定自应支付报酬之日起满两年未支付，而影视饰演许可人又不能证明存在诉讼时效中止、中断、延长等情形的，将导致影视饰演许可人因在诉讼时效内未主张权利而丧失胜诉权。因此，一旦影视制作单位在两年内不支付或不能全部支付报酬，或未能就争议达成一致的，影视饰演许可人应至迟在两年诉讼时效届满前提起诉讼或者依据仲裁条款申请仲裁。

3．就影视制作单位而言，应着重防范如下风险：

（1）审慎审查影视饰演许可人的资质文件，包括但不限于法人单位的工商营业执照、法人组织机构代码证或自然人的身份证，并将该信息作为合同的附件，与合同一同加盖骑缝章或由自然人在每页签名。

（2）对影视饰演许可人的权利状态进行检查，尤其是涉及需要获得第三人的许可时，应当明确约定由合同的哪一方负责获得第三人的书面许可并承担相关费用。如由影视饰演许可人负责获得第三人的书面许可的，应当审查他们之间签署的书面文件并留存复印件备案。

（3）鉴于我国《著作权法》的相关规定，影视饰演许可人享有署名权和获酬权，因此应当明确约定署名方式和获酬金额、支付方式。考虑到影视剧制作、发行等涉及多个环节，因此建议一般应当采用一次性付费的方式对影视饰演许可人支付报酬。

（4）在收到影视饰演许可人交付的物料后，应依据法律规定、合同约定及时查验，以免丧失权利，造成对己方不利的后果。

*　　*　　*

影视饰演许可使用合同(范本)

合同编号:

甲方(被许可方、影视单位):	乙方(许可方):
住所地:	住所地:
通信地址:	通信地址:
邮政编码:	邮政编码:
法定代表人:	法定代表人(如甲方为法人单位):
签约代表人:	签约代表人(如甲方为法人单位):
合同联系人:	合同联系人:
联系电话:	证件名称及号码(如甲方为自然人):
传真:	联系电话:
电子信箱:	传真:
	电子信箱:

鉴于:

甲方是依法注册成立并取得合法从事影视剧制作资格的法人单位;乙方是具有独特生活经历的完全行为能力人。乙方许可甲方采用其生活经历中的全部或部分事件作为素材创作影视剧文学剧本并根据文学剧本拍摄成影视剧。

甲乙双方依据《中华人民共和国合同法》、《中华人民共和国著作权法》、《中华人民共和国著作权法实施条例》等法律、法规的规定以及平等自愿、诚实信用、等价有偿的原则,经友好协商,特达成本合同,以兹共同遵守。

第一条　许可安排

1.1　乙方同意提供□乙方本人□乙方有权提供的________(他人)的全部或部分事件、境遇、变故等作为素材,全部真实或部分真实或虚构地创作文学剧本,并运用于影视剧的拍摄、发行与播映。

1.2　乙方应于本合同签订之日起______日内,依照合同附件一将双方一致认可的资料清单中所列资料全部提供给甲方。

1.3　除非依据本合同的规定提前终止,甲方获得许可的有效期限按下列方式确定:□甲方获得许可的有效期限自本合同签署生效之日起至______年______月______日止;□甲方获得许可的有效期限自本合同签署生效之日起永久有效。

1.4 甲方应于合同签订之日起______日内一次性向乙方支付□税前□税后许可使用费人民币________元整。如为税前款的,则费用中含________%的税款□由乙方承担,甲方为代扣代缴义务人;□或根据法律、法规规定由各方自行承担相关税负。如为税后款的,则甲方应当在款项支付后______日内为乙方出具完税证明。

1.5 根据乙方人生经历创作的影视剧文学剧本的著作权,按照甲方与创作文学剧本的编剧之间的约定由甲方或编剧享有;基于此,根据文学剧本摄制的影视剧的著作权由甲方享有。甲方在《著作权法》规定的全部权利种类内使用该影视剧而不需要另行获得乙方许可和支付报酬。

1.6 若根据乙方人生经历摄制的影视剧得以公开发行且乙方履行了本合同项下的全部义务,乙方依法享有在电影片及其他衍生产品上署名的权利。乙方署名采用下列方式:□本片根据________________(甲方)的人生经历改编;□____________________________。

1.7 在根据乙方人生经历创作文学剧本及摄制影视剧的过程中,若甲方认为必要,乙方应担任甲方顾问,为甲方及其工作人员提供咨询服务。乙方担任甲方顾问的酬金为每天________元,甲方应每________(□天□周□月)向乙方结算一次。若乙方担任顾问需要到甲方指定的工作地点,甲方应负责安排食宿及往返交通。

1.8 甲方使用乙方提供的资料,还应取得该资料中涉及的其他自然人的书面同意。□乙方负责从其他自然人处获得必要的书面同意并承担相关费用;□乙方应尽力协助甲方从其他自然人处获得必要的书面同意,由甲方承担相关费用。

1.9 甲方在履行本许可合同过程中,有权自主决定采用乙方真实姓名或者虚拟姓名。

1.10 在对根据乙方人生经历摄制的影视剧进行宣传、推广或发行工作时,甲方有权使用乙方向其提供的资料以及对其进行的采访资料,无须征求乙方同意,亦无须另行向乙方支付酬金。

第二条 声明与保证

2.1 乙方有权签署并有能力履行本合同,在本合同约定的许可使用期限内,不会许可任何第三方根据其提供的生活经历创作文学剧本或拍摄影视剧。

2.2 乙方积极配合甲方剧本创作和影视剧拍摄工作,应甲方的要求,向其提供生活经历补充资料、提供顾问咨询服务或接受甲方工作人员的采访,并在对采访的同时进行录音、录像和书面记录。

2.3 甲方保证其具有摄制影视剧的法定资格。甲方应妥善保管乙方提供的资料,不得超出本合同目的使用该资料。

2.4 乙方保证甲方不会因上述资料的使用而侵犯他人名誉权、隐私权、肖像权等合法权益。如果因甲方在合理范围内使用上述资料而侵犯他人合法权益或引起任何纠纷、争议、诉讼或其他法律程序的,应由乙方承担相关法律责任,并赔偿甲方因此而产生的任何及所有损失,包括但不限于合理的法律费用及支出等。

2.5　甲方在履行本许可合同过程中,除非经过乙方同意,甲方不得有对乙方侮辱、诽谤的情形出现,不得侵犯乙方的名誉权、荣誉权、著作权等权利,否则,乙方有权追究甲方及其工作人员的相应责任。

第三条　违约责任

3.1　甲乙双方应正当行使权利,履行义务,保证本合同的顺利履行。任何一方违反本合同项下的任何规定,均应当承担违约责任;给对方造成损失的,应赔偿对方由此所遭受的全部经济损失。

3.2　甲方未履行或未按约定履行本合同规定的义务,应分别承担相应的违约责任,具体如下:① 若甲方未如期向乙方支付许可使用费及酬金,每逾期 1 日,应向乙方支付逾期许可使用费及酬金的________‰作为违约金;② 若因甲方原因导致本合同解除的,则不论工作的进度如何,甲方应向乙方支付尚未支付的许可使用费及酬金。

3.3　乙方未履行或未按约定履行本合同规定的义务,应分别承担相应的违约责任,具体如下:① 乙方未依据本合同第 1.2 款的规定如期向甲方提供符合约定的资料,每逾期 1 日,乙方应向甲方支付违约金人民币________元;② 若因乙方原因导致本合同解除的,则合同解除后 5 日内,乙方需将已收取的许可使用费及酬金加算银行同期存款利率按照甲方指定的方式返还甲方,并赔偿甲方因此遭受的经济损失。

第四条　合同的变更

4.1　本合同履行期间,发生特殊情况时,甲、乙任何一方需变更本合同的,要求变更一方应及时书面通知对方,征得对方同意后,双方在规定的时限内(书面通知发出________天内)签订书面变更合同,该合同将成为本合同不可分割的组成部分。

4.2　未经双方签署书面文件,任何一方无权变更本合同,否则,由此造成对方的一切经济损失,由责任方承担。

第五条　合同的解除

5.1　在本合同履行过程中发生下列情形之一,甲方可以通过书面形式通知乙方、乙方的合法监护人而解除本合同:

5.1.1　乙方未能按本合同的规定向甲方提供符合约定的资料,经甲方催告后______日内仍未予以交付;

5.1.2　乙方部分或完全丧失民事行为能力致使其不能继续履行本合同;

5.1.3　乙方在本合同第二条中所做的保证不真实。

5.2 在本合同履行过程中发生下列情形之一,乙方可以通过书面形式通知甲方而解除本合同:

5.2.1 甲方迟延支付乙方的许可使用费,经乙方催告后______日内仍未予以支付的;

5.2.2 甲方破产、解散或被依法吊销企业法人营业执照且无权利、义务承受人的。

5.3 除本合同规定的情形外,甲乙双方皆不得擅自解除本合同。

第六条 保密义务

6.1 未经对方书面同意,任何一方不得向任何第三方泄露本合同以及与本合同相关的一切信息。若本合同未生效,任何一方不得向任何第三方泄露其在签约过程中知悉或取得且无法自公开渠道获得的另一方的文件及资料(包括商业秘密、公司计划、运营活动、财务信息、经营信息及其他商业秘密等)。

6.2 甲乙双方保证对其在讨论、签订、执行本合同过程中所获悉的属于对方的且无法自公开渠道获得的文件及资料(包括商业秘密、公司计划、运营活动、财务信息、技术信息、经营信息及其他商业秘密)予以保密。但法律、法规另有规定或双方另有约定的除外。

6.3 在本合同终止之后,甲乙双方在本条款项下的义务并不随之终止,双方仍需遵守本合同之保密条款,履行其所承诺的保密义务,直到对方同意其解除此项义务,或事实上不会因违反本合同的保密条款而给对方造成任何形式的损害时为止。

6.4 任何一方若违反上述保密义务,应赔偿对方因此而遭受的一切经济损失。

第七条 不可抗力

7.1 如果本合同任何一方因受不可抗力事件影响而未能履行其在本合同项下的全部或部分义务,该义务的履行在不可抗力事件妨碍其履行期间应予中止。

7.2 声称受到不可抗力事件影响的一方应尽可能在最短的时间内通过书面形式将不可抗力事件的发生通知另一方,并在该不可抗力事件发生后 10 日内向另一方提供关于此种不可抗力事件及其持续时间的适当证据,以及合同不能履行或者需要延期履行的书面资料。声称不可抗力事件导致其对本合同的履行在客观上成为不可能或不实际的一方,有责任尽一切合理的努力消除或减轻此等不可抗力事件的影响。

7.3 不可抗力事件发生时,双方应立即通过友好协商决定如何执行本合同。不可抗力事件或其影响终止或消除后,双方须立即恢复履行各自在本合同项下的各项义务。如不可抗力及其影响无法终止或消除而致使合同任何一方丧失继续履行合同的能力，则双方可协商解除合同或暂时延迟合同的履行，且遭遇不可抗力一方无须为此承担责任。当事人迟延履行后发生不可抗力的，不能免除责任。

7.4　本合同所称不可抗力是指受影响一方不能合理控制的，无法预料或即使可预料到也不可避免且无法克服，并于本合同签订日之后出现的，使该方对本合同全部或部分的履行在客观上成为不可能或不实际的任何事件。此等事件包括但不限于自然灾害如水灾、火灾、旱灾、台风、地震，以及社会事件如战争（不论曾否宣战）、动乱、罢工，政府行为或法律规定等。

第八条　通知与送达

8.1　甲乙双方因履行本合同而相互发出或者提供的所有通知、文件、资料等，均应按照本合同首部所列明的通讯地址、传真、电子邮件以邮寄或传真或电子邮件方式送达；一方如果迁址或者变更电话、电子邮件应当书面通知对方，否则发至本合同首部所列明的通讯地址或者传真、电子邮件系统的通知、文件、资料均视为有效送达。

8.2　以邮寄方式送达的，另一方签收之日视为送达；签收之日不明确的，以信件寄出或者投邮之日起算 3 日视为送达。通过传真、电子邮件方式送达的，通知、文件、资料等数据电文进入另一方系统之时视为送达；通知、文件、资料等数据电文进入另一方系统之时不明确的，以传真、电子邮件发出后的第二日视为送达。

第九条　争议解决与适用法律

9.1　本合同的订立、效力、解释、履行和争议的解决均适用中华人民共和国的法律。

9.2　凡因本合同引起的或与本合同有关的任何争议，由双方协商解决；协商不成的，按下列第□1/□2 种方式（二选一）解决：

9.2.1　任何一方均有权将争议提交设在________________（地点）的________________仲裁委员会，按照申请仲裁时该会现行有效的仲裁规则进行仲裁。仲裁裁决是终局的，对双方均有约束力。

9.2.2　任何一方均有权向________________人民法院起诉。

第十条　合同权利和义务的转让

除合同中另有规定或经双方协商同意外，本合同所规定双方的任何权利和义务，任何一方在未征得另一方书面同意之前，不得转让给第三者。任何转让，未经另一方书面明确同意，均属无效。

第十一条　合同的解释

11.1　本合同文本由□甲方□乙方提供，其已采取合理的方式提请对方注意免除或者限制其责任的条款并予以说明；甲乙双方对本合同各条款的内容均充分理解并经协商达成一致同意。

11.2 本合同的理解与解释应依据合同目的和文本原意进行,本合同的标题仅是为了阅读方便而设,不应影响本合同的解释。

第十二条 合同效力和签署

12.1 本合同对每一方的继承人和受让人均有约束力。

12.2 本合同的任何一方未能及时行使本合同项下的权利不应被视为放弃该权利,也不影响该方在将来行使该权利。

12.3 如果本合同中的任何条款无论因何种原因完全或部分无效或不具有执行力,或违反任何适用的法律,则该条款被视为删除。但本合同的其余条款仍应有效并且具有约束力。

12.4 本合同一式肆份,双方各执两份,具有同等法律效力。

12.5 本合同经双方签字、盖章,以最后签字、盖章日期为本合同生效日期。本合同未尽事宜,需修订或变更时由双方签署补充合同,补充合同与本合同具有同等法律效力。

12.6 本合同之任何修改除非经双方以书面形式签署确认,否则均属无效。

第十三条 合同附件

13.1 本合同未尽事宜,依照有关法律、法规执行,法律、法规未作规定的,甲乙双方可以达成书面补充合同。本合同的附件和补充合同均为本合同不可分割的组成部分,与本合同具有同等法律效力。

13.2 本合同及本合同的附件和补充合同内空格部分填写的文字与印刷文字具有同等法律效力。

13.3 本合同附件如下:

附件一:双方一致认可的资料清单。

(以下无正文)

甲方:	乙方:
	证件号码:
(盖章)	(盖章)
授权代表签字:	授权代表签字:
签字日期:	签字日期:
合同签订地点:	

剧照肖像许可使用合同

合同适用范围

《剧照肖像许可使用合同》主要适用于影视制作单位在制作影视剧的过程中，与剧照肖像权人就使用其在其他影视作品中的剧照事宜而进行约定的情形。

特别风险提示

1. 双方应共同防范如下风险：

(1) 任何一个合同范本都不是万能的,试图以一个一成不变的合同范本包揽一切的想法是最大的风险,因为每个项目或者事情都有其特殊性,况且法律、法规也在不断变化。

(2) 鉴于我国《著作权法》的相关规定,影视制作单位作为制片者独立依法享有影视剧的完整著作权。因此,应当明确约定,在该影视剧创作完成后,剧照肖像即构成影视剧内容及画面不可分割的组成部分,由影视制作单位享有著作权。

(3) 就一方需要保证与承诺的事项进行明确约定,并视具体情形进行增减。

(4) 审慎选择争议的解决方式与解决机构以及争议解决机构的所在地。实际上,诉讼还是仲裁解决各有利弊,应根据实际情况作出尽可能对自己有利的选择。选择诉讼解决的,双方的约定首先不得违反我国《民事诉讼法》对级别管辖和专属管辖的规定,其次,双方仅可以在书面合同中协议选择被告住所地、合同履行地、合同签订地或者原告住所地的人民法院管辖。

2. 就剧照肖像许可人而言,应着重防范如下风险：

(1) 审慎审查影视制作单位的资质文件,包括但不限于企业法人营业执照、法人组织机构代码证等证件、文件,并将其作为合同的附件,与合同一同加盖骑缝章。

(2) 谨慎预测剧照肖像资料收集和准备的期间,并在合同中留有足够的交付时间,以免违约。

(3) 应将涉及剧照肖像资料的交付时间、内容、接收人等信息作为档案予以保存,一旦发生争议便可作为有力证据证明己方已依据法律规定、合同约定进行了适格交付。例如,当面交付的,应要求对方签字、盖章,不便盖章的,应要求对方事先出具授权委托书,授权委托书应载明授权某人负责接收、签署、送达文件、资料等事项;邮寄送达的,应在邮递物件时签署的详情单的“文件名称”栏中明确记载邮递的物料内容、份数等信息。

(4) 影视制作单位依据合同约定自应支付报酬之日起满两年未支付,而剧照肖像许可人又不能证明存在诉讼时效中止、中断、延长等情形的,将导致剧照肖像许可人因在诉讼时效内未主张权利而丧失胜诉权。因此,一旦影视制作单位在两年内不支付或不能全部支付报酬,或未能就争议达成一致的,剧照肖像许可人应至迟在两年诉讼时效届满前提起诉讼或者依据仲裁条款申请仲裁。

3. 就影视制作单位而言,应着重防范如下风险:

(1) 审慎审查剧照肖像许可人的资质文件,包括但不限于法人单位的工商营业执照、法人组织机构代码证或自然人的身份证,并将该信息作为合同的附件,与合同一同加盖骑缝章或由自然人在每页签名。

(2) 鉴于我国《著作权法》的相关规定,剧照肖像有可能具有双重权利性质,即剧照肖像权人的肖像权和影视作品权利人的著作权,因此在签署此合同时有必要同时与影视作品权利人签署《影视素材许可使用合同书》。

(3) 鉴于我国《著作权法》的相关规定,剧照肖像许可人享有署名权和获酬权,因此应当明确约定署名方式和获酬金额、支付方式。考虑到影视剧制作、发行等涉及多个环节,因此建议一般应当采用一次性付费的方式对剧照肖像许可人支付报酬。

(4) 在收到剧照肖像许可人交付的物料后,应依据法律规定、合同约定及时查验,以免丧失权利,造成对己方不利的后果。

*　　　　*　　　　*

剧照肖像许可使用合同(范本)

合同编号:

甲方(被许可方、影视单位):
住所地:
通信地址:
邮政编码:
法定代表人:
签约代表人:
合同联系人:
联系电话:
传真:
电子信箱:

乙方(许可方):
住所地:
通信地址:
邮政编码:
证件号码:
签约代表人:
合同联系人:
联系电话:
传真:
电子信箱:

鉴于:

甲方是依法注册成立并取得合法从事影视剧制作资格的法人单位,甲方有意在其计划/正在摄制的影视剧中使用乙方的相关剧照肖像;乙方同意甲方使用其相关剧照肖像。

甲乙双方依据《中华人民共和国合同法》、《中华人民共和国著作权法》、《中华人民共和国民法通则》等法律、法规的规定以及平等自愿、诚实信用、等价有偿的原则,经友好协商,特达成本合同,以兹共同遵守。

第一条　许可安排

1.1　本合同所指乙方剧照,详见本合同附件一的具体描述,以下简称“乙方剧照”。

1.2　甲方拥有使用乙方剧照肖像的使用权,包括在其计划/正在拍摄的影视剧《________________》中使用以及在相关关联工作中使用。

1.3　甲方应于合同签订之日起______日内一次性向乙方支付□税前□税后许可使用费人民币________元整。如为税前款的,则费用中含________%的税款□由乙方承担,甲方为代扣代缴义务人;□或根据法律、法规规定由各方自行承担相关税负。如为税后款的,则甲方应当在款项支付后______日内为乙方出具完税证明。

1.4 甲方使用乙方剧照肖像的期限为______年，自本合同签署生效之日起至______年______月______日止。

1.5 乙方应于本合同签署之日起______日内向甲方提供剧照肖像胶片的正片、负片和剧照肖像数据资料等相关素材，由此产生的费用由甲方承担。乙方需提供资料的详细清单见本合同附件二。

1.6 在影视剧及相关衍生产品的宣传、发行或销售过程中，甲方有权无偿使用或许可他人使用乙方姓名、身份、肖像、乙方剧照中的艺术形象。

1.7 甲方有权对乙方剧照中的形象进行更改，并可以将乙方剧照中全部或部分形象与其他任何形式的资料配合使用。

1.8 在本合同规定的期限内，乙方不得干扰、妨碍甲方对乙方剧照肖像的正常使用。

1.9 甲方依据本合同的规定向乙方支付酬金后，甲方是否实际使用乙方剧照肖像，乙方无权干涉。

1.10 甲方有权复制乙方剧照肖像，并可以在全世界范围内通过任何方式在任何媒介上使用，但必须用于本合同规定的用途。

1.11 甲方独立依法享有含有该剧照肖像在内的影视剧的完整著作权。该影视剧创作完成后，该剧照肖像即构成影视剧内容及画面不可分割的组成部分，甲方因此所获之全部权益，与乙方无关。

1.12 甲方使用该剧照肖像，还应取得该剧照肖像的著作权人（如有）的书面同意。乙方应尽力协助甲方从剧照肖像著作权人处获得必要的书面许可，相关费用由甲方承担。

第二条 声明与保证

2.1 双方互相向对方声明、陈述和保证如下：该方是合法设立并有效存续的独立法人或有完全行为能力的自然人；该方有法定资格签署本合同。本合同所述的许可符合法律、法规的规定；该方有能力履行其于本合同项下之义务，并且该等履行义务的行为不违反任何对其有约束力的法律文件或约定的限制。本合同一经合法签署及交付，即构成对该方合法有效的约束，并可强制执行。

2.2 甲方需按照合同约定的目的使用该剧照肖像，未经乙方同意，不得将该剧照肖像出租、出借给他人使用。甲方在使用该剧照肖像过程中，应注意维护乙方的财产权益和人身权益，保证含有该剧照肖像在内的影视剧内容及画面不对乙方产生侮辱、诽谤等不良影响。

2.3 乙方保证甲方不会因上述剧照肖像的使用而侵犯他人名誉权、隐私权、肖像权等合法权益。如果因甲方在合理范围内使用上述剧照肖像而侵犯他人合法权益或引起任何纠纷、争议、诉讼或其他法律程序的，应由乙方承担相关法律责任，并赔偿甲方因此而产生的任何及所有损失，包括但不限于合理的法律费用及支出等。

第三条　违约责任

3.1　甲乙双方应正当行使权利，履行义务，保证本合同的顺利履行。任何一方违反本合同项下的任何规定，均应当承担违约责任；给对方造成损失的，应赔偿对方由此所遭受的全部经济损失。

3.2　甲方未履行或未按约定履行本合同规定的义务，应分别承担相应的违约责任，具体如下：① 若甲方未如期向乙方支付许可使用费，每逾期 1 日，应向乙方支付逾期许可使用费的________‰作为违约金；② 若因甲方原因导致本合同解除的，则不论工作的进度如何，甲方应向乙方支付尚未支付的许可使用费。

3.3　乙方未履行或未按约定履行本合同规定的义务，应分别承担相应的违约责任，具体如下：① 乙方未依据本合同的规定如期向甲方提供符合约定的剧照肖像资料，每逾期 1 日，乙方应向甲方支付违约金人民币________元；② 若因乙方原因导致本合同解除的，则合同解除后 5 日内，乙方需将已收取的许可使用费加算银行同期存款利率按照甲方指定的方式返还甲方，并赔偿甲方因此遭受的经济损失。

第四条　合同的变更

4.1　本合同履行期间，发生特殊情况时，甲、乙任何一方需变更本合同的，要求变更一方应及时书面通知对方，征得对方同意后，双方在规定的时限内（书面通知发出________天内）签订书面变更合同，该合同将成为本合同不可分割的组成部分。

4.2　未经双方签署书面文件，任何一方无权变更本合同，否则，由此造成对方的一切经济损失，由责任方承担。

第五条　合同的解除

5.1　在本合同履行过程中发生下列情形之一，甲方可以通过书面形式通知乙方而解除本合同：

5.1.1　乙方未能按本合同的规定向甲方提供符合约定的剧照肖像素材，经甲方催告后______日内仍未予以交付；

5.1.2　乙方部分或完全丧失民事行为能力致使其不能继续履行本合同；

5.1.3　乙方在本合同第二条中所做的保证不真实。

5.2　在本合同履行过程中发生下列情形之一，乙方可以通过书面形式通知甲方而解除本合同：

5.2.1　甲方迟延支付乙方的许可使用费，经乙方催告后______日内仍未予以支付；

5.2.2 甲方破产、解散或被依法吊销企业法人营业执照且无权利、义务承受人的。

5.3 除本合同规定的情形外，甲乙双方皆不得擅自解除本合同。

第六条 保密义务

6.1 未经对方书面同意，任何一方不得向任何第三方泄露本合同以及与本合同相关的一切信息。若本合同未生效，任何一方不得向任何第三方泄露其在签约过程中知悉或取得且无法自公开渠道获得的另一方的文件及资料（包括商业秘密、公司计划、运营活动、财务信息、经营信息及其他商业秘密等）。

6.2 甲乙双方保证对其在讨论、签订、执行本合同过程中所获悉的属于对方的且无法自公开渠道获得的文件及资料（包括商业秘密、公司计划、运营活动、财务信息、技术信息、经营信息及其他商业秘密）予以保密。但法律、法规另有规定或双方另有约定的除外。

6.3 在本合同终止之后，甲乙双方在本条款项下的义务并不随之终止，双方仍需遵守本合同之保密条款，履行其所承诺的保密义务，直到对方同意其解除此项义务，或事实上不会因违反本合同的保密条款而给对方造成任何形式的损害时为止。

6.4 任何一方若违反上述保密义务，应赔偿对方因此而遭受的一切经济损失。

第七条 不可抗力

7.1 如果本合同任何一方因受不可抗力事件影响而未能履行其在本合同项下的全部或部分义务，该义务的履行在不可抗力事件妨碍其履行期间应予中止。

7.2 声称受到不可抗力事件影响的一方应尽可能在最短的时间内通过书面形式将不可抗力事件的发生通知另一方，并在该不可抗力事件发生后10日内向另一方提供关于此种不可抗力事件及其持续时间的适当证据，以及合同不能履行或者需要延期履行的书面资料。声称不可抗力事件导致其对本合同的履行在客观上成为不可能或不实际的一方，有责任尽一切合理的努力消除或减轻此等不可抗力事件的影响。

7.3 不可抗力事件发生时，双方应立即通过友好协商决定如何执行本合同。不可抗力事件或其影响终止或消除后，双方须立即恢复履行各自在本合同项下的各项义务。如不可抗力及其影响无法终止或消除而致使合同任何一方丧失继续履行合同的能力，则双方可协商解除合同或暂时延迟合同的履行，且遭遇不可抗力一方无须为此承担责任。当事人迟延履行后发生不可抗力的，不能免除责任。

7.4 本合同所称不可抗力是指受影响一方不能合理控制的,无法预料或即使可预料到也不可避免且无法克服,并于本合同签订日之后出现的,使该方对本合同全部或部分的履行在客观上成为不可能或不实际的任何事件。此等事件包括但不限于自然灾害如水灾、火灾、旱灾、台风、地震,以及社会事件如战争(不论曾否宣战)、动乱、罢工,政府行为或法律规定等。

第八条 通知与送达

8.1 甲乙双方因履行本合同而相互发出或者提供的所有通知、文件、资料等,均应按照本合同首部所列明的通讯地址、传真、电子邮件以邮寄或传真或电子邮件方式送达;一方如果迁址或者变更电话、电子邮件应当书面通知对方,否则发至本合同首部所列明的通讯地址或者传真、电子邮件系统的通知、文件、资料均视为有效送达。

8.2 以邮寄方式送达的,另一方签收之日视为送达;签收之日不明确的,以信件寄出或者投邮之日起算3日视为送达。通过传真、电子邮件方式送达的,通知、文件、资料等数据电文进入另一方系统之时视为送达;通知、文件、资料等数据电文进入另一方系统之时不明确的,以传真、电子邮件发出后的第二日视为送达。

第九条 争议解决与适用法律

9.1 本合同的订立、效力、解释、履行和争议的解决均适用中华人民共和国的法律。

9.2 凡因本合同引起的或与本合同有关的任何争议,由双方协商解决;协商不成的,按下列第□1/□2种方式(二选一)解决:

9.2.1 任何一方均有权将争议提交设在________________(地点)的________________仲裁委员会,按照申请仲裁时该会现行有效的仲裁规则进行仲裁。仲裁裁决是终局的,对双方均有约束力。

9.2.2 任何一方均有权向________________人民法院起诉。

第十条 合同权利和义务的转让

除合同中另有规定或经双方协商同意外,本合同所规定双方的任何权利和义务,任何一方在未征得另一方书面同意之前,不得转让给第三者。任何转让,未经另一方书面明确同意,均属无效。

第十一条 合同的解释

11.1 本合同文本由□甲方□乙方提供,其已采取合理的方式提请对方注意免除或者限制其责任的条款并予以说明;甲乙双方对本合同各条款的内容均充分理解并经协商达成一致同意。

11.2 本合同的理解与解释应依据合同目的和文本原意进行,本合同的标题仅是为了阅读方便而设,不应影响本合同的解释。

第十二条 合同效力和签署

12.1 本合同对每一方的继承人和受让人均有约束力。

12.2 本合同的任何一方未能及时行使本合同项下的权利不应被视为放弃该权利,也不影响该方在将来行使该权利。

12.3 如果本合同中的任何条款无论因何种原因完全或部分无效或不具有执行力,或违反任何适用的法律,则该条款被视为删除。但本合同的其余条款仍应有效并且具有约束力。

12.4 本合同一式肆份,双方各执两份,具有同等法律效力。

12.5 本合同经双方签字、盖章,以最后签字、盖章日期为本合同生效日期。本合同未尽事宜,需修订或变更时由双方签署补充合同,补充合同与本合同具有同等法律效力。

12.6 本合同之任何修改除非经双方以书面形式签署确认,否则均属无效。

第十三条 合同附件

13.1 本合同未尽事宜,依照有关法律、法规执行,法律、法规未作规定的,甲乙双方可以达成书面补充合同。本合同的附件和补充合同均为本合同不可分割的组成部分,与本合同具有同等法律效力。

13.2 本合同及本合同的附件和补充合同内空格部分填写的文字与印刷文字具有同等法律效力。

13.3 本合同附件如下:

附件一:“乙方剧照”的具体描述。

附件二:乙方应提供的资料明细。

甲方:	乙方:
(盖章)	(盖章)
授权代表签字:	授权代表签字:
签字日期:	签字日期:
合同签订地点:	

影视素材许可使用合同

合同适用范围

《影视素材许可使用合同》主要适用于影视制作单位在制作影视剧的过程中，与其他影视作品的著作权人就使用其影视作品片段作为拍摄素材事宜而进行约定的情形。

特别风险提示

1. 双方应共同防范如下风险：

（1）任何一个合同范本都不是万能的，试图以一个一成不变的合同范本包揽一切的想法是最大的风险，因为每个项目或者事情都有其特殊性，况且法律、法规也在不断变化。

（2）鉴于我国《著作权法》的相关规定，影视制作单位作为制片者独立依法享有影视剧的完整著作权。因此，应当明确约定，在该影视剧创作完成后，许可素材即构成影视剧内容及画面不可分割的组成部分，由影视制作单位享有著作权。

（3）鉴于我国《著作权法》的相关规定，影视制作单位在使用许可素材时还应取得该素材中可以单独使用作品（包括但不限于剧本、音乐等）的著作权人的书面同意，因此应当明确约定由合同的哪一方负责获得上述著作权人的书面同意并承担相关费用，以避免侵权。

（4）就一方需要保证与承诺的事项进行明确约定，并视具体情形进行增减。

（5）审慎选择争议的解决方式与解决机构以及争议解决机构的所在地。实际上，诉讼还是仲裁解决各有利弊，应根据实际情况作出尽可能对自己有利的选择。选择诉讼解决的，双方的约定首先不得违反我国《民事诉讼法》对级别管辖和专属管辖的规定，其次，双方仅可以在书面合同中协议选择被告住所地、合同履行地、合同签订地或者原告住所地的人民法院管辖。

2. 就影视素材许可人而言，应着重防范如下风险：

（1）审慎审查影视制作单位的资质文件，包括但不限于企业法人营业执照、法人组织机构代码证等证件、文件，并将其作为合同的附件，与合同一同加盖骑缝章。

（2）谨慎预测影视素材资料收集和准备的期间，并在合同中留有足够的交付时间，以免违约。

（3）应将涉及影视素材资料的交付时间、内容、接收人等信息作为档案予以保存，一旦发生争议便可作为有力证据证明己方已依据法律规定、合同约定进行了适格交付。例如，当面交付的，应要求对方签字、盖章，不便盖章的，应要求对方事先出具授权委托书，授权委托书应载明授权某人负责接收、签署、送达文件、资料等事项；邮寄送达的，应在邮递物件时签署的详情单的“文件名称”栏中明确记载邮递的物料内容、份数等信息。

（4）影视制作单位依据合同约定自应支付报酬之日起满两年未支付，而影视素材许可人又不能证明存在诉讼时效中止、中断、延长等情形的，将导致影视素材许可人因在诉讼时效内未主张权利而丧失胜诉权。因此，一旦影视制作单位在两年内不支付或不能全部支付报酬，或未能就争议达成一致的，影视素材许可人应至迟在两年诉讼时效届满前提起诉讼或者依据仲裁条款申请仲裁。

3. 就影视制作单位而言，应着重防范如下风险：

（1）审慎审查影视素材许可人的资质文件，包括但不限于企业法人营业执照、法人组织机构代码证或自然人的身份证，并将该信息作为合同的附件，与合同一同加盖骑缝章或由自然人在每页签名。

（2）审慎审查影视素材许可人的权利证明文件，包括但不限于著作权登记证书、公开出版物、发行许可证书等，并将该信息作为合同的附件，与合同一同加盖骑缝章或由自然人在每页签名。

（3）鉴于我国《著作权法》的相关规定，影视素材许可人享有署名权和获酬权，因此应当明确约定署名方式和获酬金额、支付方式。考虑到影视剧制作、发行等涉及多个环节，因此建议一般应当采用一次性付费的方式支付影视素材许可人报酬。

（4）在收到影视素材许可人交付的物料后，应依据法律规定、合同约定及时查验，以免丧失权利，造成对己方不利的后果。

* * *

影视素材许可使用合同(范本)

合同编号:

甲方(被许可方、影视单位):	乙方(许可方):
住所地:	住所地:
通信地址:	通信地址:
邮政编码:	邮政编码:
法定代表人:	法定代表人:
签约代表人:	签约代表人:
合同联系人:	合同联系人:
联系电话:	联系电话:
传真:	传真:
电子信箱:	电子信箱:

鉴于:

甲方是依法注册成立并取得合法从事影视剧制作资格的法人单位;甲方有意使用影视剧《________________》中的有关段落作为甲方计划或正在摄制的影视剧《________________》的剪辑素材;乙方享有影视剧《________________》的著作权,乙方同意甲方使用此影视剧素材。

甲乙双方依据《中华人民共和国合同法》、《中华人民共和国著作权法》、《中华人民共和国著作权法实施条例》等法律、法规的规定以及平等自愿、诚实信用、等价有偿的原则,经友好协商,特达成本合同,以兹共同遵守。

第一条　许可安排

1.1　乙方许可甲方在影视剧《________________》中使用于______年发行的影视剧《________________》中的片段作为素材。该素材长约________秒,由上述影视剧的第________分________秒至第________分________秒中的情节组成,包括乐曲、歌词等音乐作品在内。

1.2　该素材的类型为□电影片□电视剧□其他________________。

1.3　甲方获得许可的有效期限自本合同签署生效之日起至______年______月______日止。

1.4　甲方应于合同签订之日起______日内一次性向乙方支付□税前□税后

许可使用费人民币________元整。如为税前款的，则费用中含________%的税款□由乙方承担，甲方为代扣代缴义务人；□或根据法律法规规定由各方自行承担相关税负。如为税后款的则甲方应当在款项支付后______日内为乙方出具完税证明。

1.5 甲方独立依法享有含有该素材在内的影视剧的完整著作权。该影视剧创作完成后，该素材即构成影视剧内容及画面不可分割的组成部分，甲方因此所获之全部权益，与乙方无关。

1.6 若采用该素材的影视剧得以公开发行且乙方履行了本合同下的全部义务，无论甲方以何种方式使用该素材，乙方皆依法享有相应的署名权。乙方署名采用下列方式：□《__________________》（甲方制作的影视剧）本影视剧素材由________（乙方）提供。□____________________________。

1.7 涉及有素材交付和返还情形时，甲乙双方需遵守如下约定：

1.7.1 乙方应当自本合同签订之日起______日内向甲方提供该素材。乙方在交付该素材时，甲方应当场验收，确认素材完好情况，并出具书面记录。

1.7.2 如乙方未明示放弃返还权，甲方应在该素材使用期限届满后7日内返还该素材。乙方应亲自当场验收，若当场验收后未出具书面异议，视为素材符合原样。该素材返还的费用由甲方负担。

1.7.3 该素材自交付甲方之日起，损坏、灭失的风险由甲方承担。甲方在拍摄期间若因使用不当造成该素材损坏的，需负赔偿责任。但乙方隐瞒该素材自身存在的缺陷，导致甲方在使用期间发生损坏的，甲方不承担责任。

1.8 甲方使用该素材，还应取得该素材中可以单独使用作品（包括但不限于剧本、音乐等）的著作权人的书面同意。□乙方负责从其他上述著作权人处获得必要的书面同意并承担相关费用；□乙方应尽力协助甲方从上述著作权人处获得必要的书面同意，由甲方承担相关费用。

1.9 乙方有权核对甲方对该素材的使用情况，但不得干扰甲方正常的拍摄工作，甲方应予以配合。

1.10 甲方有权在影视剧拍摄的过程中根据拍摄需要，仿制或复制该素材。在影视剧宣传或发行过程中，甲方有权在宣传、推广或销售资料中使用该素材，且无需另行向乙方支付费用。

第二条 声明与保证

2.1 甲方需按照合同约定的目的使用该素材，未经乙方同意，不得将该素材出租、出借给他人使用。甲方在该素材的使用过程中，应注意维护乙方的合法权益，保证含有该素材在内的影视剧内容及画面不对乙方产生侮辱、诽谤等不良影响。

2.2　甲方应严格按照本合同规定的期限、用途和范围使用该素材，除用于本合同规定的特定用途外，甲方不得制作或允许第三方制作该素材整体或部分的任何复制品。

2.3　乙方保证其为该素材的著作权人，其有权签署并有能力履行本合同，且其履行本合同不存在任何法律上的障碍。

2.4　乙方保证甲方不会因上述素材的使用而侵犯到他人名誉权、隐私权、肖像权等合法权益。如果因甲方在合理范围内使用上述素材而侵犯他人合法权益或引起任何争议，应由乙方承担相关法律责任，并赔偿甲方因此而产生的任何损失，包括但不限于合理的诉讼费用和律师费用等。

第三条　违约责任

3.1　甲乙双方应正当行使权利，履行义务，保证本合同的顺利履行。任何一方违反本合同项下的任何规定，均应当承担违约责任；给对方造成损失的，应赔偿对方由此所遭受的全部经济损失。

3.2　甲方未履行或未按约定履行本合同规定的义务，应分别承担相应的违约责任，具体如下：① 若甲方未如期向乙方支付许可使用费，每逾期 1 日，应向乙方支付逾期许可使用费的________‰作为违约金；② 若因甲方原因导致本合同解除的，则不论工作的进度如何，甲方应向乙方支付尚未支付的许可使用费。

3.3　乙方未履行或未按约定履行本合同规定的义务，应分别承担相应的违约责任，具体如下：① 乙方未依据本合同第 1.7.1 项的规定如期向甲方提供符合约定的素材，每逾期 1 日，乙方应向甲方支付违约金人民币________元；② 若因乙方原因导致本合同解除的，则合同解除后 5 日内，乙方需将已收取的许可使用费加算银行同期存款利率按照甲方指定的方式返还甲方，并赔偿甲方因此遭受的经济损失。

第四条　合同的变更

4.1　本合同履行期间，发生特殊情况时，甲、乙任何一方需变更本合同的，要求变更一方应及时书面通知对方，征得对方同意后，双方在规定的时限内（书面通知发出________天内）签订书面变更合同，该合同将成为本合同不可分割的组成部分。

4.2　未经双方签署书面文件，任何一方无权变更本合同，否则，由此造成对方的一切经济损失，由责任方承担。

第五条　合同的解除

5.1　在本合同履行过程中发生下列情形之一，甲方可以通过书面形式通知乙方而解除本合同：

5.1.1　乙方未能按本合同的规定向甲方提供符合约定的素材，经甲方催告后

______日内仍未予以交付；

5.1.2　乙方破产、解散或被依法吊销企业法人营业执照且无权利、义务承受人的；

5.1.3　乙方在本合同第二条中所作的保证不真实。

5.2　在本合同履行过程中发生下列情形之一，乙方可以通过书面形式通知甲方而解除本合同：

5.2.1　甲方迟延支付乙方的许可使用费，经乙方催告后______日内仍未予以支付；

5.2.2　甲方破产、解散或被依法吊销企业法人营业执照且无权利、义务承受人的。

5.3　除本合同规定的情形之外，甲乙双方皆不得擅自解除本合同。

第六条　保密义务

6.1　未经对方书面同意，任何一方不得向任何第三方泄露本合同以及与本合同相关的一切信息。若本合同未生效，任何一方不得向任何第三方泄露其在签约过程中知悉或取得且无法自公开渠道获得的另一方的文件及资料（包括商业秘密、公司计划、运营活动、财务信息、经营信息及其他商业秘密等）。

6.2　甲乙双方保证对其在讨论、签订、执行本合同过程中所获悉的属于对方的且无法自公开渠道获得的文件及资料（包括商业秘密、公司计划、运营活动、财务信息、技术信息、经营信息及其他商业秘密）予以保密。但法律、法规另有规定或双方另有约定的除外。

6.3　在本合同终止之后，甲乙双方在本条款项下的义务并不随之终止，双方仍需遵守本合同之保密条款，履行其所承诺的保密义务，直到对方同意其解除此项义务，或事实上不会因违反本合同的保密条款而给对方造成任何形式的损害时为止。

6.4　任何一方若违反上述保密义务，应赔偿对方因此而遭受的一切经济损失。

第七条　不可抗力

7.1　如果本合同任何一方因受不可抗力事件影响而未能履行其在本合同下的全部或部分义务，该义务的履行在不可抗力事件妨碍其履行期间应予中止。

7.2　声称受到不可抗力事件影响的一方应尽可能在最短的时间内通过书面形式将不可抗力事件的发生通知另一方，并在该不可抗力事件发生后10日内向另一方提供关于此种不可抗力事件及其持续时间的适当证据及合同不能履行或者需要延期履行的书面资料。声称不可抗力事件导致其对本合同的履行在客观上成为不可能或不实际的一方，有责任尽一切合理的努力消除或减轻此等不可抗力事件的影响。

7.3　不可抗力事件发生时，双方应立即通过友好协商决定如何执行本合同。

不可抗力事件或其影响终止或消除后,双方须立即恢复履行各自在本合同项下的各项义务。如不可抗力及其影响无法终止或消除而致使合同任何一方丧失继续履行合同的能力,则双方可协商解除合同或暂时延迟合同的履行,且遭遇不可抗力一方无须为此承担责任。当事人迟延履行后发生不可抗力的,不能免除责任。

7.4 本合同所称不可抗力是指受影响一方不能合理控制的,无法预料或即使可预料到也不可避免且无法克服,并于本合同签订日之后出现的,使该方对本合同全部或部分的履行在客观上成为不可能或不实际的任何事件。此等事件包括但不限于自然灾害如水灾、火灾、旱灾、台风、地震,以及社会事件如战争(不论曾否宣战)、动乱、罢工,政府行为或法律规定等。

第八条 通知与送达

8.1 甲乙双方因履行本合同而相互发出或者提供的所有通知、文件、资料等,均应按照本合同首部所列明的通讯地址、传真、电子邮件以邮寄或传真或电子邮件方式送达;一方如果迁址或者变更电话、电子邮件应当书面通知对方,否则发至本合同首部所列明的通讯地址或者传真、电子邮件系统的通知、文件、资料均视为有效送达。

8.2 以邮寄方式送达的,另一方签收之日视为送达;签收之日不明确的,以信件寄出或者投邮之日起算3日视为送达。通过传真、电子邮件方式送达的,通知、文件、资料等数据电文进入另一方系统之时视为送达;通知、文件、资料等数据电文进入另一方系统之时不明确的,以传真、电子邮件发出后的第二日视为送达。

第九条 争议解决与适用法律

9.1 本合同的订立、效力、解释、履行和争议的解决均适用中华人民共和国的法律。

9.2 凡因本合同引起的或与本合同有关的任何争议,由双方协商解决;协商不成的,按下列第□1/□2种方式(二选一)解决:

9.2.1 任何一方均有权将争议提交设在________________(地点)的____________________仲裁委员会,按照申请仲裁时该会现行有效的仲裁规则进行仲裁。仲裁裁决是终局的,对双方均有约束力。

9.2.2 任何一方均有权向________________人民法院起诉。

第十条 合同权利和义务的转让

除合同中另有规定或经双方协商同意外,本合同所规定双方的任何权利和义务,任何一方在未征得另一方书面同意之前,不得转让给第三者。任何转让,未经另一方书面明确同意,均属无效。

第十一条 合同的解释

11.1 本合同文本由□甲方□乙方提供,其已采取合理的方式提请对方注意

免除或者限制其责任的条款并予以说明;甲乙双方对本合同各条款的内容均充分理解并经协商达成一致同意。

11.2 本合同的理解与解释应依据合同目的和文本原意进行,本合同的标题仅是为了阅读方便而设,不应影响本合同的解释。

第十二条 合同效力和签署

12.1 本合同对每一方的继承人和受让人均有约束力。

12.2 本合同的任何一方未能及时行使本合同项下的权利不应被视为放弃该权利,也不影响该方在将来行使该权利。

12.3 如果本合同中的任何条款无论因何种原因完全或部分无效或不具有执行力,或违反任何适用的法律,则该条款被视为删除。但本合同的其余条款仍应有效并且有约束力。

12.4 本合同一式肆份,双方各执两份,具有同等法律效力。

12.5 本合同经双方签字、盖章,以最后签字、盖章日期为本合同生效日期。本合同未尽事宜,需修订或变更时由双方签署补充合同,补充合同与本合同具有同等法律效力。

12.6 本合同之任何修改除非经双方以书面形式签署确认,否则均属无效。

第十三条 合同附件

13.1 本合同未尽事宜,依照有关法律、法规执行,法律、法规未作规定的,甲乙双方可以达成书面补充合同。本合同的附件和补充合同均为本合同不可分割的组成部分,与本合同具有同等的法律效力。

13.2 本合同及本合同的附件和补充合同内空格部分填写的文字与印刷文字具有同等法律效力。

13.3 本合同附件如下:____。

(以下无正文)

甲方:	乙方:
(盖章)	(盖章)
授权代表签字:	授权代表签字:
签字日期:	签字日期:
合同签订地点:	

车辆租赁合同

合同适用范围

《车辆租赁合同》是影视作品的制片单位在有用车需要时，与车主或者车辆租赁公司签署。

特别风险提示

1. 明确租赁车辆的具体要求：车型、租赁时间、车辆保险情况；

2. 明确是否需要出租方提供驾驶人员及相关费用；

3. 明确双方的权利义务及违约责任，尤其是在出租方交付的车辆无法按照合同约定使用的情况下，出租人应承担的责任，以及承租人原因造成车辆损毁的责任。

*　　*　　*

车辆租赁合同（范本）

合同编号：

甲方（承租方）：	乙方（出租方）：
住所地：	住所地：
通信地址：	通信地址：
邮政编码：	邮政编码：
法定代表人（如甲方为法人单位）：	法定代表人（如甲方为法人单位）：
签约代表人（如甲方为法人单位）：	签约代表人（如甲方为法人单位）：
合同联系人：	合同联系人：

证件名称及号码(如甲方为自然人): 联系电话:
联系电话: 传真:
传真: 电子信箱:
电子信箱:

鉴于:

1. 甲方是依法成立并取得合法从事电影(电视剧)制作资格的法人机构;

2. 乙方是汽车的合法所有权人,有权签订本合同将其自有车辆出租给甲方使用;

(注:如乙方为企业可以调整为“乙方是持有营业执照和汽车租赁经营许可证,为承租方提供汽车租赁服务的企业”)

3. 甲方为拍摄影视作品的需要,决定租赁乙方的车辆,乙方同意将车辆出租。

甲乙双方根据《中华人民共和国合同法》、《中华人民共和国道路交通安全法》(2011 年修正)等法律、法规的规定以及平等自愿、诚实信用、等价有偿的原则,经友好协商,特达成本合同,以兹共同遵守。

第一条 车辆租赁的基本情况

1.1 租赁车辆情况

车牌号为________________;制造厂家为:________________;车辆型号为:________________;发动机号为:________________;出厂日期:________________。

1.2 租赁期限

本合同的租赁期限自______年______月______日时起到______年______月______日时止。租赁期自车辆进入甲方指定的接收地点,经验收合格后交付甲方之日起开始计算。

第二条 租金、押金及结算方式

2.1 甲方应向乙方支付的费用包括租金和押金。

2.2 关于租金

2.2.1 租赁车辆的计租标准按人民币________元/天/辆(不含驾驶人员)计收,本合同租赁期限甲方应向乙方交付的租金为人民币________元,每 1 个月结算并付款 1 次。

2.2.2 甲方应于每月______日前向乙方支付次月的租金,并于本合同项下的租赁车辆交接时向乙方支付第一个月的租金。

2.2.3 如果甲方需继续租用,须在原租赁合同期满 3 天前,将租赁车辆开到乙方指定地点检查,交付超里程应加收的租金,并办理续租手续、交付续租的租金。

2.2.4 甲方必须在合同期限届满时,准时将车辆交还乙方,甲方超过租赁期限还车的,每超过1个小时加收租金________元。超过________小时按1天计算。

2.2.5 甲方所租赁车辆平均每天可使用公里数为________公里,公里数以租赁车辆里程表的显示为准。本合同首期额定总里程________公里,在租赁期满后双方确认所使用的公里数,每超过1公里加付________元。

2.2.6 甲方可以按照以下方式向乙方支付租金及相关费用:

(1) 以银行转账方式汇入乙方以下银行账户:

开户名称:

开 户 行:

账　　号:

(2) 以现金方式直接支付给乙方。

2.2.7 乙方应于甲方付款之日起______日内向甲方出具租赁业正规发票。

2.3 关于押金

2.3.1 甲方应于本合同项下的租赁车辆交接时还应向乙方交纳抵押金人民币________元/辆。

2.3.2 本合同租赁期限届满,甲方将车辆交还乙方,且核定无拖欠租金和无须按本合同加收租金及其他应予赔偿的情况下,乙方将押金退还给甲方。

2.4 关于驾驶人员

2.4.1 在本合同租赁期限内,甲方使用租赁车辆时需要乙方提供驾驶人员的,本合同第2.2.1项约定的计租标准调整为人民币________元/天/辆(含驾驶人员),双方按照实际使用天数进行结算。

2.4.2 甲方如需乙方提供驾驶人员,应于约定交付日期前______日书面通知乙方。

2.4.3 乙方委派的驾驶人员必须持有有效的机动车驾驶证,同时须具有______年以上驾驶同类车辆的经历。

第三条 车辆交接及验收方法

3.1 乙方向甲方交付车辆及验收方法

3.1.1 乙方向甲方交付车辆时间:______年______月______日;交车地点:________________(或由甲方提前1天通知)。

3.1.2 验收方法:有关部门检查相关手续(行车证、车辆购置附加费、车辆保险、车辆年审验证及随车工具等)以及车辆的实际状况,乙方必须保证所出租的车辆手续齐全、状况良好。车辆验收情况详见附件1:交接单1。

3.2 甲方向乙方交还车辆及验收方法

3.2.1 甲方向乙方交还车辆时间:______年______月______日;交车地点:________________(或由甲方提前1天通知)。

3.2.2 验收方法:双方需就车辆验收填写交接单2。

第四条 车辆保险

4.1 在乙方交付车辆前,应为租赁车辆投保以下第________项保险,并保证在租赁期内下述保险均持续有效:

(1) 车辆损失险:保险金额为车辆购置价;

(2) 第三者责任险:保险金额为________万元人民币;

(3) 全车盗抢险:保险金额为车辆购置价;

(4) 车上(座位)责任险:保险金额为每个座位________万元;

(5) 玻璃单独破碎险和不计免赔特约险。

4.2 甲方应在交通事故发生的24小时内通知乙方,在保险事故车辆到达其指定修理厂,甲方提供了有效的全部保险证明手续,且租赁车辆符合乙方进行保险理赔的车辆要求时,乙方将停止计算租赁费用。

4.3 在租赁期间若发生车辆被盗、报废或其他形式的灭失,甲方应负担车辆灭失之日起至乙方获得保险公司赔款时止(最长不超过________个月)的车辆租金的________%及保险免赔部分。

4.4 由于甲方原因造成保险公司拒赔及免赔的所有损失及相关费用由甲方承担。

4.5 在租赁期间,若车辆因乙方驾驶人员发生保险事故,由乙方自行处理解决。

第五条 保证与承诺

5.1 双方保证:如果一方在本合同中所作出的陈述存在任何虚假或不真实,或如果违反其在本合同中所作出的保证,并给另一方造成损失的,该一方应向受损失方承担违约责任,视情节之严重程度,相对方享有要求解约、索赔以及要求承担定金、违约金等违约责任的权利。

5.2 甲方保证和承诺

5.2.1 甲方保证:具有签订和履行本合同的权利和能力,其授权代表已获得充分授权可代表其签署本合同。

5.2.2 甲方承诺:按照本合同规定的用途使用租赁车辆,严格遵守中国各项法律法规的规定,并承担由于违章、违法肇事等行为所产生的全部责任及经济损失。

5.2.3 甲方承认对车辆的权力仅限于履行本合同的各项条款,不得用于与其性能不符的运输任务,不得利用车辆进行违法活动或参与战事等活动,不得将车辆转让、抵押、处分,不能赋予自己对车辆任何超出本合同约定的其他权力,否则,甲方应承担由此引起的全部经济和法律责任。

5.3 乙方保证和承诺

5.3.1 乙方保证:乙方具有签订和履行本合同的权利和能力,其授权代表已获得充分授权可代表其签署本合同。

5.3.2 乙方保证:乙方是所出租车辆的唯一合法权利人,并拥有合法的权利证明文件。同时,该车辆不存在任何意义上将影响承租方根据本合同使用该车辆的任何抵押与任何其他权利限制。

5.3.3 乙方保证:乙方签订、履行本合同不构成对第三方的违约或对第三方任何权利的侵犯,亦不会使承租方对任何第三方承担任何责任。

5.3.4 乙方保证:在本合同约定的租赁期间内,乙方驾驶人员持有有效的驾驶证,乙方所租借给甲方的车辆具有合法手续,且车况性能良好,符合国家相关部门的安全规定,以保证甲方的正常工作需要。

5.3.5 乙方负责车辆的正常年审费用、保险等国家规定的车辆本身必须具有的相关手续及行车证件,负责将车辆运送至甲方指定的接收地点,费用由乙方承担。

5.3.6 乙方承诺:甲方所租用的乙方车辆,由甲方或甲方指定人员统一调度使用,未经甲方或甲方指定人员同意,乙方无权擅自调度前述车辆。如因擅自调度出现事故,乙方需承担相关责任及赔偿一切损失。

5.3.7 乙方承诺:在本合同约定的租赁期间,乙方驾驶人员应专职为甲方工作,未经甲方同意,乙方驾驶人员不得受聘于甲方以外的任何第三方。

第六条 甲方的权利义务

6.1 甲方于本合同规定的租赁期限内拥有所租赁车辆的使用权。

6.2 甲方对租赁车辆承租前已有的损伤不承担赔偿、维修义务。

6.3 甲方有权获得乙方为保障租赁车辆使用功能所提供的相应服务。

6.4 发生下列情形之一,甲方有权要求乙方立即更换驾驶人员:

(1) 不遵守或不能完成甲方的工作要求;

(2) 无论何种原因,连续缺勤________天或缺勤共计________天的;

(3) 违反甲方的人事劳动制度;

(4) 患有传染病或其他不适于驾驶车辆的疾病的。

6.5 甲方须按时支付租金。

6.6 甲方负责使用车辆发生的所有相关费用,包括但不限于:汽油费、过桥过路费、车辆的正常维护、保养、修理费用,以及甲方人员使用租赁车辆发生的违章和交通事故的处理等。

6.7 甲方将为乙方驾驶人员办理合同租赁期间的意外保险,有关保险均按保险公司制定的赔偿标准为准。如甲方未办理保险,乙方驾驶人员在工作期间因工作发生的意外事故由甲方负责处理及赔偿。

6.8　甲方将为乙方驾驶人员提供必要的食宿安排,其标准按照剧组有关规定执行。甲方除向乙方支付租赁费外,无须再向乙方另行支付乙方驾驶人员的加班费、医疗费、因私交通费用和各种补助费用等其他任何费用。

6.9　甲方应妥善保管租赁车辆,如因甲方保管或驾驶不善造成车辆损坏及各种证件的丢失,由甲方按照保险公司的赔偿标准赔偿乙方。

6.10　甲方应维护车辆的机件设备和特征标志,不得擅自摘除或涂改车辆零部件、设备和特征标志,不能私配车辆钥匙,违者将追究赔偿责任。

甲方应协助乙方按规定期限对租赁车辆进行车检及维修保养。

6.11　甲方应自觉遵守交通法规和驾驶员操作规程,严禁人工直流供油以及明火烘烤等违章操作,严禁装载易燃、易爆、易腐蚀危险品,严禁利用车辆参加竞赛、测试或在已毁坏的非正式的路面上行驶。

6.12　甲方不得利用车辆从事商业运输、体育比赛,以及非法活动。

第七条　乙方的权利义务

7.1　乙方不承担租赁车辆于租赁期间引发的第三者责任。

7.2　租赁期间对车辆使用情况及客户信誉实施监控。

7.3　乙方应按合同约定提供技术状况良好、各种证照及规费齐全的车辆。

7.4　乙方委派的指定驾驶员使用车辆时,如发生交通事故,及车辆损坏、车辆失窃,一切经济法律责任均由乙方承担。

7.5　车辆发生故障时,乙方应免费提供救援服务及维修。

7.6　若非因甲方的原因,该车辆出现缺陷或遭受损害或毁坏,或者发生其他并非甲方过错而引发的事件,使甲方无法为本合同的目的而继续使用车辆,甲方有权要求乙方立即无偿提供与车辆相类似的替换车辆。

7.7　乙方应确保甲方在租赁期内排他地占有车辆,并保证车辆的行驶性能和各项内置设施处于良好的状态,车辆内外清洁干净,无异味。

7.8　在租赁期内,非因甲方原因,车辆发生损毁、灭失、赔偿责任或政府处罚,乙方自行负担全部责任。

7.9　未经甲方事先书面许可,乙方不得更换其委派的驾驶人员,也不得转让或转委托其在本合同项下的任何部分或全部权利和义务给第三人。

第八条　违约责任

8.1　甲乙双方应正当行使权利,履行义务,保证本合同的顺利履行。任何一方违反本合同项下的任何规定,均应当承担违约责任;给对方造成损失的,应赔偿对方由此所遭受的经济损失。

8.2　甲方未履行或未按约定履行合同义务，应按如下情形分别承担相应的违约责任：

(1) 逾期支付租金、修理费等费用的，甲方除支付该部分费用外，每逾期1日按欠付费用的________%交纳滞纳金。

(2) 未按本合同第3.2款的约定交还租赁车辆，每逾期交还1日，除继续计收租金外，需另外交付租金总额________%的违约金。

(3) 提前解除合同归还租赁车辆的，应按未履行部分租期租金总额的20%支付违约金。

8.3　乙方未履行或未按约定履行合同义务，应按如下情形分别承担相应的违约责任：

(1) 未按本合同第3.1款的约定交付租赁车辆，应向甲方赔偿因此给甲方造成的全部经济损失。

(2) 不能按约定提供故障维修、救援的，或者维修、救援后租赁车辆仍无法正常使用，乙方未及时更换车辆的，乙方应退还租赁车辆停驶期间的租金，并支付停驶期间租金________%的违约金。

第九条　合同的变更

对于本合同的修改、补充或其他变更，须由双方协商一致，以书面的形式作出。经修改、补充及变更的条款及内容为本合同不可分割的组成部分，与本合同具有同等法律效力。

第十条　合同的解除(相对通用条款)

10.1　本合同一经签订，除法定和约定事由外，未经双方协商一致，任何一方不得单方解除。

10.2　任何一方违反本合同载明的保证和承诺、恶意或故意怠于履行本合同的义务致使合同履行困难且无法通过本合同明确约定的违约责任承担方式解决的，经守约方书面催告后仍怠于履行本合同的义务的，均视为根本违约，守约方有权解除本协议。违约方应当按照法律规定承担缔约过失责任、违约责任和损害赔偿责任。

10.3　发生下列情形之一的，甲方有权提前解除本合同：

(1) 乙方破产、解散或丧失经营车辆租赁业务的资格；

(2) 乙方违反本合同第6.3款的规定，且甲方已更换过两次驾驶人员；

(3) 乙方违反本合同第7.6款的规定，且甲方已更换过两次车辆；

(4) 如乙方因其他原因违反本合同的任何条款，且在承租方将该违约书面通知送达乙方后________天内未予纠正；

(5) 除前述规定以外，如甲方在本合同租赁期内的任何时候提前________天书面通知。

10.4 发生下列情形之一，乙方有权解除本合同，并随时收回所租车辆，已收取的款项在计算所有损失后多退少补：

(1) 甲方利用所租车辆从事违法犯罪活动或其他商业运输；

(2) 甲方将所租赁车辆转让、转租、出售、抵押、质押；

(3) 从事其他有损乙方车辆合法权益的活动；

(4) 未经乙方书面许可，在车辆租赁期限结束后拖延还车。

10.5 一方要求解除合同的，应向另一方发出书面的解约通知，本合同自解约通知送达另一方当日解除。

第十一条 保密

11.1 双方互相承诺对其本人以及公司、雇员、代理人或顾问等因为签订本合同而收到或获取的所有资料、信息（以下简称“保密信息”），包括与本合同条款相关、与谈判有关的、与剧情以及摄制有关的、与另一方的商业或事件有关的等与电影（电视剧）有关的一切资料和信息，严格加以保密；除了本合同第 11.3 款的规定外，将不得在电影（电视剧）公映前利用或披露或泄露给任何人任何上述保密信息。

11.2 乙方应妥善保管甲方交予的与电影（电视剧）相关的全部资料、文件，并于完成本合同约定工作或解除本合同后返还甲方。保密信息一旦泄露，泄露方应及时通知。

11.3 若其中一方因法律、法规、主管部门或相关监管机构的要求或规定而需要披露任何保密资料，该方将在法律许可的情况下，尽快把这种要求或规定通知对方，以使对方可寻求适当补救方法防止披露或豁免该方遵守本协议的条款。若未能取得适当的补救或本协议项下的豁免，而必须披露保密资料，该方可以将保密资料中必须披露的部分予以披露。

11.4 一方违反本合同第十一条约定的保密义务给另一方造成损失的，应赔偿给另一方造成的全部经济损失。

第十二条 不可抗力

12.1 本合同所称不可抗力，是指任何一方在签署本合同时不可预见、不能克服且无法避免的，并阻碍该方全部或部分履行本合同义务的情形，包括地震、天灾、叛乱、暴动、内乱、战争、任何政府政策、法律法规的调整以及政府行为等其他事由或因素。

12.2 发生不可抗力事件，导致受影响的一方因此无法履行任何本合同项下义务的，则在不可抗力事件持续期间，因此受阻履行的义务应予中止，履行期限应自动延长，且受阻履行义务的一方免除相应违约责任。

12.3 声称受到不可抗力事件影响的一方应尽可能在最短的时间内通过书面形式将不可抗力事件的发生通知另一方，并在该不可抗力事件发生后10日内向另一方提供关于此种不可抗力事件及其持续时间的适当证据及合同不能履行或者需要延期履行的书面资料。声称不可抗力事件导致其对本合同的履行在客观上成为不可能或不实际的一方，有责任尽一切合理的努力消除或减轻此等不可抗力事件的影响。

12.4 不可抗力事件发生时，双方应立即通过友好协商决定如何执行本合同，还应当尽一切合理努力，将该不可抗力事件的后果减到最低限度。不可抗力事件或其影响终止或消除后，双方须立即恢复履行各自在本合同项下的各项义务。如不可抗力及其影响无法终止或消除而致使合同任何一方丧失继续履行合同的能力，则双方可协商解除合同或暂时延迟合同的履行，且遭遇不可抗力一方无须为此承担责任。当事人迟延履行后发生不可抗力的，不能免除责任。

12.5 如果不可抗力事件持续期间超过______日并且各方未能就公正的解决办法达成一致，任何一方可按照本协议第10.5款的规定解除本合同。

第十三条 通知与送达

13.1 甲乙双方因履行本意向合同而相互发出或者提供的所有通知、文件、资料等，均应按照本合同首部所列明的通讯地址、传真、电子邮件以邮寄或传真或电子邮件方式送达；一方如果迁址或者变更电话、电子邮件应当书面通知对方，否则发至本合同首部所列明的通讯地址或者传真、电子邮件系统的通知、文件、资料均视为有效送达。

13.2 以邮寄方式送达的，另一方签收之日视为送达；签收之日不明确的，以信件寄出或者投邮之日后第三日视为送达。通过传真、电子邮件方式送达的，通知、文件、资料等数据电文进入另一方系统之时视为送达；通知、文件、资料等数据电文进入另一方系统之时不明确的，以传真、电子邮件发出后的第二日视为送达。

13.3 任何一方的通讯地址或通讯号码或联系人如果发生变化，应当在该变更发生后的3日之内通知对方，否则对方对于其原通讯方式的通知视为有效通知。

第十四条 争议解决与适用法律

14.1 本协议的订立、效力、解释、履行和争议的解决均适用中华人民共和国的法律。

14.2 凡因本合同引起的或与本合同有关的任何争议，由双方协商解决；协商不成的，按下列第□1/□2 种方式（二选一）解决：

14.2.1 任何一方均有权将争议提交设在________________（地点）的________________仲裁委员会，按照申请仲裁时该会现行有效的仲裁规则进行仲裁。仲裁裁决是终局的，对双方均有约束力。

14.2.2 任何一方均有权向________________人民法院起诉。

第十五条 合同权利和义务的转让

除合同中另有规定或经双方协商同意外，本合同所规定双方的任何权利和义务，任何一方在未征得另一方书面同意之前，不得转让给第三者。任何转让，未经另一方书面明确同意，均属无效。

第十六条 合同的解释

16.1 本合同文本由□甲方□乙方提供，其已采取合理的方式提请对方注意免除或者限制其责任的条款并予以说明；甲乙双方对本合同各条款的内容均充分理解并经协商达成一致同意。

16.2 本合同的理解与解释应依据合同目的和文本原意进行，本合同的标题仅是为了阅读方便而设，不应影响本合同的解释。

第十七条 合同效力和签署

17.1 本合同对每一方的继承人和受让人均有约束力。

17.2 本合同的任何一方未能及时行使本合同项下的权利不应被视为放弃该权利，也不影响该方在将来行使该权利。

17.3 如果本合同中的任何条款无论因何种原因完全或部分无效或不具有执行力，或违反任何适用的法律，则该条款被视为删除。但本合同的其余条款仍应有效并且有约束力。

17.4 本合同一式两份，双方各执一份，具有同等法律效力。

17.5 本合同经双方签字、盖章，以最后签字、盖章日期为本合同生效日期。本合同未尽事宜，需修订或变更时由双方签署补充合同，补充合同与本合同具有同等法律效力。

17.6 本合同之任何修改除非经双方以书面形式签署确认，否则均属无效。

第十八条 合同附件

18.1 本合同未尽事宜，依照有关法律、法规执行，法律、法规未作规定的，甲乙双方可以达成书面补充合同。本合同的附件和补充合同均为本合同不可分割的组成部分，与本合同具有同等的法律效力。

18.2 本合同及本合同的附件和补充合同内空格部分填写的文字与印刷文字具有同等法律效力。

18.3　本合同附件如下：____。

（以下无正文）

甲方：	乙方：
（盖章）	（盖章）
授权代表签字：	授权代表签字：
签字日期：	签字日期：
合同签订地点：	

置景地租用合同

合同适用范围

《置景地租用合同》主要适用于影视制作单位在制作影视剧的过程中，与景地所有权人或其授权管理人就景地租用事宜而进行约定的情形。

特别风险提示

1. 双方应共同防范如下风险：

（1）任何一个合同范本都不是万能的，试图以一个一成不变的合同范本包揽一切的想法是最大的风险，因为每个项目或者事情都有其特殊性，况且法律、法规也在不断变化。

（2）审查合同的标的即景地是否属于国家法律法规、政策禁止或需要进行审批方可进行租用拍摄的范围，例如一些名胜古迹。对于国家禁止进行租用的景地则不能违法进行租用拍摄；对于需要行政机关进行审批的，则应当依法办理租用景地的审批手续。

（3）定金是在合同订立或在履行之前支付的一定数额的金钱作为担保的担保方式，是一柄双刃剑。本合同的定金类别为违约定金，一旦一方违约将适用定金罚则，所以双方均应根据合同的总价款作出适当的约定。当然，定金的额度不应超过总价款的 20%。

（4）就一方需要保证与承诺的事项进行明确约定，并视具体情形进行增减。

（5）审慎选择争议的解决方式与解决机构以及争议解决机构的所在地。实际上，诉讼还是仲裁解决各有利弊，应根据实际情况作出尽可能对自己有利的选择。选择诉讼解决的，首先，双方的约定不得违反我国《民事诉讼法》对级别管辖和专属管辖的规定；其次，双方仅可以在书面合同中协议选择被告住所地、合同签订地、原告住所地或者租赁物所在地的人民法院管辖。

2. 就出租方而言，应着重防范如下风险：

（1）审慎审查租用方的资质文件，包括但不限于企业法人营业执照、法人组织机构代码证等证件、文件，并将其作为合同的附件，与合同一同加盖骑缝章。

(2) 谨慎预测景地及附属设施的准备期间并在合同中留有足够的交付时间，以免违约。

(3) 为防止租用方对景地及其附属设施进行超负荷、掠夺性使用，致使租期届满后损坏而无法继续使用的情形，应当在合同中约定事先收取适当金额的押金。如无上述情况发生，出租方在租期届满后将押金返还租用方。

(4) 鉴于我国《〈担保法〉若干问题的解释》的规定，实际交付的定金数额多于或者少于约定数额的，视为变更定金合同，因此出租方应一次性收取合同约定的定金，否则一旦收取较少的定金后租用方不再交付的，则视为出租方同意变更定金合同，从而无权再要求租用方再予交付。

(5) 租用方依据合同约定应支付租金之日起满两年未支付，而出租方又不能证明存在诉讼时效中止、中断、延长等情形的，将导致出租方因诉讼时效内未主张权利而丧失胜诉权。因此，一旦租用方在两年内不支付或不能支付全部租金，或未能就争议达成一致的，出租方应至迟在两年的诉讼时效届满前提起诉讼或者依据仲裁条款申请仲裁。

3. 就租用方而言，应着重防范如下风险：

(1) 审慎审查出租方的资质文件，包括但不限于企业法人营业执照、法人组织机构代码证或自然人的身份证，并将该信息作为合同的附件，与合同一同加盖骑缝章或由自然人在每页签名。

(2) 审慎审查出租方的权利证明文件，包括但不限于景地的土地使用证、景地的承包经营合同等，并将该信息作为合同的附件，与合同一同加盖骑缝章或由自然人在每页签名。

(3) 由于影视剧制作存在工作延期、补拍或重拍的可能，因此在合同中应当约定景地使用期限届满后，需要继续租用该景地时，出租方有义务继续提供该景地供租用方完成影视剧的拍摄工作。

(4) 收到出租方交付的景地及其附属设施后，应依据法律规定、合同约定及时查验，以免丧失权利，造成对己方不利的后果。

*　　*　　*

置景地租用合同(范本)

合同编号:

甲方(租用方、影视单位):	乙方(出租方):
住所地:	住所地:
通信地址:	通信地址:
邮政编码:	邮政编码:
法定代表人:	法定代表人:
签约代表人:	签约代表人:
合同联系人:	合同联系人:
联系电话:	联系电话:
传真:	传真:
电子信箱:	电子信箱:

鉴于:

甲方是依法注册成立并取得合法从事影视剧制作资格的法人单位;因摄制影视剧需要使用位于________的________作为景地;

乙方是该景地的所有权人或实际管理者,有权处分该景地的租用事宜,乙方同意甲方租用该景地。

甲乙双方依据《中华人民共和国合同法》、《中华人民共和国城市房地产管理法》等法律、法规的规定以及平等自愿、诚实信用、等价有偿的原则,经友好协商,特达成本合同,以兹共同遵守。

第一条　租用安排

1.1　景地位置。本合同所指景地是指乙方有权处分的________(以下简称景地),位于________。景地内的附属设施有________,现有状态为________。

1.2　景地用途。甲方使用景地是为了摄制影视剧《________________》。该景地将在影视剧中作为________(景名)使用,包括但不限于采取彩排、拍摄、录音、录像、照相等形式使用。

1.3　景地名称。景地在影视剧中的名称按照下列方式确定:□甲方可以在影视剧中使用景地的真实名称;□甲方可以在影视剧中对景地采用虚拟名称。

1.4　使用期限。景地的使用期限自合同签订之日起至影视剧拍摄完毕之日止,共计________天。甲方确认拍摄及时间后应提前两天通知乙方。

1.5 在本条第一款规定的期限内,甲方每天使用景地的时间按下列方式确定:□甲方每天使用景地的开始时间为________,结束时间为________;□甲方每天可以24小时使用景地;□其他________________。

1.6 租金及支付方式。本合同签订时甲方即支付定金人民币________元整给乙方。本合同实际履行后,此定金自动转为甲方向乙方支付的租金。甲方使用景地应向乙方支付的景地租金为人民币________元,应当在本合同签署之日起______日内一次性支付。上述租金为□税前□税后款。如为税前款的,则费用中含________%的税款□由乙方承担,甲方为代扣代缴义务人;□或根据法律法规规定由各方自行承担相关税负。如为税后款的则甲方应当在款项支付后______日内为乙方出具完税证明。同时在本合同签署之日起______日内,甲方应向乙方支付的景地押金为人民币________元,如无损坏景地及附属设施的情形,在租赁期满后3日内乙方将上述押金全额返还给甲方。

1.7 甲方依法享有影视剧的著作权。甲方为感谢乙方的支持,应在影视剧的片尾打上鸣谢单位的乙方名称。乙方在影视剧片尾字幕署名的位置、字体形式及大小由甲方根据国家的相关规定自行决定,无须与乙方另行协商。

1.8 甲方使用景地的过程中,有权根据与乙方的约定,按照己方的摄制计划安排导演、演员、摄影师等工作人员进入景地并在景地设置己方道具、临时布景、搭建临时摄影棚,乙方不得干涉甲方正常使用景地。但甲方需要对景地的原有设施或设备等进行更改或重置,须经乙方同意,并于拍摄完成后做好恢复工作。

1.9 在景地使用过程中,由乙方提供用水、用电等设施或条件,由此产生的水电费及其他费用由甲方承担。

1.10 在影视剧及其衍生产品的宣传、推广或发行过程中,甲方及影视剧的宣传方、发行方等有权使用景地在影视剧中的影像或图片资料,无须向乙方另行支付其他费用。

1.11 乙方在向甲方交付景地时,应对景地内的附属设施进行检查,对可能出现的故障和危险应及时消除,以避免一切可能发生的隐患。

乙方应当安排电工、保安等人员协助甲方的拍摄工作。

1.12 在本合同约定的景地使用期限届满后,甲方因该影视剧的工作延期、补拍或重拍等需要继续租用该景地时,乙方有义务继续提供该景地供甲方完成影视剧的拍摄工作。甲方须向乙方补交租金人民币________元整/天。

第二条 声明与保证

2.1 双方互相向对方声明、陈述和保证如下:该方是合法设立并有效存续的独立法人或有完全行为能力的自然人;该方有法定资格签署本合同。本合同所述的许可符合法律法规的规定;该方有能力履行其于本合同项下之义务,并且该等履行义务的行为不违反任何对其有约束力的法律文件或约定的限制。本合同一经合法签署及交付,即构成对该方合法有效的约束,并可强制执行。

2.2　甲方应按本合同规定的期限、时间、用途等使用景地,爱护并合理使用景地内的各项设施,未经乙方同意,甲方不得对景地的原有设施或设备等进行更改或重置。若因甲方原因使景地的原有设施或设备等受到损坏,甲方应予以赔偿。

2.3　甲方保证影视剧不会包含任何侵害乙方及景地合法权益的内容。甲方保证不在乙方的景地内拍摄暴力、色情等法律禁止性规定的内容。

2.4　未征得乙方的书面同意,甲方不得将景地出租、转让给第三人。甲方应自觉遵守乙方依法制定的有关保安、消防、卫生、用水、用电等内容的各项制度并接受乙方的检查监督。

2.5　乙方应按照约定提供景地及相关配套设施,保障甲方的正常使用。乙方无权因甲方使用景地而针对影视剧主张除景地租金或署名外的任何形式的权利。乙方有权随时检查甲方使用景地的情况,但不得干扰甲方正常的拍摄工作,甲方应予以配合。

2.6　乙方保证甲方拍摄时间,配合乙方制景陈设时间,及时提供相关道具,并保障乙方便利使用景地;乙方保证甲方拍摄的顺利,委派专门工作人员做好拍摄现场的清场、秩序维持和安全保卫工作。

第三条　违约责任

3.1　甲乙双方应正当行使权利,履行义务,保证本合同的顺利履行。任何一方违反本合同项下的任何规定,均应当承担违约责任;给对方造成损失的,应赔偿对方由此所遭受的全部经济损失。

3.2　甲方未履行或未按约定履行本合同规定的义务,应分别承担相应的违约责任,具体如下:① 若甲方未如期向乙方支付租金,每逾期 1 日,应向乙方支付逾期租金的________‰作为违约金;② 若因甲方原因导致本合同解除的,则甲方已交纳的定金和租金不予退还,并赔偿乙方因此遭受的经济损失;③ 如甲方未按照约定支付水电等费用的,应每日向乙方支付迟延水电费用________‰作为违约金。

3.3　乙方未履行或未按约定履行本合同规定的义务,应分别承担相应的违约责任,具体如下:① 乙方未依据本合同的规定如期向甲方提供符合约定的景地,每逾期 1 日,乙方应向甲方支付违约金人民币________元;② 若因乙方原因导致本合同解除的,则合同解除后 5 日内,乙方需双倍返还定金并将已收取的租金加算银行同期存款利率按照甲方指定的方式返还甲方,并赔偿甲方因此遭受的经济损失;

③ 如乙方未按照约定提供用水、用电等设施或条件致使甲方不能正常使用的，乙方应减少相应的租金。

第四条　合同的变更

4.1　本合同履行期间，发生特殊情况时，甲、乙任何一方需变更本合同的，要求变更一方应及时书面通知对方，征得对方同意后，双方在规定的时限内（书面通知发出________天内）签订书面变更合同，该合同将成为本合同不可分割的组成部分。

4.2　未经双方签署书面文件，任何一方无权变更本合同，否则，由此造成对方的一切经济损失，由责任方承担。

第五条　合同的解除

5.1　在本合同履行过程中发生下列情形之一，甲方可以通过书面形式通知乙方而解除本合同：

5.1.1　因不可抗力或其他不可归责于双方的原因使景地不适合使用且景地无法复原；

5.1.2　乙方未能按本合同的规定向甲方提供符合约定的景地，经甲方催告后______日内仍未提供的；

5.1.3　乙方破产、解散或被依法吊销企业法人营业执照且无权利、义务承受人的；

5.1.4　乙方在本合同第二条中所做的保证不真实。

5.2　在本合同履行过程中发生下列情形之一，乙方可以通过书面形式通知甲方而解除本合同：

5.2.1　甲方迟延支付乙方的租金，经乙方催告后______日内仍未予以支付的。

5.2.2　未按照约定用途使用景地，经乙方________次书面通知未改正的。

5.2.3　进行其他违法活动累计达________次或被新闻媒体曝光造成恶劣影响的。

5.2.4　甲方将景地擅自出租、转让给第三人。

5.2.5　甲方被依法吊销《摄制电影（电视剧）许可证》。

5.2.6　甲方破产、解散或被依法吊销企业法人营业执照且无权利、义务承受人的。

5.3　除本合同规定的情形之外，甲乙双方皆不得擅自解除本合同。

第六条　保密义务

6.1　未经对方书面同意，任何一方不得向任何第三方泄露本合同以及与本合同相关的一切信息。若本合同未生效,任何一方不得向任何第三方泄露其在签约过程中知悉或取得且无法自公开渠道获得的另一方的文件及资料(包括商业秘密、公司计划、运营活动、财务信息、经营信息及其他商业秘密等)。

6.2 甲乙双方保证对其在讨论、签订、执行本合同过程中所获悉的属于对方的且无法自公开渠道获得的文件及资料(包括商业秘密、公司计划、运营活动、财务信息、技术信息、经营信息及其他商业秘密)予以保密。但法律、法规另有规定或双方另有约定的除外。

6.3 在本合同终止之后,甲乙双方在本条款项下的义务并不随之终止,双方仍需遵守本合同之保密条款,履行其所承诺的保密义务,直到对方同意其解除此项义务,或事实上不会因违反本合同的保密条款而给对方造成任何形式的损害时为止。

6.4 任何一方若违反上述保密义务,应赔偿对方因此而遭受的一切经济损失。

第七条 不可抗力

7.1 如果本合同任何一方因受不可抗力事件影响而未能履行其在本合同下的全部或部分义务,该义务的履行在不可抗力事件妨碍其履行期间应予中止。

7.2 声称受到不可抗力事件影响的一方应尽可能在最短的时间内通过书面形式将不可抗力事件的发生通知另一方,并在该不可抗力事件发生后10日内向另一方提供关于此种不可抗力事件及其持续时间的适当证据及合同不能履行或者需要延期履行的书面资料。声称不可抗力事件导致其对本合同的履行在客观上成为不可能或不实际的一方,有责任尽一切合理的努力消除或减轻此等不可抗力事件的影响。

7.3 不可抗力事件发生时,双方应立即通过友好协商决定如何执行本合同。不可抗力事件或其影响终止或消除后,双方须立即恢复履行各自在本合同项下的各项义务。如不可抗力及其影响无法终止或消除而致使合同任何一方丧失继续履行合同的能力,则双方可协商解除合同或暂时延迟合同的履行,且遭遇不可抗力一方无须为此承担责任。当事人迟延履行后发生不可抗力的,不能免除责任。

7.4 本合同所称不可抗力是指受影响一方不能合理控制的,无法预料或即使可预料到也不可避免且无法克服,并于本合同签订日之后出现的,使该方对本合同全部或部分的履行在客观上成为不可能或不实际的任何事件。此等事件包括但不限于自然灾害如水灾、火灾、旱灾、台风、地震,以及社会事件如战争(不论曾否宣战)、动乱、罢工,政府行为或法律规定等。

第八条 通知与送达

8.1 甲乙双方因履行本合同而相互发出或者提供的所有通知、文件、资料等，均应按照本合同首部所列明的通讯地址、传真、电子邮件以邮寄或传真或电子邮件方式送达；一方如果迁址或者变更电话、电子邮件应当书面通知对方，否则发至本合同首部所列明的通讯地址或者传真、电子邮件系统的通知、文件、资料均视为有效送达。

8.2 以邮寄方式送达的，另一方签收之日视为送达；签收之日不明确的，以信件寄出或者投邮之日起算3日视为送达。通过传真、电子邮件方式送达的，通知、文件、资料等数据电文进入另一方系统之时视为送达；通知、文件、资料等数据电文进入另一方系统之时不明确的，以传真、电子邮件发出后的第二日视为送达。

第九条 争议解决与适用法律

9.1 本合同的订立、效力、解释、履行和争议的解决均适用中华人民共和国的法律。

9.2 凡因本合同引起的或与本合同有关的任何争议，由双方协商解决；协商不成的，按下列第□1/□2种方式(二选一)解决：

9.2.1 任何一方均有权将争议提交设在________________(地点)的________________仲裁委员会，按照申请仲裁时该会现行有效的仲裁规则进行仲裁。仲裁裁决是终局的，对双方均有约束力。

9.2.2 任何一方均有权向________________人民法院起诉。

第十条 合同权利和义务的转让

除合同中另有规定或经双方协商同意外，本合同所规定双方的任何权利和义务，任何一方在未征得另一方书面同意之前，不得转让给第三者。任何转让，未经另一方书面明确同意，均属无效。

第十一条 合同的解释

11.1 本合同文本由□甲方□乙方提供，其已采取合理的方式提请对方注意免除或者限制其责任的条款并予以说明；甲乙双方对本合同各条款的内容均充分理解并经协商达成一致同意。

11.2 本合同的理解与解释应依据合同目的和文本原意进行，本合同的标题仅是为了阅读方便而设，不应影响本合同的解释。

第十二条 合同效力和签署

12.1 本合同对每一方的继承人和受让人均有约束力。

12.2 本合同的任何一方未能及时行使本合同项下的权利不应被视为放弃该权利，也不影响该方在将来行使该权利。

12.3　如果本合同中的任何条款无论因何种原因完全或部分无效或不具有执行力,或违反任何适用的法律,则该条款被视为删除。但本合同的其余条款仍应有效并且有约束力。

12.4　本合同一式肆份,双方各执两份,具有同等法律效力。

12.5　本合同经双方签字、盖章,以最后签字、盖章日期为本合同生效日期。本合同未尽事宜,需修订或变更时由双方签署补充合同,补充合同与本合同具有同等法律效力。

12.6　本合同之任何修改除非经双方以书面形式签署确认,否则均属无效。

第十三条　合同附件

13.1　本合同未尽事宜,依照有关法律、法规执行,法律、法规未作规定的,甲乙双方可以达成书面补充合同。本合同的附件和补充合同均为本合同不可分割的组成部分,与本合同具有同等的法律效力。

13.2　本合同及本合同的附件和补充合同内空格部分填写的文字与印刷文字具有同等法律效力。

13.3　本合同附件如下:____。

甲方:	乙方:
(盖章)	(盖章)
授权代表签字:	授权代表签字:
签字日期:	签字日期:
合同签订地点:	

三、人员聘请类合同范本

聘请电影(电视剧)编剧合同

合同适用范围

《聘请电影(电视剧)编剧合同》适用于制片单位(即合同中的聘请单位)与拟聘请的编剧之间签署。制片单位一般可以以两种方式聘请编剧进行电影(电视剧)剧本的创作:(1) 要求按照制片单位计划题材的要求创作剧本;(2) 对他人已享有著作权的作品进行改编、修改或者再创作。

制片单位可以根据工作需要聘请总编剧以及助理编剧,可分别签署本合同并明确具体职务分工及工作内容。

特别风险提示(示范合同重点为第一条、第二条、第三条、第六条和第七条)

1. 此类合同的重点在于明确编剧的具体工作内容、对编剧创作剧本的要求和标准、工作期限及著作权归属问题。

2. 如系在他人已享有著作权的作品基础上进行改编、修改或者再创作,应确认是否已取得权利人的同意及授权。

3. 创作剧本的过程需要双方经常性沟通并进行频繁的修改,并最终可能将形成与订立合同之初制片单位的计划和预期差距较大的剧本。剧本形成期间,可能无法做到每一次变更的修改意见均以双方签字盖章形式确定,乙方应注意加强与制片单位指定代理人或联系人之间以传真、电子邮件等书面形式对各事项进行的确认。

4. 制片单位可能最终未能采用受聘方提交的剧本进行拍摄,但只要受聘方提交的剧本符合合同约定的要求,制片单位仍应按照合同约定支付酬金,对此,可在合同中明确约定。

* * *

聘请电影(电视剧)编剧合同(范本)

合同编号:

甲方(聘请单位):
住所地:
通信地址:
邮政编码:
法定代表人(如甲方为法人单位):
签约代表人(如甲方为法人单位):
合同联系人:
证件名称及号码(如甲方为自然人):
联系电话:
传真:
电子信箱:

乙方(受聘方):
住所地:
通信地址:
邮政编码:
联系电话:
传真:
电子信箱:

鉴于:

1. 甲方是依法成立并取得合法从事电影(电视剧)制作资格的法人机构。

2. 甲方取得的资格和相关许可证包括:

(1) 取得《摄制电影许可证》;

(2) 取得计划摄制电影《________________》(以下简称"电影")的《摄制电影许可证(单片)》;

(3) 取得《电视剧制作许可证(甲种)》;

(4) 取得《广播电视节目制作经营许可证》;

(5) 取得计划摄制电视剧《________________》的(以下简称"电视剧")《电视剧制作许可证(乙种)》;

(6) 其他:____。

以上相关许可证详见附件1。

3. 乙方具有编写电影(电视剧)剧本的相关经验。

4. 甲方决定聘请乙方担任电影(电视剧)《________________》(暂定名)的编剧,乙方同意接受甲方的聘请。

甲乙双方根据《中华人民共和国合同法》、《中华人民共和国著作权法》、《电影管理条例》、《广播电视管理条例》等法律、法规的规定以及平等自愿、诚实信用、等价有偿的原则,经友好协商,特达成本合同,以兹共同遵守。

第一条　工作期限、工作内容和工作方式

1.1　乙方工作开始的时间按下列第________种方式确定:

(1) 乙方应于______年______月______日起开始文学剧本的创作工作。

(2) 甲方第一次向乙方发出工作任务指示之日。

(3) 其他:____。

1.2　乙方工作结束的时间按下列第________种方式确定:

(1) 乙方应于______年______月______日前向甲方提交文学剧本的定稿,定稿经甲方审核认可后,乙方的工作结束。

(2) 其他:____。

1.3　乙方的工作包括以下第________项:

(1) 根据甲方的要求,为电影(电视剧)编写原创文学剧本(具体要求详见第四条)。

(2) 根据甲方的要求及所提供的作品,为电影(电视剧)改编、修改文学剧本(具体要求及拟被改编作品的情况详见第四条)。

(3) 根据甲方的要求在指定的时间和地点为电影(电视剧)编写、修改原创(改编、修改)文学剧本(具体要求详见第四条)。

(注:还可能发生的情况是,即使乙方交稿后已经甲方定稿,但由于摄制期间发生某些情况,需要对定稿剧本进行调整、修改。尤其在电视剧的拍摄中会更常见,因此需要相应对乙方工作结束的规定即第1.2款予以调整。)

(4) 对甲方提出的合理修改意见,对剧本予以修改。

(5) 根据甲方要求参加甲方组织召开的与剧本有关的工作会议。

(6) 其他:____。

1.4　乙方的具体工作安排为:

(1) 乙方应于______年______月______日前向甲方提交剧本创意;

剧本创意的基本要求是:

(2) 乙方应于______年______月______日前向甲方提交总纲和人物小传;

总纲的基本要求是:

人物小传的基本要求是:

(3) 乙方应于______年______月______日前向甲方提交剧本初稿;

(4) 乙方应于______年______月______日前向甲方提交剧本定稿。

乙方提交的剧本创意、总纲、人物小传、剧本初稿、修改稿和定稿等以下统称为

“剧本文件”。

（注：如为电视剧第1.4款第(3)、(4)项可以修改为：

(3) 乙方应于______年______月______日前向甲方提交电视剧分集梗概；

分集梗概的基本要求是：

(4) 乙方应于______年______月______日前向甲方提交第________集至第________集的初稿；

(5) 乙方应于______年______月______日前向甲方提交第________集至第________集的初稿；

(6) 乙方应于______年______月______日前完成剧本的整体定稿工作。

1.5 甲方应自收到第1.4款约定的剧本文件之日起______日内提出审核意见并书面通知乙方。如甲方提出修改意见，乙方应自收到该修改意见之日起______日提交修改稿。如甲方未在本款约定期限内将审核结果或修改意见通知乙方，视为甲方确认并认可乙方提交的剧本文件，乙方完成合同约定的工作。

1.6 本合同第九条中约定的甲方联系人________同时为甲方履行接收、审查剧本文件的授权代理人，负责保持与乙方的工作沟通和协调、接收乙方提交的剧本文件、对乙方提交的剧本文件出具修改、确认等审核意见。甲方对剧本定稿的审核通过以甲方联系人________签字确认为准。

1.7 关于剧本重大改动的限制：

1.7.1 除本合同明确约定剧本著作权归属于甲方的情形外，为保障乙方所享有的作品完整权不受侵害，甲方不得对已确定的剧本编写计划中的创作意图、剧本的主要人物、主要事件、样式等主要方面提出相反的修改要求。

1.7.2 但甲方愿意支付额外酬金，并经乙方同意的除外。

第二条 酬金、其他费用及支付方式

2.1 甲方应向乙方支付酬金人民币________元。

2.2 酬金按照以下方式分________期支付：

(1) 甲方应自本合同签署之日起______日内向乙方支付定金人民币________元。本合同得以实际履行之日即乙方按照本合同第1.1款的约定开始工作之日，此定金自动转为甲方向乙方支付的酬金。

若因甲方原因导致本合同未能实际履行，则甲方无权要求乙方返还定金；若因乙方原因导致本合同未能实际履行，则乙方应向甲方双倍返还定金；

(2) 甲方应自乙方提交剧本创意之日起______日内向乙方支付人民币________元；

(3) 甲方应自乙方提交总纲和人物小传之日起______日内向乙方支付人民币

________元;

(4) 甲方应自乙方提交剧本初稿之日起______日内向乙方支付人民币________元;

(5) 甲方应自审核确定剧本定稿,且达到第三条约定的制作要求和标准之日起______日内向乙方支付人民币________元;

(6) 其他:________。(注:可根据约定的其他工作内容和工作期限对酬金支付予以调整、确定。)

(注:如为电视剧还可增加与分集剧本提交阶段对应的付款条款。)

2.3 如经甲方要求或创作需要,乙方实际向甲方提交并经甲方确认的剧本集数超过第四条约定的标准的,对多提交的部分甲方每集应向乙方支付人民币________元。

2.4 其他:后期开发收入的版税提成:

2.4.1 甲方将电影(电视剧)制作VCD、DVD等产品所获得的发行收入,甲方应按总码洋的________%向乙方支付版税。

2.4.2 甲方将电影(电视剧)制作VCD、DVD等产品的权利许可给第三人的,应按许可合同金额的________%向乙方支付版税。

2.4.3 若甲方许可电视播出机构将影片通过电视(有线、无限、卫星)播映,则甲方每一次所得收入,应当按该许可合同金额的________%向乙方支付版税。

2.5 关于税费

2.5.1 前述酬金及分红均为税前(税后)。

2.5.2 甲方应代乙方向税务部门缴纳相关税款,并向乙方提供缴税发票。

第三条 基本要求和标准

3.1 剧本创作要求和标准为:

题材类型为:

拟被改编的作品为:

角色情况:

文学剧本字数:________(以电脑统计不计空格的字数为准)

其他:

3.2 电影(电视剧)制作要求和标准为:

电影片长________(电视剧为________集,每集片长________);

3.3 双方对剧本是否达到拍摄要求发生争议的,可以委托双方共同接受的专家进行鉴定。如果剧本经国家有关部门审查通过,即认定为达到标准。

第四条　著作权及相关权利

4.1　文学剧本著作权的归属按下列第________种方式确定：

（1）文学剧本的著作权由乙方享有，但甲方享有依据文学剧本拍摄本合同所约定的电影（电视剧）的摄制权，以及为本剧宣传需要对外公布文学剧本相关内容的权利，且甲方行使此权利无须另行支付酬金。

（2）文学剧本著作权中的署名权由乙方享有，其他权利由甲方享有。

（3）其他：____。

（注：如果约定除署名权外的其他著作权由甲方享有，则甲方即享有了该剧本出版发行、改编以及以其他形式使用的权利，且无须再向乙方支付费用，乙方应根据授权的范围和种类对酬金的确定进行考量。）

4.2　前述第4.1款约定的文学剧本包括乙方定稿剧本以及其未完成全部创作但已向甲方提交完成的部分。

4.3　如果甲乙双方选择按照第4.1款第（1）项的方式确定剧本著作权归属，甲方需要以本合同约定之外的方式使用剧本的，应征得乙方同意并另行签署书面合同。

如果甲乙双方选择按照第4.1款第（2）项的方式确定剧本著作权归属，则甲方享有的相关著作权还包括但不限于电影（电视剧）的发行权、放映权、广播权、展览权、改编权、汇编权及信息网络传播权等，以及剧中人物造型、剧照、台词及相关文字材料的相应权利。

4.4　根据第4.1款所确定的著作权归属方式，甲方所取得的摄制权的范围仅限于：电影/电视剧，甲方依法享有摄制完成的电影（电视剧）的著作权。

4.5　乙方履行了本合同约定的全部义务后，依法享有在电影（电视剧）及相关衍生产品中的署名权。

4.6　若甲方另行委托第三人对剧本进行修改，不得因此影响乙方的署名权和其他合法权益。但因乙方存在违约或过错情形，甲方解除本合同的，甲方有权另行聘请他人在乙方创作的基础上继续完成剧本创作工作，在此情况下，乙方不再享有其已提交部分文学剧本的著作权。

4.7　甲方若对本合同项下的电视剧进行翻拍，须另行获得乙方的许可。

4.8　为宣传、推广电影（电视剧）的需要，甲方有权无偿使用或许可播放者、发行者使用乙方的姓名和肖像，并及于相关衍生产品或服务。

4.9　甲方摄制完成的电影（电视剧）获得国家级奖项（含国际奖项）的，甲方承诺在获奖之日起______日内给予乙方奖金人民币________元。

4.10　甲方摄制完成的电影（电视剧）获得与乙方有关的相关单项奖的，乙方有权单独享有相应的荣誉(称号)及奖金。

4.11　自乙方按照本合同第一条的约定向甲方交付剧本之日起______日内,甲方未依据该剧本拍摄电影(电视剧)的,则甲方根据第4.1款和第4.4款所享有的摄制权、著作权宣告终止,上述权利将由乙方享有。

第五条　保证与承诺(通用条款)

5.1　双方保证:如果一方在本合同中所做出的陈述存在任何虚假或不真实,或如果违反其在本合同中所做出的保证,并给另一方造成损失的,该一方应向受损失方承担违约责任,视情节之严重程度,相对方享有要求解约、索赔以及要求承担定金、违约金等违约责任的权利。

5.2　甲方保证和承诺

5.2.1　甲方保证:甲方系经依法注册并合法存续的电影制片单位。

5.2.2　甲方保证:已(将)取得《摄制电影许可证》。

5.2.3　甲方保证:于______年______月______日前取得《摄制电影许可证(单片)》。

[如为电视剧该条为:

5.2.1　甲方保证:甲方系经依法注册并合法存续的电视剧制作单位。

5.2.2　甲方保证:已取得《电视剧制作许可证(甲种)》并在有效期内。

5.2.3　甲方保证:于______年______月______日前取得《电视剧制作许可证(乙种)》(如已取得甲种证,则无须另行申请乙种证)。]

5.2.4　甲方承诺:已取得拟被改编作品的著作权人的同意及明确授权,该作品的许可使用费由甲方支付。

5.2.5　甲方承诺:若拟被改编的作品系翻译作品,甲方已取得翻译作者的授权使用许可,而且还根据我国法律和我国参加的国际条约的规定取得原作品著作权人的授权,由此产生的许可使用费由甲方支付。

5.2.6　甲方承诺:若因改编而引起与原作品(含翻译作品)著作权人之间的纠纷,由甲方负责解决,与乙方无关,甲方应赔偿乙方因此而遭受的全部经济损失。

5.2.7　甲方承诺:甲方如要求乙方将他人的纪实文学作品改编成剧本的,或者甲方要求乙方创作涉及某个历史人物或现实中的某个人等内容的剧本的,甲方将事先征求该当事人或其近亲属的意见,并取得同意据此创作剧本的授权。否则,由此引起的人格权纠纷或其他纠纷由甲方承担全部后果,甲方应赔偿乙方因此而遭受的全部经济损失。

5.3　乙方保证和承诺

5.3.1　乙方保证:有权自行签署本合同并有能力履行本合同下的所有义务。

5.3.2　乙方承诺:在本合同约定的工作期间,乙方应专职为甲方工作,未经甲方同意,乙方不得受聘于甲方以外的任何第三方。

5.3.3　乙方承诺:乙方为摄制电影(电视剧)而进行的筹备、构思或提供的所有素材、创意等皆系自己原创,不会对任何第三方的合法权益造成侵犯。

5.3.4　乙方承诺:乙方原创的文学剧本不存在侵犯任何第三方的著作权以及其他合法权益,否则,由此引起的纠纷由乙方承担全部责任,并赔偿甲方因此遭受的全部经济损失。

第六条　甲方的权利义务

6.1　甲方享有文学剧本的最终修改权,如对剧本持有异议,甲方有权要求乙方按照甲方的意见进行修改。

6.2　甲方有权决定是否使用乙方提交的剧本拍摄电影(电视剧),但乙方按照本合同第一条和第三条约定的要求和标准履行合同义务的,甲方应按照合同约定支付相应酬金。

6.3　如果甲方要求乙方到指定地点工作,甲方应承担乙方的住宿、饮食及往返交通费用。费用标准详见附件2。

6.4　为宣传、推广电影(电视剧)的需要,甲方有权要求乙方参加电影(电视剧)的开机仪式、首映式以及其他宣传活动,无须就此向乙方支付酬金;如果该类活动发生在本合同约定的乙方工作期限之后,乙方仍应积极参与和配合。

6.5　甲方要求乙方参加的宣传活动最多不超过________次;否则,每超过一次应向乙方支付税前(税后)人民币________元,乙方亦有权拒绝甲方的要求。

6.6　甲方要求乙方参加宣传活动,应承担乙方的住宿、饮食及往返交通费用。费用标准详见附件2。

6.7　甲方未按照第6.3款和第6.6款规定的标准向乙方履行合同义务的,乙方有权按照该款规定的标准自行安排并先行垫付,甲方根据实际发生的费用票据予以报销。

6.8　如因甲方原因,未能根据乙方的文学剧本摄制电影(电视剧),甲方仍应按照本合同第二条的规定向乙方支付酬金。

第七条　乙方的权利义务

7.1　在本合同约定的工作期间,乙方应专职为甲方工作,未经甲方同意,乙方不得与甲方以外的任何第三方签署类似工作性质的合同。

7.2　乙方在工作期间内应接受甲方合理指导和建议,及时、勤勉、经济、高效地完成本合同约定的工作。

7.3　乙方应当保持和甲方的沟通、联系,但甲方不得干预乙方的正当权限或违反行业惯例。

7.4 乙方应严格履行本合同第四条规定的剧本要求和标准,未经甲方同意,乙方不得擅自更改。

7.5 乙方创作的剧本不得包含我国法律、法规或行政规章所禁止或限制的内容。但是,若因甲方在拍摄时自行修改或增补的故事情节或其他内容而导致与上述规定相冲突的,相关法律和经济责任由甲方承担。

第八条 违约责任

8.1 甲方未履行或未按约定履行合同义务,应按如下情形分别承担相应的违约责任:

(1) 甲方未按约定向乙方支付酬金,每逾期 1 日应向乙方支付未付酬金的________%作为违约金;

(2) 如果乙方不存在违约或过错情形,甲方解除合同的,应向乙方支付尚未支付的酬金;

(3) 乙方依据第 12.4 款的规定解除本合同的,甲方应向乙方支付尚未支付的酬金;

(4) 甲方违反本合同的规定,致使在电视剧或衍生产品中给乙方的署名不符合约定的要求,或者乙方的署名被遗漏、替换,或者未经乙方同意将第三人作为共同作者加以署名的,甲方一旦发现应主动予以更正,或者在收到乙方的异议通知后立即将已发行的拷贝予以收回并加以更正后发还,或者重新制作新的拷贝将旧的调换下来。已经播出或公映的,甲方负责消除影响、公开赔礼道歉并赔偿乙方因此受到的损失。

8.2 乙方未履行或未按约定履行合同义务,应按如下情形分别承担相应的违约责任:

(1) 乙方因自身原因未能按照本合同第二条的规定完成工作的,每逾期一日应向甲方支付违约金人民币________元,甲方根据第 10.3 款第(1)项的规定解除合同的,乙方应向甲方支付违约金人民币________元;

(2) 如果甲方不存在违约或过错情形,乙方提前解除合同的,应向甲方支付违约金人民币________元(注:或约定为"退还已支付的酬金并赔偿甲方因此而遭受的全部经济损失");

(3) 甲方根据第 10.3 款第(1)、(2)、(3)项的规定解除本合同的,乙方应向甲方支付违约金人民币________元(注:或约定为"退还已支付的酬金并赔偿甲方因此而遭受的全部经济损失")。

第九条　合同的变更(通用条款)

对于本合同的修改、补充或其他变更,须由双方协商一致,以书面的形式作出。经修改、补充及变更的条款及内容为本合同不可分割的组成部分,与本合同具有同等法律效力。

第十条　合同的解除

10.1　本合同一经签订,除法定和约定事由外,未经双方协商一致,任何一方不得单方解除。

10.2　任何一方违反本合同载明的保证和承诺、恶意或故意怠于履行本合同的义务致使合同履行困难且无法通过本合同明确约定的违约责任承担方式解决的,经守约方书面催告后仍怠于履行本合同的义务的,均视为根本违约,守约方有权解除本协议。违约方应当按照法律规定承担缔约过失责任、违约责任和损害赔偿责任。

10.3　发生下列情形之一,甲方有权解除本合同:

(1) 乙方因自身原因未能按照本合同第二条的规定完成工作的,经甲方催告后______日内仍未能完成工作并向甲方提交的;

(2) 乙方提交的剧本根据本合同第三条的规定,经专家鉴定被认定为未达到约定的标准,经三次修改仍无法达到拍摄要求的,甲方有权解除本合同;

(3) 乙方违反其在本合同第五条中所作的保证和承诺,或其保证和承诺存在虚假或不真实;

(4) 乙方部分或完全丧失民事行为能力致使其不能继续履行本合同;

甲方根据本项规定解除本合同的,乙方无须返还甲方已支付的酬金,亦无须赔偿甲方因此遭受的经济损失,甲方无须继续支付酬金,并有权使用乙方已提交的文学剧本;

(5) 乙方在合同约定的工作期间被依法追究刑事责任的。

10.4　发生下列情形之一,乙方有权解除本合同:

(1) 甲方拖欠乙方酬金累计达到乙方全部应得酬金的________%;

(2) 甲方延期支付乙方酬金累计或连续超过________天;

(3) 甲方违反其在本合同第五条所作的保证和承诺,或其保证和承诺存在虚假或不真实;

(4) 甲方破产、解散或被依法吊销企业法人营业执照。

10.5　一方要求解除合同的,应向另一方发出书面的解约通知,本合同自解约通知送达另一方当日解除。

第十一条　保密

11.1　双方互相承诺对其本人以及公司、雇员、代理人或顾问等因为签订本合同而收到或获取的所有资料、信息(以下简称“保密信息”),包括与本合同条款相关、与谈判有关的、与剧情以及摄制有关的、与另一方的商业或事件有关的等与电影(电视剧)有关的一切资料和信息,严格加以保密;除了本合同第11.3款的规定外,将不得在电影(电视剧)公映前利用或披露或泄露给任何人任何上述保密信息。

11.2　乙方应妥善保管甲方交予的与电影(电视剧)相关的全部资料、文件,并于完成本合同约定工作或解除本合同后返还甲方。保密信息一旦泄露,泄露方应及时通知。

11.3　若其中一方因法律、法规、主管部门或相关监管机构的要求或规定而需要披露任何保密资料,该一方将在法律许可的情况下,尽快把这种要求或规定通知对方,以使对方可寻求适当补救方法防止披露或豁免该一方遵守本协议的条款。若未能取得适当的补救或本协议项下的豁免,而必须披露保密资料,该一方可以将保密资料中必须披露的部分予以披露。

11.4　一方违反本合同第十一条约定的保密义务给另一方造成损失的,应赔偿给另一方造成的全部经济损失。

第十二条　不可抗力(通用条款)

12.1　本合同所称不可抗力,是指任何一方在签署本合同时不可预见、不能克服且无法避免的,并阻碍该方全部或部分履行本合同义务的情形,包括地震、天灾、叛乱、暴动、内乱、战争、任何政府政策、法律法规的调整以及政府行为等其他事由或因素。

12.2　发生不可抗力事件,导致受影响的一方因此无法履行任何本合同项下义务的,则在不可抗力事件持续期间,因此受阻履行的义务应予中止,履行期限应自动延长,且受阻履行义务的一方免除相应违约责任。

12.3　声称受到不可抗力事件影响的一方应尽可能在最短的时间内通过书面形式将不可抗力事件的发生通知另一方,并在该不可抗力事件发生后10日内向另一方提供关于此种不可抗力事件及其持续时间的适当证据及合同不能履行或者需要延期履行的书面资料。声称不可抗力事件导致其对本合同的履行在客观上成为不可能或不实际的一方,有责任尽一切合理的努力消除或减轻此等不可抗力事件的影响。

12.4　不可抗力事件发生时,双方应立即通过友好协商决定如何执行本合同,还应当尽一切合理努力,将该不可抗力事件的后果减到最低限度。不可抗力事件或其影响终止或消除后,双方须立即恢复履行各自在本合同项下的各项义务。如不可抗力及其影响无法终止或消除而致使合同任何一方丧失继续履行合同的能力，则双方可协商解除合同或暂时延迟合同的履行，且遭遇不可抗力一方无须为此承担责任。当事人迟延履行后发生不可抗力的，不能免除责任。

12.5 如果不可抗力事件持续期间超过______日并且各方未能就公正的解决办法达成一致，任何一方可按照本协议第10.5款的规定解除本合同。

第十三条 通知与送达（通用条款）

13.1 甲乙双方因履行本意向合同而相互发出或者提供的所有通知、文件、资料等，均应按照本合同首部所列明的通讯地址、传真、电子邮件以邮寄或传真或电子邮件方式送达；一方如果迁址或者变更电话、电子邮件应当书面通知对方，否则发至本合同首部所列明的通讯地址或者传真、电子邮件系统的通知、文件、资料均视为有效送达。

13.2 以邮寄方式送达的，另一方签收之日视为送达；签收之日不明确的，以信件寄出或者投邮之日后第三日视为送达。通过传真、电子邮件方式送达的，通知、文件、资料等数据电文进入另一方系统之时视为送达；通知、文件、资料等数据电文进入另一方系统之时不明确的，以传真、电子邮件发出后的第二日视为送达。

13.3 任何一方的通讯地址、或通讯号码或联系人如果发生变化，应当在该变更发生后的三日之内通知对方，否则对方对于其原通讯方式的通知视为有效通知。

第十四条 争议解决与适用法律（通用条款）

14.1 本协议的订立、效力、解释、履行和争议的解决均适用中华人民共和国的法律。

14.2 凡因本合同引起的或与本合同有关的任何争议，由双方协商解决；协商不成的，按下列第□1/□2种方式（二选一）解决：

14.2.1 任何一方均有权将争议提交设在________________（地点）的________________仲裁委员会，按照申请仲裁时该会现行有效的仲裁规则进行仲裁。仲裁裁决是终局的，对双方均有约束力。

14.2.2 任何一方均有权向________________人民法院起诉。

第十五条 合同权利和义务的转让

除合同中另有规定或经双方协商同意外，本合同所规定双方的任何权利和义务，任何一方在未征得另一方书面同意之前，不得转让给第三者。任何转让，未经另一方书面明确同意，均属无效。

第十六条 合同的解释

16.1 本合同文本由□甲方□乙方提供，其已采取合理的方式提请对方注意免除或者限制其责任的条款并予以说明；甲乙双方对本合同各条款的内容均充分理解并经协商达成一致同意。

16.2 本合同的理解与解释应依据合同目的和文本原意进行,本合同的标题仅是为了阅读方便而设,不应影响本合同的解释。

第十七条 合同效力和签署

17.1 本合同对每一方的继承人和受让人均有约束力。

17.2 本合同的任何一方未能及时行使本合同项下的权利不应被视为放弃该权利,也不影响该方在将来行使该权利。

17.3 如果本合同中的任何条款无论因何种原因完全或部分无效或不具有执行力,或违反任何适用的法律,则该条款被视为删除。但本合同的其余条款仍应有效并且有约束力。

17.4 本合同一式两份,双方各执一份,具有同等法律效力。

17.5 本合同经双方签字、盖章,以最后签字、盖章日期为本合同生效日期。本合同未尽事宜,需修订或变更时由双方签署补充合同,补充合同与本合同具有同等法律效力。

17.6 本合同之任何修改除非经双方以书面形式签署确认,否则均属无效。

第十八条 合同附件

18.1 本合同未尽事宜,依照有关法律、法规执行,法律、法规未作规定的,甲乙双方可以达成书面补充合同。本合同的附件和补充合同均为本合同不可分割的组成部分,与本合同具有同等的法律效力。

18.2 本合同及本合同的附件和补充合同内空格部分填写的文字与印刷文字具有同等法律效力。

18.3 本合同附件如下:

(1) 甲方相关证件;

(2) 费用标准;

(3) 乙方身份证件复印件;

(4) 其他:____。

甲方:　　　　　　　　　　乙方:

(盖章)　　　　　　　　　　(盖章)

授权代表签字:　　　　　　授权代表签字:

签字日期:　　　　　　　　签字日期:

合同签订地点:

聘请电影(电视剧)导演合同

(与导演本人签订)

合同适用范围

导演的工作一般包括物色和确定演员,并根据总体构思,对摄影、演员、美术设计、录音、作曲等创作部门提出要求,组织主要创作人员研究有关资料,分析剧本,集中和统一创作意图,确定影片总的创作计划。导演还要按照制片部门安排的摄制计划,领导现场拍摄和各项后期工作,直到影片全部摄制完成为止。

本合同为影视作品的制片单位(即本合同的聘请单位)与导演本人签署。

特别风险提示(示范合同重点为第一条、第二条、第三条、第六条和第七条)

1. 建议合同各方注意防范如下风险:

(1) 影视作品的拍摄除聘请导演外,还可能聘请一名以上的副导演。建议在合同中明确职务名称、具体的工作内容和职权范围。

(2) 建议尽可能详细明确受聘方的工作内容,包括工作时间、具体负责事项、工作条件、完成约定工作的要求和标准等。

(3) 建议对于酬金的金额、计算和支付方式予以明确约定,包括是否给予分红或奖励,如为电视剧合同,关于酬金的支付也可以按集数标准确定。

(4) 由于导演是影响影视作品拍摄、制作的最重要的人员之一,细化约定双方在合同解除、违约等方面可能出现的情形及相关责任,以有效保证影视作品的顺利完成及守约方的合法权益。

2. 建议聘请单位注意防范如下风险:

(1) 影视作品的拍摄需要各种专业人员的配合,除应高度重视人员之间的协调、沟通外,还建议制定明确的分工职责要求及各类规章制度,以作为各类人员日常遵守的规则,以及解决剧组内部人事纠纷、矛盾的依据。

(2) 由于影视作品没有法定或约定俗成的质量标准,为了确保制片单位经济利益的实现,聘请单位除在合同签订前应与受聘方充分沟通、了解外,还应尽可能将与受聘方达成一致的拟拍摄影视作品的风格、标准及其他要求约定在合同中。

3. 建议受聘方注意防范如下风险:

(1) 签订合同前注意审查聘请单位的资质情况,包括制片单位的相关资格、许可证以及拟拍摄影视作品是否取得许可的情况,以保证工作的有效付出。

(2) 建议约定定金条款,以防止出现在受聘方根据聘请单位要求安排了工作档期,聘请单位却在拍摄工作开始前单方解除合同,给受聘方造成经济损失的情况。

(3) 受聘方在拍摄期间对待遇有特殊要求的,应在合同中予以明确约定,否则对于约定之外的要求将不能得到有效保证。

* * *

聘请电影(电视剧)导演合同(范本)

合同编号:

甲方(聘请单位):
住所地:
通信地址:
邮政编码:
法定代表人(如甲方为法人单位):
签约代表人(如甲方为法人单位):
合同联系人:
证件名称及号码(如甲方为自然人):
联系电话:
传真:
电子信箱:

乙方(受聘方):
住所地:
通信地址:
邮政编码:
联系电话:
传真:
电子信箱:

鉴于:

1. 甲方是依法成立并取得合法从事电影(电视剧)制作资格的法人机构。

2. 甲方取得的资格和相关许可证包括:

(1) 取得《摄制电影许可证》;

(2) 取得计划摄制电影《________________》(以下简称“电影”)的《摄制电影许可证(单片)》;

(3) 取得《电视剧制作许可证(甲种)》;

(4) 取得《广播电视节目制作经营许可证》;

(5) 取得计划摄制电视剧《________________》的(以下简称“电视剧”)《电视剧制作许可证(乙种)》;

(6) 其他:____。

以上相关许可证详见附件1。

3. 乙方具有导演电影(电视剧)的相关资质和经验。

4. 甲方决定聘请乙方担任电影(电视剧)《________________》(暂定名)的导演,乙方同意接受甲方的聘请。

甲乙双方根据《中华人民共和国合同法》、《电影管理条例》、《广播电视管理条例》等法律、法规的规定以及平等自愿、诚实信用、等价有偿的原则,经友好协商,特达成本合同,以兹共同遵守。

第一条　工作期限、工作内容和工作地点

1.1　乙方工作开始的时间按下列第________种方式确定:

(1) 乙方应于______年______月______日前到达甲方指定的地点,并向甲方履行报到手续。

(2) 甲方第一次向乙方发出工作任务指示之日。

(3) 其他:____。

1.2　乙方工作结束的时间按下列第________种方式确定:

(1) 电影片(电视片)拍摄完成,经过相关审查机构审查合格,并取得《电影片公映许可证》(《电视剧发行许可证》)后,乙方的全部工作结束。

(2) 其他:____。

1.3　乙方的工作分为拍摄筹备期、拍摄期和后期制作三个阶段,具体包括:

1.3.1　拍摄筹备期:

(1) 参与确定电影片(电视片)文学剧本的选用、定稿;

(2) 参与选择、确定拍摄场地;

(3) 参与选择、确定演员,并经甲方或制片人认可;

(4) 与演员及参与摄制各部门商讨并确定具体拍摄计划和要求。

1.3.2　拍摄期:制作导演工作脚本、按照剧本、摄制计划和工作进度安排进行拍摄,摄制计划和工作进度安排详见附件2。

1.3.3　后期制作期:

(1) 组织进行电影片(电视片)的全部后期制作;

(2) 组织确定全剧的音乐及录音工作;

(3) 组织完成电影标准拷贝(电视剧母带);

(4) 组织制作宣传片、拍摄花絮等。

1.3.4　根据甲方要求参加甲方组织召开的与电影片(电视片)摄制工作有关的工作会议。

1.3.5　协助电影片(电视片)的送审工作,做好审查工程中的修改工作,保证审查通过(政治因素除外)。

1.3.6　行业惯例中通常由导演完成的其他工作。

1.3.7　甲方交办的其他事项。

1.4　乙方的工作地点包括但不限于:

(1) ____;

(2) ____;

(3) 以及甲方要求或指定的其他地点。

1.5　乙方在本合同工作期间每天的平均工作时间不超过 12 小时,每周超过平均工作时间不超过________次,超过前述约定的工作时间,甲方应向乙方支付每小时人民币________元的加班费。(关于工作时间也可约定为:本合同工作期间实行不定时工作制。)

第二条　酬金、支付方式及其他费用、待遇(相对通用条款)

2.1　甲方按下列第________种方式向乙方支付酬金:

(1) 固定酬金方式,甲方向乙方支付酬金人民币________元。

(注:如为电视剧可以按集数确定酬金,本条可以约定为:

甲方按每集人民币________元整的标准向乙方支付酬金,集数暂定为________集,共计人民币________元。最终酬金按《电视剧发行许可证》标注的集数计算实际酬金。)

(2) 固定酬金加分红方式,其中:

甲方向乙方支付的固定酬金为人民币________元;甲乙双方履行本合同全部义务后电影片(电视片)完成拍摄并发行的,甲方除向乙方支付固定酬金外,还应向乙方支付分红款,支付标准为电影片(电视片)获得的纯利润的________%。纯利润是指:____。

2.2　支付方式

2.2.1　固定酬金按照以下方式分________期支付:

(1) 甲方应自本合同签署之日起______日内向乙方支付定金人民币________

元。本合同得以实际履行之日即乙方按照本合同第 1.1 款的约定开始工作之日，此定金自动转为甲方向乙方支付的酬金。

若因甲方原因导致本合同未能实际履行，则甲方无权要求乙方返还定金；若因乙方原因导致本合同未能实际履行，则乙方应向甲方双倍返还定金。

(2) 甲方应自乙方按照本合同第 1.1 款的约定开始工作之日起______日内向乙方支付人民币________元。

(3) 甲方应自电影片（电视片）开机之日起______日内向乙方支付人民币________元。

(4) 甲方应自电影片（电视片）完成摄制计划的一半工作内容之日起______日内向乙方支付人民币________元。

(5) 甲方应自电影片（电视片）停机之日起______日内向乙方支付人民币________元。

(6) 甲方应自电影片（电视片）完成后期制作之日起______日内向乙方支付人民币________元。

(7) 甲方应自乙方按照本合同第 1.2 款的约定结束工作之日起______日内向乙方支付人民币________元。

(8) 固定酬金包括平日和节假日期间的加班费用。（该条可根据计划工作时间选择适用）

2.2.2 分红的支付：甲方应自完成电影片（电视片）的财务决算（包括收入及纯利润）之日起______日内向乙方支付。

2.3 如非因乙方原因电影片（电视片）拍摄延期或甲方要求增加集数或天数的，则甲方应按照增加拍摄每集/每天人民币________元向乙方支付报酬。

2.4 甲乙双方约定的其他方式：

2.5 关于税费：

2.5.1 前述酬金及分红均为税前（税后）。

2.5.2 甲方应代乙方向税务部门缴纳相关税款，并向乙方提供缴税发票。

2.6 其他费用和待遇

2.6.1 从乙方工作开始之日起至工作结束之日止，甲方应负责安排乙方在工作地点的住宿、饮食和交通，费用由甲方承担。

2.6.2 甲方应承担乙方往返国内各工作地点的交通费用；若乙方因本合同约定工作之外的原因往返工作地点的交通费用甲方不予承担。

2.6.3 若甲方要求乙方到国外的拍摄场地工作，甲方应负责办理相关证件和手续，并承担一切相关费用。

2.6.4 甲方应在其工作场所为乙方配备一间办公室,为乙方专属使用。

2.6.5 甲方应于______年______月______日前为乙方指派或聘请________名经乙方认可的秘书或助理,费用由甲方承担。

2.6.6 甲方应为乙方办理合同生效期间的商业保险,具体包括:

(1) 意外伤害保险;

(2) 意外伤害医疗保险;

(3) 其他:

在履行本合同项下约定工作期间,如因甲方原因造成乙方人身意外伤害,根据保险合同的有关规定进行赔偿后仍不足以补偿乙方的实际损失的,由甲方予以赔偿;如因乙方违反规章制度造成乙方人身意外伤害的,相关责任和损失、费用由乙方自行承担。

2.6.7 甲方应承担的乙方相关费用标准详见附件3。

2.6.8 甲方未按照本款规定的标准向乙方履行合同义务的,乙方有权按照该款规定的标准自行安排并先行垫付,甲方根据实际发生的费用票据予以报销。

第三条 电影片(电视片)的制作要求和标准

3.1 本剧用高清(数字)设备拍摄制作;

3.2 片长:

电影片片长________分钟(电视片为________集,________分钟/集);

3.3 成品标准:

胶片(母带)标准:

字幕标准:

第四条 著作权及相关权利(相对通用条款)

4.1 甲方依法享有电影片(电视片)的著作权,包括但不限于电影片(电视片)的发行权、放映权、广播权、展览权、改编权、汇编权及信息网络传播权等,以及剧中人物造型、剧照、台词及相关文字材料的相应权利。

4.2 乙方履行了本合同约定的全部义务后,依法享有在电影片(电视片)及相关衍生产品中的署名权。

4.3 为宣传、推广电影片(电视片)的需要,甲方有权无偿使用或许可播放者、发行者使用乙方的姓名和肖像,并及于相关衍生产品或服务。

4.4 甲方摄制完成的电影片(电视片)获得国家级奖项(含国际奖项)的,甲方承诺在获奖之日起______日内给予乙方奖金人民币________元。

4.5 甲方摄制完成的电影片(电视片)获得与乙方有关的相关单项奖的,乙方有权单独享有相应的荣誉(称号)及奖金。

第五条 保证与承诺(通用条款)

5.1 双方保证:如果一方在本合同中所作出的陈述存在任何虚假或不真实,或如果违反其在本合同中所作出的保证,并给另一方造成损失的,该一方应向受损失方承担违约责任,视情节之严重程度,相对方享有要求解约、索赔以及要求承担定金、违约金等违约责任的权利。

5.2 甲方保证和承诺

5.2.1 甲方保证:甲方系经依法注册并合法存续的电影制片单位。

5.2.2 甲方保证:已(将)取得《摄制电影许可证》。

5.2.3 甲方保证:于______年______月______日前取得《摄制电影许可证(单片)》。

[如为电视剧该条为:

5.2.1 甲方保证:系经依法注册并合法存续的电视剧制作单位。

5.2.2 甲方保证:已取得《电视剧制作许可证(甲种)》并在有效期内。

5.2.3 甲方保证:于______年______月______日前取得《电视剧制作许可证(乙种)》(如已取得甲种证,则无须另行申请乙种证)。]

5.3 乙方保证和承诺

5.3.1 乙方保证:有权自行签署本合同并有能力履行本合同下的所有义务。

5.3.2 乙方承诺:在本合同约定的工作期间,乙方应专职为甲方工作,未经甲方同意,乙方不得受聘于甲方以外的任何第三方。

5.3.3 乙方承诺:乙方为摄制电影(电视剧)而进行的筹备、构思或提供的所有素材、创意等皆系自己原创,不会对任何第三方的合法权益造成侵犯。

5.3.4 乙方承诺:遵守甲方制定并公告的一切规章制度(见附件4)。

第六条 甲方的权利义务

6.1 甲方应于______年______月______日前向乙方提供初步摄制计划和摄制预算(包括甲方的投资及付款计划),并经与乙方协商确定后作为本合同附件2。

6.2 甲方应于______年______月______日前向乙方提供电影片(电视片)的文学剧本及与拍摄相关的其他资料。乙方可以对剧本提出修改意见,经甲方同意及协调,可要求剧本原作者或另行聘请编剧进行修改。

6.3 甲方不得擅自变更摄制计划或摄制预算;甲方不得擅自对人物、情节等进行实质性更改。

6.4 为宣传、推广电影片(电视片)的需要,甲方有权要求乙方参加电影片(电视片)的开机仪式、首映式以及其他宣传活动,无须就此向乙方支付酬金;如果该类活动发生在本合同约定的乙方工作期限之后,乙方仍应积极参与和配合。

6.5 甲方要求乙方参加的宣传活动最多不超过________次;否则,每超过一次应向乙方支付税前(税后)人民币________元,乙方亦有权拒绝甲方的要求。

6.6 甲方要求乙方参加宣传活动,应承担乙方的住宿、饮食及往返交通费用。费用标准及承担方式同第3.6款的规定。

第七条 乙方的权利义务

7.1 乙方在工作期间内应接受甲方的管理,遵守甲方的各项规章制度,及时、勤勉、经济、高效地进行电影片(电视片)的摄制工作。

7.2 乙方应当保持和甲方的沟通、联系,但甲方不得干预乙方的正当权限或违反行业惯例。

7.3 乙方在拍摄期间,如遇到个人特殊情况确需请假,必须经过甲方同意并签字批准后方可离开,所需费用均由乙方自理。未经同意擅自离岗或逾期返组而影响剧组的拍摄工作,将视作是乙方违约行为,所产生的一切后果均由乙方自行承担。

7.4 乙方在受聘拍摄期间应向甲方提供离组期间的所有联系方式,保证配合拍摄工作中的人员调动,完全服从甲方的管理规定和拍摄进度安排。

7.5 乙方应严格履行合同附件2约定的摄制计划、预算,未经甲方同意,乙方不得擅自更改。

7.6 乙方应按照剧本进行拍摄和制作,未经甲方同意,乙方不得擅自对人物、情节等进行实质性更改。

7.7 乙方可以为本剧争取各种形式(实物或场地提供、资金等)的赞助,该赞助应报经甲方同意并统一管理使用。

7.7.1 争取赞助所需签订的相关合同应由甲方签署或甲乙双方共同签署。

7.7.2 赞助资金或赞助实物等均用于本合同电影片(电视片)的拍摄,并以该资金或实物价值(双方协商估价、评估或拍卖价格)由剧组财务人员入账核算。

7.7.3 对于乙方争取的赞助,甲方应向乙方支付赞助资金或相应价值税前(税后)的________%作为奖励费。

第八条 违约责任

8.1 甲方未履行或未按约定履行合同义务,应按如下情形分别承担相应的违约责任:

(1) 因甲方原因导致乙方未能按摄制计划如期完成电影片(电视片)的拍摄,每逾期一日应向乙方支付违约金人民币________元;

(2) 甲方未按约定向乙方支付酬金,每逾期1日应向乙方支付未付酬金的

________%作为违约金；

(3) 如果乙方不存在违约或过错情形，甲方解除合同的，应向乙方支付尚未支付的酬金；

(4) 乙方依据第10.4款的规定解除本合同的，甲方应向乙方支付尚未支付的酬金；

(5) 其他：____。

8.2　乙方未履行或未按约定履行合同义务，应按如下情形分别承担相应的违约责任：

(1) 因乙方原因导致未能按摄制计划如期完成电影片（电视片）的拍摄，每逾期1日应向甲方支付违约金人民币________元；

(2) 因乙方拍摄时擅自更改剧本而导致电影片（电视片）未能通过相关机构的审查，乙方应赔偿甲方因此而遭受的全部经济损失；

(3) 在本合同约定工作期间，乙方为其他第三方工作应征得甲方同意，否则应向甲方支付违约金人民币________元；

(4) 如果甲方不存在违约或过错情形，乙方提前解除合同的，应向甲方支付违约金人民币________元（或约定为"退还已支付的酬金并赔偿甲方因此而遭受的全部经济损失"）；

(5) 甲方根据第10.3款第(1)、(2)、(5)项的规定解除本合同的，乙方应向甲方支付违约金人民币________元；

(6) 甲方根据第10.3款第(3)、(4)项的规定解除本合同的，甲方不再向乙方支付尚未发生的酬金；

(7) 其他：____。

第九条　合同的变更（通用条款）

对于本合同的修改、补充或其他变更，须由双方协商一致，以书面的形式作出。经修改、补充及变更的条款及内容为本合同不可分割的组成部分，与本合同具有同等法律效力。

第十条　合同的解除

10.1　本合同一经签订，除法定和约定事由外，未经双方协商一致，任何一方不得单方解除。

10.2　任何一方违反本合同载明的保证和承诺、恶意或故意怠于履行本合同的义务致使合同履行困难且无法通过本合同明确约定的违约责任承担方式解决的，经守约方书面催告后仍怠于履行本合同的义务的，均视为根本违约，守约方有权解除本协议。违约方应当按照法律规定承担缔约过失责任、违约责任和损害赔偿责任。

10.3 发生下列情形之一,甲方有权解除本合同:

(1) 乙方因自身原因不能履行本合同规定的义务,累计或连续超过________天;

(2) 乙方违反其在本合同第八条所作的保证和承诺,或其保证和承诺存在虚假或不真实;

(3) 乙方部分或完全丧失民事行为能力致使其不能继续履行本合同;

(4) 乙方未能有效处理剧组主创人员(包括编剧、导演、制片主任、主要演员等)之间的关系,导致造成不可调和的问题或冲突;

(5) 乙方违反规章制度(包括财务制度)达________次以上,严重影响摄制计划的完成;

(6) 乙方严重失职,营私舞弊,给甲方及剧组利益造成重大损失的;

(7) 乙方在合同约定的工作期间被依法追究刑事责任的。

10.4 发生下列情形之一,乙方有权解除本合同:

(1) 非因乙方原因,甲方延迟开机超过______日的;

(2) 甲方拖欠乙方酬金累计达到乙方全部应得酬金的________%;

(3) 甲方延期支付乙方酬金累计或连续超过________天;

(4) 甲方违反其在本合同第八条所作的保证和承诺,或其保证和承诺存在虚假或不真实;

(5) 甲方被依法吊销《摄制电影许可证》或《摄制电影片许可证(单片)》[《电视剧制作许可证(甲种)》或《电视剧制作许可证(乙种)》];

(6) 电影片(电视片)摄制期间,甲方未按约定投资或付款累计超过应投资或付款金额的________%的;

(7) 甲方违反本合同第6.3款的规定的;

(8) 甲方破产、解散或被依法吊销企业法人营业执照。

10.5 一方要求解除合同的,应向另一方发出书面的解约通知,本合同自解约通知送达另一方当日解除(如在摄制期间一方提出解约并当日生效可能严重影响拍摄工作,本条也可以增加约定:但在解除生效之日起______日内双方仍应履行本合同项下约定的各项工作和义务)。

10.6 非因双方过错,出现当事人不能控制的情况,致使拍摄延期,甲乙双方应立即采取补救措施,并协商确定拍摄计划的顺延,甲、乙各方因此均无须承担相关违约责任,前述情况包括但不限于:

(1) 天气原因;

(2) 导演、主要演员等主创人员生病、受到意外伤害或死亡;

(3) 第三方原因。

前述规定的情况致使拍摄迟延或中断超过______日,任何一方可按照本协议第10.5款的规定解除本合同。

第十一条 保密

11.1 双方互相承诺对其本人以及公司、雇员、代理人或顾问等因为签订本合同而收到或获取的所有资料、信息(以下简称“保密信息”),包括与本合同条款相关、与谈判有关的、与剧情以及摄制有关的、与另一方的商业或事件有关的等与电影(电视剧)有关的一切资料和信息,严格加以保密;除了本合同第11.3款的规定外,将不得在电影(电视剧)公映前利用或披露或泄露给任何人任何上述保密信息。

11.2 乙方应妥善保管甲方交予的与电影(电视剧)相关的全部资料、文件,并于完成本合同约定工作或解除本合同后返还甲方。保密信息一旦泄露,泄露方应及时通知。

11.3 若其中一方因法律、法规、主管部门或相关监管机构的要求或规定而需要披露任何保密资料,该一方将在法律许可的情况下,尽快把这种要求或规定通知对方,以使对方可寻求适当补救方法防止披露或豁免该一方遵守本协议的条款。若未能取得适当的补救或本协议项下的豁免,而必须披露保密资料,该一方可以将保密资料中必须披露的部分予以披露。

11.4 一方违反本合同第十一条约定的保密义务给另一方造成损失的,应赔偿给另一方造成的全部经济损失。

第十二条 不可抗力(通用条款)

12.1 本合同所称不可抗力,是指任何一方在签署本合同时不可预见、不能克服且无法避免的,并阻碍该方全部或部分履行本合同义务的情形,包括地震、天灾、叛乱、暴动、内乱、战争、任何政府政策、法律法规的调整以及政府行为等其他事由或因素。

12.2 发生不可抗力事件,导致受影响的一方因此无法履行任何本合同项下义务的,则在不可抗力事件持续期间,因此受阻履行的义务应予中止,履行期限应自动延长,且受阻履行义务的一方免除相应违约责任。

12.3 声称受到不可抗力事件影响的一方应尽可能在最短的时间内通过书面形式将不可抗力事件的发生通知另一方,并在该不可抗力事件发生后10日内向另一方提供关于此种不可抗力事件及其持续时间的适当证据及合同不能履行或者需要延期履行的书面资料。声称不可抗力事件导致其对本合同的履行在客观上成为不可能或不实际的一方,有责任尽一切合理的努力消除或减轻此等不可抗力事件的影响。

12.4 不可抗力事件发生时,双方应立即通过友好协商决定如何执行本合同,还应当尽一切合理努力,将该不可抗力事件的后果减到最低限度。不可抗力事件或其影响终止或消除后,双方须立即恢复履行各自在本合同项下的各项义务。如不可抗力及其影响无法终止或消除而致使合同任何一方丧失继续履行合同的能力,则双方可协商解除合同或暂时延迟合同的履行,且遭遇不可抗力一方无须为此承担责任。当事人迟延履行后发生不可抗力的,不能免除责任。

12.5 如果不可抗力事件持续期间超过______日并且各方未能就公正的解决办法达成一致,任何一方可按照本协议第 10.5 款的规定解除本合同。

第十三条 通知与送达(通用条款)

13.1 甲乙双方因履行本意向合同而相互发出或者提供的所有通知、文件、资料等,均应按照本合同首部所列明的通讯地址、传真、电子邮件以邮寄或传真或电子邮件方式送达;一方如果迁址或者变更电话、电子邮件应当书面通知对方,否则发至本合同首部所列明的通讯地址或者传真、电子邮件系统的通知、文件、资料均视为有效送达。

13.2 以邮寄方式送达的,另一方签收之日视为送达;签收之日不明确的,以信件寄出或者投邮之日后第三日视为送达。通过传真、电子邮件方式送达的,通知、文件、资料等数据电文进入另一方系统之时视为送达;通知、文件、资料等数据电文进入另一方系统之时不明确的,以传真、电子邮件发出后的第二日视为送达。

13.3 任何一方的通讯地址或通讯号码或联系人如果发生变化,应当在该变更发生后的三日之内通知对方,否则对方对于其原通讯方式的通知视为有效通知。

第十四条 争议解决与适用法律(通用条款)

14.1 本协议的订立、效力、解释、履行和争议的解决均适用中华人民共和国的法律。

14.2 凡因本合同引起的或与本合同有关的任何争议,由双方协商解决;协商不成的,按下列第□1/□2 种方式(二选一)解决:

14.2.1 任何一方均有权将争议提交设在________________(地点)的________________仲裁委员会,按照申请仲裁时该会现行有效的仲裁规则进行仲裁。仲裁裁决是终局的,对双方均有约束力。

14.2.2 任何一方均有权向________人民法院起诉。

第十五条 合同权利和义务的转让

除合同中另有规定或经双方协商同意外，本合同所规定双方的任何权利和义务，任何一方在未征得另一方书面同意之前，不得转让给第三者。任何转让，未经另一方书面明确同意，均属无效。

第十六条 合同的解释

16.1 本合同文本由□甲方□乙方提供，其已采取合理的方式提请对方注意免除或者限制其责任的条款并予以说明；甲乙双方对本合同各条款的内容均充分理解并经协商达成一致同意。

16.2 本合同的理解与解释应依据合同目的和文本原意进行，本合同的标题仅是为了阅读方便而设，不应影响本合同的解释。

第十七条 合同效力和签署

17.1 本合同对每一方的继承人和受让人均有约束力。

17.2 本合同的任何一方未能及时行使本合同项下的权利不应被视为放弃该权利，也不影响该方在将来行使该权利。

17.3 如果本合同中的任何条款无论因何种原因完全或部分无效或不具有执行力，或违反任何适用的法律，则该条款被视为删除。但本合同的其余条款仍应有效并且有约束力。

17.4 本合同一式两份，双方各执一份，具有同等法律效力。

17.5 本合同经双方签字、盖章，以最后签字、盖章日期为本合同生效日期。本合同未尽事宜，需修订或变更时由双方签署补充合同，补充合同与本合同具有同等法律效力。

17.6 本合同之任何修改除非经双方以书面形式签署确认，否则均属无效。

第十八条 合同附件

18.1 本合同未尽事宜，依照有关法律、法规执行，法律、法规未作规定的，甲乙双方可以达成书面补充合同。本合同的附件和补充合同均为本合同不可分割的组成部分，与本合同具有同等的法律效力。

18.2 本合同及本合同的附件和补充合同内空格部分填写的文字与印刷文字具有同等法律效力。

18.3 本合同附件如下：

（1）甲方相关证件；

（2）摄制计划、工作进度安排；

（3）费用标准；

（4）剧组规章制度；

(5) 乙方身份证件复印件。

(以下无正文)

甲方:
(盖章)

授权代表签字:
签字日期:
合同签订地点:

乙方:
(盖章)

授权代表签字:
签字日期:

聘请电影（电视剧）导演合同

（与导演所属单位签订）

合同适用范围

导演的工作一般包括物色和确定演员，并根据总体构思，对摄影、演员、美术设计、录音、作曲等创作部门提出要求，组织主要创作人员研究有关资料，分析剧本，集中和统一创作意图，确定影片总的创作计划。导演还要按照制片部门安排的摄制计划，领导现场拍摄和各项后期工作，直到影片全部摄制完成为止。

本合同为影视作品的制片单位（即本合同的聘请单位）与导演所在单位或所属的经纪公司签署。

特别风险提示（示范合同重点为第一条、第二条、第三条、第六条和第七条）

1. 建议合同各方注意防范如下风险：

（1）影视作品的拍摄除聘请导演外，还可能聘请一名以上的副导演。建议在合同中明确职务名称、具体的工作内容和职权范围。

（2）建议尽可能详细明确受聘方的工作内容，包括工作时间、具体负责事项、工作条件、完成约定工作的要求和标准等。

（3）建议对于酬金的金额、计算和支付方式予以明确约定，包括是否给予分红或奖励，如为电视剧合同，关于酬金的支付也可以按集数标准确定。

（4）由于导演是影响影视作品拍摄、制作的最重要的人员之一，细化约定双方在合同解除、违约等方面可能出现的情形及相关责任，以有效保证影视作品的顺利完成及守约方的合法权益。

2. 建议聘请单位注意防范如下风险：

（1）需要明确受聘单位与其指派的导演在本合同中的权利义务，要求受聘单位对其指派导演的行为承担全部法律责任。

（2）影视作品的拍摄需要各种专业人员的配合，除应高度重视人员之间的协调、沟通外，还建议制定明确的分工职责要求及各类规章制度，以作为各类人员日常遵守的规则,以及解决剧组内部人事纠纷、矛盾的依据。

(3)由于影视作品没有法定或约定俗成的质量标准,为了确保制片单位经济利益的实现,聘请单位除在合同签订前应与受聘方充分沟通、了解外,还应尽可能将与受聘方达成一致的拟拍摄影视作品的风格、标准及其他要求约定在合同中。

3. 建议受聘方注意防范如下风险:

(1)签订合同前注意审查聘请单位的资质情况,包括制片单位的相关资格、许可证以及拟拍摄影视作品是否取得许可的情况,以保证工作的有效付出。

(2)建议约定定金条款,以防止出现在受聘方根据聘请单位要求安排了工作档期,聘请单位却在拍摄工作开始前单方解除合同,给受聘方造成经济损失的情况。

(3)受聘方在拍摄期间对待遇有特殊要求的,应在合同中予以明确约定,否则对于约定之外的要求将不能得到有效保证。

* * *

聘请电影(电视剧)导演合同(范本)

合同编号:

甲方(聘请单位):	乙方(受聘单位):
住所地:	住所地:
通信地址:	通信地址:
邮政编码:	邮政编码:
法定代表人(如甲方为法人单位):	法定代表人:
签约代表人(如甲方为法人单位):	签约代表人:
合同联系人:	合同联系人:
证件名称及号码(如甲方为自然人):	联系电话:
联系电话:	传真:
传真:	电子信箱:
电子信箱:	

鉴于：

1. 甲方是依法成立并取得合法从事电影(电视剧)制作资格的法人机构。

2. 甲方取得的资格和相关许可证包括：

(1) 取得《摄制电影许可证》；

(2) 取得计划摄制电影《________________》(以下简称“电影”)的《摄制电影许可证(单片)》；

(3) 取得《电视剧制作许可证(甲种)》；

(4) 取得《广播电视节目制作经营许可证》；

(5) 取得计划摄制电视剧《________________》的(以下简称“电视剧”)《电视剧制作许可证(乙种)》；

(6) 其他：____。

以上相关许可证详见附件1。

3. 乙方为依法成立的法人机构，________为乙方的正式签约导演。

4. ________具有导演电影(电视剧)的相关资质和经验。

5. 甲方决定聘请乙方签约导演________担任电影(电视剧)《______________》(暂定名)的导演，乙方同意指派导演________参与该电影(电视剧)的拍摄。

甲乙双方根据《中华人民共和国合同法》、《电影管理条例》、《广播电视管理条例》等法律、法规的规定以及平等自愿、诚实信用、等价有偿的原则，经友好协商，特达成本合同，以兹共同遵守。

第一条　工作期限、工作内容和工作地点

1.1　乙方指派的导演(以下简称“导演”)工作开始的时间按下列第________种方式确定：

(1) 应于______年______月______日前到达甲方指定的地点，并向甲方履行报到手续。

(2) 甲方第一次向乙方发出工作任务指示之日。

(3) 其他：____。

1.2　导演工作结束的时间按下列第________种方式确定：

(1) 电影片(电视片)拍摄完成，经过相关审查机构审查合格，并取得《电影片公映许可证》(《电视剧发行许可证》)之日。

(2) 其他：____。

1.3　导演的工作分为拍摄筹备期、拍摄期和后期制作三个阶段，具体包括：

(1) 拍摄筹备期：

① 参与确定电影片(电视片)文学剧本的选用、定稿；

② 参与选择、确定拍摄场地;

③ 参与选择、确定演员,并经甲方或制片人认可;

④ 与演员及参与摄制各部门商讨并确定具体拍摄计划和要求;

⑤ 其他:____。

(2) 拍摄期:制作导演工作脚本;按照剧本、摄制计划和工作进度安排进行拍摄,摄制计划和工作进度安排详见附件2。

(3) 后期制作期:

① 组织进行电影片(电视片)的全部后期制作;

② 组织确定全剧的音乐及录音工作;

③ 组织完成电影标准拷贝(电视剧母带);

④ 组织制作宣传片、拍摄花絮等。

(4) 根据甲方要求参加甲方组织召开的与电影片(电视片)摄制工作有关的工作会议。

(5) 协助电影片(电视片)的送审工作,做好审查工程中的修改工作,保证审查通过(政治因素除外)。

(6) 行业惯例中通常由导演完成的其他工作。

(7) 甲方交办的其他事项。

1.4　导演的工作地点包括但不限于:

(1) ____;

(2) ____;

(3) 以及甲方要求或指定的其他地点。

1.5　导演在本合同工作期间每天的平均工作时间不超过12小时,每周超过平均工作时间不超过________次,超过前述约定的工作时间,甲方应支付每小时人民币________元的加班费。(注:关于工作时间也可约定为:本合同工作期间实行不定时工作制,若乙方指派的导演有特殊情况需要请假,需经甲方同意。)

第二条　酬金、支付方式及其他费用、待遇(相对通用条款)

2.1　甲方按下列第________种方式向乙方支付酬金:

(1) 固定酬金方式:甲方向乙方支付酬金人民币________元。

(2) 固定酬金加分红方式,其中:

甲方向乙方支付的固定酬金为人民币________元;甲方、乙方及乙方指派导演履行本合同全部义务后电影片(电视片)完成拍摄并发行的,甲方除向乙方支付固定酬金外,还应向乙方支付分红款,支付标准为电影片(电视片)获得的纯利润的________%。纯利润是指:____。

2.2 支付方式

2.2.1 固定酬金按照以下方式分________期支付：

(1) 甲方应自本合同签署之日起______日内向乙方支付定金人民币________元。若因甲方原因导致本合同未能实际履行,则甲方无权要求乙方返还定金;若因乙方或乙方指派的导演原因导致本合同未能实际履行,则乙方应向甲方双倍返还定金;

(2) 甲方应自乙方指派的导演按照本合同第1.1款的约定开始工作之日起______日内向乙方支付人民币________元;

(3) 甲方应自电影片(电视片)开机之日起______日内向乙方支付人民币________元;

(4) 甲方应自电影片(电视片)完成摄制计划的一半工作内容之日起______日内向乙方支付人民币________元;

(5) 甲方应自电影片(电视片)停机之日起______日内向乙方支付人民币________元;

(6) 甲方应自电影片(电视片)完成后期制作之日起______日内向乙方支付人民币________元;

(7) 甲方应自乙方指派的导演按照本合同第1.2款的约定结束工作之日起______日内向乙方支付人民币________元;

(8) 固定酬金包括平日和节假日期间的加班费用。(注:该条可根据计划工作时间选择适用)

2.2.2 分红的支付:甲方应自完成电影片(电视片)的财务决算(包括收入及纯利润)之日起______日内向乙方支付。

2.3 如非因导演的原因,电影片(电视片)拍摄延期或甲方要求增加集数或天数的,则甲方应按照增加拍摄每集/每天人民币________元向乙方支付报酬。

2.4 甲乙双方约定的其他方式:如甲方向乙方支付一笔费用,甲方向乙方指派的导演按照第2.1款和第2.2款的约定支付报酬。

2.5 关于税费

2.5.1 前述酬金及分红均为税前(税后)。

2.5.2 甲方应代乙方向税务部门缴纳相关税款,并向乙方指派的导演提供缴税发票。

2.5.3 甲方应将前述费用以银行转账方式汇入乙方以下银行账户:

单位名称:

开 户 行:

账　　号：

2.5.4　甲方按照本条的规定将酬金支付给乙方，不再向乙方指派的导演另行支付其他任何性质的酬金，除本合同另有规定的以及经过甲乙方同意的除外。

2.5.5　在本合同有效期内，若乙方指派的导演向甲方出具其与乙方之间的劳动合同(或经纪代理合同)终止或解除的书面文件，且乙方对该事实未予否认的，甲方有权将自收到乙方指派的导演该书面文件之日尚未发生的酬金直接支付给乙方指派的导演。

2.6　其他费用和待遇

2.6.1　导演工作开始之日起至工作结束之日止，甲方应负责安排导演在工作地点的住宿、饮食和交通，费用由甲方承担。

2.6.2　甲方应承担导演往返国内各工作地点的交通费用；若导演因本合同约定工作之外的原因往返工作地点的交通费用甲方不予承担。

2.6.3　若甲方要求导演到国外的拍摄场地工作，甲方应负责办理相关证件和手续，并承担一切相关费用。

2.6.4　甲方应在其工作场所为导演配备一间办公室，为导演专属使用。

2.6.5　甲方应于______年______月______日前为导演指派或聘用________名经导演认可的秘书或助理，费用由甲方承担。

2.6.6　甲方应为导演办理合同生效期间的商业保险，具体包括：

(1) 意外伤害保险；

(2) 意外伤害医疗保险；

(3) 其他：____。

在履行本合同项下约定工作期间，如因甲方原因造成导演人身意外伤害，根据保险合同的有关规定进行赔偿后仍不足以补偿导演的实际损失的，由甲方予以赔偿；如因导演违反规章制度造成导演人身意外伤害的，相关责任和损失、费用由乙方及其指派的导演自行承担。

2.6.7　甲方应承担的导演相关费用标准详见附件3。

2.6.8　甲方未按照本款规定的标准向导演履行合同义务的，乙方及其指派的导演有权按照该款规定的标准自行安排并先行垫付，甲方根据实际发生的费用票据予以报销。

第三条　电影片(电视片)的制作要求和标准

3.1　本剧用高清(数字)设备拍摄制作；

3.2　片长

电影片片长________分钟(电视片为________集，________分钟/集)；

3.3　成品标准

胶片(母带)标准:

字幕标准:

第四条　著作权及相关权利(相对通用条款)

4.1　甲方依法享有电影片(电视片)的著作权,包括但不限于电影片(电视片)的发行权、放映权、广播权、展览权、改编权、汇编权及信息网络传播权等,以及剧中人物造型、剧照、台词及相关文字材料的相应权利。

4.2　导演履行了本合同约定的全部义务后,依法享有在电影片(电视片)及相关衍生产品中的署名权。

4.3　为宣传、推广电影片(电视片)的需要,甲方有权无偿使用或许可播放者、发行者使用导演的姓名和肖像,并及于相关衍生产品或服务。

4.4　甲方摄制完成的电影片(电视片)获得国家级奖项(含国际奖项)的,甲方承诺在获奖之日起______日内给予乙方奖金人民币________元。

4.5　甲方摄制完成的电影片(电视片)获得与乙方指派的导演有关的相关单项奖的,乙方有权单独享有相应的荣誉(称号)及奖金。

第五条　保证、承诺和保密

5.1　各方保证:如果一方在本合同中所作出的陈述存在任何虚假或不真实,或如果违反其在本合同中所作出的保证,并给其他方造成损失的,该一方应向受损失方承担违约责任,视情节之严重程度,其他方享有要求解约、索赔以及要求承担定金、违约金等违约责任的权利。

5.2　甲方保证和承诺

5.2.1　甲方保证:甲方系经依法注册并合法存续的电影片制片单位。

5.2.2　甲方保证:已(将)取得《摄制电影许可证》。

5.2.3　甲方保证:于______年______月______日前取得《摄制电影片许可证(单片)》。

[注:如为电视剧该条为:

5.2.1　甲方保证:系经依法注册并合法存续的电视剧制作单位。

5.2.2　甲方保证:已取得《电视剧制作许可证(甲种)》并在有效期内。

5.2.3　甲方保证:于______年______月______日前取得《电视剧制作许可证(乙种)》(如已取得甲种证,则无须另行申请乙种证)。]

5.3　乙方保证和承诺

5.3.1　乙方保证:乙方与乙方指派的导演系劳动合同关系,在本合同约定的工作期限内,乙方与乙方指派的导演之间的劳动合同持续有效,并依法为乙方指派的导演办理了养老、失业、医疗等社会保险。乙方与乙方指派的导演之间的劳动关系纠纷与甲方无关。

(注:如乙方与乙方指派的导演之间为经纪合同关系该条为:

5.3.1　乙方保证:乙方与乙方指派的导演系经纪代理关系,在本合同约定的工作期限内,乙方与乙方指派的导演之间的经纪代理合同持续有效。乙方与乙方指派的导演之间的经纪代理合同纠纷与甲方无关。)

5.3.2　乙方承诺:在本合同有效期内,乙方不会使乙方指派的导演受聘于除甲方以外的其他方,不会给乙方指派的导演安排本合同之外的其他工作。

5.3.3　乙方承诺:在本合同有效期内,因乙方或乙方指派的导演存在违约或其他责任,而导致甲方遭受经济损失的,乙方和乙方指派的导演将承担连带赔偿责任。

第六条　甲方的权利义务

6.1　甲方应于______年______月______日前向导演提供初步摄制计划和摄制预算(包括甲方的投资及付款计划),并经与导演协商确定后作为本合同附件2。

6.2　甲方应于______年______月______日前向导演提供电影片(电视片)的文学剧本。导演可以对剧本提出修改意见,经甲方同意及协调,可要求剧本原作者或另行聘请编剧进行修改。

6.3　甲方不得擅自变更摄制计划或摄制预算;甲方不得擅自对人物、情节等进行实质性更改。

6.4　为宣传、推广电影片(电视片)的需要,甲方有权要求导演参加电影片(电视片)的开机仪式、首映式以及其他宣传活动,无须就此支付酬金;如果该类活动发生在本合同约定的工作期限之后,导演仍应积极参与和配合。

6.5　甲方要求导演参加的宣传活动最多不超过________次;否则,每超过一次应向导演支付税前(税后)人民币________元,导演亦有权拒绝甲方的要求。

6.6　甲方要求导演参加宣传活动,应承担导演的住宿、饮食及往返交通费用。费用标准及承担方式同第2.6款的规定。

第七条　乙方及导演的权利义务

7.1　乙方享有按照本合同第二条的约定取得酬金的权利。

7.2　乙方应要求或敦促其指派的导演履行本合同约定的各项义务。

7.3　乙方指派的导演在工作期间内应接受甲方的管理,及时、勤勉、经济、高效地进行电影片(电视片)的摄制工作。

7.4　乙方及其指派的导演应当保持和甲方的沟通、联系,但甲方不得干预乙方及其指派的导演的正当权限或违反行业惯例。

7.5 导演在拍摄期间,如遇到个人特殊情况确需请假,必须经过甲方同意并签字批准后方可离开,所需费用均由乙方自理。未经同意擅自离岗或逾期返组而影响剧组的拍摄工作,将视作是乙方及导演违约行为,所产生的一切后果均由乙方及导演自行承担。

7.6 导演在受聘拍摄期间应向甲方提供离组期间的所有联系方式,保证配合拍摄工作中的人员调动,完全服从甲方的管理规定和拍摄进度安排。

7.7 乙方指派的导演应严格履行合同附件2约定的摄制计划、预算,未经甲方同意,导演不得擅自更改。

7.8 乙方指派的导演应按照剧本进行拍摄和制作,未经甲方同意,乙方指派的导演不得擅自对人物、情节等进行实质性更改。

7.9 乙方及其指派的导演可以为本剧争取各种形式(实物或场地提供、资金等)的赞助,该赞助应报经甲方同意并统一管理使用。

7.9.1 争取赞助所需签订的相关合同应由甲方签署或甲乙双方共同签署。

7.9.2 赞助资金或赞助实物等均用于本合同电影片(电视片)的拍摄,并以该资金或实物价值(双方协商估价、评估或拍卖价格)由剧组财务人员入账核算。

7.9.3 对于乙方及其指派的导演争取的赞助,甲方应向乙方支付赞助资金或相应价值税前(税后)的________%作为奖励费。

第八条 违约责任

8.1 甲方未履行或未按约定履行合同义务,应按如下情形分别承担相应的违约责任:

(1) 因甲方原因导致导演未能按摄制计划如期完成电影片(电视片)的拍摄,每逾期1日应向乙方支付违约金人民币________元;

(2) 甲方未按约定向乙方支付酬金,每逾期1日应向乙方支付未付酬金的________%作为违约金;

(3) 如果乙方及其指派的导演不存在违约或过错情形,甲方解除合同的,应向乙方支付尚未支付的酬金;

(4) 乙方指派的导演依据第10.4款的规定解除本合同的,甲方应向乙方支付尚未支付的酬金;

(5) 其他:____。

8.2 乙方或乙方指派的导演未履行或未按约定履行合同义务,应按如下情形分别承担相应的违约责任:

(1) 因乙方或其指派的导演原因导致未能按摄制计划如期完成电影片(电视片)的拍摄,每逾期1日应向甲方支付违约金人民币________元;

(2) 因导演拍摄时擅自更改剧本而导致电影片(电视片)未能通过相关机构的审查,应赔偿甲方因此而遭受的全部经济损失;

(3) 在本合同约定工作期间,乙方指派的导演为其他第三方工作应征得甲方同意,否则应向甲方支付违约金人民币________元;

(4) 如果甲方不存在违约或过错情形,乙方或乙方指派的导演提前解除合同的,应向甲方支付违约金人民币________元(注:或约定为"退还已支付的酬金并赔偿甲方因此而遭受的全部经济损失"。);

(5) 甲方根据第10.3款第(1)、(2)、(5)项的规定解除本合同的,乙方应向甲方支付违约金人民币________元;

(6) 甲方根据第10.3款第(3)、(4)项的规定解除本合同的,甲方不再向乙方支付尚未发生的酬金;

(7) 其他:____。

8.3 因乙方指派的导演未履行或未按约定履行合同义务,或因乙方指派的导演原因造成甲方经济损失,乙方应向甲方承担相应违约以及赔偿的连带责任。

第九条 合同的变更(通用条款)

对于本合同的修改、补充或其他变更,须由双方协商一致,以书面的形式作出。经修改、补充及变更的条款及内容为本合同不可分割的组成部分,与本合同具有同等法律效力。

第十条 合同的解除

10.1 本合同一经签订,除法定和约定事由外,未经各方协商一致,任何一方不得单方解除。

10.2 任何一方违反本合同载明的保证和承诺、恶意或故意怠于履行本合同的义务致使合同履行困难且无法通过本合同明确约定的违约责任承担方式解决的,经守约方书面催告后仍怠于履行本合同的义务的,均视为根本违约,守约方有权解除本协议。违约方应当按照法律规定承担缔约过失责任、违约责任和损害赔偿责任。

10.3 发生下列情形之一,甲方有权解除本合同:

(1) 乙方指派的导演因自身原因不能履行本合同规定的义务,累计或连续超过________天;

(2) 乙方和乙方指派的导演违反其在本合同第五条所作的保证和承诺或者附件6的承诺书,或其保证和承诺存在虚假或不真实;

(3) 乙方指派的导演部分或完全丧失民事行为能力致使其不能继续履行本合同;

(4) 乙方指派的导演未能有效处理剧组主创人员(包括编剧、导演、制片主任、主要演员等)之间的关系,导致造成不可调和的问题或冲突;

(5) 乙方指派的导演违反规章制度(包括财务制度)达________次以上,严重影响摄制计划的完成;

(6) 乙方指派的导演严重失职,营私舞弊,给甲方及剧组利益造成重大损失的;

(7) 乙方指派的导演在合同约定的工作期间被依法追究刑事责任的。

10.4 发生下列情形之一,乙方有权解除本合同:

(1) 非因乙方或其指派导演的原因,甲方延迟开机超过______日的;

(2) 甲方拖欠乙方酬金累计达到乙方全部应得酬金的______%;

(3) 甲方延期支付乙方酬金累计或连续超过________天;

(4) 甲方违反其在本合同第五条所作的保证和承诺,或其保证和承诺存在虚假或不真实;

(5) 甲方被依法吊销《摄制电影许可证》或《摄制电影片许可证(单片)》[《电视剧制作许可证(甲种)》或《电视剧制作许可证(乙种)》];

(6) 电影片(电视片)摄制期间,甲方未按约定投资或付款累计超过应投资或付款金额的________%的;

(7) 甲方违反本合同第6.3款的规定的;

(8) 甲方破产、解散或被依法吊销企业法人营业执照。

10.5 甲方、乙方要求解除合同的,应向对方发出书面的解约通知,本合同自解约通知送达被通知方当日解除(如在摄制期间一方提出解约并当日生效可能严重影响拍摄工作,本条也可以增加约定:但在解除生效之日起______日内各方仍应履行本合同项下约定的各项工作和义务)。

10.6 非因一方过错,出现当事人不能控制的情况,致使拍摄延期,各方应立即采取补救措施,并协商确定拍摄计划的顺延,各方因此均无须承担相关违约责任,前述情况包括但不限于:

(1) 天气原因;

(2) 导演、主要演员等主创人员生病、受到意外伤害或死亡;

(3) 本合同之外其他方原因。

前述规定的情况致使拍摄迟延或中断超过______日,任何一方可按照本协议第10.5款的规定解除本合同。

第十一条 保密

11.1 双方互相承诺对其本人以及公司、雇员、代理人或顾问等因为签订本合同而收到或获取的所有资料、信息(以下简称"保密信息"),包括与本合同条款相关、与谈判有关的、与剧情以及摄制有关的、与另一方的商业或事件有关的等与电影(电视剧)有关的一切资料和信息,严格加以保密;除了本合同第11.3款的规定外,将不得在电影(电视剧)公映前利用或披露或泄露给任何人任何上述保密信息。

11.2 乙方及其指派的导演应妥善保管甲方交予的与电影(电视剧)相关的全部资料、文件,并于完成本合同约定工作或解除本合同后返还甲方。保密信息一旦泄露,泄露方应及时通知。

11.3 若其中一方因法律、法规、主管部门或相关监管机构的要求或规定而需要披露任何保密资料,该一方将在法律许可的情况下,尽快把这种要求或规定通知对方,以使对方可寻求适当补救方法防止披露或豁免该一方遵守本协议的条款。若未能取得适当的补救或本协议项下的豁免,而必须披露保密资料,该一方可以将保密资料中必须披露的部分予以披露。

11.4 一方违反本合同第十一条约定的保密义务给另一方造成损失的,应赔偿给另一方造成的全部经济损失。

第十二条 不可抗力(通用条款)

12.1 本合同所称不可抗力,是指任何一方在签署本合同时不可预见、不能克服且无法避免的,并阻碍该方全部或部分履行本合同义务的情形,包括地震、天灾、叛乱、暴动、内乱、战争、任何政府政策、法律法规的调整以及政府行为等其他事由或因素。

12.2 发生不可抗力事件,导致受影响的一方因此无法履行任何本合同项下义务的,则在不可抗力事件持续期间,因此受阻履行的义务应予中止,履行期限应自动延长,且受阻履行义务的一方免除相应违约责任。

12.3 声称受到不可抗力事件影响的一方应尽可能在最短的时间内通过书面形式将不可抗力事件的发生通知另一方,并在该不可抗力事件发生后10日内向另一方提供关于此种不可抗力事件及其持续时间的适当证据及合同不能履行或者需要延期履行的书面资料。声称不可抗力事件导致其对本合同的履行在客观上成为不可能或不实际的一方,有责任尽一切合理的努力消除或减轻此等不可抗力事件的影响。

12.4 不可抗力事件发生时,双方应立即通过友好协商决定如何执行本合同,还应当尽一切合理努力,将该不可抗力事件的后果减到最低限度。不可抗力事件或其影响终止或消除后,双方须立即恢复履行各自在本合同项下的各项义务。如不可抗力及其影响无法终止或消除而致使合同任何一方丧失继续履行合同的能力,则双方可协商解除合同或暂时延迟合同的履行,且遭遇不可抗力一方无须为此承担责任。当事人迟延履行后发生不可抗力的,不能免除责任。

12.5 如果不可抗力事件持续期间超过______日并且各方未能就公正的解决办法达成一致,任何一方可按照本协议第 10.5 款的规定解除本合同。

第十三条 通知与送达(通用条款)

13.1 甲乙双方因履行本意向合同而相互发出或者提供的所有通知、文件、资料等,均应按照本合同首部所列明的通讯地址、传真、电子邮件以邮寄或传真或电子邮件方式送达;一方如果迁址或者变更电话、电子邮件应当书面通知对方,否则发至本合同首部所列明的通讯地址或者传真、电子邮件系统的通知、文件、资料均视为有效送达。

13.2 以邮寄方式送达的,另一方签收之日视为送达;签收之日不明确的,以信件寄出或者投邮之日后第三日视为送达。通过传真、电子邮件方式送达的,通知、文件、资料等数据电文进入另一方系统之时视为送达;通知、文件、资料等数据电文进入另一方系统之时不明确的,以传真、电子邮件发出后的第二日视为送达。

13.3 任何一方的通讯地址、或通讯号码或联系人如果发生变化,应当在该变更发生后的三日之内通知对方,否则对方对于其原通讯方式的通知视为有效通知。

第十四条 争议解决与适用法律(通用条款)

14.1 本协议的订立、效力、解释、履行和争议的解决均适用中华人民共和国的法律。

14.2 凡因本合同引起的或与本合同有关的任何争议,由双方协商解决;协商不成的,按下列第□1/□2 种方式(二选一)解决:

14.2.1 任何一方均有权将争议提交设在________________(地点)的________________仲裁委员会,按照申请仲裁时该会现行有效的仲裁规则进行仲裁。仲裁裁决是终局的,对双方均有约束力。

14.2.2 任何一方均有权向________人民法院起诉。

第十五条 合同权利和义务的转让

除合同中另有规定或经双方协商同意外,本合同所规定双方的任何权利和义务,任何一方在未征得另一方书面同意之前,不得转让给第三者。任何转让,未经另一方书面明确同意,均属无效。

第十六条 合同的解释

16.1 本合同文本由□甲方□乙方提供,其已采取合理的方式提请对方注意免除或者限制其责任的条款并予以说明;甲乙双方对本合同各条款的内容均充分理解并经协商达成一致同意。

16.2 本合同的理解与解释应依据合同目的和文本原意进行,本合同的标题仅是为了阅读方便而设,不应影响本合同的解释。

第十七条 合同效力和签署

17.1 本合同对每一方的继承人和受让人均有约束力。

17.2 本合同的任何一方未能及时行使本合同项下的权利不应被视为放弃该权利,也不影响该方在将来行使该权利。

17.3 如果本合同中的任何条款无论因何种原因完全或部分无效或不具有执行力,或违反任何适用的法律,则该条款被视为删除。但本合同的其余条款仍应有效并且有约束力。

17.4 本合同一式两份,双方各执一份,具有同等法律效力。

17.5 本合同经双方签字、盖章,以最后签字、盖章日期为本合同生效日期。本合同未尽事宜,需修订或变更时由双方签署补充合同,补充合同与本合同具有同等法律效力。

17.6 本合同之任何修改除非经双方以书面形式签署确认,否则均属无效。

第十八条 合同附件

18.1 本合同未尽事宜,依照有关法律、法规执行,法律、法规未作规定的,甲乙双方可以达成书面补充合同。本合同的附件和补充合同均为本合同不可分割的组成部分,与本合同具有同等的法律效力。

18.2 本合同及本合同的附件和补充合同内空格部分填写的文字与印刷文字具有同等法律效力。

18.3 本合同附件如下:

(1) 甲方相关证件;

(2) 摄制计划、工作进度安排;

(3) 费用标准;

(4) 剧组规章制度;

(5) 乙方指派的导演身份证件复印件;

(6) 导演承诺书。

甲方: 乙方:
(盖章) (盖章)

授权代表签字: 授权代表签字:
签字日期: 签字日期:
合同签订地点:

附件：

承 诺 书

致________(《聘请电影(电视剧)导演合同》之甲方,下称甲方):

鉴于甲方将要(或已经)与本人的用人单位即________(《聘请电影(电视剧)导演合同》之乙方,下称乙方)签订《聘请电影(电视剧)导演合同》,聘请本人担任电影(电视片)《________________》(暂定名)中的导演,本人特在此作出承诺如下:

一、本人与乙方已根据《中华人民共和国劳动法》的规定建立了劳动关系并订立有劳动合同,该劳动合同目前系合法有效存续;据此,乙方有权与甲方签订《导演聘请合同》(注:或者本人与乙方已根据《中华人民共和国合同法》的规定订立了经纪代理合同;该经纪代理合同目前合法有效存续;据此,乙方有权与甲方签订《聘请电影(电视剧)导演合同》),指派本人担任导演。

二、本人愿意接受乙方的指派。

三、本人完全清楚、理解并接受《聘请电影(电视剧)导演合同》中的所有条款;若此合同得以签署并生效,本人将依法遵守并履行应由本人履行的责任和义务。

四、本人具有导演电影(电视剧)的相关资质、经验以及能力。本人在签署本承诺书时,任何法院、仲裁机构、行政机关或监管机构均未作出任何足以对本人履行《聘请电影(电视剧)导演合同》产生重大不利影响的判决、裁定、裁决或具体行政行为。

五、本人保证:在与甲方签订的《聘请电影(电视剧)导演合同》中约定的工作期限内,不会受聘于甲方以外的任何第三方。

六、本人保证:向剧组提供的本人的相关资料均为真实、合法、有效,不存在任何虚假。

七、本人保证:为摄制电影片(电视片)而进行的筹备、构思或提供的所有素材、创意等皆系自己原创,不会对任何第三方的合法权益造成侵犯。

八、本人承诺:将遵守甲方制定并公告的一切规章制度。

九、本人承诺:在《聘请电影(电视剧)导演合同》有效期内,若本人与乙方之间的劳动合同(或经纪代理合同)终止或解除的,本人仍将履行本合同约定的义务,履行导演职责,直至完成合同规定的全部工作。

十、本人承诺:甲方将《聘请电影(电视剧)导演合同》中约定的酬金及相关费用直接向乙方支付,除非本人与乙方订立的劳动合同(或经纪代理合同)终止或无效,否则本人不会向甲方索取任何性质的酬金或费用。

十一、本人承诺:无论因何原因导致本人与乙方订立的劳动合同(或经纪代理合同)终止或无效,本人将于该劳动合同(或经纪代理合同)终止或无效之日起______日内向甲方出具相关书面证明,否则,本人无权要求甲方直接向本人支付截至甲方收到书面证明之日尚未发生的酬金。

十二、本人承诺:若违反上述任何一项保证和承诺,愿意承担相应的赔偿责任。

导演(签字):________

______年____月____日

聘请电影(电视剧)制片人合同

合同适用范围

制片人是影视作品的总负责人,一般如由影视作品的制片单位(即本合同的聘请单位)的人员担任,则没有必要再行签署聘用制片人的合同;但是如果制片单位另行聘请制片人的,则需要签署本合同。

特别风险提示(示范合同重点为第一条、第二条、第三条、第六条和第七条)

1. 建议合同各方注意防范如下风险:

(1) 根据影视作品拍摄工作需要,有的制片单位除聘请制片人外,还聘请了执行制片人或者执行监制协助制片人的工作,可分别签署本合同并明确具体职务分工及工作内容。

(2) 建议尽可能详细明确受聘方的工作内容,包括工作时间、工作条件、完成约定工作的要求和标准等。

(3) 建议对于酬金的金额、计算和支付方式予以明确约定,包括是否给予分红或奖励,如为电视剧合同,关于酬金的支付也可以按集数标准确定。

(4) 由于制片人是影响影视作品拍摄、制作的最重要的人员之一,细化约定双方在合同解除、违约等方面可能出现的情形及相关责任,以有效保证影视作品的顺利完成及守约方的合法权益。

2. 建议聘请单位注意防范如下风险:

(1) 制片人主持影视作品的筹备、拍摄及发行的全部工作,其工作能力和工作经验至关重要。要注重制片人与剧组人员尤其是主创人员之间的沟通协调,明确制片人在摄制过程中的主导地位及相应授权,比如监督、处置剧组人员,对剧组人员行使合同解除权等。

(2) 由于影视作品没有法定或约定俗成的质量标准,为了确保制片单位经济利益的实现,聘请单位除在合同签订前应与受聘方充分沟通、了解外,还应尽可能将与受聘方达成一致的拟拍摄影视作品的风格、标准及其他要求约定在合同中。

3. 建议受聘方注意防范如下风险：

(1) 签订合同前注意审查聘请单位的资质情况，包括制片单位的相关资格、许可证以及拟拍摄影视作品是否取得许可的情况，以保证工作的有效付出。

(2) 建议约定定金条款，以防止出现在受聘方根据聘请单位要求安排了工作档期，聘请单位却在拍摄工作开始前单方解除合同，给受聘方造成经济损失的情况。

(3) 为了全面、顺利实现制片人的职责，建议明确制片人的授权范围，以有效发挥制片人统筹管理影视作品拍摄的积极能动性。

(4) 受聘方在拍摄期间对待遇有特殊要求的，应在合同中予以明确约定，否则对于约定之外的要求将不能得到有效保证。

* * *

聘请电影(电视剧)制片人合同(范本)

合同编号：

甲方(聘请单位)：
住所地：
通信地址：
邮政编码：
法定代表人(如甲方为法人单位)：
签约代表人(如甲方为法人单位)：
合同联系人：
证件名称及号码(如甲方为自然人)：
联系电话：
传真：
电子信箱：

乙方(受聘方)：
住所地：
通信地址：
邮政编码：
法定代表人(如甲方为法人单位)：
签约代表人(如甲方为法人单位)：
合同联系人：
联系电话：
传真：
电子信箱：

鉴于：

1. 甲方是依法成立并取得合法从事电影(电视剧)制作资格的法人机构。

2. 甲方取得的资格和相关许可证包括：

(1) 取得《摄制电影许可证》;

(2) 取得计划摄制电影《________________》(以下简称“电影”)的《摄制电影许可证(单片)》;

(3) 取得《电视剧制作许可证(甲种)》;

(4) 取得《广播电视节目制作经营许可证》;

(5) 取得计划摄制电视剧《________________》的(以下简称“电视剧”)《电视剧制作许可证(乙种)》;

(6) 其他:____。

以上相关许可证详见附件1。

3. 乙方具有电影(电视剧)制作的相关经验。

4. 甲方决定聘请乙方担任电影(电视剧)《________________》(暂定名)的制片人,乙方同意接受甲方的聘请。

甲、乙双方根据《中华人民共和国合同法》、《电影管理条例》、《广播电视管理条例》等法律、法规的规定以及平等自愿、诚实信用、等价有偿的原则,经友好协商,特达成本合同,以兹共同遵守。

第一条 工作期限、工作内容和工作地点

1.1 乙方工作开始的时间按下列第________种方式确定:

(1) 乙方应于______年______月______日前到达甲方指定的地点,并向甲方履行报到手续。

(2) 甲方第一次向乙方发出工作任务指示之日。

(3) 其他:____。

1.2 乙方工作结束的时间按下列第________种方式确定:

(1) 电影(电视剧)拍摄完成,经过相应审查机构审查合格,并予公映后,乙方的全部工作结束。

(2) 其他:____。

1.3 乙方的工作内容包括但不限于:

(1) 组织制定并监督实施电影(电视剧)摄制计划和摄制预算;

(2) 组织进行电影(电视剧)文学剧本的创作;

(3) 协助制定剧组工作管理的各项规章制度;

(4) 组织进行编剧、导演、主要演员等主创人员的聘用;

(5) 组织选择、确定电影(电视剧)的拍摄景地;

(6) 监督电影(电视剧)的拍摄;

(7) 组织进行电影(电视剧)的后期制作,并按照约定标准向甲方或甲方指定

的发行商交付电影(电视剧)拷贝(母带)及相关产品;

(8) 协助电影(电视剧)的送审工作,保证审查通过(政治因素除外);

(9) 在电影(电视剧)发行前进行必要的前期目标市场调查,制订并实施电影(电视剧)发行计划;

(10) 行业惯例中通常由制片人完成的其他工作;

(11) 甲方交办的其他事项。

1.4 乙方的工作地点包括但不限于:

(1) ________________________________;

(2) ________________________________;

(3) 以及甲方要求或指定的其他地点。

第二条 酬金、支付方式及其他费用、待遇

2.1 甲方按下列第________种方式向乙方支付酬金:

(1) 固定酬金方式:甲方向乙方支付酬金人民币________元。

(2) 固定酬金加分红方式,其中:

甲方向乙方支付的固定酬金为人民币________元;甲乙双方履行本合同全部义务后电影(电视剧)完成拍摄并发行的,甲方除向乙方支付固定酬金外,还应向乙方支付分红款,支付标准为电影(电视剧)获得的纯利润的________%。纯利润是指:________________________________。

2.2 支付方式

2.2.1 固定酬金按照以下方式分________期支付:

(1) 甲方应自本合同签署之日起______日内向乙方支付定金人民币________元。本合同得以实际履行之日即乙方按照本合同第1.1款的约定开始工作之日,此定金自动转为甲方向乙方支付的酬金。

若因甲方原因导致本合同未能实际履行,则甲方无权要求乙方返还定金;若因乙方原因导致本合同未能实际履行,则乙方应向甲方双倍返还定金;

(2) 甲方应自乙方按照本合同第1.1款的约定开始工作之日起______日内向乙方支付人民币________元;

(3) 甲方应自电影(电视剧)开机之日起______日内向乙方支付人民币________元;

(4) 甲方应自电影(电视剧)完成摄制计划的一半工作内容之日起______日内向乙方支付人民币________元;

(5) 甲方应自电影(电视剧)停机之日起______日内向乙方支付人民币________元;

(6) 甲方应自电影(电视剧)完成后期制作之日起______日内向乙方支付人民币________元;

(7) 甲方应自乙方按照本合同第1.2款的约定结束工作,且达到第三条约定的制作要求和标准之日起______日内向乙方支付人民币________元。

(8) 固定酬金包括平日和节假日期间的加班费用。(该条可根据计划工作时间选择适用)

2.2.2　分红的支付:甲方应自完成电影(电视剧)的财务决算(包括收入及纯利润)之日起______日内向乙方支付。

2.3　如非因乙方原因电影(电视剧)拍摄延期或甲方要求增加集数或天数的,则甲方应按照增加拍摄每集/每天人民币________元向乙方支付报酬。

2.4　甲乙双方约定的其他方式:

2.5　关于税费

2.5.1　前述酬金及分红均为税前(税后)。

2.5.2　甲方应代乙方向税务部门缴纳相关税款,并向乙方提供缴税发票。

2.6　其他费用和待遇

2.6.1　从乙方工作开始之日起至工作结束之日止,甲方应负责安排乙方在工作地点的住宿、饮食和交通,费用由甲方承担。

2.6.2　甲方应承担乙方往返国内各工作地点的交通费用;若乙方因本合同约定工作之外的原因往返工作地点的交通费用甲方不予承担。

2.6.3　若甲方要求乙方到国外的拍摄场地工作,甲方应负责办理相关证件和手续,并承担一切相关费用。

2.6.4　甲方应在其工作场所为乙方配备一间办公室,为乙方专属使用。

2.6.5　甲方应于______年______月______日前为乙方指派或聘用________名经乙方认可的秘书或助理,费用由甲方承担。

2.6.6　甲方应为乙方办理合同生效期间的商业保险,具体包括:

(1) 意外伤害保险;

(2) 意外伤害医疗保险;

(3) 其他:____。

在履行本合同项下约定工作期间,如因甲方原因造成乙方人身意外伤害,根据保险合同的有关规定进行赔偿后仍不足以补偿乙方的实际损失的,由甲方予以赔偿;如因乙方违反规章制度造成乙方人身意外伤害的,相关责任和损失、费用由乙方自行承担。

2.6.7　甲方应承担的乙方相关费用标准详见附件2。

2.6.8 甲方未按照本款规定的标准向乙方履行合同义务的,乙方有权按照该款规定的标准自行安排并先行垫付,甲方根据实际发生的费用票据予以报销。

第三条 电影(电视剧)的制作要求和标准

3.1 本剧用高清(数字)设备拍摄制作。

3.2 片长

电影片长________分钟(电视剧为________集,________分钟/集)。

3.3 成品标准

胶片(母带)标准:

字幕标准:

第四条 著作权及相关权利

4.1 甲方依法享有电影(电视剧)的著作权,包括但不限于电影(电视剧)的发行权、放映权、广播权、展览权、改编权、汇编权及信息网络传播权等,以及剧中人物造型、剧照、台词及相关文字材料的相应权利。

4.2 乙方履行了本合同约定的全部义务后,依法享有在电影(电视剧)及相关衍生产品中的署名权。

4.3 为宣传、推广电影(电视剧)的需要,甲方有权无偿使用或许可播放者、发行者使用乙方的姓名和肖像,并及于相关衍生产品或服务。

4.4 甲方摄制完成的电影(电视剧)获得国家级奖项(含国际奖项)的,甲方承诺在获奖之日起______日内给予乙方奖金人民币________元。

4.5 甲方摄制完成的电影(电视剧)获得与乙方有关的相关单项奖的,乙方有权单独享有相应的荣誉(称号)及奖金。

第五条 保证与承诺(通用条款)

5.1 双方保证:如果一方在本合同中所作出的陈述存在任何虚假或不真实,或如果违反其在本合同中所作出的保证,并给另一方造成损失的,该一方应向受损失方承担违约责任,视情节之严重程度,相对方享有要求解约、索赔以及要求承担定金、违约金等违约责任的权利。

5.2 甲方保证和承诺

5.2.1 甲方保证:甲方系经依法注册并合法存续的电影制片单位。

5.2.2 甲方保证:已(将)取得《摄制电影许可证》。

5.2.3 甲方保证:于______年______月______日前取得《摄制电影许可证(单片)》。

[如为电视剧该条为:

5.2.1 甲方保证:系经依法注册并合法存续的电视剧制作单位。

5.2.2 甲方保证:已取得《电视剧制作许可证(甲种)》并在有效期内。

5.2.3 甲方保证:于______年______月______日前取得《电视剧制作许可证(乙种)》(如已取得甲种证,则无需另行申请乙种证)。]

5.3 乙方保证和承诺

5.3.1 乙方保证:有权自行签署本合同并有能力履行本合同下的所有义务。

5.3.2 乙方承诺:在本合同约定的工作期间,乙方应专职为甲方工作,未经甲方同意,乙方不得受聘于甲方以外的任何第三方。

5.3.3 乙方承诺:乙方为摄制电影(电视剧)而进行的筹备、构思或提供的所有素材、创意等皆系自己原创,不会对任何第三方的合法权益造成侵犯。

5.3.4 乙方承诺:遵守甲方制定并公告的一切规章制度(见附件3)。

第六条 甲方的权利义务

6.1 甲方应于______年______月______日前向乙方提供初步摄制计划和摄制预算(包括甲方的投资及付款计划),并经与乙方协商确定后作为本合同附件4。

6.2 为宣传、推广电影(电视剧)的需要,甲方有权要求乙方参加电影(电视剧)的开机仪式、首映式以及其他宣传活动,无须就此向乙方支付酬金;如果该类活动发生在本合同约定的乙方工作期限之后,乙方仍应积极参与和配合。

6.3 甲方要求乙方参加的宣传活动最多不超过________次;否则,每超过一次应向乙方支付税前(税后)人民币________元,乙方亦有权拒绝甲方的要求。

6.4 甲方要求乙方参加宣传活动,应承担乙方的住宿、饮食及往返交通费用。费用标准及承担方式同第2.5款的规定。

第七条 乙方的权利义务

7.1 乙方在工作期间内应接受甲方的管理,及时、勤勉、经济、高效地进行电影(电视剧)的摄制工作。

7.2 乙方应当保持和甲方的沟通、联系,但甲方不得干预乙方的正当权限或违反行业惯例。

7.3 乙方应严格履行合同附件3约定的摄制计划和预算,未经甲方同意,乙方不得擅自更改。

7.4 乙方可以为本剧争取各种形式(实物或场地提供、资金等)的赞助,该赞助应报经甲方同意并统一管理使用。

7.4.1 争取赞助所需签订的相关合同应由甲方签署或甲乙双方共同签署。

7.4.2 赞助资金或赞助实物等均用于本合同电影(电视剧)的拍摄,并以该资金或实物价值(双方协商估价、评估或拍卖价格)由剧组财务人员入账核算。

7.4.3 对于乙方争取的赞助,甲方应向乙方支付赞助资金或相应价值税前

(税后)的________%作为奖励费。

第八条 违约责任(相对通用条款)

8.1 甲乙双方应正当行使权利,履行义务,保证本合同的顺利履行。任何一方违反本合同项下的任何规定,均应当承担违约责任;给对方造成损失的,应赔偿对方由此所遭受的经济损失。

8.2 甲方未履行或未按约定履行合同义务,应按如下情形分别承担相应的违约责任:

(1) 因甲方原因导致乙方未能按摄制计划如期完成电影(电视剧)的拍摄,每逾期1日应向乙方支付违约金人民币________元;

(2) 甲方未按约定向乙方支付酬金,每逾期1日应向乙方支付未付酬金的________%作为违约金;

(3) 如果乙方不存在违约或过错情形,甲方解除合同的,应向乙方支付尚未支付的酬金(或违约金人民币________元);

(4) 乙方依据第10.4款的规定解除本合同的,甲方应向乙方支付尚未支付的酬金;

(5) 其他:____。

8.3 乙方未履行或未按约定履行合同义务,应按如下情形分别承担相应的违约责任:

(1) 因乙方原因导致未能按摄制计划如期完成电影(电视剧)的拍摄,每逾期1日应向甲方支付违约金人民币________元;

(2) 因乙方拍摄时擅自更改剧本而导致电影(电视剧)未能通过相关机构的审查,乙方应赔偿甲方因此而遭受的全部经济损失;

(3) 在本合同约定工作期间,乙方为其他第三方工作应征得甲方同意,否则应向甲方支付违约金人民币________元;

(4) 如果甲方不存在违约或过错情形,乙方提前解除合同的,应向甲方支付违约金人民币________元(或约定为"退还已支付的酬金并赔偿甲方因此而遭受的全部经济损失");

(5) 甲方根据第10.3款第(1)、(2)、(5)、(6)、(7)项的规定解除本合同的,乙方应向甲方支付违约金人民币________元;

(6) 甲方根据第10.3款第(3)、(4)项的规定解除本合同的,甲方不再向乙方支付尚未支付的酬金。

第九条 合同的变更(通用条款)

对于本合同的修改、补充或其他变更,须由双方协商一致,以书面的形式作出。

经修改、补充及变更的条款及内容为本合同不可分割的组成部分，与本合同具有同等法律效力。

第十条 合同的解除（相对通用条款）

10.1 本合同一经签订，除法定和约定事由外，未经双方协商一致，任何一方不得单方解除。

10.2 任何一方违反本合同载明的保证和承诺、恶意或故意怠于履行本合同的义务致使合同履行困难且无法通过本合同明确约定的违约责任承担方式解决的，经守约方书面催告后仍怠于履行本合同的义务的，均视为根本违约，守约方有权解除本协议。违约方应当按照法律规定承担缔约过失责任、违约责任和损害赔偿责任。

10.3 发生下列情形之一，甲方有权解除本合同：

(1) 乙方因自身原因不能履行本合同规定的义务，累计或连续超过________天；

(2) 乙方违反其在本合同第五条所作的保证和承诺，或其保证和承诺存在虚假或不真实；

(3) 乙方部分或完全丧失民事行为能力致使其不能继续履行本合同；

(4) 乙方未能有效处理剧组主创人员（包括编剧、导演、制片主任、主要演员等）与甲方之间以及剧组主创人员之间的关系，导致造成不可调和的问题或冲突；

(5) 乙方违反规章制度（包括财务制度）达________次以上，严重影响摄制计划的完成；

(6) 乙方严重失职，营私舞弊，给甲方及剧组利益造成重大损失的；

(7) 乙方在合同约定的工作期间被依法追究刑事责任的。

10.4 发生下列情形之一，乙方有权解除本合同：

(1) 非因乙方原因，甲方延迟开机超过______日的；

(2) 甲方拖欠乙方酬金累计达到乙方全部应得酬金的________%；

(3) 甲方延期支付乙方酬金累计或连续超过________天；

(4) 甲方违反其在本合同第五条所作的保证和承诺，或其保证和承诺存在虚假或不真实；

(5) 甲方被依法吊销《摄制电影许可证》或《摄制电影许可证（单片）》[《电视剧制作许可证（甲种）》或《电视剧制作许可证（乙种）》]；

(6) 甲方无故变更摄制计划；

(7) 电影（电视剧）摄制期间，甲方未按约定投资或付款累计超过应投资或付款金额的________%的；

(8) 甲方破产、解散或被依法吊销企业法人营业执照。

10.5 一方要求解除合同的,应向另一方发出书面的解约通知,本合同自解约通知送达另一方当日解除(如在摄制期间一方提出解约并当日生效可能严重影响拍摄工作,本条也可以增加约定:但在解除生效之日起______日内双方仍应履行本合同项下约定的各项工作和义务)。

10.6 非因双方过错,出现当事人不能控制的情况,致使拍摄延期,甲乙双方应立即采取补救措施,并协商确定拍摄计划的顺延,甲、乙各方因此均无须承担相关违约责任,前述情况包括但不限于:

(1) 天气原因;

(2) 导演、主要演员等主创人员生病、受到意外伤害或死亡;

(3) 第三方原因。

前述规定的情况致使拍摄迟延或中断超过______日,任何一方可按照本协议第10.5款的规定解除本合同。

第十一条 保密

11.1 双方互相承诺对其本人以及公司、雇员、代理人或顾问等因为签订本合同而收到或获取的所有资料、信息(以下简称“保密信息”),包括与本合同条款相关、与谈判有关的、与剧情以及摄制有关的、与另一方的商业或事件有关的等与电影(电视剧)有关的一切资料和信息,严格加以保密;除了本合同第11.3款的规定外,将不得在电影(电视剧)公映前利用或披露或泄露给任何人任何上述保密信息。

11.2 乙方应妥善保管甲方交予的与电影(电视剧)相关的全部资料、文件,并于完成本合同约定工作或解除本合同后返还甲方。保密信息一旦泄露,泄露方应及时通知。

11.3 若其中一方因法律、法规、主管部门或相关监管机构的要求或规定而需要披露任何保密资料,该一方将在法律许可的情况下,尽快把这种要求或规定通知对方,以使对方可寻求适当补救方法防止披露或豁免该一方遵守本协议的条款。若未能取得适当的补救或本协议项下的豁免,而必须披露保密资料,该一方可以将保密资料中必须披露的部分予以披露。

11.4 一方违反本合同第十一条约定的保密义务给另一方造成损失的,应赔偿给另一方造成的全部经济损失。

第十二条 不可抗力(通用条款)

12.1 本合同所称不可抗力,是指任何一方在签署本合同时不可预见、不能克服且无法避免的,并阻碍该方全部或部分履行本合同义务的情形,包括地震、天灾、叛乱、暴动、内乱、战争、任何政府政策、法律法规的调整以及政府行为等其他事由或因素。

12.2　发生不可抗力事件,导致受影响的一方因此无法履行任何本合同项下义务的,则在不可抗力事件持续期间,因此受阻履行的义务应予中止,履行期限应自动延长,且受阻履行义务的一方免除相应违约责任。

12.3　声称受到不可抗力事件影响的一方应尽可能在最短的时间内通过书面形式将不可抗力事件的发生通知另一方,并在该不可抗力事件发生后10日内向另一方提供关于此种不可抗力事件及其持续时间的适当证据及合同不能履行或者需要延期履行的书面资料。声称不可抗力事件导致其对本合同的履行在客观上成为不可能或不实际的一方,有责任尽一切合理的努力消除或减轻此等不可抗力事件的影响。

12.4　不可抗力事件发生时,双方应立即通过友好协商决定如何执行本合同,还应当尽一切合理努力,将该不可抗力事件的后果减小到最低程度。不可抗力事件或其影响终止或消除后,双方须立即恢复履行各自在本合同项下的各项义务。如不可抗力及其影响无法终止或消除而致使合同任何一方丧失继续履行合同的能力,则双方可协商解除合同或暂时延迟合同的履行,且遭遇不可抗力一方无须为此承担责任。当事人迟延履行后发生不可抗力的,不能免除责任。

12.5　如果不可抗力事件持续期间超过______日并且各方未能就公正的解决办法达成一致,任何一方可按照本协议第10.5款的规定解除本合同。

第十三条　通知与送达(通用条款)

13.1　甲乙双方因履行本意向合同而相互发出或者提供的所有通知、文件、资料等,均应按照本合同首部所列明的通讯地址、传真、电子邮件以邮寄或传真或电子邮件方式送达;一方如果迁址或者变更电话、电子邮件应当书面通知对方,否则发至本合同首部所列明的通讯地址或者传真、电子邮件系统的通知、文件、资料均视为有效送达。

13.2　以邮寄方式送达的,另一方签收之日视为送达;签收之日不明确的,以信件寄出或者投邮之日后第三日视为送达。通过传真、电子邮件方式送达的,通知、文件、资料等数据电文进入另一方系统之时视为送达;通知、文件、资料等数据电文进入另一方系统之时不明确的,以传真、电子邮件发出后的第二日视为送达。

13.3　任何一方的通讯地址或通讯号码或联系人如果发生变化,应当在该变更发生后的3日之内通知对方,否则对方对于其原通讯方式的通知视为有效通知。

第十四条　争议解决与适用法律(通用条款)

14.1　本协议的订立、效力、解释、履行和争议的解决均适用中华人民共和国的法律。

14.2　凡因本合同引起的或与本合同有关的任何争议,由双方协商解决;协商不成的,按下列第□1/□2 种方式(二选一)解决:

14.2.1　任何一方均有权将争议提交设在________________(地点)的________________仲裁委员会,按照申请仲裁时该会现行有效的仲裁规则进行仲裁。仲裁裁决是终局的,对双方均有约束力。

14.2.2　任何一方均有权向________人民法院起诉。

第十五条　合同权利和义务的转让

除合同中另有规定或经双方协商同意外,本合同所规定双方的任何权利和义务,任何一方在未征得另一方书面同意之前,不得转让给第三者。任何转让,未经另一方书面明确同意,均属无效。

第十六条　合同的解释

16.1　本合同文本由□甲方□乙方提供,其已采取合理的方式提请对方注意免除或者限制其责任的条款并予以说明;甲乙双方对本合同各条款的内容均充分理解并经协商达成一致同意。

16.2　本合同的理解与解释应依据合同目的和文本原意进行,本合同的标题仅是为了阅读方便而设,不应影响本合同的解释。

第十七条　合同效力和签署

17.1　本合同对每一方的继承人和受让人均有约束力。

17.2　本合同的任何一方未能及时行使本合同项下的权利不应被视为放弃该权利,也不影响该方在将来行使该权利。

17.3　如果本合同中的任何条款无论因何种原因完全或部分无效或不具有执行力,或违反任何适用的法律,则该条款被视为删除。但本合同的其余条款仍应有效并且有约束力。

17.4　本合同一式两份,双方各执一份,具有同等法律效力。

17.5　本合同经双方签字、盖章,以最后签字、盖章日期为本合同生效日期。本合同未尽事宜,需修订或变更时由双方签署补充合同,补充合同与本合同具有同等法律效力。

17.6　本合同之任何修改除非经双方以书面形式签署确认,否则均属无效。

第十八条　合同附件

18.1　本合同未尽事宜,依照有关法律、法规执行,法律、法规未作规定的,甲乙双方可以达成书面补充合同。本合同的附件和补充合同均为本合同不可分割的组成部分,与本合同具有同等的法律效力。

18.2　本合同及本合同的附件和补充合同内空格部分填写的文字与印刷文字

具有同等法律效力。

18.3　本合同附件如下：

(1) 甲方相关证件；

(2) 费用标准；

(3) 剧组规章制度；

(4) 摄制计划和摄制预算；

(5) 乙方身份证件复印件。

甲方：
(盖章)

授权代表签字：
签字日期：
合同签订地点：

乙方：
(盖章)

授权代表签字：
签字日期：

聘请音乐作品创作者合同

合同适用范围

《聘请音乐作品创作者合同》是影视作品的制片单位(即本合同的聘请单位)根据拍摄影视剧的需要聘用他人创作音乐作品的合同。

聘用创作的音乐作品一般为词作品、曲作品。聘用音乐作品创作者合同适用于影视剧的主题曲、片头曲、插曲、片尾曲、背景音乐的创作等范畴,由影视制作单位与被聘用者就音乐作品的创作内容、创作时间、用途以及报酬等条款协商一致后签署。

特别风险提示

1. 明确委托创作标的:即聘用创作的是词作品、曲作品还是词曲作品及作品交付的形式及标准。

2. 明确创作音乐作品的使用方式:即所创作的音乐作品用于影视剧的主题曲、片头曲、插曲、片尾曲、背景音乐等的哪一部分。

3. 明确创作音乐作品的权属:即是属于影视制作单位还是属于被聘用者。如果属于被聘用者,由于影视制作单位作为制片者对影视剧享有整体著作权,因此应当约定影视制作单位有权在全世界范围内永久使用该音乐作品,且可以转授权于第三方。但上述使用仅以在该影视剧的范畴内为限。

4. 明确聘用费用:即无偿还是有偿,是有偿的话,费用多少、计算方式、支付方式都要明确约定。

5. 制片单位可能最终未能采用受聘方提交的音乐作品,但只要受聘方提交的作品符合合同约定的要求,制片单位仍应按照合同约定支付酬金,对此,可在合同中明确约定。

*　　*　　*

聘请音乐作品创作者合同(范本)

合同编号:

甲方(聘请单位):
住所地:
通信地址:
邮政编码:
法定代表人(如甲方为法人单位):
签约代表人(如甲方为法人单位):
合同联系人:
证件名称及号码(如甲方为自然人):
联系电话:
传真:
电子信箱:

乙方(受聘方):
住所地:
通信地址:
邮政编码:
联系电话:
传真:
电子信箱:

鉴于:

1. 甲方是依法成立并取得合法从事电影(电视剧)制作资格的法人机构。

2. 乙方具有创作、制作音乐作品的能力和经验。

3. 甲方决定聘请乙方为电影(电视剧)《________________》(暂定名)创作音乐作品,乙方同意接受甲方的聘请。

甲乙双方根据《中华人民共和国合同法》、《中华人民共和国著作权法》、《电影管理条例》、《广播电视管理条例》等法律、法规的规定以及平等自愿、诚实信用、等价有偿的原则,经友好协商,特达成本合同,以兹共同遵守。

第一条　工作期限、工作内容和工作地点

1.1　乙方工作开始的时间按下列第________种方式确定:

(1) 乙方应于______年______月______日起开始音乐作品的创作工作。

(2) 甲方第一次向乙方发出工作任务指示之日。

(3) 其他:____。

1.2　乙方工作结束的时间按下列第________种方式确定:

(1) 乙方应于______年______月______日前向甲方提交的最终音乐作品经甲方审核认可后,乙方的工作结束。

(2) 其他:

1.3 乙方的工作包括以下第________项:

(1) 创作的音乐包括:片头音乐/片尾音乐/主题音乐/情绪音乐/情境音乐/人物主题音乐/同步音乐/效果音乐/(甲方指定的其他)的曲作品/词作品/词曲作品;

(2) 根据甲方(包括导演)要求参加甲方组织召开的与音乐创作有关的工作会议;

(3) 对甲方(包括导演)提出的合理修改意见,对作品予以修改;

(4) 协助甲方制作乙方创作的本条第 1.3 款第(1)项约定的音乐作品;

(5) 制作并录制完成本条第 1.3 款第(1)项约定的音乐作品;

(6) 提交音乐作品的形式为:作品总谱/成品光碟/(模拟/数字)/________(其他甲方指定的形式);

(7) 根据广电主管部门电影(电视剧)的审查意见、甲方及导演的调整需要,适时完善最终定稿音乐作品及音乐效果;

(8) 其他:____。

1.4 乙方的具体工作安排为:

(1) 乙方应于______年______月______日前向甲方提交音乐作品核心段落的小样;

(2) 乙方应于______年______月______日前向甲方提交音乐作品的定稿;

(3) 于______年______月______日前,乙方根据甲方的通知,协助甲方完成音乐作品的后期合成工作。

1.5 甲方应自收到第 1.4 款约定的音乐作品之日起______日内提出审核意见并书面通知乙方。如甲方提出修改意见,乙方应自收到该修改意见之日起______日提交修改稿。如甲方未在本款约定期限内将审核结果或修改意见通知乙方,视为甲方确认并认可乙方提交的音乐作品,乙方完成合同约定的工作。

1.6 甲方联系人________为甲方履行接收、审查音乐作品的授权代理人,负责保持与乙方的工作沟通和协调、接收乙方提交的音乐作品、对乙方提交的音乐作品出具修改、确认等审核意见。甲方对音乐作品定稿的审核通过以甲方联系人________签字确认为准。

第二条 酬金及支付方式

2.1 甲方应向乙方支付酬金人民币________元。

2.2 酬金按照以下方式分________期支付:

(1) 甲方应自本合同签署之日起______日内向乙方支付定金人民币________元。本合同得以实际履行之日即乙方按照本合同第 1.1 款的约定开始工作之日,此定金自动转为甲方向乙方支付的酬金。

若因甲方原因导致本合同未能实际履行,则甲方无权要求乙方返还定金;若因乙方原因导致本合同未能实际履行,则乙方应向甲方双倍返还定金;

(2) 甲方应自乙方提交音乐作品核心段落小样之日起______日内向乙方支付人民币________元;

(3) 甲方应自审核确定音乐作品之日起______日内向乙方支付人民币________元;

(4) 其他:____。

(注:可根据约定的其他工作内容和工作期限对酬金支付予以调整、确定。)

2.3　甲乙双方约定的其他方式

2.3.1　由乙方负责制作并录制完成音乐作品的,甲方将另行支付相关录制费用人民币________元。

2.3.2　该录制费用包括但不限于:聘请词作者的费用、租用录音棚的费用、音乐录制设备费用、音乐录音师的费用、相关人员的住宿、饮食和交通费。

2.4　关于税费

2.4.1　前述酬金及分红均为税前/税后。

2.4.2　甲方应代乙方向税务部门缴纳相关税款,并向乙方提供缴税发票。

第三条　制作要求和标准

3.1　片头音乐:名称/词(中文普通话/粤语/英语/其他)/曲/配乐/风格/时长

3.2　片尾音乐:名称/词(中文普通话/粤语/英语/其他)/曲/配乐/风格/时长

3.3　主题音乐:名称/词(中文普通话/粤语/英语/其他)/曲/配乐/风格/时长

3.4　同步音乐:名称/词(中文普通话/粤语/英语/其他)/曲/配乐/风格/时长

3.5　效果音乐:名称/词(中文普通话/粤语/英语/其他)/曲/配乐/风格/时长

3.6　甲方指定的其他音乐:名称/词(中文普通话/粤语/英语/其他)/曲/配乐/风格/时长

第四条　著作权及相关权利

4.1　音乐作品著作权的归属按下列第________种方式确定:

(1) 著作权由乙方享有,但甲方享有录制该作品用于电影(电视剧)、相关衍生产品、宣传片、预告片以及其他宣传活动中,且甲方无须另行支付酬金。

(2) 著作权中的署名权由乙方享有,其他权利由甲方享有。

(3) 其他:

(注:如果约定除署名权外的其他著作权由甲方享有,则甲方即享有了该剧本出版发行、改编以及以其他形式使用的权利,且无须再向乙方支付费用,乙方应根

据授权的范围和种类对酬金的确定进行考量。)

4.2　前述第4.1款约定的音乐作品包括乙方定稿作品以及其未完成全部创作但已向甲方提交完成的部分。

4.3　如果甲乙双方选择按照第4.1款第(1)项的方式确定音乐作品著作权归属,甲方需要以本合同约定之外的方式使用作品的,应征得乙方同意并另行签署书面合同。如果甲乙双方选择按照第4.1款第(2)项的方式确定音乐作品著作权归属,则甲方享有电影(电视剧)全部音乐以及委托乙方创作音乐的完整版权,以及电影(电视剧)音乐之CD、卡拉OK、DVD、VCD、其他音视频流媒体等产品及其他载体的全世界范围之出版权音乐的版权及其收益权,甲方可以在各类节目、任何载体上使用或者改编该作品,而无需征得乙方同意。在不与本合同约定相冲突的前提下,乙方有权无偿使用其为本片创作的音乐内容。

4.4　根据第4.1款所确定的著作权归属方式,甲方所取得的摄制权的范围仅限于:电影/电视剧,甲方依法享有摄制完成的电影(电视剧)的著作权。

4.5　乙方履行了本合同约定的全部义务后,依法享有在电影(电视剧)及相关衍生产品中的署名权。

4.6　若甲方另行委托第三人对乙方创作完成的音乐作品进行修改,不得因此影响乙方的署名权和其他合法权益。但因乙方存在违约或过错情形,甲方解除本合同的,甲方有权另行聘请他人在乙方创作的基础上继续完成作品的创作工作,在此情况下,乙方不再享有其已提交部分音乐作品的著作权。

4.7　为宣传、推广电影(电视剧)的需要,甲方有权无偿使用或许可播放者、发行者使用乙方的姓名和肖像,并及于相关衍生产品或服务。

4.8　甲方摄制完成的电影(电视剧)获得国家级奖项(含国际奖项)的,甲方承诺在获奖之日起______日内给予乙方奖金人民币________元。

4.9　甲方摄制完成的电影(电视剧)获得与乙方有关的相关单项奖的,乙方有权单独享有相应的荣誉(称号)及奖金。

4.10　自乙方按照本合同第一条的约定向甲方交付音乐作品之日起______日内,甲方未用于拍摄电影(电视剧)的,则甲方根据第4.1款、第4.3款和第4.4款所享有的著作权宣告终止,上述权利将由乙方享有。

第五条　保证与承诺(通用条款)

5.1　双方保证:如果一方在本合同中所作出的陈述存在任何虚假或不真实,或如果违反其在本合同中所作出的保证,并给另一方造成损失的,该一方应向受损失方承担违约责任,视情节之严重程度,相对方享有要求解约、索赔以及要求承担定金、违约金等违约责任的权利。

5.2　甲方保证和承诺

5.2.1　甲方保证:甲方系经依法注册并合法存续的电影制片单位。

5.2.2　甲方保证:已(将)取得《摄制电影许可证》。

5.2.3　甲方保证:于______年______月______日前取得《摄制电影许可证(单片)》。

[如为电视剧该条为:

5.2.1　甲方保证:系经依法注册并合法存续的电视剧制作单位。

5.2.2　甲方保证:已取得《电视剧制作许可证(甲种)》并在有效期内。

5.2.3　甲方保证:于______年______月______日前取得《电视剧制作许可证(乙种)》(如已取得甲种证,则无需另行申请乙种证)。]

5.3　乙方保证和承诺

5.3.1　乙方保证:有权自行签署本合同并有能力履行本合同下的所有义务。

5.3.2　乙方承诺:在本合同约定的工作期间,乙方应专职为甲方工作,未经甲方同意,乙方不得受聘于甲方以外的任何第三方。

5.3.3　乙方承诺:乙方为摄制电影(电视剧)而进行的筹备、构思或提供的所有素材、创意等皆系自己原创,不会对任何第三方的合法权益造成侵犯。

5.3.4　乙方承诺:乙方原创的文学剧本不存在侵犯任何第三方的著作权以及其他合法权益,否则,由此引起的纠纷由乙方承担全部责任,并赔偿甲方因此遭受的全部经济损失。

第六条　甲方的权利义务

6.1　甲方享有音乐作品的最终修改权,如对作品持有异议,甲方有权要求乙方按照甲方的意见进行修改。

6.2　甲方有权决定是否在电影(电视剧)中使用乙方提交的音乐作品,但乙方按照本合同第一条和第三条约定的要求和标准履行合同义务的,甲方应按照合同约定支付相应酬金。

6.3　如果甲方要求乙方到指定地点工作,甲方应承担乙方的住宿、饮食及往返交通费用。费用标准详见附件1。

6.4　为宣传、推广电影(电视剧)的需要,甲方有权要求乙方参加电影(电视剧)的开机仪式、首映式以及其他宣传活动,无须就此向乙方支付酬金;如果该类活动发生在本合同约定的乙方工作期限之后,乙方仍应积极参与和配合。

6.5　甲方要求乙方参加的宣传活动最多不超过________次;否则,每超过1次应向乙方支付税前(税后)人民币________元,乙方亦有权拒绝甲方的要求。

6.6　甲方要求乙方参加宣传活动,应承担乙方的住宿、饮食及往返交通费用。

费用标准详见附件1。

6.7 甲方未按照第6.3和6.6款规定的标准向乙方履行合同义务的,乙方有权按照该款规定的标准自行安排并先行垫付,甲方根据实际发生的费用票据予以报销;

6.8 如因甲方原因,未能在电影(电视剧)中采用乙方的音乐作品,甲方仍应按照本合同第三条的规定向乙方支付酬金。

第七条 乙方的权利义务

7.1 在本合同约定的工作期间,乙方应专职为甲方工作,未经甲方同意,乙方不得与甲方以外的任何第三方签署类似工作性质的合同。

7.2 乙方在工作期间内应接受甲方合理指导和建议,及时、勤勉、经济、高效地完成本合同约定的工作。

7.3 乙方应当保持和甲方的沟通、联系,但甲方不得干预乙方的正当权限或违反行业惯例。

7.4 乙方应严格履行本合同第三条规定的作品要求和标准,未经甲方同意,乙方不得擅自更改。

7.5 乙方应保证其原创的音乐作品不存在侵犯任何第三方的著作权以及其他合法权益,否则,由此引起的纠纷由乙方承担全部责任,并赔偿甲方因此遭受的全部经济损失。

第八条 违约责任

8.1 甲方未履行或未按约定履行合同义务,应按如下情形分别承担相应的违约责任:

(1) 甲方未按约定向乙方支付酬金,每逾期1日应向乙方支付未付酬金的________%作为违约金;

(2) 如果乙方不存在违约或过错情形,甲方解除合同的,应向乙方支付尚未支付的酬金;

(3) 乙方依据第10.4款的规定解除本合同的,甲方应向乙方支付尚未支付的酬金。

(4) ____。

8.2 乙方未履行或未按约定履行合同义务,应按如下情形分别承担相应的违约责任:

(1) 乙方因自身原因未能按照本合同第二条和第三条的规定完成工作的,每逾期1日应向甲方支付违约金人民币________元;

(2) 如果甲方不存在违约或过错情形,乙方提前解除合同的,应向甲方支付违约金人民币________元(或约定为“退还已支付的酬金并赔偿甲方因此而遭受的全部经济损失”)；

(3) 甲方根据第10.3款第(1)、(2)项的规定解除本合同的，乙方应向甲方支付违约金人民币________元(或约定为“退还已支付的酬金并赔偿甲方因此而遭受的全部经济损失”)。

第九条　合同的变更(通用条款)

对于本合同的修改、补充或其他变更，须由双方协商一致，以书面的形式作出。经修改、补充及变更的条款及内容为本合同不可分割的组成部分，与本合同具有同等法律效力。

第十条　合同的解除

10.1　本合同一经签订，除法定和约定事由外，未经双方协商一致，任何一方不得单方解除。

10.2　任何一方违反本合同载明的保证和承诺、恶意或故意怠于履行本合同的义务致使合同履行困难且无法通过本合同明确约定的违约责任承担方式解决的，经守约方书面催告后仍怠于履行本合同的义务的，均视为根本违约，守约方有权解除本协议。违约方应当按照法律规定承担缔约过失责任、违约责任和损害赔偿责任。

10.3　发生下列情形之一，甲方有权解除本合同：

(1) 乙方因自身原因未能按照本合同第二条的规定完成工作的，经甲方催告后______日内仍未能完成工作并向甲方提交的；

(2) 乙方违反其在本合同中所作的保证和承诺，或其保证和承诺存在虚假或不真实；

(3) 乙方部分或完全丧失民事行为能力致使其不能继续履行本合同；

甲方根据本项规定解除本合同的，乙方无须返还甲方已支付的酬金，亦无须赔偿甲方因此遭受的经济损失，甲方无须继续支付酬金，并有权使用乙方已提交的音乐作品；

(4) 其他：____。

10.4　发生下列情形之一，乙方有权解除本合同：

(1) 甲方拖欠乙方酬金累计达到乙方全部应得酬金的________%；

(2) 甲方延期支付乙方酬金累计或连续超过________天；

(3) 甲方违反其在本合同第八条所作的保证和承诺，或其保证和承诺存在虚假或不真实；

(4) 甲方破产、解散或被依法吊销企业法人营业执照；

(5) 其他：____。

10.5 一方要求解除合同的,应向另一方发出书面的解约通知,本合同自解约通知送达另一方当日解除。

第十一条 保密

11.1 双方互相承诺对其本人以及公司、雇员、代理人或顾问等因为签订本合同而收到或获取的所有资料、信息(以下简称“保密信息”),包括与本合同条款相关、与谈判有关的、与剧情以及摄制有关的、与另一方的商业或事件有关的等与电影(电视剧)有关的一切资料和信息,严格加以保密;除了本合同第11.3款的规定外,将不得在电影(电视剧)公映前利用或披露或泄露给任何人任何上述保密信息。

11.2 乙方应妥善保管甲方交予的与电影(电视剧)相关的全部资料、文件,并于完成本合同约定工作或解除本合同后返还甲方。保密信息一旦泄露,泄露方应及时通知。

11.3 若其中一方因法律、法规、主管部门或相关监管机构的要求或规定而需要披露任何保密资料,该一方将在法律许可的情况下,尽快把这种要求或规定通知对方,以使对方可寻求适当补救方法防止披露或豁免该一方遵守本协议的条款。若未能取得适当的补救或本协议项下的豁免,而必须披露保密资料,该一方可以将保密资料中必须披露的部分予以披露。

11.4 一方违反本合同第十一条约定的保密义务给另一方造成损失的,应赔偿给另一方造成的全部经济损失。

第十二条 不可抗力(通用条款)

12.1 本合同所称不可抗力,是指任何一方在签署本合同时不可预见、不能克服且无法避免的,并阻碍该方全部或部分履行本合同义务的情形,包括地震、天灾、叛乱、暴动、内乱、战争、任何政府政策、法律法规的调整以及政府行为等其他事由或因素。

12.2 发生不可抗力事件,导致受影响的一方因此无法履行任何本合同项下义务的,则在不可抗力事件持续期间,因此受阻履行的义务应予中止,履行期限应自动延长,且受阻履行义务的一方免除相应违约责任。

12.3 声称受到不可抗力事件影响的一方应尽可能在最短的时间内通过书面形式将不可抗力事件的发生通知另一方,并在该不可抗力事件发生后10日内向另一方提供关于此种不可抗力事件及其持续时间的适当证据及合同不能履行或者需要延期履行的书面资料。声称不可抗力事件导致其对本合同的履行在客观上成为不可能或不实际的一方,有责任尽一切合理的努力消除或减轻此等不可抗力事件的影响。

12.4 不可抗力事件发生时,双方应立即通过友好协商决定如何执行本合同,还应当尽一切合理努力,将该不可抗力事件的后果减小到最低程度。不可抗力事件或其影响终止或消除后，双方须立即恢复履行各自在本合同项下的各项义务。如不可抗力及其影响无法终止或消除而致使合同任何一方丧失继续履行合同的能力，则双方可协商解除合同或暂时延迟合同的履行，且遭遇不可抗力一方无须为此承担责任。当事人迟延履行后发生不可抗力的，不能免除责任。

12.5　如果不可抗力事件持续期间超过______日并且各方未能就公正的解决办法达成一致，任何一方可按照本协议第10.5款的规定解除本合同。

第十三条　通知与送达（通用条款）

13.1　甲乙双方因履行本意向合同而相互发出或者提供的所有通知、文件、资料等，均应按照本合同首部所列明的通讯地址、传真、电子邮件以邮寄或传真或电子邮件方式送达；一方如果迁址或者变更电话、电子邮件应当书面通知对方，否则发至本合同首部所列明的通讯地址或者传真、电子邮件系统的通知、文件、资料均视为有效送达。

13.2　以邮寄方式送达的，另一方签收之日视为送达；签收之日不明确的，以信件寄出或者投邮之日后第三日视为送达。通过传真、电子邮件方式送达的，通知、文件、资料等数据电文进入另一方系统之时视为送达；通知、文件、资料等数据电文进入另一方系统之时不明确的，以传真、电子邮件发出后的第二日视为送达。

13.3　任何一方的通讯地址、通讯号码或联系人如果发生变化，应当在该变更发生后的3日之内通知对方，否则对方对于其原通讯方式的通知视为有效通知。

第十四条　争议解决与适用法律（通用条款）

14.1　本协议的订立、效力、解释、履行和争议的解决均适用中华人民共和国的法律。

14.2　凡因本合同引起的或与本合同有关的任何争议，由双方协商解决；协商不成的，按下列第□1/□2种方式（二选一）解决：

14.2.1　任何一方均有权将争议提交设在________________（地点）的________________仲裁委员会，按照申请仲裁时该会现行有效的仲裁规则进行仲裁。仲裁裁决是终局的，对双方均有约束力。

14.2.2　任何一方均有权向________人民法院起诉。

第十五条　合同权利和义务的转让

除合同中另有规定或经双方协商同意外，本合同所规定双方的任何权利和义务，任何一方在未征得另一方书面同意之前，不得转让给第三者。任何转让，未经另一方书面明确同意，均属无效。

第十六条　合同的解释

16.1　本合同文本由□甲方□乙方提供，其已采取合理的方式提请对方注意免除或者限制其责任的条款并予以说明;甲乙双方对本合同各条款的内容均充分理解并经协商达成一致同意。

16.2 本合同的理解与解释应依据合同目的和文本原意进行,本合同的标题仅是为了阅读方便而设,不应影响本合同的解释。

第十七条 合同效力和签署

17.1 本合同对每一方的继承人和受让人均有约束力。

17.2 本合同的任何一方未能及时行使本合同项下的权利不应被视为放弃该权利,也不影响该方在将来行使该权利。

17.3 如果本合同中的任何条款无论因何种原因完全或部分无效或不具有执行力,或违反任何适用的法律,则该条款被视为删除。但本合同的其余条款仍应有效并且有约束力。

17.4 本合同一式两份,双方各执一份,具有同等法律效力。

17.5 本合同经双方签字、盖章,以最后签字、盖章日期为本合同生效日期。本合同未尽事宜,需修订或变更时由双方签署补充合同,补充合同与本合同具有同等法律效力。

17.6 本合同之任何修改除非经双方以书面形式签署确认,否则均属无效。

第十八条 合同附件

18.1 本合同未尽事宜,依照有关法律、法规执行,法律、法规未作规定的,甲乙双方可以达成书面补充合同。本合同的附件和补充合同均为本合同不可分割的组成部分,与本合同具有同等的法律效力。

18.2 本合同及本合同的附件和补充合同内空格部分填写的文字与印刷文字具有同等法律效力。

18.3 本合同附件如下:

(1) 费用标准;

(2) 乙方身份证件复印件;

(3) ______________________________。

甲方:	乙方:
(盖章)	(盖章)
授权代表签字:	授权代表签字:
签字日期:	签字日期:
合同签订地点:	

聘请音乐作品演唱者合同

（与演唱者本人签订）

合同适用范围

《聘请音乐作品演唱者合同》是影视作品的制片单位（即本合同的聘请单位）聘请他人演唱并录制音乐作品的合同。

合同的主要内容是影视制作单位聘用演唱者将已有的词曲作品演唱并录制成可供影视剧使用的录音作品。《聘用音乐作品演唱者合同》适用于影视剧的主题曲、片头曲、插曲、片尾曲、背景音乐的录制等范畴，由影视制作单位与演唱者就演唱音乐作品的时间、质量、用途以及报酬等条款协商一致后签署。

特别风险提示

1. 明确表演者权的权属：即是属于影视制作单位还是属于演唱者。如果属于演唱者，由于影视制作单位作为制片者对影视剧享有整体著作权，因此应当约定影视制作单位有权在全世界范围内永久使用该表演者权中的财产权利，且可以转授权于第三方。但上述使用仅以在该影视剧的范畴内为限。

2. 明确权属来源：演唱的词曲作品应当具有合法的授权。演唱者的演唱应当获得其演出经纪公司的许可。演出经纪公司签署的合同应当得到演唱者的书面确认。

3. 明确使用方式：即所创作的录音作品用于影视剧的主题曲、片头曲、插曲、片尾曲、背景音乐等的哪一部分。

4. 明确录制费用：即无偿还是有偿，是有偿的话费用多少、计算方式、支付方式都要明确约定。

*　　　*　　　*

聘请音乐作品演唱者合同(范本)

合同编号:

甲方(聘请单位):
住所地:
通信地址:
邮政编码:
法定代表人(如甲方为法人单位):
签约代表人(如甲方为法人单位):
合同联系人:
证件名称及号码(如甲方为自然人):
联系电话:
传真:
电子信箱:

乙方(受聘方):
住所地:
通信地址:
邮政编码:
联系电话:
传真:
电子信箱:

鉴于:

1. 甲方是依法成立并取得合法从事电影(电视剧)制作资格的法人机构。

2. 乙方是具有音乐作品演唱经验的表演者。

3. 甲方决定聘请乙方为电影(电视剧)《________________》(暂定名)演唱并录制音乐作品,乙方同意接受甲方的聘请。

甲乙双方根据《中华人民共和国合同法》、《中华人民共和国著作权法》、《电影管理条例》、《广播电视管理条例》等法律、法规的规定以及平等自愿、诚实信用、等价有偿的原则,经友好协商,特达成本合同,以兹共同遵守。

第一条　工作期限、工作内容和工作地点

1.1　乙方工作开始的时间按下列第________种方式确定:

(1) 乙方应于______年______月______日起开始音乐作品的演唱和录制工作。

(2) 甲方第一次向乙方发出工作任务指示之日。

(3) 其他:____。

1.2　乙方工作结束的时间按下列第________种方式确定:

(1) 音乐制片录制完成,乙方的工作结束。

(2) 其他：________________________________。

1.3 由甲方向乙方提供音乐作品的词曲书稿和其他演唱与录制作品必需的资料，乙方的工作包括以下第________项：

(1) 演唱的音乐包括：片头音乐/片尾音乐/主题音乐/情绪音乐/情境音乐/人物主题音乐/同步音乐/效果音乐/(甲方指定的其他)；

(2) 乙方在音乐作品的演唱中担任独唱/对唱/主唱/合唱/伴唱；

(3) 根据甲方(包括导演)要求参加甲方组织召开的与音乐创作有关的工作会议；

(4) 根据甲方(包括导演)提出的合理修改意见，对作品予以修改；

(5) 根据主管部门电影(电视剧)的审查意见、甲方及导演的调整需要，适时完善最终定稿音乐作品及音乐效果。

(6) 其他：________________________________。

1.4 甲方或甲方指定的联系人应自乙方录制音乐作品之日起______日内提出审核意见并书面通知乙方。如甲方提出修改通知，乙方应自收到该修改通知之日起______日内按照甲方的要求进行修改演唱和录制。甲方的修改不得超过3次，如乙方经3次修改，甲方仍不满意，乙方不再承担合同义务，乙方工作视为结束。

1.5 甲方联系人________，负责保持与乙方的工作沟通和协调、向乙方提供音乐作品的词曲书稿和其他演唱与录制作品必需的资料、对乙方录制的音乐作品提出修改、确认等审核意见。

第二条 酬金及支付方式

2.1 甲方应向乙方支付酬金人民币________元。

2.2 酬金按照以下方式分________期支付：

(1) 甲方应自本合同签署之日起______日内向乙方支付定金人民币________元。本合同得以实际履行之日即乙方按照本合同第1.1款的约定开始工作之日，此定金自动转为甲方向乙方支付的酬金。

若因甲方原因导致本合同未能实际履行，则甲方无权要求乙方返还定金；若因乙方原因导致本合同未能实际履行，则乙方应向甲方双倍返还定金；

(2) 甲方应自结束工作之日起______日内向乙方支付人民币________元；

(3) 其他：________________________________。

(注：可根据约定的其他工作内容和工作期限对酬金支付予以调整、确定。)

2.3 甲乙双方约定的其他方式：

2.4 关于税费

2.4.1 前述酬金及分红均为税前/税后。

2.4.2 甲方应代乙方向税务部门缴纳相关税款,并向乙方提供缴税发票。

第三条 制作要求和标准

3.1 片头音乐:名称/词(中文普通话/粤语/英语/其他)/曲/配乐/风格/时长

3.2 片尾音乐:名称/词(中文普通话/粤语/英语/其他)/曲/配乐/风格/时长

3.3 主题音乐:名称/词(中文普通话/粤语/英语/其他)/曲/配乐/风格/时长

3.4 同步音乐:名称/词(中文普通话/粤语/英语/其他)/曲/配乐/风格/时长

3.5 效果音乐:名称/词(中文普通话/粤语/英语/其他)/曲/配乐/风格/时长

3.6 甲方指定的其他音乐:名称/词(中文普通话/粤语/英语/其他)/曲/配乐/风格/时长

第四条 著作权及相关权利

4.1 乙方作为表演者享有的权利的归属按下列第________种方式确定:

(1)由乙方享有,但甲方享有将乙方录制的作品用于电影(电视剧)、相关衍生产品、宣传片、预告片以及其他宣传活动的权利,且甲方无须另行支付酬金。

(2)署名权由乙方享有,其他权利由甲方享有。

(3)其他:____。

(注:如果约定除署名权外的其他著作权由甲方享有,则甲方即享有了该剧本出版发行、改编以及以其他形式使用的权利,且无须再向乙方支付费用,乙方应根据授权的范围和种类对酬金的确定进行考量。)

4.2 如果甲乙双方选择按照第4.1款第(1)项的方式确定权利的归属,甲方需要以本合同约定之外的方式使用作品的,应征得乙方同意并另行签署书面合同。如果甲乙双方选择按照第4.1款第(2)项的方式确定剧本著作权归属,则甲方享有电影(电视剧)全部音乐以及乙方演唱音乐的完整版权,以及电影(电视剧)音乐之CD、卡拉OK、DVD、VCD、其他音视频流媒体等产品及其他载体的全世界范围之出版权音乐的版权及其收益权,甲方可以在各类节目、任何载体上使用或者改编该作品,而无需征得乙方同意。在不与本合同约定相冲突的前提下,乙方有权无偿使用其为本片创作的音乐内容。

4.3 根据第4.1款所确定的著作权归属方式,甲方所取得的摄制权的范围仅限于:电影/电视剧,甲方依法享有摄制完成的电影(电视剧)的著作权。

4.4 乙方履行了本合同约定的全部义务后,依法享有在电影(电视剧)及相关衍生产品中的署名权。

4.5 为宣传、推广电影(电视剧)的需要,甲方有权无偿使用或许可播放者、发行者使用乙方的姓名和肖像,并及于相关衍生产品或服务。

4.6　甲方摄制完成的电影（电视剧）获得国家级奖项（含国际奖项）的，甲方承诺在获奖之日起______日内给予乙方奖金人民币________元。

4.7　甲方摄制完成的电影（电视剧）获得与乙方有关的相关单项奖的，乙方有权单独享有相应的荣誉（称号）及奖金。

第五条　保证与承诺（通用条款）

5.1　双方保证：如果一方在本合同中所作出的陈述存在任何虚假或不真实，或如果违反其在本合同中所作出的保证，并给另一方造成损失的，该一方应向受损失方承担违约责任，视情节之严重程度，相对方享有要求解约、索赔以及要求承担定金、违约金等违约责任的权利。

5.2　甲方保证和承诺

5.2.1　甲方保证：甲方系经依法注册并合法存续的电影制片单位。

5.2.2　甲方保证：已（将）取得《摄制电影许可证》。

5.2.3　甲方保证：于______年______月______日前取得《摄制电影许可证（单片）》。

[如为电视剧该条为：

5.2.1　甲方保证：系经依法注册并合法存续的电视剧制作单位。

5.2.2　甲方保证：已取得《电视剧制作许可证（甲种）》并在有效期内。

5.2.3　甲方保证：于______年______月______日前取得《电视剧制作许可证（乙种）》（如已取得甲种证，则无需另行申请乙种证）。]

5.3　乙方保证和承诺

5.3.1　乙方保证：有权自行签署本合同并有能力履行本合同下的所有义务。

5.3.2　未经甲方或甲方指定联系人的书面授权，除本合同约定的演唱和录制工作之外，乙方不得在其他场合演唱该音乐作品。

第六条　甲方的权利义务

6.1　甲方享有音乐作品的最终修改权，如对作品持有异议，甲方有权要求乙方按照甲方的意见进行修改。

6.2　甲方有权决定是否在电影（电视剧）中使用乙方演唱、录制的音乐作品，但乙方按照本合同第一条和第三条约定的要求和标准履行合同义务的，甲方应按照合同约定支付相应酬金。

6.3　如果甲方要求乙方到指定地点工作，甲方应承担乙方的住宿、饮食及往返交通费用。费用标准详见附件1。

6.4　为宣传、推广电影（电视剧）的需要，甲方有权要求乙方参加电影（电视剧）的开机仪式、首映式以及其他宣传活动，无须就此向乙方支付酬金；如果该类活动发生在本合同约定的乙方工作期限之后,乙方仍应积极参与和配合。

6.5 甲方要求乙方参加的宣传活动最多不超过________次;否则,每超过一次应向乙方支付税前(税后)人民币________元,乙方亦有权拒绝甲方的要求。

6.6 甲方要求乙方参加宣传活动,应承担乙方的住宿、饮食及往返交通费用。费用标准详见附件1。

6.7 甲方未按照第6.3和6.6款规定的标准向乙方履行合同义务的,乙方有权按照该款规定的标准自行安排并先行垫付,甲方根据实际发生的费用票据予以报销。

6.8 如因甲方原因,未能在电影(电视剧)中采用乙方的音乐作品,甲方仍应按照本合同第三条的规定向乙方支付酬金。

第七条 乙方的权利义务

7.1 在本合同约定的工作期间,乙方应专职为甲方工作,未经甲方同意,乙方不得与甲方以外的任何第三方签署类似工作性质的合同。

7.2 乙方在工作期间内应接受甲方合理指导和建议,及时、勤勉、经济、高效地完成本合同约定的工作,但甲方的指导和管理行为不得干涉乙方的正常工作或违反行业惯例。

7.3 乙方应当保持和甲方的沟通、联系,但甲方不得干预乙方的正当权限或违反行业惯例。

7.4 乙方应严格履行本合同第三条规定的作品要求和标准,未经甲方同意,乙方不得擅自更改。

7.5 乙方应保证其原创的音乐作品不存在侵犯任何第三方的著作权以及其他合法权益,否则,由此引起的纠纷由乙方承担全部责任,并赔偿甲方因此遭受的全部经济损失。

第八条 违约责任

8.1 甲方未履行或未按约定履行合同义务,应按如下情形分别承担相应的违约责任:

(1) 甲方未按约定向乙方支付酬金,每逾期1日应向乙方支付未付酬金的________%作为违约金;

(2) 如果乙方不存在违约或过错情形,甲方解除合同的,应向乙方支付尚未支付的酬金;

(3) 乙方依据第10.4款的规定解除本合同的,甲方应向乙方支付尚未支付的酬金;

(4) ____。

8.2 乙方未履行或未按约定履行合同义务,应按如下情形分别承担相应的违约责任:

(1) 乙方因自身原因未能按照本合同第二条和第三条的规定完成工作的,每逾期1日应向甲方支付违约金人民币________元;

(2) 如果甲方不存在违约或过错情形,乙方提前解除合同的,应向甲方支付违约金人民币________元(注:或约定为"退还已支付的酬金并赔偿甲方因此而遭受的全部经济损失");

(3) 甲方根据第10.3款第(1)、(2)项的规定解除本合同的,乙方应向甲方支付违约金人民币________元(注:或约定为"退还已支付的酬金并赔偿甲方因此而遭受的全部经济损失")。

第九条 合同的变更(通用条款)

对于本合同的修改、补充或其他变更,须由双方协商一致,以书面的形式作出。经修改、补充及变更的条款及内容为本合同不可分割的组成部分,与本合同具有同等法律效力。

第十条 合同的解除

10.1 本合同一经签订,除法定和约定事由外,未经双方协商一致,任何一方不得单方解除。

10.2 任何一方违反本合同载明的保证和承诺、恶意或故意怠于履行本合同的义务致使合同履行困难且无法通过本合同明确约定的违约责任承担方式解决的,经守约方书面催告后仍怠于履行本合同的义务的,均视为根本违约,守约方有权解除本协议。违约方应当按照法律规定承担缔约过失责任、违约责任和损害赔偿责任。

10.3 发生下列情形之一,甲方有权解除本合同:

(1) 乙方因自身原因未能按照本合同第二条的规定完成工作的,经甲方催告后______日内仍未能完成工作并向甲方提交的;

(2) 乙方违反其在本合同中所作的保证和承诺,或其保证和承诺存在虚假或不真实;

(3) 乙方部分或完全丧失民事行为能力致使其不能继续履行本合同;

甲方根据本项规定解除本合同的,乙方无须返还甲方已支付的酬金,亦无须赔偿甲方因此遭受的经济损失,甲方无须继续支付酬金,并有权使用乙方已提交的音乐作品;

(4) 其他:____。

10.4 发生下列情形之一,乙方有权解除本合同:

(1) 甲方拖欠乙方酬金累计达到乙方全部应得酬金的________%;

(2) 甲方延期支付乙方酬金累计或连续超过________天;

(3) 甲方违反其在本合同第八条所作的保证和承诺,或其保证和承诺存在虚假或不真实;

(4) 甲方破产、解散或被依法吊销企业法人营业执照;

(5) 其他:

10.5 一方要求解除合同的,应向另一方发出书面的解约通知,本合同自解约通知送达另一方当日解除。

第十一条 保密

11.1 双方互相承诺对其本人以及公司、雇员、代理人或顾问等因为签订本合同而收到或获取的所有资料、信息(以下简称"保密信息"),包括与本合同条款相关、与谈判有关的、与剧情以及摄制有关的、与另一方的商业或事件有关的等与电影(电视剧)有关的一切资料和信息,严格加以保密;除了本合同第11.3款的规定外,将不得在电影(电视剧)公映前利用或披露或泄露给任何人任何上述保密信息。

11.2 乙方应妥善保管甲方交予的与电影(电视剧)相关的全部资料、文件,并于完成本合同约定工作或解除本合同后返还甲方。保密信息一旦泄露,泄露方应及时通知。

11.3 若其中一方因法律、法规、主管部门或相关监管机构的要求或规定而需要披露任何保密资料,该一方将在法律许可的情况下,尽快把这种要求或规定通知对方,以使对方可寻求适当补救方法防止披露或豁免该一方遵守本协议的条款。若未能取得适当的补救或本协议项下的豁免,而必须披露保密资料,该一方可以将保密资料中必须披露的部分予以披露。

11.4 一方违反本合同第十一条约定的保密义务给另一方造成损失的,应赔偿给另一方造成的全部经济损失。

第十二条 不可抗力(通用条款)

12.1 本合同所称不可抗力,是指任何一方在签署本合同时不可预见、不能克服且无法避免的,并阻碍该方全部或部分履行本合同义务的情形,包括地震、天灾、叛乱、暴动、内乱、战争、任何政府政策、法律法规的调整以及政府行为等其他事由或因素。

12.2 发生不可抗力事件,导致受影响的一方因此无法履行任何本合同项下义务的,则在不可抗力事件持续期间,因此受阻履行的义务应予中止,履行期限应自动延长,且受阻履行义务的一方免除相应违约责任。

12.3 声称受到不可抗力事件影响的一方应尽可能在最短的时间内通过书面形式将不可抗力事件的发生通知另一方，并在该不可抗力事件发生后10日内向另一方提供关于此种不可抗力事件及其持续时间的适当证据及合同不能履行或者需要延期履行的书面资料。声称不可抗力事件导致其对本合同的履行在客观上成为不可能或不实际的一方，有责任尽一切合理的努力消除或减轻此等不可抗力事件的影响。

12.4 不可抗力事件发生时，双方应立即通过友好协商决定如何执行本合同，还应当尽一切合理努力，将该不可抗力事件的后果减小到最低程度。不可抗力事件或其影响终止或消除后，双方须立即恢复履行各自在本合同项下的各项义务。如不可抗力及其影响无法终止或消除而致使合同任何一方丧失继续履行合同的能力，则双方可协商解除合同或暂时延迟合同的履行，且遭遇不可抗力一方无须为此承担责任。当事人迟延履行后发生不可抗力的，不能免除责任。

12.5 如果不可抗力事件持续期间超过______日并且各方未能就公正的解决办法达成一致，任何一方可按照本协议第10.5款的规定解除本合同。

第十三条 通知与送达(通用条款)

13.1 甲乙双方因履行本意向合同而相互发出或者提供的所有通知、文件、资料等，均应按照本合同首部所列明的通讯地址、传真、电子邮件以邮寄或传真或电子邮件方式送达；一方如果迁址或者变更电话、电子邮件应当书面通知对方，否则发至本合同首部所列明的通讯地址或者传真、电子邮件系统的通知、文件、资料均视为有效送达。

13.2 以邮寄方式送达的，另一方签收之日视为送达；签收之日不明确的，以信件寄出或者投邮之日后第三日视为送达。通过传真、电子邮件方式送达的，通知、文件、资料等数据电文进入另一方系统之时视为送达；通知、文件、资料等数据电文进入另一方系统之时不明确的，以传真、电子邮件发出后的第二日视为送达。

13.3 任何一方的通讯地址或通讯号码或联系人如果发生变化，应当在该变更发生后的3日之内通知对方，否则对方对于其原通讯方式的通知视为有效通知。

第十四条 争议解决与适用法律(通用条款)

14.1 本协议的订立、效力、解释、履行和争议的解决均适用中华人民共和国的法律。

14.2 凡因本合同引起的或与本合同有关的任何争议，由双方协商解决；协商不成的，按下列第□1/□2种方式(二选一)解决：

14.2.1 任何一方均有权将争议提交设在________________(地点)的______

________仲裁委员会,按照申请仲裁时该会现行有效的仲裁规则进行仲裁。仲裁裁决是终局的,对双方均有约束力。

14.2.2　任何一方均有权向________人民法院起诉。

第十五条　合同权利和义务的转让

除合同中另有规定或经双方协商同意外,本合同所规定双方的任何权利和义务,任何一方在未征得另一方书面同意之前,不得转让给第三者。任何转让,未经另一方书面明确同意,均属无效。

第十六条　合同的解释

16.1　本合同文本由□甲方□乙方提供,其已采取合理的方式提请对方注意免除或者限制其责任的条款并予以说明;甲乙双方对本合同各条款的内容均充分理解并经协商达成一致同意。

16.2　本合同的理解与解释应依据合同目的和文本原意进行,本合同的标题仅是为了阅读方便而设,不应影响本合同的解释。

第十七条　合同效力和签署

17.1　本合同对每一方的继承人和受让人均有约束力。

17.2　本合同的任何一方未能及时行使本合同项下的权利不应被视为放弃该权利,也不影响该方在将来行使该权利。

17.3　如果本合同中的任何条款无论因何种原因完全或部分无效或不具有执行力,或违反任何适用的法律,则该条款被视为删除。但本合同的其余条款仍应有效并且有约束力。

17.4　本合同一式两份,双方各执一份,具有同等法律效力。

17.5　本合同经双方签字、盖章,以最后签字、盖章日期为本合同生效日期。本合同未尽事宜,需修订或变更时由双方签署补充合同,补充合同与本合同具有同等法律效力。

17.6　本合同之任何修改除非经双方以书面形式签署确认,否则均属无效。

第十八条　合同附件

18.1　本合同未尽事宜,依照有关法律、法规执行,法律、法规未作规定的,甲乙双方可以达成书面补充合同。本合同的附件和补充合同均为本合同不可分割的组成部分,与本合同具有同等的法律效力。

18.2　本合同及本合同的附件和补充合同内空格部分填写的文字与印刷文字具有同等法律效力。

18.3　本合同附件如下:

(1) 费用标准;

(2) 乙方身份证件复印件；

(3) ____。

甲方：	乙方：
(盖章)	(盖章)
授权代表签字：	授权代表签字：
签字日期：	签字日期：
合同签订地点：	

聘请电影(电视剧)演员合同

(与演员本人签订)

合同适用范围

本合同为影视作品的制片单位(即本合同的聘请单位)与演员本人签署。

特别风险提示(示范合同重点为第一条、第二条、第三条、第五条和第六条)

1. 建议合同各方注意防范如下风险:

(1) 建议尽可能详细明确受聘方的工作内容,包括工作时间、具体角色、工作条件、完成约定工作的要求和标准等。

(2) 建议对于酬金的金额、计算和支付方式予以明确约定,包括是否给予分红或奖励,如为电视剧合同,关于酬金的支付也可以按集数标准确定。

(3) 由于演员,尤其是主要演员,是影响影视作品拍摄的最重要的人员之一,细化约定双方在合同解除、违约等方面可能出现的情形及相关责任,以有效保证影视作品的顺利完成及守约方的合法权益。

2. 建议聘请单位注意防范如下风险:

(1) 影视作品的拍摄需要各种专业人员的配合,除应高度重视人员之间的协调、沟通外,还建议制定明确的分工职责要求及各类规章制度,以作为各类人员日常遵守的规则,以及解决剧组内部人事纠纷、矛盾的依据。

(2) 由于影视作品没有法定或约定俗成的质量标准,为了确保制片单位经济利益的实现,聘请单位除在合同签订前应与受聘方充分沟通、了解外,还应尽可能将与受聘方达成一致的拟拍摄影视作品的风格、标准及其他要求约定在合同中。

3. 建议受聘方注意防范如下风险:

(1) 签订合同前注意审查聘请单位的资质情况,包括制片单位的相关资格、许可证以及拟拍摄影视作品是否取得许可的情况,以保证工作的有效付出。

(2) 建议约定定金条款,以防止出现在受聘方根据聘请单位要求安排了工作档期,聘请单位却在拍摄工作开始前单方解除合同,给受聘方造成经济损失的情况。

（3）受聘方在拍摄期间对待遇有特殊要求的，应在合同中予以明确约定，否则对于约定之外的要求将不能得到有效保证。

* * *

聘请电影（电视剧）演员合同（范本）

合同编号：

甲方（聘请单位）：	乙方（受聘方）：
住所地：	住所地：
通信地址：	通信地址：
邮政编码：	邮政编码：
法定代表人（如甲方为法人单位）：	联系电话：
签约代表人（如甲方为法人单位）：	传真：
合同联系人：	电子信箱：
证件名称及号码（如甲方为自然人）：	
联系电话：	
传真：	
电子信箱：	

鉴于：

1．甲方是依法成立并取得合法从事电影（电视剧）制作资格的法人机构。

2．甲方取得的资格和相关许可证包括：

（1）取得《摄制电影许可证》；

（2）取得计划摄制电影《________________》（以下简称“电影”）的《摄制电影许可证（单片）》；

（3）取得《电视剧制作许可证（甲种）》；

（4）取得《广播电视节目制作经营许可证》；

（5）取得计划摄制电视剧《________________》的（以下简称“电视剧”）《电视剧制作许可证（乙种）》；

(6) 其他:____。

以上相关许可证详见附件1。

3. 乙方具有饰演电影(电视剧)角色的相关经验。

4. 甲方决定聘请乙方担任电影(电视剧)《________________》(暂定名)的演员,乙方同意接受甲方的聘请。

甲乙双方根据《中华人民共和国合同法》、《电影管理条例》、《广播电视管理条例》等法律、法规的规定以及平等自愿、诚实信用、等价有偿的原则,经友好协商,特达成本合同,以兹共同遵守。

第一条 工作期限、工作内容和工作地点

1.1 乙方工作开始的时间按下列第________种方式确定:

(1) 乙方应于______年______月______日前到达甲方指定的地点,并向甲方履行报到手续。

(2) 甲方第一次向乙方发出工作任务指示之日。

(3) 其他:____。

1.2 乙方工作结束的时间按下列第________种方式确定:

(1) 电影(电视片)拍摄完成停机之日。

(2) 乙方在电影(电视片)中饰演的角色剧情拍摄完毕之日。

(3) 其他:____。

1.3 乙方的工作包括但不限于:

(1) 出演电影(电视片)中的________角色;

(2) 参加配音、补拍、重拍等不超出演员专业职责范围的其他工作;

(3) 参加需要由乙方参与的各项后期制作;

(4) 根据甲方要求参加甲方组织召开的与电影(电视片)摄制工作有关的工作会议;

(5) 参加筹备会、试装、试拍等拍摄筹备期内需要演员参与的工作;

(6) 以下危险场次和镜头拍摄时,甲方应适用替身演员代替乙方出演:

① ____;

② ____;

③ ____。

1.4 乙方的工作地点包括但不限于:

(1) ____;

(2) ____;

(3) 以及甲方要求或指定的其他地点。

1.5 乙方在本合同工作期间每天的平均工作时间不超过12小时，每周超过平均工作时间不超过________次，超过前述约定的工作时间，甲方应向乙方支付每小时人民币________元的加班费。（注：关于工作时间也可约定为：本合同工作期间实行不定时工作制。）

第二条 酬金、支付方式及其他费用、待遇（相对通用条款）

2.1 甲方按下列第________种方式向乙方支付酬金：

（1）固定酬金方式，甲方向乙方支付酬金人民币________元。

（注：如为电视剧可以按集数确定酬金，本条可以约定为：）

甲方按每集________元整的标准向乙方支付酬金，集数暂定为________集，共计人民币________元。最终酬金按《电视剧发行许可证》标注的集数计算实际酬金。

（2）固定酬金加分红方式，其中：

甲方向乙方支付的固定酬金为人民币________元；甲乙双方履行本合同全部义务后电影（电视片）完成拍摄并发行的，甲方除向乙方支付固定酬金外，还应向乙方支付分红款，支付标准为电影（电视片）获得的纯利润的________%。纯利润是指：____。

2.2 支付方式

2.2.1 固定酬金按照以下方式分________期支付：

（1）甲方应自本合同签署之日起______日内向乙方支付定金人民币________元。本合同得以实际履行之日即乙方按照本合同第1.1款的约定开始工作之日，此定金自动转为甲方向乙方支付的酬金。

若因甲方原因导致本合同未能实际履行，则甲方无权要求乙方返还定金；若因乙方原因导致本合同未能实际履行，则乙方应向甲方双倍返还定金；

（2）甲方应自乙方按照本合同第1.1款的约定开始工作之日起______日内向乙方支付人民币________元；

（3）甲方应自电影（电视片）开机之日起______日内向乙方支付人民币________元；

（4）甲方应自电影（电视片）完成摄制计划的一半工作内容之日起______日内向乙方支付人民币________元；

（5）甲方应自电影（电视片）停机之日起______日内向乙方支付人民币________元；

（6）甲方应自电影（电视片）完成后期制作之日起______日内向乙方支付人民币________元；

(7) 甲方应自乙方按照本合同第1.2款的约定结束工作之日起______日内向乙方支付人民币________元。

(8) 固定酬金包括平日和节假日期间的加班费用。(注:该条可根据计划工作时间选择适用)

2.2.2　分红的支付:甲方应自完成电影(电视片)的财务决算(包括收入及纯利润)之日起______日内向乙方支付。

2.3　如非因乙方原因,电影(电视片)拍摄延期或甲方要求增加集数或天数的,则甲方应按照增加拍摄每集/每天人民币________元向乙方支付报酬。

2.4　如非因乙方原因,在本合同第1.2款约定的工作结束之后,乙方饰演角色的剧情需要重录或补录配音的,如在一个工作日内的,乙方应予配合,甲方无需支付酬金;如超过一个工作日的,甲方应按每天人民币________元向乙方支付报酬。

2.5　关于税费

2.5.1　前述酬金及分红均为税前(税后)。

2.5.2　甲方应代乙方向税务部门缴纳相关税款,并向乙方提供缴税发票。

2.6　其他费用和待遇

2.6.1　从乙方工作开始之日起至工作结束之日止(包括第2.3款和第2.4款的情况下),甲方应负责安排乙方在工作地点的住宿、饮食和交通,费用由甲方承担。

2.6.2　甲方应承担乙方往返国内各工作地点的交通费用;若乙方因本合同约定工作之外的原因往返工作地点的交通费用甲方不予承担。

2.6.3　若甲方要求乙方到国外的拍摄场地工作,甲方应负责办理相关证件和手续,并承担一切相关费用。

2.6.4　甲方应于______年______月______日前为乙方指派或聘请________名经乙方认可的秘书或助理,费用由甲方承担。

(注:如乙方要求甲方承担其助理费用,也可以不约定本款,而在第2.6.6项费用标准中将助理的相关问题予以明确。)

2.6.5　甲方应为乙方办理合同生效期间的商业保险,具体包括:

(1) 意外伤害保险;

(2) 意外伤害医疗保险;

(3) 其他:____。

在履行本合同项下约定工作期间,如因甲方原因造成乙方人身意外伤害,根据保险合同的有关规定进行赔偿后仍不足以补偿乙方的实际损失的,由甲方予以赔偿;如因乙方违反规章制度造成乙方人身意外伤害的,相关责任和损失、费用由乙方自行承担。

2.6.6　甲方应承担的乙方相关费用标准详见附件2。

2.6.7　甲方未按照本款规定的标准向乙方履行合同义务的,乙方有权按照该款规定的标准自行安排并先行垫付,甲方根据实际发生的费用票据予以报销。

第三条　著作权及相关权利(相对通用条款)

3.1　甲方依法享有电影(电视片)的著作权,包括但不限于电影(电视片)的发行权、放映权、广播权、展览权、改编权、汇编权及信息网络传播权等,以及剧中人物造型、剧照、台词及相关文字材料的相应权利。

3.2　乙方履行了本合同约定的全部义务后,依法享有在电影(电视片)及相关衍生产品中的署名权。

3.3　为宣传、推广电影(电视片)的需要,甲方有权无偿使用或许可播放者、发行者使用乙方的姓名和肖像,并及于相关衍生产品或服务。

3.4　甲方摄制完成的电影(电视片)获得国家级奖项(含国际奖项)的,甲方承诺在获奖之日起______日内给予乙方奖金人民币________元。

3.5　甲方摄制完成的电影(电视片)获得与乙方有关的相关单项奖的,乙方有权单独享有相应的荣誉(称号)及奖金。

第四条　保证与承诺(通用条款)

4.1　双方保证:如果一方在本合同中所作出的陈述存在任何虚假或不真实,或如果违反其在本合同中所作出的保证,并给另一方造成损失的,该一方应向受损失方承担违约责任,视情节之严重程度,相对方享有要求解约、索赔以及要求承担定金、违约金等违约责任的权利。

4.2　甲方保证和承诺

4.2.1　甲方保证:甲方系经依法注册并合法存续的电影制片单位。

4.2.2　甲方保证:已(将)取得《摄制电影许可证》。

4.2.3　甲方保证:于______年______月______日前取得《摄制电影许可证(单片)》。

[如为电视剧该条为:

4.2.1　甲方保证:系经依法注册并合法存续的电视剧制作单位。

4.2.2　甲方保证:已取得《电视剧制作许可证(甲种)》并在有效期内。

4.2.3　甲方保证:于______年______月______日前取得《电视剧制作许可证(乙种)》(如已取得甲种证,则无需另行申请乙种证)。]

4.2.4　甲方承诺:电影(电视剧)不会包含任何侵害乙方合法权益或者违反国

家法律禁止性规定的内容。

4.2.5 甲方承诺:不会让乙方从事明显危及人身安全和体力不及之动作,并且不得要求乙方在拍摄过程中作出色情、裸露或其他低级下流之动作和台词,除乙方作出明确书面确认的情况外。

4.3 乙方保证和承诺

4.3.1 乙方保证:有权自行签署本合同并有能力履行本合同下的所有义务。

4.3.2 乙方承诺:在本合同约定的工作期间,乙方应专职为甲方工作,未经甲方同意,乙方不得受聘于甲方以外的任何第三方。

4.3.3 乙方承诺:乙方为摄制电影(电视剧)而进行的筹备、构思或提供的所有素材、创意等皆系自己原创,不会对任何第三方的合法权益造成侵犯。

4.3.4 乙方承诺:遵守甲方制定并公告的一切规章制度(见附件3)。

第五条 甲方的权利义务

5.1 甲方应于______年______月______日前向乙方提供初步摄制计划(见本合同附件4)。

5.2 甲方应于______年______月______日前向乙方提供电影(电视剧)的文学剧本及与拍摄相关的其他资料。

5.3 甲方不得擅自变更摄制计划;甲方不得擅自对人物、情节等进行实质性更改。

5.4 甲方有权决定乙方是否适合出演该角色,并作出终止合同或更换角色的决定,但应向乙方支付已实际出演的集数或工作天数的相应酬金,还应向乙方支付________元作为补偿金。

5.5 甲方应提供乙方在电影(电视剧)中的服装、道具、化装造型等。

5.6 为宣传、推广电影(电视剧)的需要,甲方有权要求乙方参加电影(电视剧)的开机仪式、首映式以及其他宣传活动,无须就此向乙方支付酬金;如果该类活动发生在本合同约定的乙方工作期限之后,乙方仍应积极参与和配合。

5.7 甲方要求乙方参加的宣传活动最多不超过________次;否则,每超过一次应向乙方支付税前(税后)人民币________元,乙方亦有权拒绝甲方的要求。

5.8 甲方要求乙方参加宣传活动,应承担乙方的住宿、饮食及往返交通费用。费用标准及承担方式同第2.6款的规定。

第六条 乙方的权利义务

6.1 乙方在接到剧本后,即应认真揣摩剧中的人物角色,为拍摄做好各项准备工作。

6.2 乙方在工作期间内应接受甲方的管理,遵守甲方的各项规章制度,及时、勤勉、经济、高效地进行电影(电视剧)的摄制工作。

6.3 乙方应当保持和甲方的沟通、联系,但甲方不得干预乙方的正当权限或违反行业惯例。

6.4 乙方在拍摄期间,如遇到个人特殊情况确需请假,必须经过甲方同意并签字批准后方可离开,所需费用均有乙方自理。未经同意擅自离岗或逾期返组而影响剧组的拍摄工作,将视作是乙方违约行为,所产生的一切后果均由乙方自行承担。

6.5 乙方应按照剧本进行拍摄和制作,未经甲方同意,乙方不得擅自对人物、情节等进行实质性更改。

6.6 在该剧全部拍摄、补拍工作完成前,乙方应保持在此期间的形体、发型等外表特征不得随意变更。

6.7 乙方可以为本剧争取各种形式(实物或场地提供、资金等)的赞助,该赞助应报经甲方同意并统一管理使用。

6.8 争取赞助所需签订的相关合同应由甲方签署或甲乙双方共同签署。

6.8.1 赞助资金或赞助实物等均用于本合同电影(电视剧)的拍摄,并以该资金或实物价值(双方协商估价、评估或拍卖价格)由剧组财务人员入账核算。

6.8.2 对于乙方争取的赞助,甲方应向乙方支付赞助资金或相应价值税前(税后)的________%作为奖励费。

第七条 违约责任

7.1 甲方未履行或未按约定履行合同义务,应按如下情形分别承担相应的违约责任:

(1) 因甲方原因导致乙方未能按摄制计划如期完成电影(电视剧)的拍摄,每逾期1日应向乙方支付违约金人民币________元;

(2) 甲方未按约定向乙方支付酬金,每逾期1日应向乙方支付未付酬金的________%作为违约金;

(3) 如果乙方不存在违约或过错情形,甲方解除合同的,应向乙方支付尚未支付的酬金;

(4) 乙方依据第9.4款的规定解除本合同的,甲方应向乙方支付尚未支付的酬金;

(5) 其他:____。

7.2 乙方未履行或未按约定履行合同义务,应按如下情形分别承担相应的违约责任:

(1) 因乙方原因导致未能按摄制计划如期完成电影(电视剧)的拍摄,每逾期

1 日应向甲方支付违约金人民币________元;

(2) 因乙方拍摄时擅自更改剧本而导致电影(电视剧)未能通过相关机构的审查,乙方应赔偿甲方因此而遭受的全部经济损失;

(3) 在本合同约定工作期间,乙方为其他第三方工作应征得甲方同意,否则应向甲方支付违约金人民币________元;

(4) 如果甲方不存在违约或过错情形,乙方提前解除合同的,应向甲方支付违约金人民币________元(注:或约定为"退还已支付的酬金并赔偿甲方因此而遭受的全部经济损失");

(5) 甲方根据第 9.3 款第(1)、(2)、(5)项的规定解除本合同的,乙方应向甲方支付违约金人民币________元;

(6) 甲方根据第 9.3 款第(3)、(4)项的规定解除本合同的,甲方不再向乙方支付尚未发生的酬金;

(7) 乙方须保持甲方因该剧演出为乙方设定的发型,如因乙方在此期间改变该特定发型而影响拍摄进度,乙方应承担违约责任,甲方有权要求乙方按照合同约定酬金的 10% 支付违约金,并赔偿甲方由此产生的损失。

第八条　合同的变更(通用条款)

对于本合同的修改、补充或其他变更,须由双方协商一致,以书面的形式作出。经修改、补充及变更的条款及内容为本合同不可分割的组成部分,与本合同具有同等法律效力。

第九条　合同的解除

9.1　本合同一经签订,除法定和约定事由外,未经双方协商一致,任何一方不得单方解除。

9.2　任何一方违反本合同载明的保证和承诺、恶意或故意怠于履行本合同的义务,致使合同履行困难且无法通过本合同明确约定的违约责任承担方式解决的,经守约方书面催告后仍怠于履行本合同的义务的,均视为根本违约,守约方有权解除本协议。违约方应当按照法律规定承担缔约过失责任、违约责任和损害赔偿责任。

9.3　发生下列情形之一,甲方有权解除本合同:

(1) 乙方因自身原因不能履行本合同规定的义务,累计或连续超过________天;

(2) 乙方违反其在本合同第四条所作的保证和承诺,或其保证和承诺存在虚假或不真实;

(3) 乙方部分或完全丧失民事行为能力致使其不能继续履行本合同;

(4) 乙方违反规章制度(包括财务制度)达________次以上,严重影响摄制计划的完成;

(5) 乙方严重失职,营私舞弊,给甲方及剧组利益造成重大损失的;

(6) 乙方在合同约定的工作期间被依法追究刑事责任的。

9.4 发生下列情形之一,乙方有权解除本合同:

(1) 非因乙方原因,甲方延迟开机超过______日的;

(2) 甲方拖欠乙方酬金累计达到乙方全部应得酬金的________%;

(3) 甲方延期支付乙方酬金累计或连续超过________天;

(4) 甲方违反其在本合同第四条所作的保证和承诺,或其保证和承诺存在虚假或不真实;

(5) 甲方被依法吊销《摄制电影许可证》或《摄制电影许可证(单片)》[《电视剧制作许可证(甲种)》或《电视剧制作许可证(乙种)》];

(6) 甲方破产、解散或被依法吊销企业法人营业执照;

(7) 甲方违反本合同第5.3款的约定。

9.5 一方要求解除合同的,应向另一方发出书面的解约通知,本合同自解约通知送达另一方当日解除(注:如在摄制期间一方提出解约并当日生效可能严重影响拍摄工作,本条也可以增加约定:但在解除生效之日起______日内双方仍应履行本合同项下约定的各项工作和义务)。

9.6 非因双方过错,出现当事人不能控制的情况,致使拍摄延期,甲乙双方应立即采取补救措施,并协商确定拍摄计划的顺延,甲乙各方因此均无须承担相关违约责任,前述情况包括但不限于:

(1) 天气原因;

(2) 导演、主要演员等主创人员生病、受到意外伤害或死亡;

(3) 第三方原因。

前述规定的情况致使拍摄迟延或中断超过______日,任何一方可按照本协议第9.5款的规定解除本合同。

第十条 保密

10.1 双方互相承诺对其本人以及公司、雇员、代理人或顾问等因为签订本合同而收到或获取的所有资料、信息(以下简称"保密信息"),包括与本合同条款相关的、与谈判有关的、与剧情以及摄制有关的、与另一方的商业或事件有关的等与电影(电视剧)有关的一切资料和信息,严格加以保密;除了本合同第10.3款的规定外,将不得在电影(电视剧)公映前利用或披露或泄露给任何人任何上述保密信息。

10.2 乙方应妥善保管甲方交予的与电影(电视剧)相关的全部资料、文件,并于完成本合同约定工作或解除本合同后返还甲方。保密信息一旦泄露,泄露方应及时通知。

10.3 若其中一方因法律、法规、主管部门或相关监管机构的要求或规定而需要披露任何保密资料,该一方将在法律许可的情况下,尽快把这种要求或规定通知对方,以使对方可寻求适当补救方法防止披露或豁免该一方遵守本协议的条款。若未能取得适当的补救或本协议项下的豁免,而必须披露保密资料,该一方可以将保密资料中必须披露的部分予以披露。

10.4 一方违反本合同第十一条约定的保密义务给另一方造成损失的,应赔偿给另一方造成的全部经济损失。

第十一条 不可抗力(通用条款)

11.1 本合同所称不可抗力,是指任何一方在签署本合同时不可预见、不能克服且无法避免的,并阻碍该方全部或部分履行本合同义务的情形,包括地震、天灾、叛乱、暴动、内乱、战争、任何政府政策、法律法规的调整以及政府行为等其他事由或因素。

11.2 发生不可抗力事件,导致受影响的一方因此无法履行任何本合同项下义务的,则在不可抗力事件持续期间,因此受阻履行的义务应予中止,履行期限应自动延长,且受阻履行义务的一方免除相应违约责任。

11.3 声称受到不可抗力事件影响的一方应尽可能在最短的时间内通过书面形式将不可抗力事件的发生通知另一方,并在该不可抗力事件发生后10日内向另一方提供关于此种不可抗力事件及其持续时间的适当证据及合同不能履行或者需要延期履行的书面资料。声称不可抗力事件导致其对本合同的履行在客观上成为不可能或不实际的一方,有责任尽一切合理的努力消除或减轻此等不可抗力事件的影响。

11.4 不可抗力事件发生时,双方应立即通过友好协商决定如何执行本合同,还应当尽一切合理努力,将该不可抗力事件的后果减小到最低程度。不可抗力事件或其影响终止或消除后,双方须立即恢复履行各自在本合同项下的各项义务。如不可抗力及其影响无法终止或消除而致使合同任何一方丧失继续履行合同的能力,则双方可协商解除合同或暂时延迟合同的履行,且遭遇不可抗力一方无须为此承担责任。当事人迟延履行后发生不可抗力的,不能免除责任。

11.5 如果不可抗力事件持续期间超过______日并且各方未能就公正的解决办法达成一致,任何一方可按照本协议第9.5款的规定解除本合同。

第十二条 通知与送达(通用条款)

12.1 甲乙双方因履行本意向合同而相互发出或者提供的所有通知、文件、资料等,均应按照本合同首部所列明的通讯地址、传真、电子邮件以邮寄或传真或电子邮件方式送达;一方如果迁址或者变更电话、电子邮件应当书面通知对方,否则发至本合同首部所列明的通讯地址或者传真、电子邮件系统的通知、文件、资料均视为有效送达。

12.2　以邮寄方式送达的,另一方签收之日视为送达;签收之日不明确的,以信件寄出或者投邮之日后第三日视为送达。通过传真、电子邮件方式送达的,通知、文件、资料等数据电文进入另一方系统之时视为送达;通知、文件、资料等数据电文进入另一方系统之时不明确的,以传真、电子邮件发出后的第二日视为送达。

12.3　任何一方的通讯地址、或通讯号码或联系人如果发生变化,应当在该变更发生后的 3 日之内通知对方,否则对方对于其原通讯方式的通知视为有效通知。

第十三条　争议解决与适用法律(通用条款)

13.1　本协议的订立、效力、解释、履行和争议的解决均适用中华人民共和国的法律。

13.2　凡因本合同引起的或与本合同有关的任何争议,由双方协商解决;协商不成的,按下列第□1/□2 种方式(二选一)解决:

13.2.1　任何一方均有权将争议提交设在________________(地点)的________________仲裁委员会,按照申请仲裁时该会现行有效的仲裁规则进行仲裁。仲裁裁决是终局的,对双方均有约束力。

13.2.2　任何一方均有权向________人民法院起诉。

第十四条　合同权利和义务的转让

除合同中另有规定或经双方协商同意外,本合同所规定双方的任何权利和义务,任何一方在未征得另一方书面同意之前,不得转让给第三者。任何转让,未经另一方书面明确同意,均属无效。

第十五条　合同的解释

15.1　本合同文本由□甲方□乙方提供,其已采取合理的方式提请对方注意免除或者限制其责任的条款并予以说明;甲乙双方对本合同各条款的内容均充分理解并经协商达成一致同意。

15.2　本合同的理解与解释应依据合同目的和文本原意进行,本合同的标题仅是为了阅读方便而设,不应影响本合同的解释。

第十六条　合同效力和签署

16.1　本合同对每一方的继承人和受让人均有约束力。

16.2　本合同的任何一方未能及时行使本合同项下的权利不应被视为放弃该权利,也不影响该方在将来行使该权利。

16.3 如果本合同中的任何条款无论因何种原因完全或部分无效或不具有执行力,或违反任何适用的法律,则该条款被视为删除。但本合同的其余条款仍应有效并且有约束力。

16.4 本合同一式两份,双方各执一份,具有同等法律效力。

16.5 本合同经双方签字、盖章,以最后签字、盖章日期为本合同生效日期。本合同未尽事宜,需修订或变更时由双方签署补充合同,补充合同与本合同具有同等法律效力。

16.6 本合同之任何修改除非经双方以书面形式签署确认,否则均属无效。

第十七条 合同附件

17.1 本合同未尽事宜,依照有关法律、法规执行,法律、法规未作规定的,甲乙双方可以达成书面补充合同。本合同的附件和补充合同均为本合同不可分割的组成部分,与本合同具有同等的法律效力。

17.2 本合同及本合同的附件和补充合同内空格部分填写的文字与印刷文字具有同等法律效力。

17.3 本合同附件如下:

(1) 甲方相关证件;

(2) 费用标准;

(3) 剧组规章制度;

(4) 摄制计划、工作进度安排;

(5) 乙方身份证件复印件。

(以下无正文)

甲方:	乙方:
(盖章)	(盖章)
授权代表签字:	授权代表签字:
签字日期:	签字日期:
合同签订地点:	

聘请电影(电视剧)演员合同

（与演员所在单位或经纪公司签订）

合同适用范围

本合同为影视作品的制片单位（即本合同的聘请单位）与演员所在单位或所属的经纪公司签署。

特别风险提示（示范合同重点为第一条、第二条、第三条、第五条和第六条）

1. 建议合同各方注意防范如下风险：

(1) 建议尽可能详细明确受聘方的工作内容，包括工作时间、具体角色、工作条件、完成约定工作的要求和标准等。

(2) 建议对于酬金的金额、计算和支付方式予以明确约定，包括是否给予分红或奖励，如为电视剧合同，关于酬金的支付也可以按集数标准确定。

(3) 由于演员，尤其是主要演员，是影响影视作品拍摄的最重要的人员之一，细化约定双方在合同解除、违约等方面可能出现的情形及相关责任，以有效保证影视作品的顺利完成及守约方的合法权益。

2. 建议聘请单位注意防范如下风险：

(1) 需要明确受聘单位与其指派的演员在本合同中的权利义务，要求受聘单位对其指派演员的行为承担全部法律责任。

(2) 影视作品的拍摄需要各种专业人员的配合，除应高度重视人员之间的协调、沟通外，还建议制定明确的分工职责要求及各类规章制度，以作为各类人员日常遵守的规则以及解决剧组内部人事纠纷、矛盾的依据。

(3) 由于影视作品没有法定或约定俗成的质量标准，为了确保制片单位经济利益的实现，聘请单位除在合同签订前应与受聘方充分沟通、了解外，还应尽可能将与受聘方达成一致的拟拍摄影视作品的风格、标准及其他要求约定在合同中。

3. 建议受聘方注意防范如下风险：

(1) 签订合同前注意审查聘请单位的资质情况，包括制片单位的相关资格、许可证以及拟拍摄影视作品是否取得许可的情况,以保证工作的有效付出。

(2) 建议约定定金条款,以防止出现在受聘方根据聘请单位要求安排了工作档期,聘请单位却在拍摄工作开始前单方解除合同,给受聘方造成经济损失的情况。

(3) 受聘方在拍摄期间对待遇有特殊要求的,应在合同中予以明确约定,否则对于约定之外的要求将不能得到有效保证。

* * *

聘请电影(电视剧)演员合同(范本)

合同编号:

甲方(聘请单位):
住所地:
通信地址:
邮政编码:
法定代表人(如甲方为法人单位):
签约代表人(如甲方为法人单位):
合同联系人:
证件名称及号码(如甲方为自然人):
联系电话:
传真:
电子信箱:

乙方(受聘单位):
住所地:
通信地址:
邮政编码:
法定代表人:
签约代表人:
合同联系人:
联系电话:
传真:
电子信箱:

鉴于:

1. 甲方是依法成立并取得合法从事电影(电视剧)制作资格的法人机构。

2. 甲方取得的资格和相关许可证包括:

(1) 取得《摄制电影许可证》;

(2) 取得计划摄制电影《________________》(以下简称“电影”)的《摄制电影许可证(单片)》;

(3) 取得《电视剧制作许可证(甲种)》;

(4) 取得《广播电视节目制作经营许可证》;

(5) 取得计划摄制电视剧《＿＿＿＿＿＿＿＿》的(以下简称“电视剧”)《电视剧制作许可证(乙种)》;

(6) 其他:＿＿＿＿＿＿＿＿＿＿＿＿＿＿＿＿＿＿＿＿＿＿＿＿＿＿＿＿。

以上相关许可证详见附件1。

3. 乙方为依法成立的法人机构,＿＿＿＿为乙方的正式签约演员。

4. ＿＿＿＿具有饰演电影(电视剧)角色的相关经验。

5. 甲方决定聘请乙方担任电影(电视剧)《＿＿＿＿＿＿＿＿》(暂定名)的演员,乙方同意接受甲方的聘请。

甲乙双方根据《中华人民共和国合同法》、《电影管理条例》、《广播电视管理条例》等法律、法规的规定以及平等自愿、诚实信用、等价有偿的原则,经友好协商,特达成本合同,以兹共同遵守。

第一条　工作期限、工作内容和工作地点

1.1　乙方指派的演员(以下简称“演员”)工作开始的时间按下列第＿＿＿＿种方式确定:

(1) 应于＿＿＿年＿＿＿月＿＿＿日前到达甲方指定的地点,并向甲方履行报到手续。

(2) 甲方第一次向乙方发出工作任务指示之日。

(3) 其他:＿＿＿＿＿＿＿＿＿＿＿＿＿＿＿＿＿＿＿＿＿＿＿＿＿＿＿＿。

1.2　演员工作结束的时间按下列第＿＿＿＿种方式确定:

(1) 电影(电视剧)拍摄完成停机之日。

(2) 在电影(电视剧)中饰演的角色剧情拍摄完毕之日。

(3) 其他:＿＿＿＿＿＿＿＿＿＿＿＿＿＿＿＿＿＿＿＿＿＿＿＿＿＿＿＿。

1.3　演员的工作包括但不限于:

(1) 出演电影(电视剧)中的＿＿＿＿角色;

(2) 参加配音、补拍、重拍等不超出演员专业职责范围的其他工作;

(3) 参加需要由乙方参与的各项后期制作;

(4) 根据甲方要求参加甲方组织召开的与电影(电视剧)摄制工作有关的工作会议;

(5) 参加筹备会、试装、试拍等拍摄筹备期内需要演员参与的工作;

(6) 以下危险场次和镜头拍摄时,甲方应适用替身演员代替乙方指派的演员出演:

① ＿＿＿＿＿＿＿＿＿＿＿＿＿＿＿＿＿＿＿＿＿＿＿＿＿＿＿＿＿;

② ____;

③ ____。

1.4　演员的工作地点包括但不限于:

(1) ____;

(2) ____;

(3) 以及甲方要求或指定的其他地点。

1.5　演员在本合同工作期间每天的平均工作时间不超过 12 小时,每周超过平均工作时间不超过________次,超过前述约定的工作时间,甲方应向乙方支付每小时人民币________元的加班费。(注:关于工作时间也可约定为:本合同工作期间实行不定时工作制。)

第二条　酬金、支付方式及其他费用、待遇(相对通用条款)

2.1　甲方按下列第________种方式向乙方支付酬金:

(1) 固定酬金方式,甲方向乙方支付酬金人民币________元。

(注:如为电视剧可以按集数确定酬金,本条可以约定为:)

甲方按每集________元整的标准向乙方支付酬金,集数暂定为________集,共计人民币________元。最终酬金按《电视剧发行许可证》标注的集数计算实际酬金。

(2) 固定酬金加分红方式,其中:

甲方向乙方支付的固定酬金为人民币________元;甲乙双方履行本合同全部义务后电影(电视剧)完成拍摄并发行的,甲方除向乙方支付固定酬金外,还应向乙方支付分红款,支付标准为电影(电视剧)获得的纯利润的________%。纯利润是指:____。

2.2　支付方式

2.2.1　固定酬金按照以下方式分________期支付:

(1) 甲方应自本合同签署之日起______日内向乙方支付定金人民币________元。本合同得以实际履行之日即乙方指派的演员按照本合同第 1.1 款的约定开始工作之日,此定金自动转为甲方向乙方支付的酬金。

若因甲方原因导致本合同未能实际履行,则甲方无权要求乙方返还定金;若因乙方原因导致本合同未能实际履行,则乙方应向甲方双倍返还定金。

(2) 甲方应自乙方指派的演员按照本合同第 1.1 款的约定开始工作之日起______日内向乙方支付人民币________元。

(3) 甲方应自电影(电视剧)开机之日起______日内向乙方支付人民币________元。

(4) 甲方应自电影(电视剧)完成摄制计划的一半工作内容之日起______日内

向乙方支付人民币________元。

(5) 甲方应自电影(电视剧)停机之日起______日内向乙方支付人民币________元。

(6) 甲方应自电影(电视剧)完成后期制作之日起______日内向乙方支付人民币________元。

(7) 甲方应自乙方指派的演员按照本合同第1.2款的约定结束工作之日起______日内向乙方支付人民币________元。

(8) 固定酬金包括平日和节假日期间的加班费用。(注:该条可根据计划工作时间选择适用)

2.2.2 分红的支付:甲方应自完成电影(电视剧)的财务决算(包括收入及纯利润)之日起______日内向乙方支付。

2.3 如非因乙方或乙方指派的演员的原因,电影(电视剧)拍摄延期或甲方要求增加集数或天数的,则甲方应按照增加拍摄每集每天人民币________元向乙方支付报酬。

2.4 如非因乙方或乙方指派的演员的原因,在本合同第1.2款约定的工作结束之后,乙方指派的演员所饰演角色的剧情需要重录或补录配音的,如在1个工作日内的,乙方应予配合,甲方无需支付酬金;如超过1个工作日的,甲方应按每天人民币________元向乙方支付报酬。

2.5 关于税费

2.5.1 前述酬金及分红均为税前(税后)。

2.5.2 甲方应代乙方向税务部门缴纳相关税款,并向乙方提供缴税发票。

2.6 其他费用和待遇

2.6.1 从乙方指派的工作开始之日起至工作结束之日止(包括第2.3款和第2.4款的情况下),甲方应负责安排乙方指派的演员在工作地点的住宿、饮食和交通,费用由甲方承担。

2.6.2 甲方应承担乙方指派的演员往返国内各工作地点的交通费用;若乙方指派的演员因本合同约定工作之外的原因往返工作地点的交通费用甲方不予承担。

2.6.3 若甲方要求乙方指派的演员到国外的拍摄场地工作,甲方应负责办理相关证件和手续,并承担一切相关费用。

2.6.4 甲方应于______年______月______日前为乙方指派的演员指派或聘请________名经乙方认可的秘书或助理,费用由甲方承担。

(注:如乙方要求甲方承担起助理费用,也可以不约定本款,而在第2.6.6款费用标准中将助理的相关问题予以明确)

2.6.5 甲方应为乙方指派的演员办理合同生效期间的商业保险,具体包括:

(1) 意外伤害保险;

(2) 意外伤害医疗保险;

(3) 其他:____。

在履行本合同项下约定工作期间,如因甲方原因造成乙方指派的演员人身意外伤害,根据保险合同的有关规定进行赔偿后仍不足以补偿乙方指派的演员的实际损失的,由甲方予以赔偿;如因乙方指派的演员违反规章制度造成该演员人身意外伤害的,相关责任和损失、费用由乙方自行承担。

2.6.6 甲方应承担的乙方相关费用标准详见附件2。

2.6.7 甲方未按照本款规定的标准向乙方或乙方指派的演员履行合同义务的,乙方有权按照该款规定的标准自行安排并先行垫付,甲方根据实际发生的费用票据予以报销。

第三条 著作权及相关权利(相对通用条款)

3.1 甲方依法享有电影(电视剧)的著作权,包括但不限于电影(电视剧)的发行权、放映权、广播权、展览权、改编权、汇编权及信息网络传播权等,以及剧中人物造型、剧照、台词及相关文字材料的相应权利。

3.2 乙方和乙方指派的演员履行了本合同约定的全部义务后,依法享有在电影(电视剧)及相关衍生产品中的署名权。

3.3 为宣传、推广电影(电视剧)的需要,甲方有权无偿使用或许可播放者、发行者使用乙方指派的演员的姓名和肖像,并及于相关衍生产品或服务。

3.4 甲方摄制完成的电影(电视剧)获得国家级奖项(含国际奖项)的,甲方承诺在获奖之日起______日内给予乙方奖金人民币________元。

3.5 甲方摄制完成的电影(电视剧)获得与乙方指派演员有关的相关单项奖的,乙方有权单独享有相应的荣誉(称号)及奖金。

第四条 保证与承诺(通用条款)

4.1 双方保证:如果一方在本合同中所作出的陈述存在任何虚假或不真实,或如果违反其在本合同中所作出的保证,并给另一方造成损失的,该一方应向受损失方承担违约责任,视情节之严重程度,相对方享有要求解约、索赔以及要求承担定金、违约金等违约责任的权利。

4.2 甲方保证和承诺

4.2.1 甲方保证:甲方系经依法注册并合法存续的电影制片单位。

4.2.2 甲方保证:已(将)取得《摄制电影许可证》。

4.2.3 甲方保证:于______年______月______日前取得《摄制电影许可证(单片)》。

[如为电视剧该条为：

4.2.1　甲方保证：甲方系经依法注册并合法存续的电视剧制作单位。

4.2.2　甲方保证：已取得《电视剧制作许可证（甲种）》并在有效期内。

4.2.3　甲方保证：于______年______月______日前取得《电视剧制作许可证（乙种）》（如已取得甲种证，则无需另行申请乙种证）。]

4.2.4　甲方承诺：电影（电视剧）不会包含任何侵害乙方合法权益或者违反国家法律禁止性规定的内容。

4.2.5　甲方承诺：不会让乙方从事明显危及人身安全和体力不及之动作，并且不得要求乙方在拍摄过程中做出色情、裸露或其他低级下流之动作和台词，除乙方作出明确书面确认的情况外。

4.3　乙方保证和承诺

4.3.1　乙方保证：乙方与乙方指派的演员系劳动合同关系，在本合同约定的工作期限内，乙方与乙方指派的演员之间的劳动合同持续有效，并依法为乙方指派的演员办理了养老、失业、医疗等社会保险。乙方与乙方指派的演员之间的劳动关系纠纷与甲方无关。

（注：如乙方与乙方指派的演员之间为经纪合同关系该条为：）

4.3.1　乙方保证：乙方与乙方指派的演员系经纪代理关系，在本合同约定的工作期限内，乙方与乙方指派的演员之间的经纪代理合同持续有效。乙方与乙方指派的演员之间的经纪代理合同纠纷与甲方无关。

4.3.2　乙方承诺：在本合同有效期内，乙方不会使乙方指派的演员受聘于除甲方以外的其他方，不会给乙方指派的演员安排本合同之外的其他工作。

4.3.3　乙方承诺：在本合同有效期内，因乙方或乙方指派的演员存在违约或其他责任，而导致甲方遭受经济损失的，乙方和乙方指派的演员将承担连带赔偿责任。

第五条　甲方的权利义务

5.1　甲方应于______年______月______日前向乙方指派的演员提供初步摄制计划（见本合同附件4）。

5.2　甲方应于______年______月______日前向乙方指派的演员提供电影（电视片）的文学剧本及与拍摄相关的其他资料。

5.3　甲方不得擅自变更摄制计划；甲方不得擅自对人物、情节等进行实质性更改。

5.4　甲方有权决定乙方是否适合出演该角色，并作出终止合同或更换角色的决定，但应向乙方支付已实际出演的集数或工作天数的相应酬金，还应向乙方支付人民币________元作为补偿金。

5.5　甲方应提供演员在电影(电视剧)中的服装、道具、化装造型等。

5.6　为宣传、推广电影(电视剧)的需要,甲方有权要求演员参加电影(电视剧)的开机仪式、首映式以及其他宣传活动,无须就此向乙方支付酬金;如果该类活动发生在本合同约定的演员工作期限之后,乙方及乙方指派的演员仍应积极参与和配合。

5.7　甲方要求演员参加的宣传活动最多不超过________次;否则,每超过1次应向乙方支付税前(税后)人民币________元,乙方亦有权拒绝甲方的要求。

5.8　甲方要求演员参加宣传活动,应承担演员的住宿、饮食及往返交通费用。费用标准及承担方式同第2.6款的规定。

第六条　乙方及演员的权利义务

6.1　乙方享有按照本合同第二条的约定取得酬金的权利。

6.2　乙方应要求或敦促其指派的演员履行本合同约定的各项义务。

6.3　乙方指派的演员在工作期间内应接受甲方的管理,遵守甲方的各项规章制度,及时、勤勉、经济、高效地进行电影(电视剧)的摄制工作。

6.4　乙方及其指派的演员应当保持和甲方的沟通、联系,但甲方不得干预乙方及其指派演员的正当权限或违反行业惯例。

6.5　乙方指派的演员在拍摄期间,如遇到个人特殊情况确需请假,必须经过甲方同意并签字批准后方可离开,所需费用均由演员自理。未经同意擅自离岗或逾期返组而影响剧组的拍摄工作的,将视作是乙方及其指派的演员的违约行为,所产生的一切后果均由乙方自行承担。

6.6　乙方指派的演员应按照剧本进行拍摄和制作,未经甲方同意,演员不得擅自对人物、情节等进行实质性更改。

6.7　在该剧全部拍摄、补拍工作完成前,乙方指派的演员应保持在此期间的形体、发型等外表特征不得随意变更。

6.8　乙方及其指派的演员可以为本剧争取各种形式(实物或场地提供、资金等)的赞助,该赞助应报经甲方同意并统一管理使用。

6.8.1　争取赞助所需签订的相关合同应由甲方签署或甲乙双方共同签署。

6.8.2　赞助资金或赞助实物等均用于本合同电影(电视剧)的拍摄,并以该资金或实物价值(双方协商估价、评估或拍卖价格)由剧组财务人员入账核算。

6.8.3　对于乙方争取的赞助,甲方应向乙方支付赞助资金或相应价值税前(税后)的________%作为奖励费。

第七条 违约责任

7.1 甲方未履行或未按约定履行合同义务,应按如下情形分别承担相应的违约责任:

(1) 因甲方原因导致演员未能按摄制计划如期完成电影(电视剧)的拍摄,每逾期1日应向乙方支付违约金人民币________元;

(2) 甲方未按约定向乙方支付酬金,每逾期1日应向乙方支付未付酬金的________%作为违约金;

(3) 如果乙方或其指派的演员不存在违约或过错情形,甲方解除合同的,应向乙方支付尚未支付的酬金;

(4) 乙方依据第9.4款的规定解除本合同的,甲方应向乙方支付尚未支付的酬金;

(5) 其他:____。

7.2 乙方或其指派的演员未履行或未按约定履行合同义务,乙方应按如下情形分别承担相应的违约责任:

(1) 因乙方或其指派的演员的原因导致未能按摄制计划如期完成电影(电视剧)的拍摄,每逾期1日应向甲方支付违约金人民币________元;

(2) 因乙方指派的演员拍摄时擅自更改剧本而导致电影(电视剧)未能通过相关机构的审查,乙方应赔偿甲方因此而遭受的全部经济损失;

(3) 在本合同约定工作期间,乙方指派的演员为其他第三方工作应征得甲方同意,否则应向甲方支付违约金人民币________元;

(4) 如果甲方不存在违约或过错情形,乙方提前解除合同的,应向甲方支付违约金人民币________元(注:或约定为"退还已支付的酬金并赔偿甲方因此而遭受的全部经济损失");

(5) 甲方根据第9.3款第(1)、(2)、(5)项的规定解除本合同的,乙方应向甲方支付违约金人民币________元;

(6) 甲方根据第9.3款第(3)、(4)项的规定解除本合同的,甲方不再向乙方支付尚未发生的酬金;

(7) 乙方指派的演员须保持甲方因该剧演出为演员设定的发型,如因演员在此期间改变该特定发型而影响拍摄进度,乙方应承担违约责任,甲方有权要求乙方按照合同约定酬金的10%支付违约金,并赔偿甲方由此产生的损失。

7.3 因乙方指派的演员未履行或未按约定履行合同义务,或因乙方指派的演员的原因造成甲方经济损失,乙方应向甲方承担相应违约以及赔偿的连带责任。

第八条　合同的变更(通用条款)

对于本合同的修改、补充或其他变更,须由双方协商一致,以书面的形式作出。经修改、补充及变更的条款及内容为本合同不可分割的组成部分,与本合同具有同等法律效力。

第九条　合同的解除

9.1　本合同一经签订,除法定和约定事由外,未经双方协商一致,任何一方不得单方解除。

9.2　任何一方违反本合同载明的保证和承诺、恶意或故意怠于履行本合同的义务致使合同履行困难且无法通过本合同明确约定的违约责任承担方式解决的,经守约方书面催告后仍怠于履行本合同的义务的,均视为根本违约,守约方有权解除本协议。违约方应当按照法律规定承担缔约过失责任、违约责任和损害赔偿责任。

9.3　发生下列情形之一,甲方有权解除本合同:

(1) 乙方指派的演员因自身原因不能履行本合同规定的义务,累计或连续超过________天;

(2) 乙方或其指派的演员违反其在本合同第四条所作的保证和承诺以及附件的《承诺书》,或其保证和承诺存在虚假或不真实;

(3) 乙方指派的演员部分或完全丧失民事行为能力致使其不能继续履行本合同;

(4) 乙方指派的演员违反规章制度(包括财务制度)达________次以上,严重影响摄制计划的完成;

(5) 乙方指派的演员严重失职,营私舞弊,给甲方及剧组利益造成重大损失的;

(6) 乙方指派的演员在合同约定的工作期间被依法追究刑事责任的。

9.4　发生下列情形之一,乙方有权解除本合同:

(1) 非因乙方或其指派的演员的原因,甲方延迟开机超过______日的;

(2) 甲方拖欠乙方酬金累计达到乙方全部应得酬金的________%;

(3) 甲方延期支付乙方酬金累计或连续超过________天;

(4) 甲方违反其在本合同第四条所作的保证和承诺,或其保证和承诺存在虚假或不真实;

(5) 甲方被依法吊销《摄制电影许可证》或《摄制电影许可证(单片)》[《电视剧制作许可证(甲种)》或《电视剧制作许可证(乙种)》];

(6) 甲方破产、解散或被依法吊销企业法人营业执照;

(7) 甲方违反本合同第5.3款的约定。

9.5　一方要求解除合同的,应向另一方发出书面的解约通知,本合同自解约通知送达另一方当日解除(注:如在摄制期间一方提出解约并当日生效可能严重影响拍摄工作,本条也可以增加约定:但在解除生效之日起______日内双方仍应履行本合同项下约定的各项工作和义务)。

9.6　非因双方过错,出现当事人不能控制的情况,致使拍摄延期,甲乙双方应立即采取补救措施,并协商确定拍摄计划的顺延,甲乙各方因此均无须承担相关违约责任,前述情况包括但不限于:

(1) 天气原因;

(2) 导演、主要演员等主创人员生病、受到意外伤害或死亡;

(3) 第三方原因。

前述规定的情况致使拍摄迟延或中断超过______日,任何一方可按照本协议第9.5款的规定解除本合同。

第十条　保密

10.1　双方互相承诺对其本人以及公司、雇员、代理人或顾问等因为签订本合同而收到或获取的所有资料、信息(以下简称“保密信息”),包括与本合同条款相关的、与谈判有关的、与剧情以及摄制有关的、与另一方的商业或事件有关的等与电影(电视剧)有关的一切资料和信息,严格加以保密;除了本合同第10.3款的规定外,将不得在电影(电视剧)公映前利用或披露或泄露给任何人任何上述保密信息。

10.2　乙方及其指派的演员应妥善保管甲方交予的与电影(电视剧)相关的全部资料、文件,并于完成本合同约定工作或解除本合同后返还甲方。保密信息一旦泄露,泄露方应及时通知。

10.3　若其中一方因法律、法规、主管部门或相关监管机构的要求或规定而需要披露任何保密资料,该一方将在法律许可的情况下,尽快把这种要求或规定通知对方,以使对方可寻求适当补救方法防止披露或豁免该一方遵守本协议的条款。若未能取得适当的补救或本协议项下的豁免,而必须披露保密资料,该一方可以将保密资料中必须披露的部分予以披露。

10.4　一方违反本合同第十一条约定的保密义务给另一方造成损失的,应赔偿给另一方造成的全部经济损失。

第十一条　不可抗力(通用条款)

11.1　本合同所称不可抗力,是指任何一方在签署本合同时不可预见、不能克服且无法避免的,并阻碍该方全部或部分履行本合同义务的情形,包括地震、天灾、叛乱、暴动、内乱、战争、任何政府政策、法律法规的调整以及政府行为等其他事由或因素。

11.2　发生不可抗力事件,导致受影响的一方因此无法履行任何本合同项下义务的,则在不可抗力事件持续期间,因此受阻履行的义务应予中止,履行期限应自动延长,且受阻履行义务的一方免除相应违约责任。

11.3　声称受到不可抗力事件影响的一方应尽可能在最短的时间内通过书面形式将不可抗力事件的发生通知另一方,并在该不可抗力事件发生后10日内向另一方提供关于此种不可抗力事件及其持续时间的适当证据及合同不能履行或者需要延期履行的书面资料。声称不可抗力事件导致其对本合同的履行在客观上成为不可能或不实际的一方,有责任尽一切合理的努力消除或减轻此等不可抗力事件的影响。

11.4　不可抗力事件发生时,双方应立即通过友好协商决定如何执行本合同,还应当尽一切合理努力,将该不可抗力事件的后果减小到最低程度。不可抗力事件或其影响终止或消除后,双方须立即恢复履行各自在本合同项下的各项义务。如不可抗力及其影响无法终止或消除而致使合同任何一方丧失继续履行合同的能力,则双方可协商解除合同或暂时延迟合同的履行,且遭遇不可抗力一方无须为此承担责任。当事人迟延履行后发生不可抗力的,不能免除责任。

11.5　如果不可抗力事件持续期间超过______日并且各方未能就公正的解决办法达成一致,任何一方可按照本协议第9.5款的规定解除本合同。

第十二条　通知与送达(通用条款)

12.1　甲乙双方因履行本意向合同而相互发出或者提供的所有通知、文件、资料等,均应按照本合同首部所列明的通讯地址、传真、电子邮件以邮寄或传真或电子邮件方式送达;一方如果迁址或者变更电话、电子邮件,应当书面通知对方,否则发至本合同首部所列明的通讯地址或者传真、电子邮件系统的通知、文件、资料均视为有效送达。

12.2　以邮寄方式送达的,另一方签收之日视为送达;签收之日不明确的,以信件寄出或者投邮之日后第三日视为送达。通过传真、电子邮件方式送达的,通知、文件、资料等数据电文进入另一方系统之时视为送达;通知、文件、资料等数据电文进入另一方系统之时不明确的,以传真、电子邮件发出后的第二日视为送达。

12.3　任何一方的通讯地址、或通讯号码或联系人如果发生变化,应当在该变更发生后的3日之内通知对方,否则对方对于其原通讯方式的通知视为有效通知。

第十三条　争议解决与适用法律(通用条款)

13.1　本协议的订立、效力、解释、履行和争议的解决均适用中华人民共和国的法律。

13.2 凡因本合同引起的或与本合同有关的任何争议，由双方协商解决；协商不成的，按下列第□1/□2 种方式（二选一）解决：

13.2.1 任何一方均有权将争议提交设在________（地点）的________仲裁委员会，按照申请仲裁时该会现行有效的仲裁规则进行仲裁。仲裁裁决是终局的，对双方均有约束力。

13.2.2 任何一方均有权向________人民法院起诉。

第十四条 合同权利和义务的转让

除合同中另有规定或经双方协商同意外，本合同所规定双方的任何权利和义务，任何一方在未征得另一方书面同意之前，不得转让给第三者。任何转让，未经另一方书面明确同意，均属无效。

第十五条 合同的解释

15.1 本合同文本由□甲方□乙方提供，其已采取合理的方式提请对方注意免除或者限制其责任的条款并予以说明；甲乙双方对本合同各条款的内容均充分理解并经协商达成一致同意。

15.2 本合同的理解与解释应依据合同目的和文本原意进行，本合同的标题仅是为了阅读方便而设，不应影响本合同的解释。

第十六条 合同效力和签署

16.1 本合同对每一方的继承人和受让人均有约束力。

16.2 本合同的任何一方未能及时行使本合同项下的权利不应被视为放弃该权利，也不影响该方在将来行使该权利。

16.3 如果本合同中的任何条款无论因何种原因完全或部分无效或不具有执行力，或违反任何适用的法律，则该条款被视为删除。但本合同的其余条款仍应有效并且有约束力。

16.4 本合同一式两份，双方各执一份，具有同等法律效力。

16.5 本合同经双方签字、盖章，以最后签字、盖章日期为本合同生效日期。本合同未尽事宜，需修订或变更时由双方签署补充合同，补充合同与本合同具有同等法律效力。

16.6 本合同之任何修改除非经双方以书面形式签署确认，否则均属无效。

第十七条 合同附件

17.1 本合同未尽事宜，依照有关法律、法规执行，法律、法规未作规定的，甲乙双方可以达成书面补充合同。本合同的附件和补充合同均为本合同不可分割的组成部分，与本合同具有同等的法律效力。

17.2 本合同及本合同的附件和补充合同内空格部分填写的文字与印刷文字具有同等法律效力。

17.3 本合同附件如下:

(1) 甲方相关证件;

(2) 费用标准;

(3) 剧组规章制度;

(4) 摄制计划、工作进度安排;

(5) 乙方身份证件复印件。

(以下无正文)

甲方: 乙方:

(盖章) (盖章)

授权代表签字: 授权代表签字:

签字日期: 签字日期:

合同签订地点:

承 诺 书

致________(《聘请电影(电视剧)演员合同》之甲方,下称甲方):

鉴于甲方将要(或已经)与本人的用人单位即________(《聘请电影(电视剧)演员合同》之乙方,下称乙方)签订《聘请电影(电视剧)演员合同》,聘请本人担任电影(电视片)《__________________》(暂定名)中的演员,本人特在此作出承诺如下:

一、本人与乙方已根据《中华人民共和国劳动法》的规定建立了劳动关系并订立有劳动合同,该劳动合同目前系合法有效存续;据此,乙方有权与甲方签订《聘请电影(电视剧)演员合同》(或者:本人与乙方已根据《中华人民共和国合同法》的规定订立了经纪代理合同;该经纪代理合同目前合法有效存续;据此,乙方有权与甲方签订《聘请电影(电视剧)演员合同》),指派本人担任演员。

二、本人愿意接受乙方的指派。

三、本人完全清楚、理解并接受《聘请电影(电视剧)演员合同》中的所有条款;若此合同得以签署并生效,本人将依法遵守并履行应由本人履行的责任和义务。

四、本人具有饰演电影(电视剧)角色的相关经验和能力。本人在签署本承诺书时，任何法院、仲裁机构、行政机关或监管机构均未作出任何足以对本人履行《聘请电影（电视剧）演员合同》产生重大不利影响的判决、裁定、裁决或具体行政行为。

五、本人保证：在与甲方签订的《聘请电影（电视剧）演员合同》中约定的工作期限内，不会受聘于甲方以外的任何第三方。

六、本人保证：向剧组提供的本人的相关资料均真实、合法、有效，不存在任何虚假。

七、本人保证：为摄制电影（电视剧）而进行的筹备、构思或提供的所有素材、创意等皆系自己原创，不会对任何第三方的合法权益造成侵犯。

八、本人承诺：将遵守甲方制定并公告的一切规章制度。

九、本人承诺：在《聘请电影（电视剧）演员合同》有效期内，若本人与乙方之间的劳动合同（或经纪代理合同）终止或解除的，本人仍将履行本合同约定的义务，履行演员职责，直至完成合同规定的全部工作。

十、本人承诺：甲方将《聘请电影（电视剧）演员合同》中约定的酬金及相关费用直接向乙方支付，除非本人与乙方订立的劳动合同（或经纪代理合同）终止或无效，否则本人不会向甲方索取任何性质的酬金或费用。

十一、本人承诺：无论因何原因导致本人与乙方订立的劳动合同（或经纪代理合同）终止或无效，本人将于该劳动合同（或经纪代理合同）终止或无效之日起______日内向甲方出具相关书面证明，否则，本人无权要求甲方直接向本人支付截至甲方收到书面证明之日尚未发生的酬金。

十二、本人承诺：若违反上述任何一项保证和承诺，愿意承担相应的赔偿责任。

演员（签字）：________

______年____月____日

聘请电影（电视剧）特技演员合同

（与演员本人签订）

合同适用范围

本合同为影视作品的制片单位（即本合同的聘请单位）与演员本人签署。

特别风险提示（示范合同重点为第一条、第二条、第三条、第五条和第六条）

1. 建议合同各方注意防范如下风险：

（1）建议尽可能详细明确受聘方的工作内容，包括工作时间、具体角色、工作条件、完成约定工作的要求和标准等。

（2）建议对于酬金的金额、计算和支付方式予以明确约定，如为电视剧合同，关于酬金的支付也可以按集数标准确定。

（3）因特技演出存在一定危险性，为保障受聘方的人身安全及合法权益，可以在合同中明确是否需要聘请单位办理商业保险及商业保险的种类和金额；建议明确特技演出所需要的必须设备或措施。

2. 建议受聘方注意防范如下风险：

（1）签订合同前注意审查聘请单位的资质情况，包括制片单位的相关资格、许可证以及拟拍摄影视作品是否取得许可的情况，以保证工作的有效付出。

（2）建议约定定金条款，以防止出现在受聘方根据聘请单位要求安排了工作档期，聘请单位却在拍摄工作开始前单方解除合同，给受聘方造成经济损失的情况。

（3）受聘方在拍摄期间对待遇有特殊要求的，应在合同中予以明确约定，否则对于约定之外的要求将不能得到有效保证。

*　　*　　*

聘请电影(电视剧)特技演员合同(范本)

合同编号:

甲方(聘请单位):
住所地:
通信地址:
邮政编码:
法定代表人(如甲方为法人单位):
签约代表人(如甲方为法人单位):
合同联系人:
证件名称及号码(如甲方为自然人):
联系电话:
传真:
电子信箱:

乙方(受聘方):
住所地:
通信地址:
邮政编码:
联系电话:
传真:
电子信箱:

鉴于:

1. 甲方是依法成立并取得合法从事电影(电视剧)制作资格的法人机构。

2. 甲方取得的资格和相关许可证包括:

(1) 取得《摄制电影许可证》;

(2) 取得计划摄制电影《________________》(以下简称"电影")的《摄制电影许可证(单片)》;

(3) 取得《电视剧制作许可证(甲种)》;

(4) 取得《广播电视节目制作经营许可证》;

(5) 取得计划摄制电视剧《________________》的(以下简称"电视剧")《电视剧制作许可证(乙种)》;

(6) 其他:____。

以上相关许可证详见附件1。

3. 乙方具有一定特技表演能力及相关经验。

4. 甲方决定聘请乙方担任电影(电视剧)《________________》(暂定名)的特技演员,乙方同意接受甲方的聘请。

甲乙双方根据《中华人民共和国合同法》、《电影管理条例》、《广播电视管理条例》等法律、法规的规定以及平等自愿、诚实信用、等价有偿的原则，经友好协商，特达成本合同，以兹共同遵守。

第一条 工作期限、工作内容和工作地点

1.1 乙方工作开始的时间按下列第________种方式确定：

(1) 乙方应于______年______月______日前到达甲方指定的地点，并向甲方履行报到手续。

(2) 甲方第一次向乙方发出工作任务指示之日。

(3) 其他：____。

1.2 乙方工作结束的时间按下列第________种方式确定：

(1) 电影(电视剧)拍摄完成停机之日。

(2) 乙方在电影(电视剧)中饰演的角色剧情拍摄完毕之日。

(3) 其他：____。

1.3 乙方的工作内容包括但不限于：

(1) 具体拍摄工作详见附件2；

(2) 根据甲方要求参加甲方组织召开的与电影(电视剧)摄制工作有关的工作会议；

(3) 参加筹备会、试装、试拍等拍摄筹备期内需要乙方参与的工作。

1.4 乙方的工作地点包括但不限于：

(1) ____；

(2) ____；

(3) 以及甲方要求或指定的其他地点。

1.5 乙方在本合同工作期间每天的平均工作时间不超过12小时，每周超过平均工作时间不超过________次，超过前述约定的工作时间，甲方应向乙方支付每小时人民币________元的加班费。(关于工作时间也可约定为：本合同工作期间实行不定时工作制。)

第二条 酬金、支付方式及其他费用、待遇(相对通用条款)

2.1 甲方以固定酬金方式向乙方支付酬金，具体为以下第________种方式：

(1) 甲方向乙方支付酬金人民币________元。

(2) 甲方按照每天人民币________元向乙方支付酬金，预计参加________天工作，合计人民币________元。

2.2 支付方式

固定酬金按照以下方式分________期支付：

(1) 甲方应自本合同签署之日起______日内向乙方支付定金人民币________

元。本合同得以实际履行之日即乙方按照本合同第1.1款的约定开始工作之日，此定金自动转为甲方向乙方支付的酬金。

若因甲方原因导致本合同未能实际履行，则甲方无权要求乙方返还定金；若因乙方原因导致本合同未能实际履行，则乙方应向甲方双倍返还定金。

(2) 甲方应自乙方按照本合同第1.1款的约定开始工作之日起______日内向乙方支付人民币________元。

(3) 甲方应自乙方完成本合同附件2约定的工作结束之日起______日内向乙方支付人民币________元。

(4) 固定酬金包括平日和节假日期间的加班费用。（注：该条可根据计划工作时间选择适用）

2.3 如非因乙方原因电影（电视剧）拍摄延期或甲方要求增加拍摄的，则甲方应按照增加每天人民币________元向乙方支付报酬。

2.4 关于税费

2.4.1 前述酬金及分红均为税前（税后）。

2.4.2 甲方应代乙方向税务部门缴纳相关税款，并向乙方提供缴税发票。

2.5 其他费用和待遇

2.5.1 从乙方工作开始之日起至工作结束之日止（包括第2.3款约定的情况），甲方应负责安排乙方在工作地点的住宿、饮食和交通，费用由甲方承担。

2.5.2 甲方应承担乙方往返国内各工作地点的交通费用；若乙方因本合同约定工作之外的原因往返工作地点的交通费用甲方不予承担。

2.5.3 若甲方要求乙方到国外的拍摄场地工作，甲方应负责办理相关证件和手续，并承担一切相关费用。

2.5.4 甲方应为乙方办理合同生效期间的商业保险，具体包括：

(1) 意外伤害保险；

(2) 意外伤害医疗保险；

(3) 其他：____。

在履行本合同项下约定工作期间，如因甲方原因造成乙方人身意外伤害，根据保险合同的有关规定进行赔偿后仍不足以补偿乙方的实际损失的，由甲方予以赔偿；如因乙方违反规章制度造成乙方人身意外伤害的，相关责任和损失、费用由乙方自行承担。

2.5.5 甲方应承担的乙方相关费用标准详见附件3。

2.5.6 甲方未按照本款规定的标准向乙方履行合同义务的，乙方有权按照该款规定的标准自行安排并先行垫付，甲方根据实际发生的费用票据予以报销。

第三条　著作权及相关权利(相对通用条款)

3.1　甲方依法享有电影(电视剧)的著作权,包括但不限于电影(电视剧)的发行权、放映权、广播权、展览权、改编权、汇编权及信息网络传播权等,以及剧中人物造型、剧照、台词及相关文字材料的相应权利。

3.2　乙方履行了本合同约定的全部义务后,依法享有在电影(电视剧)及相关衍生产品中的署名权。

3.3　为宣传、推广电影(电视剧)的需要,甲方有权无偿使用或许可播放者、发行者使用乙方的姓名和肖像,并及于相关衍生产品或服务。

3.4　甲方摄制完成的电影(电视剧)获得与乙方有关的相关单项奖的,乙方有权单独享有相应的荣誉(称号)及奖金。

第四条　保证与承诺(通用条款)

4.1　双方保证:如果一方在本合同中所作出的陈述存在任何虚假或不真实,或如果违反其在本合同中所作出的保证,并给另一方造成损失的,该一方应向受损失方承担违约责任,视情节之严重程度,相对方享有要求解约、索赔以及要求承担定金、违约金等违约责任的权利。

4.2　甲方保证和承诺

4.2.1　甲方保证:甲方系经依法注册并合法存续的电影(电视剧)制片单位。

4.2.2　甲方保证:已(将)取得《摄制电影许可证》。

4.2.3　甲方保证:于______年______月______日前取得《摄制电影许可证(单片)》。

[如为电视剧该条为:

4.2.1　甲方保证:系经依法注册并合法存续的电视剧制作单位。

4.2.2　甲方保证:已取得《电视剧制作许可证(甲种)》并在有效期内。

4.2.3　甲方保证:于______年______月______日前取得《电视剧制作许可证(乙种)》(如已取得甲种证,则无需另行申请乙种证)。]

4.2.4　甲方承诺:电影(电视剧)不会包含任何侵害乙方合法权益或者违反国家法律禁止性规定的内容。

4.3　乙方保证和承诺

4.3.1　乙方保证:有权自行签署本合同并有能力履行本合同下的所有义务。

4.3.2　乙方承诺:在本合同约定的工作期间,乙方应专职为甲方工作,未经甲方同意,乙方不得受聘于甲方以外的任何第三方。

4.3.3　乙方承诺:乙方为摄制电影(电视剧)而进行的筹备、构思或提供的所有素材、创意等皆系自己原创,不会对任何第三方的合法权益造成侵犯。

4.3.4　乙方承诺:遵守甲方制定并公告的一切规章制度(见附件4)。

第五条　甲方的权利义务

5.1　甲方不得擅自变更附件2中乙方所拍摄的剧情及镜头脚本计划,如需更改,应与乙方进行协商并取得乙方同意。

5.2　甲方要求变更乙方拍摄剧情及特技难度的,如特技难度或危险程度有明显增加的,甲方应相应提高乙方的酬金,具体数额由甲乙双方根据特技难度、业内标准和行业惯例另行签订补充协议确定;若特技难度减小,本合同第2.1款规定的酬金不变。

5.3　甲方有权决定乙方是否适合出演该角色,并作出终止合同或更换角色的决定,但应向乙方支付已实际出演的工作天数的相应酬金,还应向乙方支付人民币________元作为补偿金。

5.4　甲方应提供乙方在电影(电视剧)中的服装、道具、化装造型等,如在拍摄过程中造成道具及服装损坏的,乙方不承担赔偿责任。

5.5　为保证乙方特技演出达到约定的要求以及有效保障乙方的人身安全,甲方应提供特技拍摄需要所必须的专业保护设备并采取适当保护措施。

5.6　为宣传、推广电影(电视剧)的需要,甲方有权要求乙方参加电影(电视剧)的开机仪式、首映式以及其他宣传活动,无须就此向乙方支付酬金;如果该类活动发生在本合同约定的乙方工作期限之后,乙方仍应积极参与和配合。

5.7　甲方要求乙方参加的宣传活动最多不超过________次;否则,每超过1次应向乙方支付税前(税后)人民币________元,乙方亦有权拒绝甲方的要求。

5.8　甲方要求乙方参加宣传活动,应承担乙方的住宿、饮食及往返交通费用。费用标准及承担方式同第2.5款的规定。

第六条　乙方的权利义务

6.1　乙方在接到剧本后,即应为拍摄做好各项准备工作。

6.2　乙方在工作期间内应接受甲方的管理,遵守甲方的各项规章制度,及时、勤勉、经济、高效地进行电影(电视剧)的摄制工作。

6.3　乙方应当保持和甲方的沟通、联系,但甲方不得干预乙方的正当权限或违反行业惯例。

6.4　乙方在拍摄期间,如遇到个人特殊情况确需请假,必须经过甲方同意并签字批准后方可离开,所需费用均有乙方自理。未经同意擅自离岗或逾期返组而影响剧组的拍摄工作,将视作是乙方违约行为,所产生的一切后果均出乙方自行承担。

6.5　乙方应按照剧本进行拍摄和制作,未经甲方同意,乙方不得擅自对人物、情节等进行实质性更改。

6.6　乙方可以为本剧争取各种形式(实物或场地提供、资金等)的赞助,该赞助应报经甲方同意并统一管理使用。

6.6.1　争取赞助所需签订的相关合同应由甲方签署或甲乙双方共同签署。

6.6.2　赞助资金或赞助实物等均用于本合同电影(电视剧)的拍摄,并以该资金或实物价值(双方协商估价、评估或拍卖价格)由剧组财务人员入账核算。

6.6.3　对于乙方争取的赞助,甲方应向乙方支付赞助资金或相应价值税前(税后)的________%作为奖励费。

第七条　违约责任

7.1　甲方未履行或未按约定履行合同义务,应按如下情形分别承担相应的违约责任:

(1) 因甲方原因导致乙方未能按摄制计划如期完成电影(电视剧)的拍摄,每逾期1日应向乙方支付违约金人民币________元;

(2) 甲方未按约定向乙方支付酬金,每逾期1日应向乙方支付未付酬金的________%作为违约金;

(3) 如果乙方不存在违约或过错情形,甲方解除合同的,应向乙方支付尚未支付的酬金;

(4) 乙方依据第9.4款的规定解除本合同的,甲方应向乙方支付尚未支付的酬金;

(5) 其他:____。

7.2　乙方未履行或未按约定履行合同义务,应按如下情形分别承担相应的违约责任:

(1) 因乙方原因导致未能按摄制计划如期完成电影(电视剧)的拍摄,每逾期1日应向甲方支付违约金人民币________元;

(2) 在本合同约定工作期间,乙方为其他第三方工作应征得甲方同意,否则应向甲方支付违约金人民币________元;

(3) 如果甲方不存在违约或过错情形,乙方提前解除合同的,应向甲方支付违约金人民币________元(或约定为“退还已支付的酬金并赔偿甲方因此而遭受的全部经济损失”);

(4) 甲方根据第9.3款第(1)、(2)、(5)项的规定解除本合同的,乙方应向甲方支付违约金人民币________元;

(5) 甲方根据第9.3款第(3)、(4)项的规定解除本合同的,甲方不再向乙方支付尚未发生的酬金。

第八条　合同的变更(通用条款)

对于本合同的修改、补充或其他变更,须由双方协商一致,以书面的形式作出。经修改、补充及变更的条款及内容为本合同不可分割的组成部分,与本合同具有同等法律效力。

第九条　合同的解除

9.1　本合同一经签订,除法定和约定事由外,未经双方协商一致,任何一方不得单方解除。

9.2　任何一方违反本合同载明的保证和承诺,恶意或故意怠于履行本合同的义务,致使合同履行困难且无法通过本合同明确约定的违约责任承担方式解决的,经守约方书面催告后仍怠于履行本合同的义务的,均视为根本违约,守约方有权解除本协议。违约方应当按照法律规定承担缔约过失责任、违约责任和损害赔偿责任。

9.3　发生下列情形之一,甲方有权解除本合同:

(1) 乙方因自身原因不能履行本合同规定的义务,累计或连续超过________天;

(2) 乙方违反其在本合同第四条所作的保证和承诺,或其保证和承诺存在虚假或不真实;

(3) 乙方部分或完全丧失民事行为能力致使其不能继续履行本合同;

(4) 乙方违反规章制度(包括财务制度)达________次以上,严重影响摄制计划的完成;

(5) 乙方严重失职,营私舞弊,给甲方及剧组利益造成重大损失的;

(6) 乙方在合同约定的工作期间被依法追究刑事责任的。

9.4　发生下列情形之一,乙方有权解除本合同:

(1) 非因乙方原因,甲方延迟开机超过______日的;

(2) 甲方拖欠乙方酬金累计达到乙方全部应得酬金的________%;

(3) 甲方延期支付乙方酬金累计或连续超过________天;

(4) 甲方违反其在本合同第四条所作的保证和承诺,或其保证和承诺存在虚假或不真实;

(5) 甲方被依法吊销《摄制电影许可证》或《摄制电影许可证(单片)》[《电视剧制作许可证(甲种)》或《电视剧制作许可证(乙种)》];

(6) 甲方破产、解散或被依法吊销企业法人营业执照;

(7) 甲方违反本合同第5.3款的约定。

9.5　一方要求解除合同的,应向另一方发出书面的解约通知,本合同自解约通知送达另一方当日解除(注:如在摄制期间一方提出解约并当日生效可能严重影响拍摄工作,本条也可以增加约定:但在解除生效之日起______日内双方仍应履行本合同项下约定的各项工作和义务)。

9.6 非因双方过错,出现当事人不能控制的情况,致使拍摄延期,甲乙双方应立即采取补救措施,并协商确定拍摄计划的顺延,甲乙各方因此均无须承担相关违约责任,前述情况包括但不限于:

(1) 天气原因;

(2) 导演、主要演员等主创人员生病、受到意外伤害或死亡;

(3) 第三方原因。

前述规定的情况致使拍摄迟延或中断超过______日,任何一方可按照本协议第9.5款的规定解除本合同。

第十条 保密

10.1 双方互相承诺对其本人以及公司、雇员、代理人或顾问等因为签订本合同而收到或获取的所有资料、信息(以下简称“保密信息”),包括与本合同条款相关的、与谈判有关的、与剧情以及摄制有关的、与另一方的商业或事件有关的等与电影(电视剧)有关的一切资料和信息,严格加以保密;除了本合同第10.3款的规定外,将不得在电影(电视剧)公映前利用或披露或泄露给任何人任何上述保密信息。

10.2 乙方应妥善保管甲方交予的与电影(电视剧)相关的全部资料、文件,并于完成本合同约定工作或解除本合同后返还甲方。保密信息一旦泄露,泄露方应及时通知。

10.3 若其中一方因法律、法规、主管部门或相关监管机构的要求或规定而需要披露任何保密资料,该一方将在法律许可的情况下,尽快把这种要求或规定通知对方,以使对方可寻求适当补救方法防止披露或豁免该一方遵守本协议的条款。若未能取得适当的补救或本协议项下的豁免,而必须披露保密资料,该一方可以将保密资料中必须披露的部分予以披露。

10.4 一方违反本合同第十一条约定的保密义务给另一方造成损失的,应赔偿给另一方造成的全部经济损失。

第十一条 不可抗力(通用条款)

11.1 本合同所称不可抗力,是指任何一方在签署本合同时不可预见的、不能克服且无法避免的,并阻碍该方全部或部分履行本合同义务的情形,包括地震、天灾、叛乱、暴动、内乱、战争、任何政府政策、法律法规的调整以及政府行为等其他事由或因素。

11.2　发生不可抗力事件，导致受影响的一方因此无法履行任何本合同项下义务的，则在不可抗力事件持续期间，因此受阻履行的义务应予中止，履行期限应自动延长，且受阻履行义务的一方免除相应违约责任。

11.3　声称受到不可抗力事件影响的一方应尽可能在最短的时间内通过书面形式将不可抗力事件的发生通知另一方，并在该不可抗力事件发生后10日内向另一方提供关于此种不可抗力事件及其持续时间的适当证据及合同不能履行或者需要延期履行的书面资料。声称不可抗力事件导致其对本合同的履行在客观上成为不可能或不实际的一方，有责任尽一切合理的努力消除或减轻此等不可抗力事件的影响。

11.4　不可抗力事件发生时，双方应立即通过友好协商决定如何执行本合同，还应当尽一切合理努力，将该不可抗力事件的后果减小到最低程度。不可抗力事件或其影响终止或消除后，双方须立即恢复履行各自在本合同项下的各项义务。如不可抗力及其影响无法终止或消除而致使合同任何一方丧失继续履行合同的能力，则双方可协商解除合同或暂时延迟合同的履行，且遭遇不可抗力一方无须为此承担责任。当事人迟延履行后发生不可抗力的，不能免除责任。

11.5　如果不可抗力事件持续期间超过______日并且各方未能就公正的解决办法达成一致，任何一方可按照本协议第9.5款的规定解除本合同。

第十二条　通知与送达(通用条款)

12.1　甲乙双方因履行本意向合同而相互发出或者提供的所有通知、文件、资料等，均应按照本合同首部所列明的通讯地址、传真、电子邮件以邮寄或传真或电子邮件方式送达；一方如果迁址或者变更电话、电子邮件应当书面通知对方，否则发至本合同首部所列明的通讯地址或者传真、电子邮件系统的通知、文件、资料均视为有效送达。

12.2　以邮寄方式送达的，另一方签收之日视为送达；签收之日不明确的，以信件寄出或者投邮之日后第三日视为送达。通过传真、电子邮件方式送达的，通知、文件、资料等数据电文进入另一方系统之时视为送达；通知、文件、资料等数据电文进入另一方系统之时不明确的，以传真、电子邮件发出后的第二日视为送达。

12.3　任何一方的通讯地址、通讯号码或联系人如果发生变化，应当在该变更发生后的3日之内通知对方，否则对方对于其原通讯方式的通知视为有效通知。

第十三条　争议解决与适用法律(通用条款)

13.1　本协议的订立、效力、解释、履行和争议的解决均适用中华人民共和国的法律。

13.2　凡因本合同引起的或与本合同有关的任何争议，由双方协商解决；协商

不成的,按下列第□1/□2 种方式(二选一)解决:

13.2.1　任何一方均有权将争议提交设在________________(地点)的____________________仲裁委员会,按照申请仲裁时该会现行有效的仲裁规则进行仲裁。仲裁裁决是终局的,对双方均有约束力。

13.2.2　任何一方均有权向________人民法院起诉。

第十四条　合同权利和义务的转让

除合同中另有规定或经双方协商同意外,本合同所规定双方的任何权利和义务,任何一方在未征得另一方书面同意之前,不得转让给第三者。任何转让,未经另一方书面明确同意,均属无效。

第十五条　合同的解释

15.1　本合同文本由□甲方□乙方提供,其已采取合理的方式提请对方注意免除或者限制其责任的条款并予以说明;甲乙双方对本合同各条款的内容均充分理解并经协商达成一致同意。

15.2　本合同的理解与解释应依据合同目的和文本原意进行,本合同的标题仅是为了阅读方便而设,不应影响本合同的解释。

第十六条　合同效力和签署

16.1　本合同对每一方的继承人和受让人均有约束力。

16.2　本合同的任何一方未能及时行使本合同项下的权利不应被视为放弃该权利,也不影响该方在将来行使该权利。

16.3　如果本合同中的任何条款无论因何种原因完全或部分无效或不具有执行力,或违反任何适用的法律,则该条款被视为删除。但本合同的其余条款仍应有效并且有约束力。

16.4　本合同一式两份,双方各执一份,具有同等法律效力。

16.5　本合同经双方签字、盖章,以最后签字、盖章日期为本合同生效日期。本合同未尽事宜,需修订或变更时由双方签署补充合同,补充合同与本合同具有同等法律效力。

16.6　本合同之任何修改除非经双方以书面形式签署确认,否则均属无效。

第十七条　合同附件

17.1　本合同未尽事宜,依照有关法律、法规执行,法律、法规未作规定的,甲乙双方可以达成书面补充合同。本合同的附件和补充合同均为本合同不可分割的组成部分,与本合同具有同等的法律效力。

17.2　本合同及本合同的附件和补充合同内空格部分填写的文字与印刷文字具有同等法律效力。

17.3 本合同附件如下：

(1) 甲方相关证件；

(2) 乙方拍摄特技剧情及镜头脚本；

(3) 费用标准；

(4) 剧组规章制度；

(5) 乙方身份证件复印件。

(以下无正文)

甲方：	乙方：
(盖章)	(盖章)
授权代表签字：	授权代表签字：
签字日期：	签字日期：
合同签订地点：	

聘请电影(电视剧)未成年演员合同

(与演员本人签订)

合同适用范围

本合同为影视作品的制作单位(即本合同的聘请单位)与未成年演员的法定代理人签署。

由于未成年演员的特殊性,法律规定应由其法定代理人代为签署本合同。

特别风险提示(示范合同重点为第一条、第二条、第三条、第五条和第六条)

1. 建议合同各方注意防范如下风险:

(1) 未成年演员法定代理人签署合同时应提供与该未成年人存在法定监护关系的相关身份证明。

(2) 建议尽可能详细明确受聘方的工作内容,包括工作时间、具体角色、工作条件、完成约定工作的要求和标准等,还应包括未成年演员受教育的权利及方式等。

(3) 建议对于酬金的金额、计算和支付方式予以明确约定,包括是否给予分红或奖励,如为电视剧合同,关于酬金的支付也可以按集数标准确定。

(4) 由于演员,尤其是作为主要演员的,是影响影视作品拍摄的最重要的人员之一,细化约定双方在合同解除、违约等方面可能出现的情形及相关责任,以有效保证影视作品的顺利完成及守约方的合法权益。

2. 建议聘请单位注意防范如下风险:

(1) 影视作品的拍摄需要各种专业人员的配合,除应高度重视人员之间的协调、沟通外,还建议制定明确的分工职责要求及各类规章制度,以作为各类人员日常遵守的规则,以及解决剧组内部人事纠纷、矛盾的依据。

(2) 由于影视作品没有法定或约定俗成的质量标准,为了确保制片单位经济利益的实现,聘请单位除在合同签订前应与受聘方充分沟通、了解外,还应尽可能将与受聘方达成一致的拟拍摄影视作品的风格、标准及其他要求约定在合同中。

3．建议受聘方注意防范如下风险：

（1）签订合同前注意审查聘请单位的资质情况，包括制片单位的相关资格、许可证以及拟拍摄影视作品是否取得许可的情况，以保证工作的有效付出。

（2）建议约定定金条款，以防止出现在受聘方根据聘请单位要求安排了工作档期，聘请单位却在拍摄工作开始前单方解除合同，给受聘方造成经济损失的情况。

（3）受聘方在拍摄期间对待遇有特殊要求的，应在合同中予以明确约定，否则对于约定之外的要求将不能得到有效保证。

*　　*　　*

聘请电影（电视剧）未成年演员合同（范本）

合同编号：

甲方（聘请单位）：

住所地：

通信地址：

邮政编码：

法定代表人（如甲方为法人单位）：

签约代表人（如甲方为法人单位）：

合同联系人：

证件名称及号码（如甲方为自然人）：

联系电话：

传真：

电子信箱：

乙方（受聘方）：

证件名称及号码：

法定代理人：

法定代理人证件名称及号码：

住所地：

通信地址：

邮政编码：

联系电话：

传真：

电子信箱：

鉴于：

1．甲方是依法成立并取得合法从事电影（电视剧）制作资格的法人机构。

2．甲方取得的资格和相关许可证包括：

（1）取得《摄制电影许可证》；

（2）取得计划摄制电影《＿＿＿＿＿＿＿＿》（以下简称“电影”）的《摄制电影

许可证(单片)》;

(3) 取得《电视剧制作许可证(甲种)》;

(4) 取得《广播电视节目制作经营许可证》;

(5) 取得计划摄制电视剧《________________》的(以下简称“电视剧”)《电视剧制作许可证(乙种)》;

(6) 其他:____。

以上相关许可证详见附件1。

3. 乙方为未成年人,由其法定代理人________代为签署本合同。

4. 甲方决定聘请乙方担任电影(电视剧)《________________》(暂定名)的演员,乙方同意接受甲方的聘请。

甲、乙双方根据《中华人民共和国合同法》、《电影管理条例》、《广播电视管理条例》等法律、法规的规定以及平等自愿、诚实信用、等价有偿的原则,经友好协商,特达成本合同,以兹共同遵守。

第一条　工作期限、工作内容和工作地点

1.1　乙方工作开始的时间按下列第________种方式确定:

(1) 乙方应于______年______月______日前到达甲方指定的地点,并向甲方履行报到手续。

(2) 甲方第一次向乙方发出工作任务指示之日。

(3) 其他:____。

1.2　乙方工作结束的时间按下列第________种方式确定:

(1) 电影(电视剧)拍摄完成停机之日。

(2) 乙方在电影(电视剧)中饰演的角色剧情拍摄完毕之日。

(3) 其他:____。

1.3　乙方的工作包括但不限于:

(1) 出演电影(电视剧)中的________角色;

(2) 参加配音、补拍、重拍等不超出演员专业职责范围的其他工作;

(3) 参加需要由乙方参与的各项后期制作;

(4) 根据甲方要求参加甲方组织召开的与电影(电视剧)摄制工作有关的工作会议;

(5) 参加筹备会、试装、试拍等拍摄筹备期内需要演员参与的工作。

(6) 以下危险场次和镜头拍摄时,甲方应适用替身演员代替乙方出演:

① ____;

② ____;

③ ____。

1.4　乙方的工作地点包括但不限于：

(1) ____；

(2) ____；

(3) 以及甲方要求或指定的其他地点。

1.5　乙方在本合同工作期间每天的平均工作时间不超过12小时，每周超过平均工作时间不超过________次，超过前述约定的工作时间，甲方应向乙方支付每小时人民币________元的加班费。(注：关于工作时间也可约定为：本合同工作期间实行不定时工作制。)

第二条　酬金、支付方式及其他费用、待遇(相对通用条款)

2.1　甲方按下列第________种方式向乙方支付酬金：

(1) 固定酬金方式，甲方向乙方支付酬金人民币________元。

(注：如为电视剧可以按集数确定酬金，本条可以约定为：)

甲方按每集________元整的标准向乙方支付酬金，集数暂定为________集，共计人民币________元。最终酬金按《电视剧发行许可证》标注的集数计算实际酬金。

(2) 固定酬金加分红方式，其中：________________________________。

甲方向乙方支付的固定酬金为人民币________元；甲乙双方履行本合同全部义务后电影(电视片)完成拍摄并发行的，甲方除向乙方支付固定酬金外，还应向乙方支付分红款，支付标准为电影(电视片)获得的纯利润的________%。纯利润是指：____。

2.2　支付方式

2.2.1　固定酬金按照以下方式分________期支付：

(1) 甲方应自本合同签署之日起______日内向乙方支付定金人民币________元。本合同得以实际履行之日即乙方按照本合同第1.1款的约定开始工作之日，此定金自动转为甲方向乙方支付的酬金。

若因甲方原因导致本合同未能实际履行，则甲方无权要求乙方返还定金；若因乙方原因导致本合同未能实际履行，则乙方应向甲方双倍返还定金；

(2) 甲方应自乙方按照本合同第1.1款的约定开始工作之日起______日内向乙方支付人民币________元；

(3) 甲方应自电影(电视剧)开机之日起______日内向乙方支付人民币________元；

(4) 甲方应自电影(电视剧)完成摄制计划的一半工作内容之日起______日内

向乙方支付人民币________元;

(5) 甲方应自电影(电视剧)停机之日起______日内向乙方支付人民币________元;

(6) 甲方应自电影(电视剧)完成后期制作之日起______日内向乙方支付人民币________元;

(7) 甲方应自乙方按照本合同第1.2款的约定结束工作之日起______日内向乙方支付人民币________元。

(8) 固定酬金包括平日和节假日期间的加班费用。(注:该条可根据计划工作时间选择适用)

2.2.2 分红的支付:甲方应自完成电影(电视剧)的财务决算(包括收入及纯利润)之日起______日内向乙方支付。

2.3 如非因乙方原因电影(电视剧)拍摄延期或甲方要求增加集数或天数的,则甲方应按照增加拍摄每集/每天人民币________元向乙方支付报酬。

2.4 如非因乙方原因,在本合同第1.2款约定的工作结束之后,乙方饰演角色的剧情需要重录或补录配音的,如在一个工作日内的,乙方应予配合,甲方无需支付酬金;如超过一个工作日的,甲方应按每天人民币________元向乙方支付报酬。

2.5 关于税费

2.5.1 前述酬金及分红均为税前(税后)。

2.5.2 甲方应代乙方向税务部门缴纳相关税款,并向乙方提供缴税发票。

2.6 其他费用和待遇

2.6.1 从乙方工作开始之日起至工作结束之日止(包括第2.3款和第2.4款的情况下),甲方应负责安排乙方及其1名法定代理人在工作地点的住宿、饮食和交通,费用由甲方承担。

2.6.2 甲方应承担乙方及其1名法定代理人往返国内各工作地点的交通费用;若乙方及其1名法定代理人因本合同约定工作之外的原因往返工作地点的交通费用甲方不予承担。

2.6.3 若甲方要求乙方到国外的拍摄场地工作,甲方应负责办理乙方及其1名法定代理人相关证件和手续,并承担一切相关费用。

2.6.4 甲方应于______年______月______日前为乙方指派或聘请________名经乙方法定代理人认可的秘书或助理,费用由甲方承担。

(注:如乙方要求甲方承担起助理费用,也可以不约定本款,而在第2.6.6项费用标准中将助理的相关问题予以明确。)

2.6.5　甲方应为乙方办理合同生效期间的商业保险，具体包括：

（1）意外伤害保险；

（2）意外伤害医疗保险；

（3）其他：____。

在履行本合同项下约定工作期间，如因甲方原因造成乙方人身意外伤害，根据保险合同的有关规定进行赔偿后仍不足以补偿乙方的实际损失的，由甲方予以赔偿；如因乙方违反规章制度造成乙方人身意外伤害的，相关责任和损失、费用由乙方自行承担。

2.6.6　甲方应承担的乙方及其1名法定代理人相关费用标准详见附件2。

2.6.7　甲方未按照本款规定的标准向乙方履行合同义务的，乙方有权按照该款规定的标准自行安排并先行垫付，甲方根据实际发生的费用票据予以报销。

2.7　因乙方为未成年人，甲方应将本合同规定的应向乙方支付的定金和酬金直接支付给乙方的法定代理人。

第三条　著作权及相关权利（相对通用条款）

3.1　甲方依法享有电影（电视剧）的著作权，包括但不限于电影（电视剧）的发行权、放映权、广播权、展览权、改编权、汇编权及信息网络传播权等，以及剧中人物造型、剧照、台词及相关文字材料的相应权利。

3.2　乙方履行了本合同约定的全部义务后，依法享有在电影（电视剧）及相关衍生产品中的署名权。

3.3　为宣传、推广电影（电视剧）的需要，甲方有权无偿使用或许可播放者、发行者使用乙方的姓名和肖像，并及于相关衍生产品或服务。

3.4　甲方摄制完成的电影（电视剧）获得国家级奖项（含国际奖项）的，甲方承诺在获奖之日起______日内给予乙方奖金人民币________元。

3.5　甲方摄制完成的电影（电视剧）获得与乙方有关的相关单项奖的，乙方有权单独享有相应的荣誉（称号）及奖金。

第四条　保证与承诺（通用条款）

4.1　双方保证：如果一方在本合同中所作出的陈述存在任何虚假或不真实，或如果违反其在本合同中所作出的保证，并给另一方造成损失的，该一方应向受损失方承担违约责任，视情节之严重程度，相对方享有要求解约、索赔以及要求承担定金、违约金等违约责任的权利。

4.2　甲方保证和承诺

4.2.1　甲方保证：甲方系经依法注册并合法存续的电影制片单位。

4.2.2　甲方保证：已（将）取得《摄制电影许可证》。

4.2.3 甲方保证:于______年______月______日前取得《摄制电影许可证(单片)》。

[如为电视剧该条为:

4.2.1 甲方保证:系经依法注册并合法存续的电视剧制作单位。

4.2.2 甲方保证:已取得《电视剧制作许可证(甲种)》并在有效期内。

4.2.3 甲方保证:于______年______月______日前取得《电视剧制作许可证(乙种)》(如已取得甲种证,则无需另行申请乙种证)。]

4.2.4 甲方承诺:电影(电视剧)不会包含任何侵害乙方合法权益或者违反国家法律禁止性规定的内容。

4.2.5 甲方承诺:不会让乙方从事明显危及人身安全和体力不及之动作,并且不得要求乙方在拍摄过程中做出色情、裸露或其他低级下流之动作和台词,除乙方作出明确书面确认的情况外。

4.2.6 甲方承诺:在本合同的期限内,甲方应当保证乙方足够的休息和学习时间,并派专人负责照顾乙方在摄制组的生活。如需要乙方参加电影(电视剧)的宣传活动,应尽量避免占用其在校学习时间。由此产生的相关费用由甲方承担。

4.3 乙方保证和承诺

4.3.1 乙方法定代理人保证:其为乙方的合法监护人,有权代表乙方签署本合同,所提供的其为乙方监护人的法律文件是真实、合法有效的;

4.3.2 乙方法定代理人保证:乙方有能力履行本合同下的相关义务。除必须由乙方亲自履行的合同义务外,乙方法定代理人对乙方在本合同下应承担的责任和义务承担连带责任。

4.3.3 乙方承诺:在本合同约定的工作期间,乙方应专职为甲方工作,未经甲方同意,乙方不得受聘于甲方以外的任何第三方。

4.3.4 乙方承诺:乙方为摄制电影(电视剧)而进行的筹备、构思或提供的所有素材、创意等皆系自己原创,不会对任何第三方的合法权益造成侵犯。

4.3.5 乙方承诺:遵守甲方制定并公告的一切规章制度(见附件3)。

4.3.6 乙方法定代理人承诺:将协调乙方的档期或在校就读时间,确保乙方能够参加合同约定的相关工作。

第五条 甲方的权利义务

5.1 甲方应于______年______月______日前向乙方提供初步摄制计划(见本合同附件4)。

5.2 甲方应于______年______月______日前向乙方提供电影(电视剧)的文学剧本及与拍摄相关的其他资料。

5.3 甲方不得擅自变更摄制计划；甲方不得擅自对人物、情节等进行实质性更改。

5.4 甲方有权决定乙方是否适合出演该角色，并作出终止合同或更换角色的决定，但应向乙方支付已实际出演的集数或工作天数的相应酬金，还应向乙方支付________元作为补偿金。

5.5 甲方应提供乙方在电影(电视剧)中的服装、道具、化妆造型等。

5.6 为宣传、推广电影(电视剧)的需要，甲方有权要求乙方参加电影(电视剧)的开机仪式、首映式以及其他宣传活动，无须就此向乙方支付酬金；如果该类活动发生在本合同约定的乙方工作期限之后，乙方仍应积极参与和配合。

5.7 甲方要求乙方参加的宣传活动最多不超过________次；否则，每超过1次应向乙方支付税前(税后)人民币________元，乙方亦有权拒绝甲方的要求。

5.8 甲方要求乙方参加宣传活动，应承担乙方及其1名法定代理人的住宿、饮食及往返交通费用。费用标准及承担方式同第2.6款的规定。

第六条 乙方的权利义务

6.1 乙方在接到剧本后，即应认真揣摩剧中的人物角色，为拍摄做好各项准备工作。

6.2 乙方在工作期间内应接受甲方的管理，遵守甲方的各项规章制度，及时、勤勉、经济、高效地进行电影(电视剧)的摄制工作。

6.3 乙方应当保持和甲方的沟通、联系，但甲方不得干预乙方的正当权限或违反行业惯例。

6.4 乙方在拍摄期间，如遇到个人特殊情况确需请假，必须经过甲方同意并签字批准后方可离开，所需费用均有乙方自理。未经同意擅自离岗或逾期返组而影响剧组的拍摄工作，将视作是乙方违约行为，所产生的一切后果均由乙方自行承担。

6.5 乙方应按照剧本进行拍摄和制作，未经甲方同意，乙方不得擅自对人物、情节等进行实质性更改。

6.6 在该剧全部拍摄、补拍工作完成前，乙方应保持在此期间的形体、发型等外表特征不得随意变更。

6.7 乙方法定代理人应保证乙方全身心地投入到电影(电视剧)的拍摄中，若拍摄过程中，乙方出现哭闹等影响拍摄进程的情形，乙方法定代理人应尽快排除不利因素，确保拍摄进度；若演员拒绝拍摄，致使电影(电视剧)的拍摄中断，甲方与乙方法定代理人可以协商解决，协商不成，甲方有权解除本合同。

6.8 乙方及其法定代理人可以为本剧争取各种形式(实物或场地提供、资金等)的赞助,该赞助应报经甲方同意并统一管理使用。

6.8.1　争取赞助所需签订的相关合同应由甲方签署或甲乙双方共同签署。

6.8.2　赞助资金或赞助实物等均用于本合同电影(电视剧)的拍摄,并以该资金或实物价值(双方协商估价、评估或拍卖价格)由剧组财务人员入账核算。

6.8.3　对于乙方争取的赞助,甲方应向乙方支付赞助资金或相应价值税前(税后)的________%作为奖励费。

第七条　违约责任

7.1　甲方未履行或未按约定履行合同义务,应按如下情形分别承担相应的违约责任:

(1) 因甲方原因导致乙方未能按摄制计划如期完成电影(电视剧)的拍摄,每逾期1日应向乙方支付违约金人民币________元;

(2) 甲方未按约定向乙方支付酬金,每逾期1日应向乙方支付未付酬金的________%作为违约金;

(3) 如果乙方不存在违约或过错情形,甲方解除合同的,应向乙方支付尚未支付的酬金;

(4) 乙方依据第9.4款的规定解除本合同的,甲方应向乙方支付尚未支付的酬金;

(5) 其他:____。

7.2　乙方未履行或未按约定履行合同义务,应按如下情形分别承担相应的违约责任:

(1) 因乙方原因导致未能按摄制计划如期完成电影(电视剧)的拍摄,每逾期1日应向甲方支付违约金人民币________元;

(2) 因乙方拍摄时擅自更改剧本而导致电影(电视剧)未能通过相关机构的审查,乙方应赔偿甲方因此而遭受的全部经济损失;

(3) 在本合同约定工作期间,乙方为其他第三方工作应征得甲方同意,否则应向甲方支付违约金人民币________元;

(4) 如果甲方不存在违约或过错情形,乙方提前解除合同的,应向甲方支付违约金人民币________元(注:或约定为"退还已支付的酬金并赔偿甲方因此而遭受的全部经济损失");

(5) 甲方根据第9.3款第(1)、(2)、(5)项的规定解除本合同的,乙方应向甲方支付违约金人民币________元;

(6) 甲方根据第9.3款第(3)、(4)项的规定解除本合同的,甲方不再向乙方支付尚未发生的酬金。

(7) 乙方须保持甲方因该剧演出为乙方设定的发型,如因乙方在此期间改变该特定发型而影响拍摄进度,乙方应承担违约责任,甲方有权要求乙方按照合同约定酬金的10%支付违约金,并赔偿甲方由此产生的损失。

第八条　合同的变更(通用条款)

对于本合同的修改、补充或其他变更,须由双方协商一致,以书面的形式作出。经修改、补充及变更的条款及内容为本合同不可分割的组成部分,与本合同具有同等法律效力。

第九条　合同的解除

9.1　本合同一经签订,除法定和约定事由外,未经双方协商一致,任何一方不得单方解除。

9.2　任何一方违反本合同载明的保证和承诺、恶意或故意怠于履行本合同的义务,致使合同履行困难且无法通过本合同明确约定的违约责任承担方式解决的,经守约方书面催告后仍怠于履行本合同的义务的,均视为根本违约,守约方有权解除本协议。违约方应当按照法律规定承担缔约过失责任、违约责任和损害赔偿责任。

9.3　发生下列情形之一,甲方有权解除本合同:

(1) 乙方因自身原因不能履行本合同规定的义务,累计或连续超过________天;

(2) 乙方违反其在本合同第四条所作的保证和承诺,或其保证和承诺存在虚假或不真实;

(3) 乙方部分或完全丧失民事行为能力致使其不能继续履行本合同;

(4) 乙方违反规章制度(包括财务制度)达________次以上,严重影响摄制计划的完成;

(5) 乙方严重失职,营私舞弊,给甲方及剧组利益造成重大损失的;

(6) 乙方在合同约定的工作期间被依法追究刑事责任的;

(7) 乙方出现本合同第6.7款的情形,甲方与乙方法定代理人协商不能的。

9.4　发生下列情形之一,乙方有权解除本合同:

(1) 非因乙方原因,甲方延迟开机超过______日的;

(2) 甲方拖欠乙方酬金累计达到乙方全部应得酬金的________%;

(3) 甲方延期支付乙方酬金累计或连续超过________天;

(4) 甲方违反其在本合同第四条所作的保证和承诺,或其保证和承诺存在虚假或不真实;

(5) 甲方被依法吊销《摄制电影许可证》或《摄制电影许可证(单片)》[《电视

剧制作许可证(甲种)》或《电视剧制作许可证(乙种)》];

(6) 甲方破产、解散或被依法吊销企业法人营业执照;

(7) 甲方违反本合同第5.3款的约定。

9.5 一方要求解除合同的,应向另一方发出书面的解约通知,本合同自解约通知送达另一方当日解除(注:如在摄制期间一方提出解约并当日生效可能严重影响拍摄工作,本条也可以增加约定:但在解除生效之日起______日内双方仍应履行本合同项下约定的各项工作和义务)。

9.6 非因双方过错,出现当事人不能控制的情况,致使拍摄延期,甲乙双方应立即采取补救措施,并协商确定拍摄计划的顺延,甲乙各方因此均无须承担相关违约责任,前述情况包括但不限于:

(1) 天气原因;

(2) 导演、主要演员等主创人员生病、受到意外伤害或死亡;

(3) 第三方原因。

前述规定的情况致使拍摄迟延或中断超过______日,任何一方可按照本协议第9.5款的规定解除本合同。

第十条 保密

10.1 双方互相承诺对其本人以及公司、雇员、代理人或顾问等因为签订本合同而收到或获取的所有资料、信息(以下简称“保密信息”),包括与本合同条款相关的、与谈判有关的、与剧情以及摄制有关的、与另一方的商业或事件有关的等与电影(电视剧)有关的一切资料和信息,严格加以保密;除了本合同第10.3款的规定外,将不得在电影(电视剧)公映前利用或披露或泄露给任何人任何上述保密信息。

10.2 乙方应妥善保管甲方交予的与电影(电视剧)相关的全部资料、文件,并于完成本合同约定工作或解除本合同后返还甲方。保密信息一旦泄露,泄露方应及时通知。

10.3 若其中一方因法律、法规、主管部门或相关监管机构的要求或规定而需要披露任何保密资料,该一方将在法律许可的情况下,尽快把这种要求或规定通知对方,以使对方可寻求适当补救方法防止披露或豁免该一方遵守本协议的条款。若未能取得适当的补救或本协议项下的豁免,而必须披露保密资料,该一方可以将保密资料中必须披露的部分予以披露。

10.4 一方违反本合同第十一条约定的保密义务给另一方造成损失的,应赔偿给另一方造成的全部经济损失。

第十一条　不可抗力(通用条款)

11.1　本合同所称不可抗力,是指任何一方在签署本合同时不可预见的、不能克服且无法避免的,并阻碍该方全部或部分履行本合同义务的情形,包括地震、天灾、叛乱、暴动、内乱、战争、任何政府政策、法律法规的调整以及政府行为等其他事由或因素。

11.2　发生不可抗力事件,导致受影响的一方因此无法履行任何本合同项下义务的,则在不可抗力事件持续期间,因此受阻履行的义务应予中止,履行期限应自动延长,且受阻履行义务的一方免除相应违约责任。

11.3　声称受到不可抗力事件影响的一方应尽可能在最短的时间内通过书面形式将不可抗力事件的发生通知另一方,并在该不可抗力事件发生后10日内向另一方提供关于此种不可抗力事件及其持续时间的适当证据及合同不能履行或者需要延期履行的书面资料。声称不可抗力事件导致其对本合同的履行在客观上成为不可能或不实际的一方,有责任尽一切合理的努力消除或减轻此等不可抗力事件的影响。

11.4　不可抗力事件发生时,双方应立即通过友好协商决定如何执行本合同,还应当尽一切合理努力,将该不可抗力事件的后果减小到最低程度。不可抗力事件或其影响终止或消除后,双方须立即恢复履行各自在本合同项下的各项义务。如不可抗力及其影响无法终止或消除而致使合同任何一方丧失继续履行合同的能力,则双方可协商解除合同或暂时延迟合同的履行,且遭遇不可抗力一方无须为此承担责任。当事人迟延履行后发生不可抗力的,不能免除责任。

11.5　如果不可抗力事件持续期间超过______日并且各方未能就公正的解决办法达成一致,任何一方可按照本协议第9.5款的规定解除本合同。

第十二条　通知与送达(通用条款)

12.1　甲乙双方因履行本意向合同而相互发出或者提供的所有通知、文件、资料等,均应按照本合同首部所列明的通讯地址、传真、电子邮件以邮寄或传真或电子邮件方式送达;一方如果迁址或者变更电话、电子邮件应当书面通知对方,否则发至本合同首部所列明的通讯地址或者传真、电子邮件系统的通知、文件、资料均视为有效送达。

12.2　以邮寄方式送达的,另一方签收之日视为送达;签收之日不明确的,以信件寄出或者投邮之日后第三日视为送达。通过传真、电子邮件方式送达的,通知、文件、资料等数据电文进入另一方系统之时视为送达;通知、文件、资料等数据电文进入另一方系统之时不明确的,以传真、电子邮件发出后的第二日视为送达。

12.3　任何一方的通讯地址、通讯号码或联系人如果发生变化,应当在该变更发生后的3日之内通知对方,否则对方对于其原通讯方式的通知视为有效通知。

12.4　相关通知、文件、资料送达乙方法定代理人________即视为送达乙方。

第十三条　争议解决与适用法律(通用条款)

13.1　本协议的订立、效力、解释、履行和争议的解决均适用中华人民共和国的法律。

13.2　凡因本合同引起的或与本合同有关的任何争议,由双方协商解决;协商不成的,按下列第□1/□2种方式(二选一)解决:

13.2.1　任何一方均有权将争议提交设在________________(地点)的________________仲裁委员会,按照申请仲裁时该会现行有效的仲裁规则进行仲裁。仲裁裁决是终局的,对双方均有约束力。

13.2.2　任何一方均有权向________人民法院起诉。

第十四条　合同权利和义务的转让

除合同中另有规定或经双方协商同意外,本合同所规定双方的任何权利和义务,任何一方在未征得另一方书面同意之前,不得转让给第三者。任何转让,未经另一方书面明确同意,均属无效。

第十五条　合同的解释

15.1　本合同文本由□甲方□乙方提供,其已采取合理的方式提请对方注意免除或者限制其责任的条款并予以说明;甲乙双方对本合同各条款的内容均充分理解并经协商达成一致同意。

15.2　本合同的理解与解释应依据合同目的和文本原意进行,本合同的标题仅是为了阅读方便而设,不应影响本合同的解释。

第十六条　合同效力和签署

16.1　本合同对每一方的继承人和受让人均有约束力。

16.2　本合同的任何一方未能及时行使本合同项下的权利不应被视为放弃该权利,也不影响该方在将来行使该权利。

16.3　如果本合同中的任何条款无论因何种原因完全或部分无效或不具有执行力,或违反任何适用的法律,则该条款被视为删除。但本合同的其余条款仍应有效并且有约束力。

16.4　本合同一式两份,双方各执一份,具有同等法律效力。

16.5　本合同经双方签字、盖章,以最后签字、盖章日期为本合同生效日期。本合同未尽事宜,需修订或变更时由双方签署补充合同,补充合同与本合同具有同等法律效力。

16.6　本合同之任何修改除非经双方以书面形式签署确认,否则均属无效。

第十七条　合同附件

17.1　本合同未尽事宜,依照有关法律、法规执行,法律、法规未作规定的,甲乙双方可以达成书面补充合同。本合同的附件和补充合同均为本合同不可分割的组成部分,与本合同具有同等的法律效力。

17.2　本合同及本合同的附件和补充合同内空格部分填写的文字与印刷文字具有同等法律效力。

17.3　本合同附件如下:

(1) 甲方相关证件;

(2) 费用标准;

(3) 剧组规章制度;

(4) 摄制计划、工作进度安排;

(5) 乙方及其1名法定代理人身份证件复印件。

(以下无正文)

甲方:
(盖章)

授权代表签字:
签字日期:
合同签订地点:

乙方:
(盖章)

授权代表签字:
签字日期:

聘请电影(电视剧)临时演员合同

(与演员本人签订)

合同适用范围

本合同为影视作品的制片单位(即本合同的聘请单位)与演员本人签署。

特别风险提示(示范合同重点为第一条、第二条、第三条、第五条和第六条)

1. 建议尽可能详细明确受聘方的工作内容,包括工作时间、具体角色、工作条件、完成约定工作的要求和标准等。

2. 对于临时演员一般应按天支付报酬,并每天据实结算。还应明确临时演员享有哪些权利。

*　　　*　　　*

聘请电影(电视剧)临时演员合同(范本)

合同编号:

甲方(聘请单位):
住所地:
通信地址:
邮政编码:
法定代表人(如甲方为法人单位):
签约代表人(如甲方为法人单位):
合同联系人:
证件名称及号码(如甲方为自然人):

乙方(受聘方):
住所地:
通信地址:
邮政编码:
联系电话:
传真:
电子信箱:

联系电话：
传真：
电子信箱：

鉴于：

1. 甲方是依法成立并取得合法从事电影（电视剧）制作资格的法人机构。

2. 甲方取得的资格和相关许可证包括：

（1）取得《摄制电影许可证》；

（2）取得计划摄制电影《________________》（以下简称“电影”）的《摄制电影许可证（单片）》；

（3）取得《电视剧制作许可证（甲种）》；

（4）取得《广播电视节目制作经营许可证》；

（5）取得计划摄制电视剧《________________》的（以下简称“电视剧”）《电视剧制作许可证（乙种）》；

（6）其他：____。

以上相关许可证详见附件1。

3. 乙方具有一定表演能力及相关经验。

4. 甲方决定聘请乙方担任电影（电视剧）《________________》（暂定名）的临时演员，乙方同意接受甲方的聘请。

甲乙双方根据《中华人民共和国合同法》、《电影管理条例》、《广播电视管理条例》等法律、法规的规定以及平等自愿、诚实信用、等价有偿的原则，经友好协商，特达成本合同，以兹共同遵守。

第一条　工作期限、工作内容和工作地点

1.1　乙方工作开始的时间按下列第________种方式确定：

（1）乙方应于______年______月______日前到达甲方指定的地点，并向甲方履行报到手续。

（2）甲方第一次向乙方发出工作任务指示之日。

（3）其他：____。

1.2　乙方工作结束的时间按下列第________种方式确定：

（1）乙方在电影（电视片）中饰演的角色剧情拍摄完毕之日。

（2）其他：____。

1.3　乙方饰演的角色以及具体拍摄剧情详见甲方向乙方发出的工作指示或通知。

1.4 乙方的工作地点包括但不限于:

(1) ____;

(2) ____;

(3) 以及甲方要求或指定的其他地点。

1.5 乙方在本合同工作期间每天的平均工作时间不超过12小时,每周超过平均工作时间不超过________次,超过前述约定的工作时间,甲方应向乙方支付每小时人民币________元的加班费。(注:关于工作时间也可约定为:本合同工作期间实行不定时工作制)

第二条 酬金、支付方式及其他费用、待遇(相对通用条款)

2.1 甲方按照每天人民币________元向乙方支付酬金。

2.2 支付方式:在乙方完成甲方指示或通知的拍摄工作当天,甲方应向乙方支付酬金。

2.3 前述酬金为税前(税后),甲方应代乙方向税务部门缴纳相关税款,并向乙方提供缴税发票。

2.4 其他费用和待遇

2.4.1 从乙方工作开始之日起至工作结束之日止,甲方应负责安排乙方在工作地点的住宿、饮食和交通,费用由甲方承担。

2.4.2 甲方应承担乙方往返国内各工作地点的交通费用;若乙方因本合同约定工作之外的原因往返工作地点的交通费用甲方不予承担。

2.4.3 若甲方要求乙方到国外的拍摄场地工作,甲方应负责办理相关证件和手续,并承担一切相关费用。

2.4.4 甲方应为乙方办理合同生效期间的商业保险,具体包括:

(1) 意外伤害保险;

(2) 意外伤害医疗保险;

(3) 其他:____。

在履行本合同项下约定工作期间,如因甲方原因造成乙方人身意外伤害,根据保险合同的有关规定进行赔偿后仍不足以补偿乙方的实际损失的,由甲方予以赔偿;如因乙方违反规章制度造成乙方人身意外伤害的,相关责任和损失、费用由乙方自行承担。

2.4.5 甲方未按照本款规定的标准向乙方履行合同义务的,乙方有权按照该款规定的标准自行安排并先行垫付,甲方根据实际发生的费用票据予以报销。

第三条 著作权及相关权利(相对通用条款)

3.1 甲方依法享有电影(电视剧)的著作权,包括但不限于电影(电视剧)的发行权、放映权、广播权、展览权、改编权、汇编权及信息网络传播权等,以及剧中人物造型、剧照、台词及相关文字材料的相应权利。

3.2 乙方履行了本合同约定的全部义务后,依法享有在电影(电视剧)及相关衍生产品中的署名权。

3.3 为宣传、推广电影(电视剧)的需要,甲方有权无偿使用或许可播放者、发行者使用乙方的姓名和肖像,并及于相关衍生产品或服务。

第四条 保证与承诺(通用条款)

4.1 双方保证:如果一方在本合同中所作出的陈述存在任何虚假或不真实,或如果违反其在本合同中所作出的保证,并给另一方造成损失的,该一方应向受损失方承担违约责任,视情节之严重程度,相对方享有要求解约、索赔以及要求承担定金、违约金等违约责任的权利。

4.2 甲方保证和承诺

4.2.1 甲方保证:甲方系经依法注册并合法存续的电影制片单位。

4.2.2 甲方保证:已(将)取得《摄制电影许可证》。

4.2.3 甲方保证:于______年______月______日前取得《摄制电影许可证(单片)》。

[如为电视剧该条为:

4.2.1 甲方保证:系经依法注册并合法存续的电视剧制作单位。

4.2.2 甲方保证:已取得《电视剧制作许可证(甲种)》并在有效期内。

4.2.3 甲方保证:于______年______月______日前取得《电视剧制作许可证(乙种)》(如已取得甲种证,则无需另行申请乙种证)。]

4.2.4 甲方承诺:电影(电视剧)不会包含任何侵害乙方合法权益或者违反国家法律禁止性规定的内容。

4.3 乙方保证和承诺

4.3.1 乙方保证:有权自行签署本合同并有能力履行本合同下的所有义务。

4.3.2 乙方承诺:在本合同约定的工作期间,乙方应专职为甲方工作,未经甲方同意,乙方不得受聘于甲方以外的任何第三方。

4.3.3 乙方承诺:乙方为摄制电影(电视剧)而进行的筹备、构思或提供的所有素材、创意等皆系自己原创,不会对任何第三方的合法权益造成侵犯。

4.3.4 乙方承诺:遵守甲方制定并公告的一切规章制度(见附件4)。

第五条 甲方的权利义务

5.1 甲方有权决定乙方是否适合出演该角色,并作出终止合同或更换角色的决定,但应向乙方支付已实际出演的工作天数的相应酬金,还应向乙方支付人民币

________元作为补偿金。

5.2　甲方应提供乙方在电影(电视剧)中的服装、道具、化装造型等,如在拍摄过程中造成道具及服装损坏的,乙方不承担赔偿责任。

第六条　乙方的权利义务

6.1　乙方在接到剧本后,即应为拍摄做好各项准备工作。

6.2　乙方在工作期间内应接受甲方的管理,遵守甲方的各项规章制度,及时、勤勉、经济、高效地进行电影(电视片)的摄制工作。

6.3　乙方应当保持和甲方的沟通、联系,但甲方不得干预乙方的正当权限或违反行业惯例。

6.4　乙方在拍摄期间,如遇到个人特殊情况确需请假,必须经过甲方同意并签字批准后方可离开,所需费用均有乙方自理。未经同意擅自离岗或逾期返组而影响剧组的拍摄工作,将视作是乙方违约行为,所产生的一切后果均由乙方自行承担。

6.5　乙方应按照剧本进行拍摄和制作,未经甲方同意,乙方不得擅自对人物、情节等进行实质性更改。

第七条　违约责任

7.1　甲方未履行或未按约定履行合同义务,应按如下情形分别承担相应的违约责任:

(1) 因甲方原因导致乙方未能拍摄的,应向乙方支付未能拍摄当天的酬金;

(2) 甲方未按约定向乙方支付酬金,每逾期 1 日应向乙方支付未付酬金的________%作为违约金;

(3) 如果乙方不存在违约或过错情形,甲方解除合同的,应向乙方支付尚未支付的酬金;

(4) 乙方依据第 9.4 款的规定解除本合同的,甲方应向乙方支付尚未支付的酬金;

(5) 其他:____。

7.2　乙方未履行或未按约定履行合同义务,应按如下情形分别承担相应的违约责任:

(1) 因乙方原因导致未能按摄制计划如期完成电影(电视片)的拍摄,乙方不得要求相应酬金;

(2) 甲方根据第 9.3 款的规定解除本合同的,甲方不再向乙方支付尚未发生的酬金。

第八条　合同的变更(通用条款)

对于本合同的修改、补充或其他变更,须由双方协商一致,以书面的形式作出。

经修改、补充及变更的条款及内容为本合同不可分割的组成部分，与本合同具有同等法律效力。

第九条　合同的解除

9.1　本合同一经签订，除法定和约定事由外，未经双方协商一致，任何一方不得单方解除。

9.2　任何一方违反本合同载明的保证和承诺、恶意或故意怠于履行本合同的义务，致使合同履行困难且无法通过本合同明确约定的违约责任承担方式解决的，经守约方书面催告后仍怠于履行本合同的义务的，均视为根本违约，守约方有权解除本协议。违约方应当按照法律规定承担缔约过失责任、违约责任和损害赔偿责任。

9.3　发生下列情形之一，甲方有权解除本合同：

(1) 乙方违反其在本合同第四条所作的保证和承诺，或其保证和承诺存在虚假或不真实；

(2) 乙方部分或完全丧失民事行为能力致使其不能继续履行本合同；

(3) 乙方严重失职，营私舞弊，给甲方及剧组利益造成重大损失的；

(4) 乙方在合同约定的工作期间被依法追究刑事责任的。

9.4　发生下列情形之一，乙方有权解除本合同：

(1) 甲方违反其在本合同第四条所作的保证和承诺，或其保证和承诺存在虚假或不真实；

(2) 甲方被依法吊销《摄制电影许可证》或《摄制电影许可证(单片)》[《电视剧制作许可证(甲种)》或《电视剧制作许可证(乙种)》]；

(3) 甲方破产、解散或被依法吊销企业法人营业执照。

9.5　一方要求解除合同的，应向另一方发出书面的解约通知，本合同自解约通知送达另一方当日解除。

第十条　保密

10.1　双方互相承诺对其本人以及公司、雇员、代理人或顾问等因为签订本合同而收到或获取的所有资料、信息(以下简称“保密信息”)，包括与本合同条款相关的、与谈判有关的、与剧情以及摄制有关的、与另一方的商业或事件有关的等与电影(电视剧)有关的一切资料和信息，严格加以保密；除了本合同第10.3款的规定外，将不得在电影(电视剧)公映前利用或披露或泄露给任何人任何上述保密信息。

10.2　乙方应妥善保管甲方交予的与电影(电视剧)相关的全部资料、文件，并于完成本合同约定工作或解除本合同后返还甲方。保密信息一旦泄露，泄露方应及时通知。

10.3　若其中一方因法律、法规、主管部门或相关监管机构的要求或规定而需要披露任何保密资料,该一方将在法律许可的情况下,尽快把这种要求或规定通知对方,以使对方可寻求适当补救方法防止披露或豁免该一方遵守本协议的条款。若未能取得适当的补救或本协议项下的豁免,而必须披露保密资料,该一方可以将保密资料中必须披露的部分予以披露。

10.4　一方违反本合同第十一条约定的保密义务给另一方造成损失的,应赔偿给另一方造成的全部经济损失。

第十一条　不可抗力(通用条款)

11.1　本合同所称不可抗力,是指任何一方在签署本合同时不可预见的、不能克服且无法避免的,并阻碍该方全部或部分履行本合同义务的情形,包括地震、天灾、叛乱、暴动、内乱、战争、任何政府政策、法律法规的调整以及政府行为等其他事由或因素。

11.2　发生不可抗力事件,导致受影响的一方因此无法履行任何本合同项下义务的,则在不可抗力事件持续期间,因此受阻履行的义务应予中止,履行期限应自动延长,且受阻履行义务的一方免除相应违约责任。

11.3　声称受到不可抗力事件影响的一方应尽可能在最短的时间内通过书面形式将不可抗力事件的发生通知另一方,并在该不可抗力事件发生后10日内向另一方提供关于此种不可抗力事件及其持续时间的适当证据及合同不能履行或者需要延期履行的书面资料。声称不可抗力事件导致其对本合同的履行在客观上成为不可能或不实际的一方,有责任尽一切合理的努力消除或减轻此等不可抗力事件的影响。

11.4　不可抗力事件发生时,双方应立即通过友好协商决定如何执行本合同,还应当尽一切合理努力,将该不可抗力事件的后果减小到最低程度。不可抗力事件或其影响终止或消除后,双方须立即恢复履行各自在本合同项下的各项义务。如不可抗力及其影响无法终止或消除而致使合同任何一方丧失继续履行合同的能力,则双方可协商解除合同或暂时延迟合同的履行,且遭遇不可抗力一方无须为此承担责任。当事人迟延履行后发生不可抗力的,不能免除责任。

11.5　如果不可抗力事件持续期间超过______日并且各方未能就公正的解决办法达成一致,任何一方可按照本协议第9.5款的规定解除本合同。

第十二条　争议解决与适用法律(通用条款)

12.1　本协议的订立、效力、解释、履行和争议的解决均适用中华人民共和国的法律。

12.2　凡因本合同引起的或与本合同有关的任何争议,由双方协商解决;协商不成的,按下列第□1/□2种方式(二选一)解决:

12.2.1　任何一方均有权将争议提交设在________________(地点)的______

__________仲裁委员会,按照申请仲裁时该会现行有效的仲裁规则进行仲裁。仲裁裁决是终局的,对双方均有约束力。

12.2.2 任何一方均有权向________人民法院起诉。

第十三条 合同权利和义务的转让

除合同中另有规定或经双方协商同意外,本合同所规定双方的任何权利和义务,任何一方在未征得另一方书面同意之前,不得转让给第三者。任何转让,未经另一方书面明确同意,均属无效。

第十四条 合同的解释

14.1 本合同文本由□甲方□乙方提供,其已采取合理的方式提请对方注意免除或者限制其责任的条款并予以说明;甲乙双方对本合同各条款的内容均充分理解并经协商达成一致同意。

14.2 本合同的理解与解释应依据合同目的和文本原意进行,本合同的标题仅是为了阅读方便而设,不应影响本合同的解释。

第十五条 合同效力和签署

15.1 本合同对每一方的继承人和受让人均有约束力。

15.2 本合同的任何一方未能及时行使本合同项下的权利不应被视为放弃该权利,也不影响该方在将来行使该权利。

15.3 如果本合同中的任何条款无论因何种原因完全或部分无效或不具有执行力,或违反任何适用的法律,则该条款被视为删除。但本合同的其余条款仍应有效并且有约束力。

15.4 本合同一式两份,双方各执一份,具有同等法律效力。

15.5 本合同经双方签字、盖章,以最后签字、盖章日期为本合同生效日期。本合同未尽事宜,需修订或变更时由双方签署补充合同,补充合同与本合同具有同等法律效力。

15.6 本合同之任何修改除非经双方以书面形式签署确认,否则均属无效。

第十六条 合同附件

16.1 本合同未尽事宜,依照有关法律、法规执行,法律、法规未作规定的,甲乙双方可以达成书面补充合同。本合同的附件和补充合同均为本合同不可分割的组成部分,与本合同具有同等的法律效力。

16.2 本合同及本合同的附件和补充合同内空格部分填写的文字与印刷文字具有同等法律效力。

16.3 本合同附件如下:

(1) 甲方相关证件;

(2)剧组规章制度;
(3)乙方身份证件复印件。

(以下无正文)

甲方:
(盖章)

授权代表签字:
签字日期:
合同签订地点:

乙方:
(盖章)

授权代表签字:
签字日期:

聘请工作人员合同

合同适用范围

聘请工作人员合同适用于影视作品的制片单位（即本合同的聘请单位）与拟聘请的除影视作品拍摄的主创人员之外的工作人员签署。

本合同涉及的工作人员不包括按天计酬的群众演员。

特别风险提示（示范合同重点为第一条、第二条、第三条、第六条和第七条）

1. 除影视作品拍摄的主创人员之外的工作人员涉及不同的专业部门，建议在拍摄过程中建立专业部门负责人负责制，并在合同中对各类人员的职务要求予以具体明确的约定。建议尽可能详细明确受聘方的工作内容，包括工作时间、工作条件、完成约定工作的要求和标准等。

2. 建议对于酬金的金额、计算和支付方式予以明确约定。

3. 建议在签署聘请合同前确定剧组的各项规章制度，并在合同中明示，作为制片单位管理以及受聘方遵守的依据。

4. 受聘方应在签订合同前注意审查聘请单位的资质情况，包括制片单位的相关资格、许可证以及拟拍摄影视作品是否取得许可的情况，以保证工作的有效付出。

*　　*　　*

聘请工作人员合同(范本)

合同编号:

甲方(聘请单位):
住所地:
通信地址:
邮政编码:
法定代表人(如甲方为法人单位):
签约代表人(如甲方为法人单位):
合同联系人:
证件名称及号码(如甲方为自然人):
联系电话:
传真:
电子信箱:

乙方(受聘方):
住所地:
通信地址:
邮政编码:
联系电话:
传真:
电子信箱:

鉴于:

1. 甲方是依法成立并取得合法从事电影(电视剧)制作资格的法人机构。

2. 乙方具有参与电影(电视剧)制作的相关经验。

3. 甲方决定聘请乙方担任电影(电视剧)《__________________》(暂定名)的________,乙方同意接受甲方的聘请。

甲乙双方根据《中华人民共和国合同法》、《电影管理条例》、《广播电视管理条例》等法律、法规的规定以及平等自愿、诚实信用、等价有偿的原则,经友好协商,特达成本合同,以兹共同遵守。

第一条　工作期限、工作内容和工作地点

1.1　乙方工作开始的时间按下列第________种方式确定:

(1) 乙方应于______年______月______日前到达甲方指定的地点,并向甲方履行报到手续。

(2) 甲方第一次向乙方发出工作任务指示之日。

(3) 其他:____。

1.2　乙方工作结束的时间按下列第________种方式确定:

(1) 电影(电视剧)停机之日。

(2) 电影(电视剧)完成后期制作之日。

(3) 第1.3款规定的工作完成之日。

(4) 其他:____。

(注:可根据不同职务在拍摄中的工作阶段确定)

1.3 乙方的工作包括但不限于:

(1) ____;

(2) ____;

(3) ____;

(4) 行业惯例中通常应完成的其他工作;

(5) 甲方交办的其他事项;

(6) 其他:____。

1.4 乙方的工作地点包括但不限于:

(1) ____;

(2) ____;

(3) 以及甲方要求或指定的其他地点。

1.5 乙方在本合同工作期间每天的平均工作时间不超过12小时,每周超过平均工作时间不超过________次,超过前述约定的工作时间,甲方应向乙方支付每小时人民币________元的加班费。(注:关于工作时间也可约定为:本合同工作期间实行不定时工作制,若乙方有特殊情况需要请假,需经甲方同意。)

第二条 酬金、支付方式及其他费用、待遇

2.1 甲方应向乙方支付酬金人民币________元。

2.2 酬金按照以下方式分________期支付:

(1) 甲方应自本合同签署之日起______日内向乙方支付定金人民币________元。本合同得以实际履行之日即乙方按照本合同第1.1款的约定开始工作之日,此定金自动转为甲方向乙方支付的酬金。

若因甲方原因导致本合同未能实际履行,则甲方无权要求乙方返还定金;若因乙方原因导致本合同未能实际履行,则乙方应向甲方双倍返还定金;

(2) 甲方应自乙方按照本合同第1.1款的约定开始工作之日起______日内向乙方支付人民币________元;

(3) 甲方应自电影(电视剧)开机之日起______日内向乙方支付人民币________元;

(4) 甲方应自电影(电视剧)完成摄制计划(见附件1)的一半工作内容之日起______日内向乙方支付人民币________元;

(5) 甲方应自电影(电视剧)停机之日起______日内向乙方支付人民币________元;

(6) 甲方应自电影(电视剧)完成后期制作之日起______日内向乙方支付人民币________元;

(7) 甲方应自乙方按照本合同第1.2款的约定结束工作之日起______日内向乙方支付人民币________元;

(8) 固定酬金包括平日和节假日期间的加班费用。(该条可根据计划工作时间选择适用)

2.3 甲乙方约定的其他方式。

2.4 关于税费

2.4.1 前述酬金及分红均为税前(税后)。

2.4.2 甲方应代乙方向税务部门缴纳相关税款,并向乙方提供缴税发票。

2.5 其他费用和待遇

2.5.1 从乙方工作开始之日起至工作结束之日止,甲方应负责安排乙方在工作地点的住宿、饮食和交通,费用由甲方承担。

2.5.2 甲方应承担乙方往返国内各工作地点的交通费用;若乙方因本合同约定工作之外的原因往返工作地点的交通费用甲方不予承担。

2.5.3 若甲方要求乙方到国外的拍摄场地工作,甲方应负责办理相关证件和手续,并承担一切相关费用。

2.5.4 甲方应在其工作场所为乙方配备的办公条件是:________________。

2.5.5 甲方应为乙方办理合同生效期间的商业保险,具体包括:

(1) 意外伤害保险;

(2) 意外伤害医疗保险;

(3) 其他:____。

在履行本合同项下约定工作期间,如因甲方原因造成乙方人身意外伤害,根据保险合同的有关规定进行赔偿后仍不足以补偿乙方的实际损失的,由甲方予以赔偿;如因乙方违反规章制度造成乙方人身意外伤害的,相关责任和损失、费用由乙方自行承担。

2.5.6 甲方应承担的乙方相关费用标准详见附件2。

2.5.7 甲方未按照本款规定的标准向乙方履行合同义务的,乙方有权按照该款规定的标准自行安排并先行垫付,甲方根据实际发生的正式费用票据予以报销。

第三条 工作要求和标准

3.1 甲方对乙方工作要求是:____。

3.2 乙方所负责的工作中需要的器材和工具包括：____________________。

3.2.1 以上器材和工具由甲方/乙方提供。

3.2.2 乙方应自收到甲方提供的摄制计划和摄制预算（见附件3）之日起______日内向甲方提交所需物品清单和预算明细。在摄制过程中需要补充或增加的物品的，乙方应及时向甲方提出申请和预算，以确保摄制工作按照计划顺利完成。

3.2.3 由甲方负责提供的，在摄制工作完成后应将剩余物品及时归还甲方，并向甲方提交物品损耗情况的书面报告。

3.2.4 由乙方负责提供的，甲方应自乙方提交购置或取得物品的正式费用票据之日起______日内予以报销。

3.2.5 因甲方未能及时提供器材和工具等所需物品或未能及时付款而影响摄制工作，乙方不对因此造成的损失承担责任。

第四条 著作权及相关权利

4.1 甲方依法享有电影（电视剧）的著作权，包括但不限于电影（电视剧）的发行权、放映权、广播权、展览权、改编权、汇编权及信息网络传播权等，以及剧中人物造型、剧照、台词及相关文字材料的相应权利。

4.2 乙方履行了本合同约定的全部义务后，依法享有在电影（电视剧）及相关衍生产品中的署名权。

4.3 为宣传、推广电影（电视剧）的需要，甲方有权无偿使用或许可播放者、发行者使用乙方的姓名和肖像，并及于相关衍生产品或服务。

4.4 甲方摄制完成的电影（电视剧）获得国家级奖项（含国际奖项）的，甲方承诺在获奖之日起______日内给予乙方奖金人民币________元。

4.5 甲方摄制完成的电影（电视剧）获得与乙方有关的相关单项奖的，乙方有权单独享有相应的荣誉（称号）及奖金。

第五条 保证与承诺（通用条款）

5.1 双方保证：如果一方在本合同中所作出的陈述存在任何虚假或不真实，或如果违反其在本合同中所作出的保证，并给另一方造成损失的，该一方应向受损失方承担违约责任，视情节之严重程度，相对方享有要求解约、索赔以及要求承担定金、违约金等违约责任的权利。

5.2 甲方保证和承诺

5.2.1 甲方保证：甲方系经依法注册并合法存续的电影制片单位。

5.2.2 甲方保证：已（将）取得《摄制电影许可证》。

5.2.3 甲方保证：于______年______月______日前取得《摄制电影许可证（单

片)》。

[如为电视剧该条为:

5.2.1　甲方保证:系经依法注册并合法存续的电视剧制作单位。

5.2.2　甲方保证:已取得《电视剧制作许可证(甲种)》并在有效期内。

5.2.3　甲方保证:于______年______月______日前取得《电视剧制作许可证(乙种)》(如已取得甲种证,则无需另行申请乙种证)。]

5.3　乙方保证和承诺

5.3.1　乙方保证:有权自行签署本合同并有能力履行本合同下的所有义务。

5.3.2　乙方承诺:在本合同约定的工作期间,乙方应专职为甲方工作,未经甲方同意,乙方不得受聘于甲方以外的任何第三方。

5.3.3　乙方承诺:乙方为摄制电影(电视剧)而进行的筹备、构思或提供的所有素材、创意等皆系自己原创,不会对任何第三方的合法权益造成侵犯。

5.3.4　乙方承诺:遵守甲方制定并公告的一切规章制度(见附件4)。

第六条　甲方的权利义务

6.1　甲方应于______年______月______日前向乙方提供初步摄制计划和摄制预算。

6.2　为宣传、推广电影(电视剧)的需要,甲方有权要求乙方参加电影(电视剧)的开机仪式、首映式以及其他宣传活动,无须就此向乙方支付酬金;如果该类活动发生在本合同约定的乙方工作期限之后,乙方仍应积极参与和配合。

6.3　甲方要求乙方参加的宣传活动最多不超过________次;否则,每超过1次应向乙方支付税前(税后)人民币________元,乙方亦有权拒绝甲方的要求。

6.4　甲方要求乙方参加宣传活动,应承担乙方的住宿、饮食及往返交通费用。费用标准及承担方式同第2.5款的规定。

第七条　乙方的权利义务

7.1　乙方在工作期间内应接受甲方的管理,及时、勤勉、经济、高效地进行电影(电视剧)的摄制工作。

7.2　乙方应当保持和甲方的沟通、联系,但甲方不得干预乙方的正当权限或违反行业惯例。

7.3　乙方在拍摄期间,如遇到个人特殊情况确需请假,必须经过甲方同意并签字批准后方可离开,所需费用均有乙方自理。未经同意擅自离岗或逾期返组而影响剧组的拍摄工作,将视作是乙方违约行为,所产生的一切后果均由乙方自行承担。

7.4　乙方应严格履行摄制计划和预算,未经甲方同意,乙方不得擅自更改。

7.5 乙方可以为本剧争取各种形式(实物或场地提供、资金等)的赞助,该赞助应报经甲方同意并统一管理使用。

7.5.1 争取赞助所需签订的相关合同应由甲方签署或甲乙双方共同签署。

7.5.2 赞助资金或赞助实物等均用于本合同电影(电视剧)的拍摄,并以该资金或实物价值(双方协商估价、评估或拍卖价格)由剧组财务人员入账核算。

7.5.3 对于乙方争取的赞助,甲方应向乙方支付赞助资金或相应价值税前(税后)的________%作为奖励费。

第八条 违约责任(相对通用条款)

8.1 甲方未履行或未按约定履行合同义务,应按如下情形分别承担相应的违约责任:

(1) 因甲方原因导致乙方未能按摄制计划如期完成电影(电视剧)的拍摄,每逾期一日应向乙方支付违约金人民币________元;

(2) 甲方未按约定向乙方支付酬金,每逾期 1 日应向乙方支付未付酬金的________%作为违约金;

(3) 如果乙方不存在违约或过错情形,甲方解除合同的,应向乙方支付尚未支付的酬金;

(4) 乙方依据第 10.4 款的规定解除本合同的,甲方应向乙方支付尚未支付的酬金;

(5) 其他:____。

8.2 乙方未履行或未按约定履行合同义务,应按如下情形分别承担相应的违约责任:

(1) 因乙方原因导致未能按摄制计划如期完成电影(电视剧)的拍摄,每逾期 1 日应向甲方支付违约金人民币________元;

(2) 在本合同约定工作期间,乙方为其他第三方工作应征得甲方同意,否则应向甲方支付违约金人民币________元;

(3) 如果甲方不存在违约或过错情形,乙方提前解除合同的,应向甲方支付违约金人民币________元(或约定为"退还已支付的酬金并赔偿甲方因此而遭受的全部经济损失");

(4) 甲方根据第 10.3 款第(1)、(2)、(4)项的规定解除本合同的,乙方应向甲方支付违约金人民币________元;

(5) 其他:____。

第九条 合同的变更(通用条款)

对于本合同的修改、补充或其他变更,须由双方协商一致,以书面的形式作出。

经修改、补充及变更的条款及内容为本合同不可分割的组成部分，与本合同具有同等法律效力。

第十条　合同的解除（相对通用条款）

10.1　本合同一经签订，除法定和约定事由外，未经双方协商一致，任何一方不得单方解除。

10.2　任何一方违反本合同载明的保证和承诺、恶意或故意怠于履行本合同的义务，致使合同履行困难且无法通过本合同明确约定的违约责任承担方式解决的，经守约方书面催告后仍怠于履行本合同的义务的，均视为根本违约，守约方有权解除本协议。违约方应当按照法律规定承担缔约过失责任、违约责任和损害赔偿责任。

10.3　发生下列情形之一，甲方有权解除本合同：

（1）乙方因自身原因不能履行本合同规定的义务，累计或连续超过________天；

（2）乙方违反其在本合同第五条所作的保证和承诺，或其保证和承诺存在虚假或不真实；

（3）乙方部分或完全丧失民事行为能力致使其不能继续履行本合同；

（4）乙方违反规章制度（包括财务制度）达________次以上，严重影响摄制计划的完成；

（5）乙方严重失职，营私舞弊，给甲方及剧组利益造成重大损失的；

（6）乙方在合同约定的工作期间被依法追究刑事责任的。

10.4　发生下列情形之一，乙方有权解除本合同：

（1）非因乙方原因，甲方延迟开机超过______日的；

（2）甲方拖欠乙方酬金或应付费用累计达到全部应付款项的________%；

（3）甲方延期支付乙方酬金或应付费用累计或连续超过________天；

（4）甲方违反其在本合同第五条所作的保证和承诺，或其保证和承诺存在虚假或不真实；

（5）甲方被依法吊销《摄制电影许可证》或《摄制电影许可证（单片）》[《电视剧制作许可证（甲种）》或《电视剧制作许可证（乙种）》]；

（6）甲方破产、解散或被依法吊销企业法人营业执照。

10.5　一方要求解除合同的，应向另一方发出书面的解约通知，本合同自解约通知送达另一方当日解除。

（注：如在摄制期间一方提出解约并当日生效可能严重影响拍摄工作，本条也可以增加约定：但在解除生效之日起______日内双方仍应履行本合同项下约定的

各项工作和义务。)

10.6　非因双方过错,出现当事人不能控制的情况,致使拍摄延期,甲乙双方应立即采取补救措施,并协商确定拍摄计划的顺延,甲乙各方因此均无须承担相关违约责任,前述情况包括但不限于:

(1) 天气原因;

(2) 导演、主要演员等主创人员生病、受到意外伤害或死亡;

(3) 第三方原因。

前述规定的情况致使拍摄迟延或中断超过______日,任何一方可按照本协议第10.5款的规定解除本合同。

第十一条　保密

11.1　双方互相承诺对其本人以及公司、雇员、代理人或顾问等因为签订本合同而收到或获取的所有资料、信息(以下简称“保密信息”),包括与本合同条款相关的、与谈判有关的、与剧情以及摄制有关的、与另一方的商业或事件有关的等与电影(电视剧)有关的一切资料和信息,严格加以保密;除了本合同第11.3款的规定外,将不得在电影(电视剧)公映前利用或披露或泄露给任何人任何上述保密信息。

11.2　乙方应妥善保管甲方交予的与电影(电视剧)相关的全部资料、文件,并于完成本合同约定工作或解除本合同后返还甲方。保密信息一旦泄露,泄露方应及时通知。

11.3　若其中一方因法律、法规、主管部门或相关监管机构的要求或规定而需要披露任何保密资料,该一方将在法律许可的情况下,尽快把这种要求或规定通知对方,以使对方可寻求适当补救方法防止披露或豁免该一方遵守本协议的条款。若未能取得适当的补救或本协议项下的豁免,而必须披露保密资料,该一方可以将保密资料中必须披露的部分予以披露。

11.4　一方违反本合同第十一条约定的保密义务给另一方造成损失的,应赔偿给另一方造成的全部经济损失。

第十二条　不可抗力(通用条款)

12.1　本合同所称不可抗力,是指任何一方在签署本合同时不可预见的、不能克服且无法避免的,并阻碍该方全部或部分履行本合同义务的情形,包括地震、天灾、叛乱、暴动、内乱、战争、任何政府政策、法律法规的调整以及政府行为等其他事由或因素。

12.2　发生不可抗力事件,导致受影响的一方因此无法履行任何本合同项下义务的,则在不可抗力事件持续期间,因此受阻履行的义务应予中止,履行期限应自动延长,且受阻履行义务的一方免除相应违约责任。

12.3 声称受到不可抗力事件影响的一方应尽可能在最短的时间内通过书面形式将不可抗力事件的发生通知另一方,并在该不可抗力事件发生后10日内向另一方提供关于此种不可抗力事件及其持续时间的适当证据及合同不能履行或者需要延期履行的书面资料。声称不可抗力事件导致其对本合同的履行在客观上成为不可能或不实际的一方,有责任尽一切合理的努力消除或减轻此等不可抗力事件的影响。

12.4 不可抗力事件发生时,双方应立即通过友好协商决定如何执行本合同,还应当尽一切合理努力,将该不可抗力事件的后果减小到最低程度。不可抗力事件或其影响终止或消除后,双方须立即恢复履行各自在本合同项下的各项义务。如不可抗力及其影响无法终止或消除而致使合同任何一方丧失继续履行合同的能力,则双方可协商解除合同或暂时延迟合同的履行,且遭遇不可抗力一方无须为此承担责任。当事人迟延履行后发生不可抗力的,不能免除责任。

12.5 如果不可抗力事件持续期间超过______日并且各方未能就公正的解决办法达成一致,任何一方可按照本协议第10.5款的规定解除本合同。

第十三条 通知与送达(通用条款)

13.1 甲乙双方因履行本意向合同而相互发出或者提供的所有通知、文件、资料等,均应按照本合同首部所列明的通讯地址、传真、电子邮件以邮寄或传真或电子邮件方式送达;一方如果迁址或者变更电话、电子邮件应当书面通知对方,否则发至本合同首部所列明的通讯地址或者传真、电子邮件系统的通知、文件、资料均视为有效送达。

13.2 以邮寄方式送达的,另一方签收之日视为送达;签收之日不明确的,以信件寄出或者投邮之日后第三日视为送达。通过传真、电子邮件方式送达的,通知、文件、资料等数据电文进入另一方系统之时视为送达;通知、文件、资料等数据电文进入另一方系统之时不明确的,以传真、电子邮件发出后的第二日视为送达。

13.3 任何一方的通讯地址、通讯号码或联系人如果发生变化,应当在该变更发生后的3日之内通知对方,否则对方对于其原通讯方式的通知视为有效通知。

第十四条 争议解决与适用法律(通用条款)

14.1 本协议的订立、效力、解释、履行和争议的解决均适用中华人民共和国的法律。

14.2 凡因本合同引起的或与本合同有关的任何争议,由双方协商解决;协商不成的,按下列第□1/□2种方式(二选一)解决:

14.2.1 任何一方均有权将争议提交设在________________(地点)的______

__________仲裁委员会,按照申请仲裁时该会现行有效的仲裁规则进行仲裁。仲裁裁决是终局的,对双方均有约束力。

14.2.2 任何一方均有权向________人民法院起诉。

第十五条 合同权利和义务的转让

除合同中另有规定或经双方协商同意外,本合同所规定双方的任何权利和义务,任何一方在未征得另一方书面同意之前,不得转让给第三者。任何转让,未经另一方书面明确同意,均属无效。

第十六条 合同的解释

16.1 本合同文本由□甲方□乙方提供,其已采取合理的方式提请对方注意免除或者限制其责任的条款并予以说明;甲乙双方对本合同各条款的内容均充分理解并经协商达成一致同意。

16.2 本合同的理解与解释应依据合同目的和文本原意进行,本合同的标题仅是为了阅读方便而设,不应影响本合同的解释。

第十七条 合同效力和签署

17.1 本合同对每一方的继承人和受让人均有约束力。

17.2 本合同的任何一方未能及时行使本合同项下的权利不应被视为放弃该权利,也不影响该方在将来行使该权利。

17.3 如果本合同中的任何条款无论因何种原因完全或部分无效或不具有执行力,或违反任何适用的法律,则该条款被视为删除。但本合同的其余条款仍应有效并且有约束力。

17.4 本合同一式两份,双方各执一份,具有同等法律效力。

17.5 本合同经双方签字、盖章,以最后签字、盖章日期为本合同生效日期。本合同未尽事宜,需修订或变更时由双方签署补充合同,补充合同与本合同具有同等法律效力。

17.6 本合同之任何修改除非经双方以书面形式签署确认,否则均属无效。

第十八条 合同附件

18.1 本合同未尽事宜,依照有关法律、法规执行,法律、法规未作规定的,甲乙双方可以达成书面补充合同。本合同的附件和补充合同均为本合同不可分割的组成部分,与本合同具有同等的法律效力。

18.2 本合同及本合同的附件和补充合同内空格部分填写的文字与印刷文字具有同等法律效力。

18.3 本合同附件如下:

(1) 摄制计划;

（2）费用标准；

（3）摄制预算；

（4）剧组规章制度；

（5）乙方身份证件复印件。

（以下无正文）

甲方：　　　　　　　　　　　　　　乙方：

（盖章）　　　　　　　　　　　　　（盖章）

授权代表签字：　　　　　　　　　　授权代表签字：

签字日期：　　　　　　　　　　　　签字日期：

合同签订地点：

特技效果服务合同

合同适用范围

特技效果服务合同适用于影视作品的制片单位（即本合同的聘请单位）与提供特定的特技效果服务的人员或单位之间签署。

特技效果一般包括特殊化妆、电子动画、计算机图形、影像合成、模型、灯光、烟火等。

特别风险提示（示范合同重点为第一条、第二条、第三条、第六条和第七条）

1. 建议合同各方注意防范如下风险：

（1）明确特技效果服务的具体种类和要求；

（2）明确为制作特技效果所需发生的费用承担；

（3）明确特技效果作品的权利归属。

2. 建议聘请各方注意防范如下风险：

（1）建议尽可能详细明确受聘方的工作内容，包括特技效果服务的具体种类、工作时间、工作条件、完成约定工作的要求和标准等；

（2）明确为制作特技效果所需发生的费用承担；

（3）明确特技效果作品的权利归属；

（4）由于特技效果服务没有法定或约定俗成的质量标准，聘请单位除在合同签订前应与受聘方充分沟通、了解外，还应尽可能将与受聘方达成一致的相应特技效果服务达到的风格、标准及其他要求约定在合同中。

3. 建议受聘方注意防范如下风险：

（1）签订合同前注意审查聘请单位的资质情况，包括制作单位的相关资格、许可证以及拟拍摄影视作品是否取得许可的情况，以保证工作的有效付出；

（2）建议约定定金条款，以防止出现在受聘方根据聘请单位要求进行了工作安排或者材料购置，聘请单位单方解除合同，给受聘方造成经济损失的情况；

*　　*　　*

特技效果服务合同(范本)

合同编号:

甲方(聘请单位):
住所地:
通信地址:
邮政编码:
法定代表人(如甲方为法人单位):
签约代表人(如甲方为法人单位):
合同联系人:
证件名称及号码(如甲方为自然人):
联系电话:
传真:
电子信箱:

乙方(受聘方):
住所地:
通信地址:
邮政编码:
法定代表人:
签约代表人:
合同联系人:
联系电话:
传真:
电子信箱:

鉴于:

1. 甲方是依法成立并取得合法从事电影(电视剧)制作资格的法人机构。

2. 乙方具有制作、提供电影(电视剧)特技效果服务的相关经验。

3. 甲方决定聘用乙方为电影(电视剧)《__________________》(暂定名)提供________的特技效果服务,乙方同意接受甲方的聘用。

甲乙双方根据《中华人民共和国合同法》、《电影管理条例》、《广播电视管理条例》等法律、法规的规定以及平等自愿、诚实信用、等价有偿的原则,经友好协商,特达成本合同,以兹共同遵守。

第一条 工作期限、工作内容和工作地点

1.1 乙方工作开始的时间按下列第________种方式确定:

(1) 甲方第一次向乙方发出工作任务指示之日。

(2) 其他:____。

1.2 乙方工作结束的时间按下列第________种方式确定:

(1) 特技效果制作完成并经甲方审核确认后,乙方的全部工作结束。

(2) 其他:____。

1.3 在电影(电视剧)摄制过程中,乙方将根据摄制计划和预算(见附件1)以及剧情的需要提供以下工作,包括但不限于:

(1) 设计临时布景;

(2) 搭建拍摄场景;

(3) 制作道具;

(4) 根据特效需要特制演员服装及各类装饰品;

(5) 制作电脑动画;

(6) 对甲方提出的合理修改意见,对作品予以修改;

(7) 其他与剧情有关的特技效果工作等。

1.4 乙方的工作地点包括但不限于:

(1) ____;

(2) ____;

(3) 以及甲方要求或指定的其他地点。

1.5 乙方的具体工作安排为:

(1) 乙方应于____年____月____日前向甲方提交特技效果的文字描述及制作计划;

(2) 乙方应于____年____月____日前向甲方提交制作完成的特技效果作品。

(可根据所委托乙方的具体工作在摄制过程中的计划时间段分别确定)

1.6 甲方应自收到第2.5款约定的特技效果制作计划之日起______日内提出审核意见并书面通知乙方。如甲方提出修改意见,乙方应自收到该修改意见之日起______日提交修改稿。甲方自收到乙方提交的特技效果作品之日起______日内未将审核结果或修改意见通知乙方,视为甲方确认并认可乙方提交的作品,乙方完成合同约定的工作。

1.7 本合同第九条中约定的甲方联系人为________,该联系人为甲方履行接收、审查特技效果相关文件、作品的授权代理人,负责保持与乙方的工作沟通和协调、接收乙方提交的文件和作品、对乙方提交的文件和作品出具修改、确认等审核意见。甲方对文件和作品的审核通过以甲方联系人________签字确认为准。

第二条 酬金、支付方式及其他费用、待遇

2.1 甲方应向乙方支付酬金人民币________元。

2.2 酬金按照以下方式分________期支付:

(1) 甲方应自本合同签署之日起______日内向乙方支付定金人民币________元。本合同得以实际履行之日即乙方按照本合同第1.1款的约定开始工作之日,此定金自动转为甲方向乙方支付的酬金。

若因甲方原因导致本合同未能实际履行，则甲方无权要求乙方返还定金；若因乙方原因导致本合同未能实际履行，则乙方应向甲方双倍返还定金；

(2) 甲方应自乙方按照本合同第1.1款的约定开始工作之日起______日内向乙方支付人民币________元；

(3) 甲方应自电影（电视剧）开机之日起______日内向乙方支付人民币________元；

(4) 甲方应自电影（电视剧）完成摄制计划（见附件1）的一半工作内容之日起______日内向乙方支付人民币________元；

(5) 甲方应自电影（电视剧）停机之日起______日内向乙方支付人民币________元；

(6) 甲方应自电影（电视剧）完成后期制作之日起______日内向乙方支付人民币________元；

(7) 甲方应自乙方按照本合同第1.2款的约定结束工作，且达到第三条约定的制作要求和标准之日起______日内向乙方支付人民币________元；

(8) 固定酬金包括平日和节假日期间的加班费用。（注：该条可根据计划工作时间选择适用）

2.3 双方约定的其他方式。

2.4 关于乙方因制作特技效果而支出的费用

2.4.1 该费用包括但不限于购置材料、工具、设备、现场安装、调试、拆除、运输、保管等方面的费用以及乙方工作人员的报酬、差旅、食宿、保险及福利费用。甲方应向乙方支付的酬金包括（不包括）______________________________。

2.4.2 由甲方支付乙方因制作特技效果支出的费用的，乙方应自收到甲方提供的摄制计划和摄制预算之日起______日内向甲方提交所需费用预算明细及支付方式，甲方确认后应按约定及时向乙方支付相关费用。

2.4.2.1 在摄制过程中需要增加费用的，乙方应及时提出费用预算，以确保摄制工作按照计划顺利完成。

2.4.2.2 摄制工作完成后，乙方应将剩余的材料、工具、设备等物品及时归还甲方，并向甲方提交物品损耗情况的书面报告。

2.4.3 由乙方支付制作特技效果支出的费用的，若在摄制过程中甲方要求对特技效果进行改进或变更，需要增加费用的，乙方应及时提出费用预算明细及支付方式，甲方确认后应按约定及时向乙方支付相关费用。

2.4.4 因甲方未能及时付款而影响摄制工作，乙方不对因此造成的损失承担责任。

2.5 关于税费

2.5.1 前述酬金及分红均为税前(税后)。

2.5.2 甲方应代乙方向税务部门缴纳相关税款,并向乙方提供缴税发票。

2.5.3 甲方应将前述费用以银行转账方式汇入乙方以下银行账户:

单位名称:

开 户 行:

账　　号:

2.6 其他费用和待遇

2.6.1 甲方应承担乙方在工作地点以及往返国内各工作地点的交通、住宿、饮食费用;若乙方因本合同约定工作之外的原因往返工作地点的交通费用甲方不予承担。

2.6.2 若甲方要求乙方到国外的拍摄场地工作,甲方应负责办理相关证件和手续,并承担一切相关费用。

2.6.3 甲方应在其工作场所为乙方配备的办公条件是:____________。

2.6.4 甲方应为乙方办理合同生效期间的商业保险,具体包括:

(1) ____________________________________;

(2) ____________________________________。

2.6.5 甲方应承担的乙方相关费用标准详见附件2。

2.6.6 甲方未按照本款规定的标准向乙方履行合同义务的,乙方有权按照该款规定的标准自行安排并先行垫付,甲方根据实际发生的正式费用票据予以报销。

第三条　特技效果的制作要求和标准

详见附件3。

第四条　著作权及相关权利(相对通用条款)

4.1 甲方依法享有电影(电视剧)的著作权以及特技效果作品的所有权。

4.2 乙方履行了本合同约定的全部义务后,依法享有在电影(电视剧)及相关衍生产品中的署名权。

4.3 为宣传、推广电影(电视剧)的需要,甲方有权无偿使用或许可播放者、发现者使用乙方的姓名和肖像,并及于相关衍生产品或服务。

第五条　保证、承诺

5.1 双方保证:如果一方在本合同中所作出的陈述存在任何虚假或不真实,或如果违反其在本合同中所作出的保证,并给另一方造成损失的,该一方应向受损失方承担违约责任,视情节之严重程度,相对方享有要求解约、索赔以及要求承担定金、违约金等违约责任的权利。

5.2 甲方保证和承诺

5.2.1 甲方保证:甲方系经依法注册并合法存续的电影制片单位。

5.2.2 甲方保证:已(将)取得《摄制电影许可证》。

5.2.3 甲方保证:于______年______月______日前取得《摄制电影许可证(单片)》。

[如为电视剧该条为:

5.2.1 甲方保证:系经依法注册并合法存续的电视剧制作单位。

5.2.2 甲方保证:已取得《电视剧制作许可证(甲种)》并在有效期内。

5.2.3 甲方保证:于______年______月______日前取得《电视剧制作许可证(乙种)》(如已取得甲种证,则无需另行申请乙种证)。]

5.3 乙方保证和承诺

5.3.1 乙方保证:有权自行签署本合同并有能力履行本合同下的所有义务。

5.3.2 乙方承诺:在本合同约定的工作期间,乙方应专职为甲方工作,未经甲方同意,乙方不得受聘于甲方以外的任何第三方。

5.3.3 乙方承诺:乙方为摄制电影(电视剧)提供的所有与特技效果有关的素材、创意、作品等皆系自己原创,不会对任何第三方的合法权益造成侵犯,否则,由此引起的纠纷由乙方承担全部责任,并赔偿甲方因此遭受的全部经济损失。

5.3.4 乙方承诺:制作特技效果使用的材料应当符合国家标准,确保不会造成人身伤害事故和第三方财产损失,并独立承担由此产生的全部法律与经济责任。

5.3.5 乙方承诺:遵守甲方制定并公告的一切规章制度(见附件4)。

第六条 甲方的权利义务

6.1 甲方应于______年______月______日前向乙方提供初步摄制计划和摄制预算。

6.2 甲方有权监督、审查特技效果的制作情况,但不得妨碍乙方的正常工作,乙方应予配合。

6.3 为宣传、推广电影(电视剧)的需要,甲方有权要求乙方参加电影(电视剧)的开机仪式、首映式以及其他宣传活动,无须就此向乙方支付酬金;如果该类活动发生在本合同约定的乙方工作期限之后,乙方仍应积极参与和配合。

6.4 甲方要求乙方参加的宣传活动最多不超过________次;否则,每超过1次应向乙方支付税前(税后)人民币________元,乙方亦有权拒绝甲方的要求。

6.5 甲方要求乙方参加宣传活动,应承担乙方的住宿、饮食及往返交通费用。费用标准及承担方式同第2.6款的规定。

6.6 如因甲方原因,未能在电影(电视剧)中采用乙方的特技效果作品,甲方仍应按照本合同第三条的规定向乙方支付酬金。

第七条 乙方的权利义务

7.1 乙方在工作期间内应接受甲方的管理,及时、勤勉、经济、高效地进行电影(电视剧)的摄制工作。

7.2 乙方应当保持和甲方的沟通、联系,但甲方不得干预乙方的正当权限或违反行业惯例。

7.3 乙方应严格履行合同附件3约定的摄制计划和预算,未经甲方同意,乙方不得擅自更改。

7.4 本合同解除或终止后,乙方无义务维护特技效果的状态。甲方可聘请乙方或其他方对特技效果进行润色、加工、保养或者修改。

7.5 乙方指派不少于________人为甲方提供本合同项下的服务,其中第九条约定的乙方联系人同时为乙方履行本合同义务的负责人。

第八条 违约责任

8.1 甲方未履行或未按约定履行合同义务,应按如下情形分别承担相应的违约责任:

(1) 因甲方原因导致乙方未能按摄制计划如期完成电影(电视剧)的拍摄,每逾期1日应向乙方支付违约金人民币________元;

(2) 甲方未按约定向乙方支付酬金,每逾期1日应向乙方支付未付酬金的________%作为违约金;

(3) 如果乙方不存在违约或过错情形,甲方解除合同的,应向乙方支付尚未支付的酬金;

(4) 乙方依据第10.4款的规定解除本合同的,甲方应向乙方支付尚未支付的酬金;

(5) 其他:____。

8.2 乙方未履行或未按约定履行合同义务,应按如下情形分别承担相应的违约责任:

(1) 因乙方原因导致未能按摄制计划如期完成电影(电视剧)的拍摄,每逾期1日应向甲方支付违约金人民币________元;

(2) 在本合同约定工作期间,乙方为其他第三方工作应征得甲方同意,否则应向甲方支付违约金人民币________元;

(3) 如果甲方不存在违约或过错情形,乙方提前解除合同的,应向甲方支付违约金人民币________元(或约定为“退还已支付的酬金并赔偿甲方因此而遭受的全部经济损失”);

(4) 甲方根据第10.3款第(1)、(2)、(4)项的规定解除本合同的,乙方应向甲方支付违约金人民币________元;

(5) 其他:____。

第九条 合同的变更(通用条款)

对于本合同的修改、补充或其他变更,须由双方协商一致,以书面的形式作出。经修改、补充及变更的条款及内容为本合同不可分割的组成部分,与本合同具有同等法律效力。

第十条 合同的解除(相对通用条款)

10.1 本合同一经签订,除法定和约定事由外,未经双方协商一致,任何一方不得单方解除。

10.2 任何一方违反本合同载明的保证和承诺、恶意或故意怠于履行本合同的义务,致使合同履行困难且无法通过本合同明确约定的违约责任承担方式解决的,经守约方书面催告后仍怠于履行本合同的义务的,均视为根本违约,守约方有权解除本协议。违约方应当按照法律规定承担缔约过失责任、违约责任和损害赔偿责任。

10.3 发生下列情形之一,甲方有权解除本合同:

(1) 乙方因自身原因不能履行本合同规定的义务,累计或连续超过________天;

(2) 乙方违反其在本合同第八条所作的保证和承诺,或其保证和承诺存在虚假或不真实;

(3) 乙方部分或完全丧失民事行为能力致使其不能继续履行本合同;

(4) 乙方违反规章制度达________次以上,严重影响摄制计划的完成;

(5) 乙方在合同约定的工作期间被依法追究刑事责任的。

10.4 发生下列情形之一,乙方有权解除本合同:

(1) 非因乙方原因,甲方延迟开机超过______日的;

(2) 甲方拖欠乙方酬金或应付费用累计达到全部应付款项的________%;

(3) 甲方延期支付乙方酬金或应付费用累计或连续超过________天;

(4) 甲方违反其在本合同第八条所作的保证和承诺,或其保证和承诺存在虚假或不真实;

(5) 甲方被依法吊销《摄制电影许可证》或《摄制电影许可证(单片)》[《电视剧制作许可证(甲种)》或《电视剧制作许可证(乙种)》];

10.5 一方要求解除合同的,应向另一方发出书面的解约通知,本合同自解约通知送达另一方当日解除。

10.6　非因双方过错，出现当事人不能控制的情况，致使拍摄延期，甲乙双方应立即采取补救措施，并协商确定拍摄计划的顺延，甲乙各方因此均无须承担相关违约责任，前述情况包括但不限于：

(1) 天气原因；

(2) 导演、主要演员等主创人员生病、受到意外伤害或死亡；

(3) 第三方原因。

前述规定的情况致使拍摄迟延或中断超过______日，任何一方可按照本协议第10.5款的规定解除本合同。

第十一条　保密

11.1　双方互相承诺对其本人以及公司、雇员、代理人或顾问等因为签订本合同而收到或获取的所有资料、信息（以下简称"保密信息"），包括与本合同条款相关的、与谈判有关的、与剧情以及摄制有关的、与另一方的商业或事件有关的等与电影（电视剧）有关的一切资料和信息，严格加以保密；除了本合同第11.3款的规定外，将不得在电影（电视剧）公映前利用或披露或泄露给任何人任何上述保密信息。

11.2　乙方应妥善保管甲方交予的与电影（电视剧）相关的全部资料、文件，并于完成本合同约定工作或解除本合同后返还甲方。保密信息一旦泄露，泄露方应及时通知。

11.3　未经过乙方同意，甲方不得披露特技效果设计、制作的细节。

11.4　若其中一方因法律、法规、主管部门或相关监管机构的要求或规定而需要披露任何保密资料，该一方将在法律许可的情况下，尽快把这种要求或规定通知对方，以使对方可寻求适当补救方法防止披露或豁免该一方遵守本协议的条款。若未能取得适当的补救或本协议项下的豁免，而必须披露保密资料，该一方可以将保密资料中必须披露的部分予以披露。

11.5　一方违反本合同第十一条约定的保密义务给另一方造成损失的，应赔偿给另一方造成的全部经济损失。

第十二条　不可抗力（通用条款）

12.1　本合同所称不可抗力，是指任何一方在签署本合同时不可预见、不能克服且无法避免的，并阻碍该方全部或部分履行本合同义务的情形，包括地震、天灾、叛乱、暴动、内乱、战争、任何政府政策、法律法规的调整以及政府行为等其他事由或因素。

12.2　发生不可抗力事件，导致受影响的一方因此无法履行任何本合同项下义务的，则在不可抗力事件持续期间，因此受阻履行的义务应予中止，履行期限应自动延长，且受阻履行义务的一方免除相应违约责任。

12.3 声称受到不可抗力事件影响的一方应尽可能在最短的时间内通过书面形式将不可抗力事件的发生通知另一方，并在该不可抗力事件发生后10日内向另一方提供关于此种不可抗力事件及其持续时间的适当证据及合同不能履行或者需要延期履行的书面资料。声称不可抗力事件导致其对本合同的履行在客观上成为不可能或不实际的一方，有责任尽一切合理的努力消除或减轻此等不可抗力事件的影响。

12.4 不可抗力事件发生时，双方应立即通过友好协商决定如何执行本合同，还应当尽一切合理努力，将该不可抗力事件的后果减小到最低程度。不可抗力事件或其影响终止或消除后，双方须立即恢复履行各自在本合同项下的各项义务。如不可抗力及其影响无法终止或消除而致使合同任何一方丧失继续履行合同的能力，则双方可协商解除合同或暂时延迟合同的履行，且遭遇不可抗力一方无须为此承担责任。当事人迟延履行后发生不可抗力的，不能免除责任。

12.5 如果不可抗力事件持续期间超过______日并且各方未能就公正的解决办法达成一致，任何一方可按照本协议第10.5款的规定解除本合同。

第十三条 通知与送达（通用条款）

13.1 甲乙双方因履行本意向合同而相互发出或者提供的所有通知、文件、资料等，均应按照本合同首部所列明的通讯地址、传真、电子邮件以邮寄或传真或电子邮件方式送达；一方如果迁址或者变更电话、电子邮件应当书面通知对方，否则发至本合同首部所列明的通讯地址或者传真、电子邮件系统的通知、文件、资料均视为有效送达。

13.2 以邮寄方式送达的，另一方签收之日视为送达；签收之日不明确的，以信件寄出或者投邮之日后第三日视为送达。通过传真、电子邮件方式送达的，通知、文件、资料等数据电文进入另一方系统之时视为送达；通知、文件、资料等数据电文进入另一方系统之时不明确的，以传真、电子邮件发出后的第二日视为送达。

13.3 任何一方的通讯地址、通讯号码或联系人如果发生变化，应当在该变更发生后的3日之内通知对方，否则对方对于其原通讯方式的通知视为有效通知。

第十四条 争议解决与适用法律（通用条款）

14.1 本协议的订立、效力、解释、履行和争议的解决均适用中华人民共和国的法律。

14.2 凡因本合同引起的或与本合同有关的任何争议，由双方协商解决；协商不成的，按下列第□1/□2种方式（二选一）解决：

14.2.1 任何一方均有权将争议提交设在________________（地点）的______

__________仲裁委员会，按照申请仲裁时该会现行有效的仲裁规则进行仲裁。仲裁裁决是终局的，对双方均有约束力。

14.2.2 任何一方均有权向________人民法院起诉。

第十五条 合同权利和义务的转让

除合同中另有规定或经双方协商同意外，本合同所规定双方的任何权利和义务，任何一方在未征得另一方书面同意之前，不得转让给第三者。任何转让，未经另一方书面明确同意，均属无效。

第十六条 合同的解释

16.1 本合同文本由□甲方□乙方提供，其已采取合理的方式提请对方注意免除或者限制其责任的条款并予以说明；甲乙双方对本合同各条款的内容均充分理解并经协商达成一致同意。

16.2 本合同的理解与解释应依据合同目的和文本原意进行，本合同的标题仅是为了阅读方便而设，不应影响本合同的解释。

第十七条 合同效力和签署

17.1 本合同对每一方的继承人和受让人均有约束力。

17.2 本合同的任何一方未能及时行使本合同项下的权利不应被视为放弃该权利，也不影响该方在将来行使该权利。

17.3 如果本合同中的任何条款无论因何种原因完全或部分无效或不具有执行力，或违反任何适用的法律，则该条款被视为删除。但本合同的其余条款仍应有效并且有约束力。

17.4 本合同一式两份，双方各执一份，具有同等法律效力。

17.5 本合同经双方签字、盖章，以最后签字、盖章日期为本合同生效日期。本合同未尽事宜，需修订或变更时由双方签署补充合同，补充合同与本合同具有同等法律效力。

17.6 本合同之任何修改除非经双方以书面形式签署确认，否则均属无效。

第十八条 合同附件

18.1 本合同未尽事宜，依照有关法律、法规执行，法律、法规未作规定的，甲乙双方可以达成书面补充合同。本合同的附件和补充合同均为本合同不可分割的组成部分，与本合同具有同等的法律效力。

18.2 本合同及本合同的附件和补充合同内空格部分填写的文字与印刷文字具有同等法律效力。

18.3 本合同附件如下：

(1) 摄制计划和摄制预算；

（2）费用标准；
（3）特技效果的制作要求和标准；
（4）剧组规章制度；
（5）乙方证件复印件。

（以下无正文）

甲方：	乙方：
（盖章）	（盖章）
授权代表签字：	授权代表签字：
签字日期：	签字日期：
合同签订地点：	

（2）费用标准；

（3）评估成果的质量要求和标准；

（4）报酬支付方式；

（5）乙方提供文印件

（以下无正文）

甲方：　　　　乙方：

（盖章）　　　（盖章）

法定代表人：

签订日期：　　签订日期：

合同签订地点：

四、后期制作、影视技术类合同范本

影片洗印加工合同

合同适用范围

影片洗印加工合同是电影、电视剧制作方委托专业洗印公司为其拍摄的电影或电视剧提供影片洗印及后期制作的合同。影片洗印加工合同应属于加工承揽合同,电影、电视剧制作方为定作人;洗印公司为承揽人。洗印公司按电影、电视剧制作方要求完成工作,电影、电视剧制作方向其支付报酬。

风险防范提示

1. 双方应共同防范如下风险:

(1) 任何一个合同范本都不是万能的,试图以一个一成不变的合同范本包揽一切的想法是最大的风险,因为每个项目或者事情都有其特殊性,况且法律、法规也在不断变化。

(2) 审慎审查对方的资质文件,包括但不限于企业法人营业执照、法人组织机构代码证、相应的资质材料。

(3) 双方应就委托事项的质量要求、制作周期、交付及验收程序进行明确约定,并可根据具体需求对本合同条款进行相应增减调整。

(4) 审慎选择争议的解决方式与解决机构以及争议解决机构的所在地。实际上,诉讼还是仲裁解决各有利弊,应根据实际情况作出尽可能对自己有利的选择。选择诉讼解决的,双方的约定首先不得违反我国《民事诉讼法》对级别管辖和专属管辖的规定,其次,双方仅可以在书面合同中协议选择被告住所地、合同履行地、合同签订地、原告住所地、标的物所在地的人民法院管辖。

2. 就定作人电影、电视剧制作方而言,应注意防范如下风险:

(1) 应在收到承揽人交付的制作成果时,及时进行验收,如发现问题应按合同约定与承揽人沟通解决。

(2) 委托事项如涉及著作权归属问题应明确,因《著作权法》规定,委托创作的作品,如双方未约定著作权归属,则作品的著作权归受托人享有。

3. 就承揽人洗印公司而言,应注意防范如下风险:

(1) 承揽方应在订立合同时合理的预见“定作方依法随时解除承揽合同”、“中途变更承揽要求”所带来的损失及评估,在此基础上合理安排人力及设备组织加工。

(2) 交付制作成果时,应注意保存交付时间、内容、接收人等的信息,以免因支付报酬产生争议时作为自己已交付工作成果的证明。

*　　*　　*

影片洗印加工合同(范本)

合同编号:

甲方:	乙方:
住所地:	住所地:
法定代表人:	法定代表人:
通讯地址:	通讯地址:
邮政编码:	邮政编码:
电话:	电话:
电子信箱:	电子信箱:
传真:	传真:

鉴于:

1. 甲方系一家从事各类影片的洗印及后期加工制作服务的企业。

2. 乙方委托甲方为其提供电影/电视剧《________》(以下简称“该片/该剧”)的洗印及后期加工制作服务。

甲乙双方依据《中华人民共和国合同法》、《中华人民共和国著作权法》、《中华人民共和国著作权法实施条例》等法律、法规的规定以及平等自愿、诚实信用、等价有偿的原则,经友好协商,达成以下协议,以兹共同遵守。

第一条　委托事项

1.1　乙方委托甲方为其提供影片的洗印及后期加工制作服务,甲方同意向乙方提供上述服务。

1.2　服务内容主要包括:制作一至三校拷贝 3 个,以及其他相关服务。

1.3　拟加工的影片规格如下:

片名：　　　　　　　　　　　幕种：

声别：　　　　　　　　　　　毫米别：

双方商定，影片定名开拍后，中途不得更改片名，如确需更改，须待进入后期制作时进行更改。

1.4　工作周期：____。

1.5　因甲方原因造成的影片加工责任事故，甲方应按故事片每米底片________元人民币，科技、纪录片及其他影片每米底片________元人民币的标准予以赔偿，但赔偿总额不超过甲方应收取的服务费用。除上述赔偿之外，甲方无义务支付任何其他赔偿。乙方无权就任何间接损失向甲方要求赔偿，包括但不限于订单损失、利润损失及生产损失。

1.6　乙方应在委托事项交付后立即进行检查。如有瑕疵，应在交付后 3 日内以书面形式向甲方提出。超过上述期限，甲方不再承担任何责任。

第二条　费用及支付方式

2.1　本合同服务费用总计人民币：____________元整（甲方收费标准见附件）。

2.2　如果乙方需甲方提前完成委托事项，需要甲方加班的，须额外支付相应费用，双方约定增加费用金额为：________________。

2.3　如乙方需要甲方在节假日期间加班，应在节假日放假前最后一个工作日上午 12 点前与甲方进行加班预约。如需取消加班预约，应在节假日放假前最后一个工作日晚上 10 点以前与甲方取消加班预约，否则，乙方需向甲方支付________元的经济补偿金。

2.4　支付方式

2.4.1　本合同生效之日起 3 日内，乙方付给甲方预付款________元。

2.4.2　乙方在全部委托事项加工结束后，将本合同余款________元付给甲方。

2.4.3　甲方应在收到乙方支付的服务费用后，向乙方开具正规发票。

第三条　甲方权利义务

3.1　甲方采用________________标准工艺进行加工，并协助乙方通过拍摄试验片、鉴定胶片、确定技术条件。

3.2　甲方负责对每批冲洗加工的底样、拷贝及其他完成项目提供质量鉴定意见。

3.3　一校完成后，甲方通知乙方看片，并按双方商定的意见调光、印洗二校和标准拷贝。

第四条　乙方权利义务

4.1　送洗原底，并须将摄影报告单、镜头场记单同时送至甲方，并在每批冲洗片盒签上具体注明:(1) 单位;(2) 片名;(3) 片种;(4) 胶片型号;(5) 卷数;(6) 冲洗长度;(7) 其他需要特殊说明的问题和要求。

4.2　送交甲方的所有材料必须以安全方式包装,并标注品名、种类及运输、存放及处置等方面的要求。送交影片加工、存储、运输中的风险,由乙方承担。

4.3　进入后期制作前,由乙方负责向甲方提供审查通过后的双片,并不再修改内容。如需做特殊改动,须得到审查影片部门及甲方的同意,由此增加的加工成本由乙方承担。

4.4　后期加工完成后的影片素材(原底、光学声底、试验片、光号卡、程序带等),如由甲方加工大量拷贝或翻正/翻底片,则由甲方负责移交国库。拷贝送审通过后10日内,乙方应将底片编余片取走,逾期不取,甲方将按每本每天人民币贰元收取保管费。如逾期60日仍未取走并未付保管费,甲方有权代为处理,由此产生的费用以及一切法律责任和经济损失由乙方自行承担。

4.5　乙方如委托甲方加工预告片,在预告片制作完成后,乙方应在取片时,将预告片的剪余片一并取走。逾期不取,甲方有权自行处置,如乙方委托甲方代为保管,则甲方有权收取相应保管费。

4.6　乙方在此向甲方保证,乙方对送交甲方加工的所有影片拥有完全的著作权、所有权或处置权,或乙方已得到影片所有权人、版权所有人的充分授权,将影片送交甲方进行加工。甲方不会因履行本合同下的义务而招致任何第三方的诉讼或权利主张。如上述诉讼或权利主张发生而致使甲方受到损失,乙方有义务赔偿甲方的全部损失。

第五条　违约责任

5.1　甲、乙双方任何一方违反本合同约定给另一方造成损失的,违约方应赔偿守约方全部经济损失。

5.2　乙方未按本合同约定按时足额向甲方支付制作费用,每逾期1日,应向甲方支付应付款项的________‰的违约金。

5.3　甲方未按本合同约定按时按质将本合同第一条约定的委托事项交付乙方,应向乙方支付________元违约金。

第六条　合同的变更

6.1　本合同履行期间,发生特殊情况时,甲、乙任何一方需变更本合同的,要求变更一方应及时书面通知对方,征得对方同意后,双方在规定的时限内(书面通知发出________天内)签订书面变更协议,该协议将成为合同不可分割的部分。

6.2　未经双方签署书面文件,任何一方无权变更本合同,否则,由此造成对方的一切经济损失,由责任方承担。

第七条 合同的解除

7.1 在本合同履行过程中发生下列情形之一,甲方可以通过书面形式通知乙方而解除本合同:

7.1.1 乙方拖欠应付甲方服务费的________%;

7.1.2 乙方部分或完全丧失履约能力致使其不能继续履行本合同;

7.2 在本合同履行过程中发生下列情形之一,乙方可以通过书面形式通知甲方而解除本合同:

7.2.1 甲方未能按本合同的规定完成本合同委托事项,经乙方催告后________日内仍未完成并交付;

7.2.2 甲方破产、解散或被依法吊销企业法人营业执照且无权利、义务承受人的。

7.3 除本合同规定的情形之外,甲乙双方皆不得擅自解除本合同。

第八条 保密义务

8.1 未经对方书面同意,任何一方不得向任何第三方泄露本合同以及与本合同相关的一切信息。若本合同未生效,任何一方不得向任何第三方泄露其在签约过程中知悉或取得且无法自公开渠道获得的另一方的文件及资料(包括商业秘密、公司计划、运营活动、财务信息、经营信息及其他商业秘密等)。

8.2 甲乙双方保证对其在讨论、签订、执行本协议过程中所获悉的属于对方的且无法自公开渠道获得的文件及资料(包括商业秘密、公司计划、运营活动、财务信息、技术信息、经营信息及其他商业秘密)予以保密。但法律、法规另有规定或双方另有约定的除外。

8.3 在本合同终止之后,甲乙双方在本条款项下的义务并不随之终止,双方仍需遵守本合同之保密条款,履行其所承诺的保密义务,直到对方同意其解除此项义务,或事实上不会因违反本合同的保密条款而给对方造成任何形式的损害时为止。

8.4 任何一方若违反上述保密义务,应赔偿对方因此而遭受的一切经济损失。

第九条 不可抗力

9.1 如果本合同任何一方因受不可抗力事件影响而未能履行其在本合同下的全部或部分义务,该义务的履行在不可抗力事件妨碍其履行期间应予中止。

9.2 声称受到不可抗力事件影响的一方应尽可能在最短的时间内通过书面形式将不可抗力事件的发生通知另一方,并在该不可抗力事件发生后10日内向另一方提供关于此种不可抗力事件及其持续时间的适当证据及合同不能履行或者需要延期履行的书面资料。声称不可抗力事件导致其对本合同的履行在客观上成为不可能或不实际的一方,有责任尽一切合理的努力消除或减轻此等不可抗力事件的影响。

9.3 不可抗力事件发生时,双方应立即通过友好协商决定如何执行本合同。不可抗力事件或其影响终止或消除后,双方须立即恢复履行各自在本合同项下的各项义务。如不可抗力及其影响无法终止或消除而致使合同任何一方丧失继续履行合同的能力,则双方可协商解除合同或暂时延迟合同的履行,且遭遇不可抗力一方无须为此承担责任。当事人迟延履行后发生不可抗力的,不能免除责任。

9.4 本合同所称不可抗力是指受影响一方不能合理控制的,无法预料或即使可预料到也不可避免且无法克服,并于本合同签订日之后出现的,使该方对本合同全部或部分的履行在客观上成为不可能或不实际的任何事件。此等事件包括但不限于自然灾害如水灾、火灾、旱灾、台风、地震,以及社会事件如战争(不论曾否宣战)、动乱、罢工,政府行为或法律规定等。

第十条 通知与送达

10.1 甲乙双方因履行本意向合同而相互发出或者提供的所有通知、文件、资料等,均应按照本合同首部所列明的通讯地址、传真、电子邮件以邮寄或传真或电子邮件方式送达;一方如果迁址或者变更电话、电子邮件应当书面通知对方,否则发至本合同首部所列明的通讯地址或者传真、电子邮件系统的通知、文件、资料均视为有效送达。

10.2 以邮寄方式送达的,另一方签收之日视为送达;签收之日不明确的,以信件寄出或者投邮之日起算 3 日视为送达。通过传真、电子邮件方式送达的,通知、文件、资料等数据电文进入另一方系统之时视为送达;通知、文件、资料等数据电文进入另一方系统之时不明确的,以传真、电子邮件发出后的第二日视为送达。

第十一条 争议解决与适用法律

11.1 本协议的订立、效力、解释、履行和争议的解决均适用中华人民共和国的法律。

11.2 凡因本合同引起的或与本合同有关的任何争议,由双方协商解决;协商不成的,按下列第□1/□2 种方式(二选一)解决:

11.2.1 任何一方均有权将争议提交设在________(地点)的________仲裁委员会,按照申请仲裁时该会现行有效的仲裁规则进行仲裁。仲裁裁决是终局的,对双方均有约束力。

11.2.2 任何一方均有权向________________人民法院起诉。

第十二条 合同权利和义务的转让

除合同中另有规定或经双方协商同意外，本合同所规定双方的任何权利和义务，任何一方在未征得另一方书面同意之前，不得转让给第三者。任何转让，未经另一方书面明确同意，均属无效。

第十三条 合同的解释

13.1 本合同文本由□甲方□乙方提供，其已采取合理的方式提请对方注意免除或者限制其责任的条款并予以说明；甲乙双方对本合同各条款的内容均充分理解并经协商达成一致同意。

13.2 本合同的理解与解释应依据合同目的和文本原意进行，本合同的标题仅是为了阅读方便而设，不应影响本合同的解释。

第十四条 合同效力和签署

14.1 本合同对每一方的继承人和受让人均有约束力。

14.2 本合同的任何一方未能及时行使本合同项下的权利不应被视为放弃该权利，也不影响该方在将来行使该权利。

14.3 如果本合同中的任何条款无论因何种原因完全或部分无效或不具有执行力，或违反任何适用的法律，则该条款被视为删除。但本合同的其余条款仍应有效并且有约束力。

14.4 本合同一式肆份，双方各执两份，具有同等法律效力。

14.5 本合同经双方签字、盖章，以最后签字、盖章日期为本合同生效日期。本合同未尽事宜，需修订或变更时由双方签署补充合同，补充合同与本合同具有同等法律效力。

14.6 本合同之任何修改除非经双方以书面形式签署确认，否则均属无效。

第十五条 合同附件

15.1 本合同未尽事宜，依照有关法律、法规执行，法律、法规未作规定的，甲乙双方可以达成书面补充合同。本合同的附件和补充合同均为本合同不可分割的组成部分，与本合同具有同等的法律效力。

15.2 本合同及本合同的附件和补充合同内空格部分填写的文字与印刷文字具有同等法律效力。

（以下无正文）

甲方：	乙方：
法定代表人或授权代表签字：	法定代表人或授权代表签字：
签订日期：	签订日期：

音效制作合同

合同适用范围

音效制作合同是电影、电视剧制作方委托专业音效制作公司为其拍摄的电影或电视剧制作声音效果的合同。音效制作合同应属于加工承揽合同,电影、电视剧制作方为定作人;音效制作公司为承揽人。音效制作公司按电影、电视剧制作方要求完成工作,电影、电视剧制作方向其支付报酬。

风险防范提示

1. 双方应共同防范如下风险:

(1) 任何一个合同范本都不是万能的,试图以一个一成不变的合同范本包揽一切的想法是最大的风险,因为每个项目或者事情都有其特殊性,况且法律、法规也在不断变化。

(2) 审慎审查对方的资质文件,包括但不限于企业法人营业执照、法人组织机构代码证、相应的资质材料。

(3) 双方应就委托事项的质量要求、制作周期、交付及验收程序进行明确约定,并可根据具体需求对本合同条款进行相应增减调整。

(4) 审慎选择争议的解决方式与解决机构以及争议解决机构的所在地。实际上,诉讼还是仲裁解决各有利弊,应根据实际情况作出尽可能对自己有利的选择。选择诉讼解决的,双方的约定首先不得违反我国《民事诉讼法》对级别管辖和专属管辖的规定,其次,双方仅可以在书面合同中协议选择被告住所地、合同履行地、合同签订地、原告住所地、标的物所在地的人民法院管辖。

2. 就定作人电影、电视剧制作方而言,应注意防范如下风险:

(1) 应对自己提供给承揽方的工作样片、音乐素材、文字材料予以认真审议。当承揽方对工作样片、音乐素材、文字材料提出异议时,要及时核实情况、组织论证、完善方案,切不可拖延推诿,否则将会承担承揽方由此产生的延期交付、设备租赁、生产线闲置等相关损失。

(2) 委托事项如涉及著作权归属问题应明确,因《著作权法》规定,委托创作的作品,如双方未约定著作权归属,则作品的著作权归受托人享有。

3. 就承揽人音效制作公司而言,应注意防范如下风险:

(1) 承揽方应在订立合同时合理的预见“定作方依法随时解除承揽合同”、“中途变更承揽要求”所带来的损失及评估,在此基础上合理安排人力及设备组织加工。

(2) 交付制作成果时,应注意保存交付时间、内容、接收人等的信息,以免因支付报酬产生争议时作为自己已交付工作成果的证明。

*　　*　　*

音效制作合同(范本)

合同编号:

甲方:	乙方:
住所地:	住所地:
法定代表人:	法定代表人:
通讯地址:	通讯地址:
邮政编码:	邮政编码:
电话:	电话:
电子信箱:	电子信箱:
传真:	传真:

鉴于:

1. 甲方是依法注册成立并取得合法从事电影/电视剧制作资格的法人单位。

2. 甲方委托乙方承制电影/电视剧《________》(以下简称“该片/该剧”)的音效制作工作。

甲乙双方依据《中华人民共和国合同法》、《中华人民共和国著作权法》、《中华人民共和国著作权法实施条例》等法律、法规的规定以及平等自愿、诚实信用、等价有偿的原则,经友好协商,特达成以下协议,以兹共同遵守。

名词定义:

1. 同期录音:特指对该片/该剧拍摄期摄影画面中声音的采录;

2. 同期声剪辑:特指对该片/该剧同期声素材的编辑处理;

3. 音响效果剪辑:特指对该片/该剧全部效果性声音素材的编辑处理;

4. 配音:特指对该片/该剧同期声部分的对白素材由于各种原因,未能达到甲方或乙方的使用要求部分,后期由演员或配音演员进行对白部分的录音;

5. 拟音:特指对该片/该剧同期声素材中的动作效果由于各种原因,未能达到甲方或乙方使用要求的部分,后期由拟音师进行动作效果及部分特殊效果的录音;

6. 音乐编辑:特指对该片/该剧聘用的作曲家提供的,符合中华人民共和国相关版权法律规定的,混录完成的音乐素材进行的编辑;

7. 宣传片:特指对该片/该剧不超过1分钟的影院宣传片的制作(仅限一个版本);

8. 混录:特指对该片/该剧所有声音素材进行的声音混合(仅限一个版本);

9. 国际声带:特指对该片/该剧少数民族地区及国际市场发行使用的声音母带制作(仅限一个版本);

10. 光学转录:特指对该片/该剧混录编码的磁底进行的光学声带录制。

第一条　委托事项

1.1　甲方委托乙方为该片/该剧提供专业的声音制作,完成该片的同期声录音、同期声录音剪辑、音响效果剪辑、配音、拟音、音乐编辑、混录及国际声带制作。

1.1.1　整体制作期限:自______年______月______日至______年______月______日;

1.1.2　其中前期拍摄期:自______年______月______日至______年______月______日;

1.1.3　后期声音制作期:自______年______月______日至______年______月______日。

1.2　标准及要求:

1.2.1　甲方提供的工作样片、音乐素材、文字材料应达到以下要求:________。

1.2.2　乙方交付成果的数量及标准应达到以下要求:____________________。

1.2.3　如果内容复杂双方可签订技术附件。

1.3　本协议签署后,若开机时间及画面拍摄完成日期延后,甲乙双方另行签订补充协议顺延上述日期。

第二条　报酬及支付方式

2.1　该片/该剧音效制作费总金额为人民币:________元整。

2.2　支付方式:

2.2.1　第一次支付人民币________元整,支付时间为:________________;

2.2.2　第二次支付人民币________元整,支付时间为:________________。

第三条　甲方权利义务

3.1　在合同履行期间,甲方有权利对乙方制作的声音提出合理的修改意见。无特殊原因,乙方须依照甲方要求进行必要的修改,直至完全符合甲方要求。

3.2　甲方应尊重乙方对其内部机房设备和资源进行合理调配,但有权拒绝乙方任何影响甲方生产进度的要求,有权对乙方不能胜任甲方要求的设备提出更换。

3.3　在后期制作期内,甲方向乙方提供符合国家广播电影电视总局或相关机构审查要求的工作样片一套(Betacam SP 格式,样片头、尾均含标准牵引片 LEADER)。

3.4　为节约甲乙双方在时间、资金上的不必要的支出,原则上甲方应在将工作样片交予乙方之日起不再对电影画面进行修改。

3.5　甲方向乙方提供符合中华人民共和国相关法律规定的音乐母带一套(Audio CD 光盘或 CD-ROM 数据光盘文件格式)用于该片/该剧的音乐编辑工作。由于甲方提供的音乐母带引发的著作权纠纷与乙方无关。

3.6　甲方承担该片/该剧声音制作期间所需的相关耗材支出(如 35 毫米磁片,BETACAM 磁带,Audio CD 光盘或 CD-ROM 数据光盘,MO 光盘等),乙方有义务将所需耗材明细通知甲方,甲方在支付本合同尾款时一并支付。

3.7　甲方于画面剪辑完成后,为确保剪接部门与录音部门技术衔接无误,提供一次剪辑定稿银幕放映(混前检查)。

第四条　乙方权利义务

4.1　乙方拥有在该片/该剧片头、片尾字幕、宣传画册、海报中出现乙方公司名称及标识的权利。

4.2　由于本片审查、修改画面、创作音乐等因素造成的制作时间过度延误,乙方可就过度延误时间要求甲方给予补偿,具体事宜双方协商解决。

4.3　乙方向甲方提供为顺利完成影片声音编辑工作所需的全部机器设备配备,在甲方规定的时间内完成该片声音的剪辑、配音、拟音、效果编辑、混录等工作。

4.4　乙方在接收到工作样片后应及时安排机房开始声音编辑工作,无特殊情况不得拖延。

4.5　乙方在工作中若出现任何无法回避的情况以至延误后期制作周期时,需及时通报甲方并在获得甲方同意的前提下完成声音制作。

4.6　乙方有义务协助甲方制作报送国家广播电影电视总局或相关机构审查的工作样片的声音部分(审查工作样片:特指该片/该剧音乐对白双片)。

4.7 乙方有义务免费完成因政治审查、技术审查等原因造成的修改。

4.8 乙方确保所提供的音频信号符合国家广播电影电视总局或相关技术审查机构制定的有关技术要求。

4.9 乙方保证维护本片的名誉、利益,保守本片的有关机密。如因乙方原因造成社会或法律纠纷,由乙方自行解决。甲方不承担由此产生的任何责任,并保留追偿乙方给甲方造成的经济损失的权利。

第五条 违约责任

5.1 在剧组前期拍摄过程中,乙方如出现设备意外损坏等情况,乙方承诺在不影响甲方正常拍摄的前提下于24小时内(限北京地区)或48小时内(非北京地区的中国境内)完成人员或设备的调整和更换,(港、澳、台地区及中国境外另行商议)。逾期甲方有权终止合同,但需以每日______元标准支付乙方正常履行合同期间实际工作日的相应费用。

5.2 在剧组前期拍摄过程中,若因非乙方原因造成拍摄周期超过合同规定日期7日以内(含),甲方不承担因超期而造成的乙方费用的增加;若超过7日(不含)以上,甲方以每日______元标准支付乙方超期实际工作日的相应报酬。

5.3 甲方迟延付款,应按照应付款金额每日________‰标准向乙方支付违约金。

第六条 合同的变更

6.1 本合同履行期间,发生特殊情况时,甲、乙任何一方需变更本合同的,要求变更一方应及时书面通知对方,征得对方同意后,双方在规定的时限内(书面通知发出________天内)签订书面变更协议,该协议将成为合同不可分割的部分。

6.2 未经双方签署书面文件,任何一方无权变更本合同,否则,由此造成对方的一切经济损失,由责任方承担。

第七条 合同的解除

7.1 在本合同履行过程中发生下列情形之一,甲方可以通过书面形式通知乙方而解除本合同:

7.1.1 乙方未能按本合同的规定完成本合同委托事项,经甲方催告后________日内仍未完成并交付;

7.1.2 乙方部分或完全丧失履约能力致使其不能继续履行本合同;

7.2 在本合同履行过程中发生下列情形之一,乙方可以通过书面形式通知甲方而解除本合同:

7.2.1 甲方拖欠应付乙方音效制作费的________%;

7.2.2 甲方破产、解散或被依法吊销企业法人营业执照且无权利、义务承受人的。

7.3 除本合同规定的情形之外,甲乙双方皆不得擅自解除本合同。

第八条 保密义务

8.1 未经对方书面同意,任何一方不得向任何第三方泄露本合同以及与本合同相关的一切信息。若本合同未生效,任何一方不得向任何第三方泄露其在签约过程中知悉或取得且无法自公开渠道获得的另一方的文件及资料(包括商业秘密、公司计划、运营活动、财务信息、经营信息及其他商业秘密等)。

8.2 甲乙双方保证对其在讨论、签订、执行本协议过程中所获悉的属于对方的且无法自公开渠道获得的文件及资料(包括商业秘密、公司计划、运营活动、财务信息、技术信息、经营信息及其他商业秘密)予以保密。但法律、法规另有规定或双方另有约定的除外。

8.3 在本合同终止之后,甲乙双方在本条款项下的义务并不随之终止,双方仍需遵守本合同之保密条款,履行其所承诺的保密义务,直到对方同意其解除此项义务,或事实上不会因违反本合同的保密条款而给对方造成任何形式的损害时为止。

8.4 任何一方若违反上述保密义务,应赔偿对方因此而遭受的一切经济损失。

第九条 不可抗力

9.1 如果本合同任何一方因受不可抗力事件影响而未能履行其在本合同下的全部或部分义务,该义务的履行在不可抗力事件妨碍其履行期间应予中止。

9.2 声称受到不可抗力事件影响的一方应尽可能在最短的时间内通过书面形式将不可抗力事件的发生通知另一方,并在该不可抗力事件发生后10日内向另一方提供关于此种不可抗力事件及其持续时间的适当证据及合同不能履行或者需要延期履行的书面资料。声称不可抗力事件导致其对本合同的履行在客观上成为不可能或不实际的一方,有责任尽一切合理的努力消除或减轻此等不可抗力事件的影响。

9.3 不可抗力事件发生时,双方应立即通过友好协商决定如何执行本合同。不可抗力事件或其影响终止或消除后,双方须立即恢复履行各自在本合同项下的各项义务。如不可抗力及其影响无法终止或消除而致使合同任何一方丧失继续履行合同的能力,则双方可协商解除合同或暂时延迟合同的履行,且遭遇不可抗力一方无须为此承担责任。当事人迟延履行后发生不可抗力的,不能免除责任。

9.4 本合同所称不可抗力是指受影响一方不能合理控制的,无法预料或即使可预料到也不可避免且无法克服,并于本合同签订日之后出现的,使该方对本合同全部或部分的履行在客观上成为不可能或不实际的任何事件。此等事件包括但不限于自然灾害如水灾、火灾、旱灾、台风、地震,以及社会事件如战争(不论曾否宣战)、动乱、罢工,政府行为或法律规定等。

第十条 通知与送达

10.1 甲乙双方因履行本意向合同而相互发出或者提供的所有通知、文件、资料等,均应按照本合同首部所列明的通讯地址、传真、电子邮件以邮寄或传真或电子邮件方式送达;一方如果迁址或者变更电话、电子邮件应当书面通知对方,否则发至本合同首部所列明的通讯地址或者传真、电子邮件系统的通知、文件、资料均视为有效送达。

10.2 以邮寄方式送达的,另一方签收之日视为送达;签收之日不明确的,以信件寄出或者投邮之日起算 3 日视为送达。通过传真、电子邮件方式送达的,通知、文件、资料等数据电文进入另一方系统之时视为送达;通知、文件、资料等数据电文进入另一方系统之时不明确的,以传真、电子邮件发出后的第二日视为送达。

第十一条 争议解决与适用法律

11.1 本协议的订立、效力、解释、履行和争议的解决均适用中华人民共和国的法律。

11.2 凡因本合同引起的或与本合同有关的任何争议,由双方协商解决;协商不成的,按下列第□1/□2 种方式(二选一)解决:

11.2.1 任何一方均有权将争议提交设在________________(地点)的________________仲裁委员会,按照申请仲裁时该会现行有效的仲裁规则进行仲裁。仲裁裁决是终局的,对双方均有约束力。

11.2.2 任何一方均有权向________________人民法院起诉。

第十二条 合同权利和义务的转让

除合同中另有规定或经双方协商同意外,本合同所规定双方的任何权利和义务,任何一方在未征得另一方书面同意之前,不得转让给第三者。任何转让,未经另一方书面明确同意,均属无效。

第十三条 合同的解释

13.1 本合同文本由□甲方□乙方提供,其已采取合理的方式提请对方注意免除或者限制其责任的条款并予以说明;甲乙双方对本合同各条款的内容均充分理解并经协商达成一致同意。

13.2 本合同的理解与解释应依据合同目的和文本原意进行,本合同的标题仅是为了阅读方便而设,不应影响本合同的解释。

第十四条 合同效力和签署

14.1 本合同对每一方的继承人和受让人均有约束力。

14.2 本合同的任何一方未能及时行使本合同项下的权利不应被视为放弃该权利,也不影响该方在将来行使该权利。

14.3 如果本合同中的任何条款无论因何种原因完全或部分无效或不具有执行力,或违反任何适用的法律,则该条款被视为删除。但本合同的其余条款仍应有效并且有约束力。

14.4 本合同一式肆份,双方各执两份,具有同等法律效力。

14.5 本合同经双方签字、盖章,以最后签字、盖章日期为本合同生效日期。本合同未尽事宜,需修订或变更时由双方签署补充合同,补充合同与本合同具有同等法律效力。

14.6 本合同之任何修改除非经双方以书面形式签署确认,否则均属无效。

第十五条 合同附件

15.1 本合同未尽事宜,依照有关法律、法规执行,法律、法规未作规定的,甲乙双方可以达成书面补充合同。本合同的附件和补充合同均为本合同不可分割的组成部分,与本合同具有同等的法律效力。

15.2 本合同及本合同的附件和补充合同内空格部分填写的文字与印刷文字具有同等法律效力。

甲方:	乙方:
法定代表人或授权代表签字:	法定代表人或授权代表签字:
年 月 日	年 月 日

签约地点:

电脑特技制作合同

合同适用范围

电脑特技制作合同是电影、电视剧制作方委托专业制作公司为其拍摄的电影或电视剧制作电脑特技效果的合同。电脑特技制作合同应属于加工承揽合同，电影、电视剧制作方为定作人；制作公司为承揽人。制作公司按电影、电视剧制作方要求完成工作，电影、电视剧制作方向其支付报酬。

风险防范提示

1. 双方应共同防范如下风险：

（1）任何一个合同范本都不是万能的，试图以一个一成不变的合同范本包揽一切的想法是最大的风险，因为每个项目或者事情都有其特殊性，况且法律、法规也在不断变化。

（2）审慎审查对方的资质文件，包括但不限于企业法人营业执照、法人组织机构代码证、相应的资质材料。

（3）双方应就委托事项的质量要求、制作周期、交付及验收程序进行明确约定，并可根据具体需求对本合同条款进行相应增减调整。

（4）审慎选择争议的解决方式与解决机构以及争议解决机构的所在地。实际上，诉讼还是仲裁解决各有利弊，应根据实际情况作出尽可能对自己有利的选择。选择诉讼解决的，双方的约定首先不得违反我国《民事诉讼法》对级别管辖和专属管辖的规定，其次，双方仅可以在书面合同中协议选择被告住所地、合同履行地、合同签订地、原告住所地、标的物所在地的人民法院管辖。

2. 就定作人电影、电视剧制作方而言，应注意防范如下风险：

（1）应对自己提供给承揽方的图纸或技术方案予以认真审议。当承揽方对图纸及技术方案提出异议时，要及时核实情况、组织论证、完善方案，切不可拖延推诿，否则将会承担承揽方由此产生的延期交付、设备租赁、生产线闲置等相关损失。

（2）委托事项如涉及著作权归属问题应明确，因《著作权法》规定，委托创作的作品，如双方未约定著作权归属，则作品的著作权归受托人享有。

3. 就承揽人电脑特技制作公司而言，应注意防范如下风险：

（1）承揽方应在订立合同时合理的预见“定作方依法随时解除承揽合同”、“中途变更承揽要求”所带来的损失及评估，在此基础上合理安排人力及设备组织加工。

（2）交付制作成果时，应注意保存交付时间、内容、接收人等的信息，以免因支付报酬产生争议时作为自己已交付工作成果的证明。

*　　　*　　　*

电脑特技制作合同（范本）

合同编号：

甲方：	乙方：
住所地：	住所地：
法定代表人：	法定代表人：
通讯地址：	通讯地址：
邮政编码：	邮政编码：
电话：	电话：
电子信箱：	电子信箱：
传真：	传真：

鉴于：

1. 甲方是依法注册成立并取得合法从事电影/电视剧制作资格的法人单位。

2. 甲方委托乙方承制电影/电视剧《_________》（以下简称“该片/该剧”）的电脑特技制作工作。

甲乙双方依据《中华人民共和国合同法》、《中华人民共和国著作权法》、《中华人民共和国著作权法实施条例》等法律、法规的规定以及平等自愿、诚实信用、等价有偿的原则，经友好协商，达成协议如下，以兹共同遵守。

第一条　委托事项

1.1　甲方委托乙方在该片/该剧拍摄过程中提供专业的电脑特技制作工作，

根据剧情需要,制作电脑三维动画、临时布景、现场背景等电脑特技效果。

1.2　甲方应在本合同生效之日起______日内向乙方提供该片/该剧的文学剧本、特技效果草图、特技效果的书面要求等必备资料;乙方应根据甲方提供的资料及要求,于接到甲方相关资料之日起______日内制定特技效果的文字描述及制作计划并向甲方提交。甲方应及时审核特技效果的文字描述及制作计划并向乙方提出相应修改意见。

特技效果的文字描述及制作计划经甲方确定后,非经甲乙双方一致同意,任何一方不得擅自修改。确定后的特技效果文字描述及制作计划为本合同附件。

1.3　乙方工作周期:______________________________。

第二条　费用及支付方式

2.1　该片/该剧电脑特技制作费总金额为人民币:______元整。

2.2　支付方式:

2.2.1　第一次支付人民币:______元整;支付时间为:______________。

2.2.2　第二次支付人民币:______元整;支付时间为:______________。

第三条　甲方权利义务

3.1　甲方有权随时审查特技效果的制作进度等制作情况,但不得妨碍乙方的正常工作,乙方应予以配合。

3.2　甲方可以根据该片/该剧的文学剧本及本电影(电视剧)的实际拍摄需要对特技效果提出合理改进建议,乙方应尽其所能满足甲方的改进要求。由此所支出的费用由甲方承担。

3.3　特技效果制作完成后,甲方有权自行决定是否在该片/该剧采用乙方制作的特技效果乙方不得干涉。

3.4　若甲方对乙方所制作的特技效果不满意,甲方有权另行聘请他人重新制作特技效果,乙方不得提出异议。但甲方应向乙方支付相应的制作成本费用。

第四条　乙方权利义务

4.1　在特技效果的制作过程中,乙方应接受甲方的指导和管理,但甲方的指导和管理行为不得干涉乙方的正常工作或违反行业惯例。

4.2　因特技效果的制作而支出的一切费用由乙方承担,包括但不限于购买材料、工具、设备的费用以及乙方工作人员的酬金、办理相关保险的费用。

4.3　乙方应勤勉、尽责、高效地进行特技效果的制作。甲方应当对乙方的制作工作予以配合,为乙方提供制作过程中所需要的相关资料。

第五条　著作权及相关权利

5.1　该片/该剧的著作权由甲方享有;若乙方制作的特技效果被甲方使用在

该片/该剧中,乙方享有在该片/该剧片头、片尾字幕、宣传画册、海报中出现公司名称及标识的权利。

5.2 乙方制作的特技效果著作权除署名权外,由甲方享有。

第六条 违约责任

6.1 甲、乙双方任何一方违反本合同约定给另一方造成损失的,违约方应赔偿守约方全部经济损失。

6.2 甲方未按本合同约定按时足额向乙方支付制作费用,每逾期 1 日,应向乙方支付应付款项的________‰的违约金。

6.3 乙方未按本合同约定按时按质将本合同第一条约定的委托事项交付甲方,应向甲方支付______元违约金。

第七条 合同的变更

7.1 本合同履行期间,发生特殊情况时,甲、乙任何一方需变更本合同的,要求变更一方应及时书面通知对方,征得对方同意后,双方在规定的时限内(书面通知发出________天内)签订书面变更协议,该协议将成为合同不可分割的部分。

7.2 未经双方签署书面文件,任何一方无权变更本合同,否则,由此造成对方的一切经济损失,由责任方承担。

第八条 合同的解除

8.1 在本合同履行过程中发生下列情形之一,甲方可以通过书面形式通知乙方而解除本合同:

8.1.1 乙方未能按本合同的规定完成本合同委托事项,经甲方催告后________日内仍未完成并交付;

8.1.2 乙方部分或完全丧失履约能力致使其不能继续履行本合同。

8.2 在本合同履行过程中发生下列情形之一,乙方可以通过书面形式通知甲方而解除本合同:

8.2.1 甲方拖欠应付乙方特技效果制作费的________%;

8.2.2 甲方破产、解散或被依法吊销企业法人营业执照且无权利、义务承受人的。

8.3 除本合同规定的情形之外,甲乙双方皆不得擅自解除本合同。

第九条 保密义务

9.1 未经对方书面同意,任何一方不得向任何第三方泄露本合同以及与本合同相关的一切信息。若本合同未生效,任何一方不得向任何第三方泄露其在签约过程中知悉或取得且无法自公开渠道获得的另一方的文件及资料(包括商业秘密、公司计划、运营活动、财务信息、经营信息及其他商业秘密等)。

9.2 甲乙双方保证对其在讨论、签订、执行本协议过程中所获悉的属于对方的且无法自公开渠道获得的文件及资料(包括商业秘密、公司计划、运营活动、财务信息、技术信息、经营信息及其他商业秘密)予以保密。但法律、法规另有规定或双方另有约定的除外。

9.3 在本合同终止之后,甲乙双方在本条款项下的义务并不随之终止,双方仍需遵守本合同之保密条款,履行其所承诺的保密义务,直到对方同意其解除此项义务,或事实上不会因违反本合同的保密条款而给对方造成任何形式的损害时为止。

9.4 任何一方若违反上述保密义务,应赔偿对方因此而遭受的一切经济损失。

第十条 不可抗力

10.1 如果本合同任何一方因受不可抗力事件影响而未能履行其在本合同下的全部或部分义务,该义务的履行在不可抗力事件妨碍其履行期间应予中止。

10.2 声称受到不可抗力事件影响的一方应尽可能在最短的时间内通过书面形式将不可抗力事件的发生通知另一方,并在该不可抗力事件发生后10日内向另一方提供关于此种不可抗力事件及其持续时间的适当证据及合同不能履行或者需要延期履行的书面资料。声称不可抗力事件导致其对本合同的履行在客观上成为不可能或不实际的一方,有责任尽一切合理的努力消除或减轻此等不可抗力事件的影响。

10.3 不可抗力事件发生时,双方应立即通过友好协商决定如何执行本合同。不可抗力事件或其影响终止或消除后,双方须立即恢复履行各自在本合同项下的各项义务。如不可抗力及其影响无法终止或消除而致使合同任何一方丧失继续履行合同的能力,则双方可协商解除合同或暂时延迟合同的履行,且遭遇不可抗力一方无须为此承担责任。当事人迟延履行后发生不可抗力的,不能免除责任。

10.4 本合同所称不可抗力是指受影响一方不能合理控制的,无法预料或即使可预料到也不可避免且无法克服,并于本合同签订日之后出现的,使该方对本合同全部或部分的履行在客观上成为不可能或不实际的任何事件。此等事件包括但不限于自然灾害如水灾、火灾、旱灾、台风、地震,以及社会事件如战争(不论曾否宣战)、动乱、罢工,政府行为或法律规定等。

第十一条 通知与送达

11.1 甲乙双方因履行本意向合同而相互发出或者提供的所有通知、文件、资料等,均应按照本合同首部所列明的通讯地址、传真、电子邮件以邮寄或传真或电子邮件方式送达;一方如果迁址或者变更电话、电子邮件应当书面通知对方,否则发至本合同首部所列明的通讯地址或者传真、电子邮件系统的通知、文件、资料均视为有效送达。

11.2 以邮寄方式送达的,另一方签收之日视为送达;签收之日不明确的,以信件寄出或者投邮之日起算 3 日视为送达。通过传真、电子邮件方式送达的,通知、文件、资料等数据电文进入另一方系统之时视为送达;通知、文件、资料等数据电文进入另一方系统之时不明确的,以传真、电子邮件发出后的第二日视为送达。

第十二条 争议解决与适用法律

12.1 本协议的订立、效力、解释、履行和争议的解决均适用中华人民共和国的法律。

12.2 凡因本合同引起的或与本合同有关的任何争议,由双方协商解决;协商不成的,按下列第□1/□2 种方式(二选一)解决:

12.2.1 任何一方均有权将争议提交设在________(地点)的________仲裁委员会,按照申请仲裁时该会现行有效的仲裁规则进行仲裁。仲裁裁决是终局的,对双方均有约束力。

12.2.2 任何一方均有权向________________人民法院起诉。

第十三条 合同权利和义务的转让

13.1 除合同中另有规定或经双方协商同意外,本合同所规定双方的任何权利和义务,任何一方在未征得另一方书面同意之前,不得转让给第三者。任何转让,未经另一方书面明确同意,均属无效。

第十四条 合同的解释

14.1 本合同文本由□甲方□乙方提供,其已采取合理的方式提请对方注意免除或者限制其责任的条款并予以说明;甲乙双方对本合同各条款的内容均充分理解并经协商达成一致同意。

14.2 本合同的理解与解释应依据合同目的和文本原意进行,本合同的标题仅是为了阅读方便而设,不应影响本合同的解释。

第十五条 合同效力和签署

15.1 本合同对每一方的继承人和受让人均有约束力。

15.2 本合同的任何一方未能及时行使本合同项下的权利不应被视为放弃该权利,也不影响该方在将来行使该权利。

15.3 如果本合同中的任何条款无论因何种原因完全或部分无效或不具有执行力,或违反任何适用的法律,则该条款被视为删除。但本合同的其余条款仍应有效并且有约束力。

15.4 本合同一式肆份,双方各执两份,具有同等法律效力。

15.5　本合同经双方签字、盖章,以最后签字、盖章日期为本合同生效日期。本合同未尽事宜,需修订或变更时由双方签署补充合同,补充合同与本合同具有同等法律效力。

15.6　本合同之任何修改除非经双方以书面形式签署确认,否则均属无效。

第十六条　合同附件

16.1　本合同未尽事宜,依照有关法律、法规执行,法律、法规未作规定的,甲乙双方可以达成书面补充合同。本合同的附件和补充合同均为本合同不可分割的组成部分,与本合同具有同等的法律效力。

16.2　本合同及本合同的附件和补充合同内空格部分填写的文字与印刷文字具有同等法律效力。

甲方:　　　　　　　　　　　　　　　乙方:

法定代表人或授权代表签字:　　　　　法定代表人或授权代表签字:

年　　月　　日　　　　　　　　　　　年　　月　　日

签约地点:

同期录音合同

合同适用范围

同期录音合同是电影、电视剧制作方委托提供同期录音服务的公司为其拍摄的电影或电视剧制作同期录音的合同。同期录音合同应属于加工承揽合同,电影、电视剧制作方为定作人;提供同期录音服务的公司为承揽人。音效制作公司按电影、电视剧制作方要求完成工作,电影、电视剧制作方向其支付报酬。

风险防范提示

1. 双方应共同防范如下风险:

(1) 任何一个合同范本都不是万能的,试图以一个一成不变的合同范本包揽一切的想法是最大的风险,因为每个项目或者事情都有其特殊性,况且法律、法规也在不断变化。

(2) 审慎审查对方的资质文件,包括但不限于企业法人营业执照、法人组织机构代码证、相应的资质材料。

(3) 双方应就委托事项的质量要求、制作周期、交付及验收程序进行明确约定,并可根据具体需求对本合同条款进行相应增减调整。

(4) 审慎选择争议的解决方式与解决机构以及争议解决机构的所在地。实际上,诉讼还是仲裁解决各有利弊,应根据实际情况作出尽可能对自己有利的选择。选择诉讼解决的,双方的约定首先不得违反我国《民事诉讼法》对级别管辖和专属管辖的规定,其次,双方仅可以在书面合同中协议选择被告住所地、合同履行地、合同签订地、原告住所地、标的物所在地的人民法院管辖。

2. 就定作人电影、电视剧制作方而言,应注意防范如下风险:

(1) 应为承揽人指派在剧组的人员缴纳社会保险,最重要的是工伤保险。

(2) 委托事项如涉及著作权归属问题应明确,因《著作权法》规定,委托创作的作品,如双方未约定著作权归属,则作品的著作权归受托人享有。

3. 就承揽人音效制作公司而言,应注意防范如下风险:

(1) 承揽方应在订立合同时合理的预见“定作方依法随时解除承揽合同”、

“中途变更承揽要求”所带来的损失及评估，在此基础上合理安排人力及设备组织加工。

（2）交付制作成果时，应注意保存交付时间、内容、接收人等的信息，以免因支付报酬产生争议时作为自己已交付工作成果的证明。

*　　　*　　　*

同期录音合同（范本）

合同编号：

甲方：
住所地：
法定代表人：
通讯地址：
邮政编码：
电话：
电子信箱：
传真：

乙方：
住所地：
法定代表人：
通讯地址：
邮政编码：
电话：
电子信箱：
传真：

鉴于：

1. 甲方是依法注册成立并取得合法从事电影/电视剧制作资格的法人单位。

2. 甲方委托乙方完成电影/电视剧《________》（以下简称“该片/该剧”）的同期录音工作。

甲乙双方依据《中华人民共和国合同法》、《中华人民共和国著作权法》、《中华人民共和国著作权法实施条例》等法律、法规的规定以及平等自愿、诚实信用、等价有偿的原则，经友好协商，达成以下协议，以兹共同遵守。

第一条　委托事项

1.1　甲方委托乙方完成该片/该剧的同期录音工作。乙方负责安排同期录音师________人，同期录音助理________人，录音器材________套（详见器材清单）。

1.2　工作周期：从______年______月______日起至______年______月______日起止，工作共计______天。

1.3　乙方指派人员在剧组应享受的待遇

1.3.1　录音师:享受剧组主创人员待遇。住房:标准房单人1间,如不住剧组,则由剧组负责交通费用。

1.3.2　录音助理:享受同级别工作人员待遇。

1.3.3　录音用车:由剧组提供专用车辆。

1.4　乙方同期录音标准如下:

____。

第二条　费用及支付方式

2.1　费用

2.1.1　甲方向乙方支付的费用总额为:人民币________元(含人员报酬及器材费)。

2.1.2　如因甲方原因造成超期,每超期一天甲方应向乙方按照________元/天另行支付费用。

2.2　付款方式:

2.2.1　签订本合同之日起3日内,甲方向乙方支付合同费用总额的________%,共计人民币________元。

2.2.2　开机当日,甲方向乙方支付合同费用总额的________%,共计人民币________元。

2.2.3　拍摄周期过半(最迟不晚于______年______月______日),甲方须向乙方支付合同费用总额的________%,共计人民币________元。

2.2.4　拍摄结束关机,即______年______月______日,甲方须向乙方支付合同费用总额的________%,共计人民币________元。结清全部费用。

2.3　乙方收到甲方付款后,应向甲方提供正式发票。

2.4　以上价款不包括乙方人员的差旅费、住宿费、伙食费等费用。此类费用由甲方另行支付。

2.5　同期录音所需的各类耗材,双方协商按人民币________元计算,开机时由甲方支付给乙方,关机时乙方应向甲方提供发票。超出部分,甲方不再另行支付。

第三条　甲方的权利和义务

3.1　甲方为该片/该剧及全部同期录音产品的权利人包括但不限于著作权、所有权,乙方应在完成同期录音后将全部素材提交甲方或者其指定接收人。

3.2　甲方在合同期内有权对乙方指派人员进行管理。

3.3　非因乙方原因甲方单方终止本合同,甲方应根据乙方的实际工作量支付相应的费用。

3.4 甲方应为乙方提供必要的工作条件和休息时间。

3.5 在本合同履行期内,甲方应为乙方指派人员购买人身保险,确因工作受伤或生病,甲方应在其责任范围内承担相应责任。

3.6 如因甲方原因造成的乙方设备的意外损坏,甲方需按原价赔付。

第四条 乙方的权利和义务

4.1 乙方应根据本合同所列要求,认真完成甲方委托的工作任务。

4.2 非因甲方原因乙方单方终止本合同,乙方应赔偿由此给甲方造成的损失。

4.3 乙方指派人员应承担保密义务,未经甲方许可不得泄漏其因履行本合同知悉的甲方及该片/该剧的一切信息。

4.4 乙方享有本片录音成品的署名权,甲方需在作品的片头、片尾之相应位置注明乙方公司名称及参与工作人员姓名。

4.5 乙方应于完成本合同约定委托事项后,将录音载体(标的物)交付给甲方。

第五条 违约责任

5.1 甲、乙双方任何一方违反本合同约定给另一方造成损失的,违约方应赔偿守约方全部经济损失。

5.2 甲方未按本合同约定按时足额向乙方支付费用,每逾期1日,应向乙方支付应付款项的________‰的违约金。

5.3 乙方未按本合同约定按时按质将本合同第一条约定的委托事项交付甲方,应向甲方支付________元违约金。

第六条 合同的变更

6.1 本合同履行期间,发生特殊情况时,甲、乙任何一方需变更本合同的,要求变更一方应及时书面通知对方,征得对方同意后,双方在规定的时限内(书面通知发出________天内)签订书面变更协议,该协议将成为合同不可分割的部分。

6.2 未经双方签署书面文件,任何一方无权变更本合同,否则,由此造成对方的一切经济损失,由责任方承担。

第七条 合同的解除

7.1 在本合同履行过程中发生下列情形之一,甲方可以通过书面形式通知乙方而解除本合同:

7.1.1 乙方未能按本合同的规定完成本合同委托事项,经甲方催告后________日内仍未完成并交付;

7.1.2 乙方部分或完全丧失履约能力致使其不能继续履行本合同；

7.2 在本合同履行过程中发生下列情形之一，乙方可以通过书面形式通知甲方而解除本合同：

7.2.1 甲方拖欠应付乙方音效制作费的________%；

7.2.2 甲方破产、解散或被依法吊销企业法人营业执照且无权利、义务承受人的。

7.3 除本合同规定的情形之外，甲乙双方皆不得擅自解除本合同。

第八条 保密义务

8.1 未经对方书面同意，任何一方不得向任何第三方泄露本合同以及与本合同相关的一切信息。若本合同未生效，任何一方不得向任何第三方泄露其在签约过程中知悉或取得且无法自公开渠道获得的另一方的文件及资料（包括商业秘密、公司计划、运营活动、财务信息、经营信息及其他商业秘密等）。

8.2 甲乙双方保证对其在讨论、签订、执行本协议过程中所获悉的属于对方的且无法自公开渠道获得的文件及资料（包括商业秘密、公司计划、运营活动、财务信息、技术信息、经营信息及其他商业秘密）予以保密。但法律、法规另有规定或双方另有约定的除外。

8.3 在本合同终止之后，甲乙双方在本条款项下的义务并不随之终止，双方仍需遵守本合同之保密条款，履行其所承诺的保密义务，直到对方同意其解除此项义务，或事实上不会因违反本合同的保密条款而给对方造成任何形式的损害时为止。

8.4 任何一方若违反上述保密义务，应赔偿对方因此而遭受的一切经济损失。

第九条 不可抗力

9.1 如果本合同任何一方因受不可抗力事件影响而未能履行其在本合同下的全部或部分义务，该义务的履行在不可抗力事件妨碍其履行期间应予中止。

9.2 声称受到不可抗力事件影响的一方应尽可能在最短的时间内通过书面形式将不可抗力事件的发生通知另一方，并在该不可抗力事件发生后10日内向另一方提供关于此种不可抗力事件及其持续时间的适当证据及合同不能履行或者需要延期履行的书面资料。声称不可抗力事件导致其对本合同的履行在客观上成为不可能或不实际的一方，有责任尽一切合理的努力消除或减轻此等不可抗力事件的影响。

9.3 不可抗力事件发生时，双方应立即通过友好协商决定如何执行本合同。不可抗力事件或其影响终止或消除后，双方须立即恢复履行各自在本合同项下的各项义务。如不可抗力及其影响无法终止或消除而致使合同任何一方丧失继续履行合同的能力,则双方可协商解除合同或暂时延迟合同的履行,且遭遇不可抗力一方无须为此承担责任。当事人迟延履行后发生不可抗力的,不能免除责任。

9.4 本合同所称不可抗力是指受影响一方不能合理控制的,无法预料或即使可预料到也不可避免且无法克服,并于本合同签订日之后出现的,使该方对本合同全部或部分的履行在客观上成为不可能或不实际的任何事件。此等事件包括但不限于自然灾害如水灾、火灾、旱灾、台风、地震,以及社会事件如战争(不论曾否宣战)、动乱、罢工,政府行为或法律规定等。

第十条 通知与送达

10.1 甲乙双方因履行本意向合同而相互发出或者提供的所有通知、文件、资料等,均应按照本合同首部所列明的通讯地址、传真、电子邮件以邮寄或传真或电子邮件方式送达;一方如果迁址或者变更电话、电子邮件应当书面通知对方,否则发至本合同首部所列明的通讯地址或者传真、电子邮件系统的通知、文件、资料均视为有效送达。

10.2 以邮寄方式送达的,另一方签收之日视为送达;签收之日不明确的,以信件寄出或者投邮之日起算 3 日视为送达。通过传真、电子邮件方式送达的,通知、文件、资料等数据电文进入另一方系统之时视为送达;通知、文件、资料等数据电文进入另一方系统之时不明确的,以传真、电子邮件发出后的第二日视为送达。

第十一条 争议解决与适用法律

11.1 本协议的订立、效力、解释、履行和争议的解决均适用中华人民共和国的法律。

11.2 凡因本合同引起的或与本合同有关的任何争议,由双方协商解决;协商不成的,按下列第□1/□2 种方式(二选一)解决:

11.2.1 任何一方均有权将争议提交设在________(地点)的________仲裁委员会,按照申请仲裁时该会现行有效的仲裁规则进行仲裁。仲裁裁决是终局的,对双方均有约束力。

11.2.2 任何一方均有权向________人民法院起诉。

第十二条 合同权利和义务的转让

除合同中另有规定或经双方协商同意外,本合同所规定双方的任何权利和义务,任何一方在未征得另一方书面同意之前,不得转让给第三者。任何转让,未经另一方书面明确同意,均属无效。

第十三条 合同的解释

13.1 本合同文本由□甲方□乙方提供,其已采取合理的方式提请对方注意

免除或者限制其责任的条款并予以说明;甲乙双方对本合同各条款的内容均充分理解并经协商达成一致同意。

13.2 本合同的理解与解释应依据合同目的和文本原意进行,本合同的标题仅是为了阅读方便而设,不应影响本合同的解释。

第十四条 合同效力和签署

14.1 本合同对每一方的继承人和受让人均有约束力。

14.2 本合同的任何一方未能及时行使本合同项下的权利不应被视为放弃该权利,也不影响该方在将来行使该权利。

14.3 如果本合同中的任何条款无论因何种原因完全或部分无效或不具有执行力,或违反任何适用的法律,则该条款被视为删除。但本合同的其余条款仍应有效并且有约束力。

14.4 本合同一式肆份,双方各执两份,具有同等法律效力。

14.5 本合同经双方签字、盖章,以最后签字、盖章日期为本合同生效日期。本合同未尽事宜,需修订或变更时由双方签署补充合同,补充合同与本合同具有同等法律效力。

14.6 本合同之任何修改除非经双方以书面形式签署确认,否则均属无效。

第十五条 合同附件

15.1 本合同未尽事宜,依照有关法律、法规执行,法律、法规未作规定的,甲乙双方可以达成书面补充合同。本合同的附件和补充合同均为本合同不可分割的组成部分,与本合同具有同等的法律效力。

15.2 本合同及本合同的附件和补充合同内空格部分填写的文字与印刷文字具有同等法律效力。

甲方: 乙方:

法定代表人或授权代表签字: 法定代表人或授权代表签字:

签约日期: 年 月 日 签约日期: 年 月 日

签约地点:

电影/电视剧字幕制作合同

合同适用范围

字幕制作合同是电影、电视剧制作方委托字幕制作公司为其拍摄的电影或电视剧制作字幕的合同。字幕制作合同应属于加工承揽合同,电影、电视剧制作方为定作人;字幕制作公司为承揽人。字幕制作公司按电影、电视剧制作方要求完成工作,电影、电视剧制作方向其支付报酬。

特别风险提示

1. 双方应共同防范如下风险:

(1) 任何一个合同范本都不是万能的,试图以一个一成不变的合同范本包揽一切的想法是最大的风险,因为每个项目或者事情都有其特殊性,况且法律、法规也在不断变化。

(2) 审慎审查对方的资质文件,包括但不限于工商营业执照、法人组织机构代码证、相应的资质材料。

(3) 双方应就委托事项的质量要求、制作周期、交付及验收程序进行明确约定,并可根据具体需求对本合同条款进行相应增减调整。

(4) 审慎选择争议的解决方式与解决机构以及争议解决机构的所在地。实际上,诉讼还是仲裁解决各有利弊,应根据实际情况作出尽可能对自己有利的选择。选择诉讼解决的,双方的约定首先不得违反我国《民事诉讼法》对级别管辖和专属管辖的规定,其次,双方仅可以在书面合同中协议选择被告住所地、合同履行地、合同签订地、原告住所地、标的物所在地的人民法院管辖。

2. 就定作人电影、电视剧制作方而言,应注意防范如下风险:

(1) 应对自己提供给承揽方的与委托事项有关的文字、影音资料及磁带予以认真审议。当承揽方对文字、影音资料及磁带提出异议时,要及时核实情况、组织论证、完善方案,切不可拖延推诿,否则将会承担承揽方由此产生的延期交付、设备租赁、生产线闲置等相关损失。

(2) 委托事项如涉及著作权归属问题应明确,因《著作权法》规定,委托创作的作品,如双方未约定著作权归属,则作品的著作权归受托人享有。

3. 就承揽人字幕制作公司而言,应注意防范如下风险:

(1) 承揽方应在订立合同时合理的预见"定作方依法随时解除承揽合同"、"中途变更承揽要求"所带来的损失及评估,在此基础上合理安排人力及设备组织加工。

(2) 交付制作成果时,应注意保存交付时间、内容、接收人等的信息,以免因支付报酬产生争议时作为自己已交付工作成果的证明。

* * *

电影/电视剧字幕制作合同(范本)

合同编号:

甲方:	乙方:
住所地:	住所地:
法定代表人:	法定代表人:
通讯地址:	通讯地址:
邮政编码:	邮政编码:
电话:	电话:
电子信箱:	电子信箱:
传真:	传真:

鉴于:

1. 甲方是依法注册成立并取得合法从事电影/电视剧制作资格的法人单位。

2. 甲方决定委托乙方为电影/电视剧《________》制作字幕。

甲乙双方依据《中华人民共和国合同法》、《中华人民共和国著作权法》、《中华人民共和国著作权法实施条例》等法律、法规的规定以及平等自愿、诚实信用、等价有偿的原则,经友好协商,特达成本意向合同,以兹共同遵守。

第一条 委托事项

1.1 电影/电视剧名称:《________》(以下简称"该片"/"该剧")。

1.2 该片长度:________ 分钟。

(该剧长度:________分钟/集,共计________集。)

1.3 甲方委托乙方完成以下项目:

□台词字幕整理校对 □台词字幕校对

1.4 工作周期:乙方应于甲方将该片/该剧制作字幕的相关影音素材提交给乙方后________个工作日内完成本合同1.3条约定内容。

备注:本合同所定工期为预计时间,如因甲方提供相关影音素材延期或者甲方其他原因,导致乙方的工作不能按时完成,乙方可按甲方迟延交付相关影音素材的时间顺延相应工期。

第二条 字幕制作标准要求:

2.1 技术上符合________播出标准。

2.2 中文简体字幕(或其他________)。

2.3 字幕出错率低于万分之________。

2.4 字幕分行断句每行不超过________字。

2.5 只保留紧随句尾,且发音清晰的语气词。句前语气词和句末语音停顿后的语气省略。

2.6 所有文字的用法以《现代汉语词典(中国社会科学院2005年第5版)》为准。如遇到同音且同义字词以字典中标明的较为常用者为准。

2.7 群杂处照顾画内音,忽略画外音;照顾主要人物声音,忽略背景音。

2.8 除书名号外,屏幕上不出现其他标点符号。

第三条 制作费用及支付方式

3.1 本合同制作费用总计为:人民币______元整(大写:________元整)。

3.2 支付方式:甲方应于本合同生效之日向乙方支付制作费总额的50%作为预付款。字幕制作完成交付给甲方验收合格后______日内甲方付清余款。

第四条 甲方的权利与义务

4.1 甲方向乙方提供与委托事项有关的文字、影音资料及磁带。因素材提交延误导致的工期延误,乙方不承担责任。

4.2 甲方有权就委托事项提出具体要求,但须经甲乙双方书面确认。

4.3 甲方有权在制作期间对乙方具体制作人员的纪律、工作表现、工作进度提出要求。

4.4 甲方应在片尾演职员表上出“字幕 ________ 公司”字样。

4.4.1 甲方应在收到乙方制作的字幕后进行验收,如果发现字幕存在质量问题,应在收到乙方提交字幕之日起________日内书面通知乙方,乙方应在甲方通知到达乙方之日起________日内对字幕进行修改并达到本合同约定的字幕制作标准,因此产生的一切费用及迟延履行合同给甲方造成的损失由乙方承担。

4.4.2 若字幕经乙方两次修改后,仍无法达到本合同约定标准的,甲方可单方解除本合同,甲方因此遭受的一切损失由乙方承担。

4.4.3 若甲方未在第4.4.1项约定时间向乙方提出书面通知,视为乙方制作字幕验收合格。

第五条 乙方的权利与义务

5.1 乙方有权要求甲方提供与委托事项相关的文字、影音素材。

5.2 乙方有权提出制作意见,但需甲方认可后可执行。

5.3 乙方应按本合同第二条字幕制作标准完成委托事项。

5.4 乙方只负责该剧的中文台词字幕内容(如有方言或者外语翻译问题,双方另行协商字幕制作及费用事宜)。

5.5 乙方制作字幕经甲方验收合格后如再次调整或改动,乙方则按收费标准另行收费。

5.6 乙方有义务保守甲方机密,未经甲方许可,乙方不得向第三方提供与甲方有关的文字及影音资料。如因乙方泄露甲方资料造成甲方合法权益受到损害,乙方承担相应的赔偿责任。

第六条 违约责任

6.1 甲、乙双方任何一方违反本合同约定给另一方造成损失的,违约方应赔偿守约方全部经济损失。

6.2 甲方未按本合同约定按时足额向乙方支付制作费用,每逾期1日,应向乙方支付应付款项的________‰的违约金。

6.3 乙方未按本合同约定按时按质将本合同第一条约定的委托事项交付甲方,应向甲方支付________元违约金。

第七条 合同的变更

7.1 本合同履行期间,发生特殊情况时,甲、乙任何一方需变更本合同的,要求变更一方应及时书面通知对方,征得对方同意后,双方在规定的时限内(书面通知发出________天内)签订书面变更协议,该协议将成为合同不可分割的部分。

7.2 未经双方签署书面文件,任何一方无权变更本合同,否则,由此造成对方的一切经济损失,由责任方承担。

第八条 合同的解除

8.1 在本合同履行过程中发生下列情形之一,甲方可以通过书面形式通知乙方而解除本合同:

8.1.1 乙方未能按本合同的规定完成本合同委托事项,经甲方催告后

________日内仍未完成并交付；

8.1.2　乙方部分或完全丧失履约能力致使其不能继续履行本合同。

8.2　在本合同履行过程中发生下列情形之一，乙方可以通过书面形式通知甲方而解除本合同：

8.2.1　甲方拖欠应付乙方字幕制作费的________%；

8.2.2　甲方破产、解散或被依法吊销企业法人营业执照且无权利、义务承受人的。

8.3　除本合同规定的情形之外，甲乙双方皆不得擅自解除本合同。

第九条　保密义务

9.1　未经对方书面同意，任何一方不得向任何第三方泄露本合同以及与本合同相关的一切信息。若本合同未生效，任何一方不得向任何第三方泄露其在签约过程中知悉或取得且无法自公开渠道获得的另一方的文件及资料（包括商业秘密、公司计划、运营活动、财务信息、经营信息及其他商业秘密等）。

9.2　甲乙双方保证对其在讨论、签订、执行本协议过程中所获悉的属于对方的且无法自公开渠道获得的文件及资料（包括商业秘密、公司计划、运营活动、财务信息、技术信息、经营信息及其他商业秘密）予以保密。但法律、法规另有规定或双方另有约定的除外。

9.3　在本合同终止之后，甲乙双方在本条款项下的义务并不随之终止，双方仍需遵守本合同之保密条款，履行其所承诺的保密义务，直到对方同意其解除此项义务，或事实上不会因违反本合同的保密条款而给对方造成任何形式的损害时为止。

9.4　任何一方若违反上述保密义务，应赔偿对方因此而遭受的一切经济损失。

第十条　不可抗力

10.1　如果本合同任何一方因受不可抗力事件影响而未能履行其在本合同下的全部或部分义务，该义务的履行在不可抗力事件妨碍其履行期间应予中止。

10.2　声称受到不可抗力事件影响的一方应尽可能在最短的时间内通过书面形式将不可抗力事件的发生通知另一方，并在该不可抗力事件发生后10日内向另一方提供关于此种不可抗力事件及其持续时间的适当证据及合同不能履行或者需要延期履行的书面资料。声称不可抗力事件导致其对本合同的履行在客观上成为不可能或不实际的一方，有责任尽一切合理的努力消除或减轻此等不可抗力事件的影响。

10.3　不可抗力事件发生时，双方应立即通过友好协商决定如何执行本合同。不可抗力事件或其影响终止或消除后，双方须立即恢复履行各自在本合同项下的各项义务。如不可抗力及其影响无法终止或消除而致使合同任何一方丧失继续履行合同的能力,则双方可协商解除合同或暂时延迟合同的履行,且遭遇不可抗力一方无须为此承担责任。当事人迟延履行后发生不可抗力的,不能免除责任。

10.4 本合同所称不可抗力是指受影响一方不能合理控制的,无法预料或即使可预料到也不可避免且无法克服,并于本合同签订日之后出现的,使该方对本合同全部或部分的履行在客观上成为不可能或不实际的任何事件。此等事件包括但不限于自然灾害如水灾、火灾、旱灾、台风、地震,以及社会事件如战争(不论曾否宣战)、动乱、罢工,政府行为或法律规定等。

第十一条 通知与送达

11.1 甲乙双方因履行本意向合同而相互发出或者提供的所有通知、文件、资料等,均应按照本合同首部所列明的通讯地址、传真、电子邮件以邮寄或传真或电子邮件方式送达;一方如果迁址或者变更电话、电子邮件应当书面通知对方,否则发至本合同首部所列明的通讯地址或者传真、电子邮件系统的通知、文件、资料均视为有效送达。

11.2 以邮寄方式送达的,另一方签收之日视为送达;签收之日不明确的,以信件寄出或者投邮之日起算3日视为送达。通过传真、电子邮件方式送达的,通知、文件、资料等数据电文进入另一方系统之时视为送达;通知、文件、资料等数据电文进入另一方系统之时不明确的,以传真、电子邮件发出后的第二日视为送达。

第十二条 争议解决与适用法律

12.1 本协议的订立、效力、解释、履行和争议的解决均适用中华人民共和国的法律。

12.2 凡因本合同引起的或与本合同有关的任何争议,由双方协商解决;协商不成的,按下列第□1/□2种方式(二选一)解决:

12.2.1 任何一方均有权将争议提交设在________(地点)的________仲裁委员会,按照申请仲裁时该会现行有效的仲裁规则进行仲裁。仲裁裁决是终局的,对双方均有约束力。

12.2.2 任何一方均有权向________人民法院起诉。

第十三条 合同权利和义务的转让

除合同中另有规定或经双方协商同意外,本合同所规定双方的任何权利和义务,任何一方在未征得另一方书面同意之前,不得转让给第三者。任何转让,未经另一方书面明确同意,均属无效。

第十四条 合同的解释

14.1 本合同文本由□甲方□乙方提供,其已采取合理的方式提请对方注意

免除或者限制其责任的条款并予以说明;甲乙双方对本合同各条款的内容均充分理解并经协商达成一致同意。

14.2 本合同的理解与解释应依据合同目的和文本原意进行,本合同的标题仅是为了阅读方便而设,不应影响本合同的解释。

第十五条 合同效力和签署

15.1 本合同对每一方的继承人和受让人均有约束力。

15.2 本合同的任何一方未能及时行使本合同项下的权利不应被视为放弃该权利,也不影响该方在将来行使该权利。

15.3 如果本合同中的任何条款无论因何种原因完全或部分无效或不具有执行力,或违反任何适用的法律,则该条款被视为删除。但本合同的其余条款仍应有效并且有约束力。

15.4 本合同一式肆份,双方各执两份,具有同等法律效力。

15.5 本合同经双方签字、盖章,以最后签字、盖章日期为本合同生效日期。本合同未尽事宜,需修订或变更时由双方签署补充合同,补充合同与本合同具有同等法律效力。

15.6 本合同之任何修改除非经双方以书面形式签署确认,否则均属无效。

第十六条 合同附件

16.1 本合同未尽事宜,依照有关法律、法规执行,法律、法规未作规定的,甲乙双方可以达成书面补充合同。本合同的附件和补充合同均为本合同不可分割的组成部分,与本合同具有同等的法律效力。

16.2 本合同及本合同的附件和补充合同内空格部分填写的文字与印刷文字具有同等法律效力。

(以下无正文)

甲方: 乙方:

法定代表人或授权代表签字: 法定代表人或授权代表签字:

年 月 日 年 月 日

签约地点:

五、发行放映类合同范本

电影片发行意向合同

合同适用范围

《电影片发行意向合同》主要适用于电影片尚未创作完成前，将来拥有电影片著作权的机构事先与发行、放映机构达成发行、放映意向时需要进行约定的情形，尤其是适用于电影片首映，且发行机构同时拥有影戏剧院、院线等放映机构或者影戏剧院、院线等放映机构同时持有《电影发行经营许可证》的场合。

特别风险提示

1. 双方应共同防范如下风险：

（1）任何一个合同范本都不是万能的，试图以一个一成不变的合同范本包揽一切的想法是最大的风险，因为每个项目或者事情都有其特殊性，况且法律、法规也在不断变化。

（2）明确授权类别，谨慎作出选择。一方面，应确认是仅授予发行权或者放映权，还是发行权、放映权、信息网络传播权等权利一并授予，一并授予的还应将可以行使发行权、放映权、信息网络传播权的渠道、时间进行明确约定。另一方面，应区分授予的是专有使用权，还是非专有使用权，即在独占许可、排他许可、普通许可中作出选择。

（3）与时俱进的掌握发行渠道的最新发展状况，审慎的约定发行渠道、区域、期限，并根据不同情形作出约定。

（4）定金是在合同订立或在履行之前支付的一定数额的金钱作为担保的担保方式，是一柄双刃剑。本合同的定金类别为违约定金，但又同时是签署正式发行放映合同的订约定金，一旦一方违约将适用定金罚则，所以双方均应根据合同的总价款作出适当的约定。当然，定金的额度不应超过总价款的20%。

（5）区分正式发行放映合同的利益分配方式是分账、保底分成，还是买断，对分配的时间、方式进行明确约定，并将正式发行放映合同的格式文本作为合同的附件，与合同一同加盖骑缝章。分账、保底分成的情况下，发行、放映机构需要审慎审查著作权人以往摄制或投资的影视剧的业绩、盈利状况，并评估本次电影片的质量以及可能的票房收入等;著作权人则要审查发行、放映机构以往的业绩、口碑、信用状况。

(6) 就一方需要保证与承诺的事项进行明确约定,并视具体情形进行增减。

(7) 审慎选择争议的解决方式与解决机构以及争议解决机构的所在地。实际上,诉讼还是仲裁解决各有利弊,应根据实际情况作出尽可能对自己有利的选择。选择诉讼解决的,双方的约定首先不得违反我国《民事诉讼法》对级别管辖和专属管辖的规定,其次,双方仅可以在书面合同中协议选择被告住所地、合同履行地、合同签订地、原告住所地、标的物所在地的人民法院管辖。

2. 就电影片的著作权人而言,应着重防范如下风险:

(1) 审慎审查发行、放映机构的资质文件,包括但不限于工商营业执照、法人组织机构代码证、《电影发行经营许可证》、《电影放映经营许可证》等证件、文件,并将其作为合同的附件,与合同一同加盖骑缝章。

(2) 谨慎预测拍摄期间并在合同中留有足够的交付时间,以免违约。

(3) 鉴于我国《〈担保法〉若干问题的解释》的规定,实际交付的定金数额多于或者少于约定数额的,视为变更定金合同,因此著作权人应一次性收取合同约定的定金,否则一旦收取较少的定金后,发行、放映机构不再交付的,则视为著作权人同意变更定金合同,从而无权再要求发行、放映机构再予交付。

3. 就依据授权取得电影片发行权、放映权的发行、放映机构而言,应着重防范如下风险:

(1) 审慎审查著作权人的资质文件,包括但不限于工商营业执照、法人组织机构代码证、相应的备案文件。电影片的摄制组为电影片的著作权人,并拟作为合同的一方主体与其签署合同的,应要求其以申请刻章的机构作为签约主体;若摄制组坚持以此进行签署的,应要求摄制组出示摄制组所持公章的合法来源的文件以及申请刻章的主体,并将该信息作为合同的附件,与合同一同加盖骑缝章。

(2) 审慎评估电影片著作权人的履约能力,不交付过高的定金,以免电影片未能创作完成或者著作权人将著作权授权他人后,著作权人无财产的情形下,发行、放映机构定金甚至发行费用等的损失。

(3) 鉴于我国《著作权法》规定,著作权人在合同中未明确许可的权利,未经著作权人同意,另一方当事人不得行使。因此,发行、放映机构应格外注意在合同中将被授予的权利予以明确。

(4) 收到著作权人交付的物料后,应依据法律规定、合同约定及时查验,以免丧失权利,造成对己方不利的后果。

(5) 发行机构不具备放映资质或者没有影戏剧院或者电影院线的,或者虽有影戏剧院或者电影院线，但是影戏剧院或者电影院线并不是以分支机构、分公司的身份隶属于发行机构，而是具有独立的法人资格的，发行机构应与著作权人在合同中约定其有权转授权或者与其有关联关系、具有独立的法人资格的影戏剧院或者电影院线的发行、放映时视同其发行、放映。

*　　　*　　　*

电影片发行意向合同(范本)

合同编号：

甲方：	乙方：
法定代表人：	法定代表人：
住所：	住所：
通讯地址：	通讯地址：
邮政编码：	邮政编码：
联系人：	联系人：
电话：	电话：
传真：	传真：
电子信箱：	电子信箱：

本合同由＿＿＿＿＿＿＿(下称甲方)、＿＿＿＿＿＿＿(下称乙方)于＿＿＿年＿＿＿月＿＿＿日签订于＿＿＿＿。

鉴于：

1. 甲方为依据＿＿＿＿(国家或地区)法律在＿＿＿＿＿＿＿＿注册成立并有效存续的(□有限公司/□合伙企业/□＿＿＿＿)，为□计划/□正在摄制的电影片《＿＿＿＿》(下称电影片)的□投资人/□制片人/□＿＿＿＿，且为电影片的著作权人。

2. 乙方为依据＿＿＿＿(国家或地区)法律在＿＿＿＿＿＿＿＿注册成立并有效存续的(□有限公司/□合伙企业/□＿＿＿＿)，其已合法取得《电影发行经营许可证》、《电影放映经营许可证》等电影片发行、放映资格，有意发行甲方所摄制的电影片。

3. 甲方同意电影片取得《电影片公映许可证》后由乙方在相应区域和期限内发行该电影片。

甲乙双方依据《中华人民共和国合同法》、《中华人民共和国著作权法》、《电影管理条例》等法律、法规的规定以及平等自愿、诚实信用、等价有偿的原则，就甲方授权乙方发行甲方享有著作权的电影片事宜，经友好协商，特达成本意向合同，以资共同遵守。

第一条 基本信息

1.1 制作单位

1.1.1 电影片(□确定/□拟定)的制片单位为________________；

1.1.2 《电影片公映许可证》上拟定载明的出品单位为________________；

1.2 (□确定/□拟定)的主创人员

1.2.1 编剧为____；

1.2.2 导演为____；

1.2.3 主要演员为____；

1.2.4 摄像师为____；

1.2.5 录音师为____；

1.2.6 灯光师为____。

若电影片相关主创人员变动，甲方应于变动之日起________日内将主创人员变动情况书面通知乙方；乙方有权于接到甲方书面通知之日起________日内选择是否解除本意向合同，并将选择决定书面通知甲方，否则，视为乙方放弃选择权。

1.3 拍摄期间

1.3.1 电影片预计于______年______月______日前拍摄完毕并完成后期制作。

1.3.2 若电影片无法于前款确定的日期前拍摄完毕并完成后期制作，甲方应于该期限届满之日起________日内，将电影片未能如期拍摄完毕并完成后期制作的原因以及电影片能够拍摄完毕并完成后期制作的时间，书面通知乙方；乙方有权于接到甲方书面通知之日起________日内选择是否解除本合同，并将决定书面通知甲方，否则，视为乙方放弃选择权。

1.4 影片长度

此次发行电影片的播放时间初步确定为________分________秒。

第二条 拟定的授权范围

2.1 授权类别

2.1.1 □独占许可,指作为电影片著作权人的甲方将享有的电影片发行权、放映权(根据发行渠道的不同,涉及广播权、信息网络传播权的,则包括广播权及/或信息网络传播权)在合同规定的发行期限和发行区域内授予乙方,乙方对该项授权享有排他的独占权,授权方甲方以及任何第三方均不得再行使。

2.1.2 □排他许可,指作为电影片著作权人的甲方将享有的电影片发行权、放映权(根据发行渠道的不同,涉及广播权、信息网络传播权的,则包括广播权及/或信息网络传播权)在合同规定的发行期限和发行区域内授予乙方,乙方对该项授权享有排他权,授权方甲方不得再授权他人行使,但授权方甲方仍然可以行使该项权利。

2.1.3 □普通许可,指作为电影片著作权人的甲方将享有的电影片发行权、放映权(根据发行渠道的不同,涉及广播权、信息网络传播权的,则包括广播权及/或信息网络传播权)在合同规定的发行期限和发行区域内授予乙方,不但授权方甲方可以行使该项权利,而且授权方甲方仍然可以授权任何第三方行使该项权利。

2.2 发行渠道

乙方发行电影片仅限于[□电影院/□戏剧院/□无线电视/□有线电视(□包括/□不包括上星频道及全国播出的数字付费频道等所有覆盖或开通范围突破发行区域的频道)/□数字电视/□IPTV/□网络电视台/□视频网站/□________]放映,未经甲方书面同意,乙方不得通过任何未经授权的渠道对电影片进行放映。

2.3 发行区域

乙方发行电影片的区域为________(下称发行区域),未经甲方书面同意,乙方不得在发行区域外发行电影片,也不得使发行区域内的发行行为之后果及于其他区域。

2.4 发行期限

□电影片首次发表后第 50 年的 12 月 31 日,即电影片著作权保护期届满之日。

□乙方发行电影片的期限为电影片在本合同确定的发行区域内首映之日起历经________(小写:________)个自然天。

电影片在发行区域内的首映日初步确定为______年______月______日;发行渠道为□有线电视且包括上星频道及全国播出的数字付费频道等频道/□数字电视/□IPTV/□网络电视台/□视频网站的,播映的时间分别为:________________。

未经甲方书面同意,乙方不得在发行期限届满后继续发行电影片。

第三条 利益分配

3.1 本意向合同签署后________个工作日内乙方支付甲方定金人民币

________(小写:________)元整。甲方不依本意向合同约定履行本合同的,应双倍返还定金;乙方不依本意向合同约定履行本合同的,无权要求返还定金。

3.2　甲乙双方应于□本意向合同签署/□《电影片公映许可证》颁发并由甲方正式书面通知乙方之日起________个工作日内签署正式的电影片(□分账/□保底分成/□买断)发行放映合同。发行放映合同签署后,乙方根据本意向合同约定交付的定金可以抵作分账或保底款项。

3.2.1　约定分账的,双方分配的依据与前提是发行毛收益,即乙方根据本合同的授权行使发行权、放映权获得的所有形式的直接或者间接收入,甲方的分配比例是百分之________(小写:________%)。乙方向甲方支付电影片票房收入分配额的时间为________________,方式为________________________________。涉及发行权、放映权外的其他授权类别及/或影视剧院、院线外的其他渠道的,分配方式为________________,分配时间为________________。

电影片的票价由甲乙双方根据影片的制作成本、发行区域的平均消费水平等因素共同制定。双方可以根据影片发行的实际情况在协商一致后对电影片在发行区域和发行期限内的放映票价进行调整,但不得低于人民币________(小写:________)元。若电影片实际放映票价低于此金额,以此金额为准计算电影片票房收入,若电影片实际放映票价高于此金额,以实际放映票价为准计算电影片票房收入。

3.2.2　约定保底分成的,乙方应向甲方支付人民币________(小写:________)元整,此款项为甲方应得的电影片发行、放映收入的保底金额,无论电影片的实际发行、放映收入如何,甲方或乙方均不得要求增加或减少此保底金额;保底金额支付的时间为________________,方式为________________。

除前项约定的保底金额外,双方还应就电影片的发行毛收益进行分配,即乙方根据本合同的授权行使发行权、放映权获得的所有形式的直接或者间接收入后双方进行分配,甲方的分配比例是百分之________(小写:________%)。乙方向甲方支付电影片票房收入分配额的时间为________________________,方式为________________。

3.2.3　约定买断电影片的发行权、放映权的,费用为人民币________(小写:________)元整,无论电影片的实际发行、放映收入如何,甲方或乙方均不得要求予以增加或减少。支付时间与方式为:

(1) 自电影片买断发行放映合同签订后________个工作日内支付人民币________(小写:________)元整;

(2) 自________个工作日内支付人民币________(小写:________)元整;

(3) 自________个工作日内支付人民币________(小写:________)元整;

(4) 其他约定:____。

甲方户名:

开 户 行:

账 号:

乙方户名:

开 户 行:

账 号:

第四条 承诺与保证

4.1 甲方承诺与保证:

4.1.1 注册地法律、法规、章程或其他合同义务对其签订、履行本合同不存在任何限制、构成任何障碍。

4.1.2 甲方为电影片的□唯一著作权人,有权利签署并有能力履行本合同/□著作权人之一,已获得电影片其他著作权人授权,有权利签署并有能力履行本合同。

4.1.3 本合同签署之前,甲方(□尚未/□已经)授权第三方在发行区域内发行、放映电影片;本合同签署之日至发行期限结束之日,甲方亦不会再授权第三方在发行区域内发行电影片。

4.1.4 本合同签署之前,甲方未以商业目的在发行区域内放映电影片。

4.1.5 甲方向乙方提供的电影片在技术和艺术质量上均应为合格产品,且电影片已经完成拍摄以及配音、音乐、音效合成、字幕等后期制作,适合用于电影院放映。

4.1.6 ____。

4.2 乙方承诺与保证:

4.2.1 注册地法律、法规、章程或其他合同义务对其签订、履行本合同不存在任何限制、构成任何障碍。

4.2.2 已依法获得《电影发行经营许可证》、《电影放映经营许可证》或者能且只能许可持有《电影放映经营许可证》的单位放映。

4.2.3 有权利签署并有能力履行本合同。

4.2.4 ____。

第五条 合同变更

5.1 未经甲乙双方签署书面文件,不得对本合同进行任何变更。

5.2 未经对方书面同意,一方不得将其在本合同中的权利及/或义务全部或部分转让给任何第三方。

5.3　未经甲方书面同意，乙方不得将其在本合同中的权利许可或者授予任何第三方。

第六条　通知与送达

6.1　甲乙双方因履行本意向合同而相互发出或者提供的所有通知、文件、资料等，均应按照本意向合同扉页所列明的通讯地址、传真、电子邮件以邮寄或传真或电子邮件方式送达；一方如果迁址或者变更电话、电子邮件，应当书面通知对方，否则发至本合同扉页所列明的通讯地址或者传真、电子邮件系统的通知、文件、资料均视为有效送达。

6.2　以邮寄方式送达的，另一方签收之日视为送达；签收之日不明确的，以信件寄出或者投邮之日起算________日视为送达。通过传真、电子邮件方式送达的，通知、文件、资料等数据电文进入另一方系统之时视为送达；通知、文件、资料等数据电文进入另一方系统之时不明确的，以传真、电子邮件发出后的第二日视为送达。

第七条　法律适用与争议解决

7.1　本协议的订立、效力、解释、履行和争议的解决均适用中华人民共和国的法律。

7.2　凡因本意向合同引起的或与本意向合同有关的任何争议，由双方协商解决；协商不成的，按下列第□1/□2 种方式（二选一）解决：

7.2.1　任何一方均有权将争议提交设在□北京/□________的□北京仲裁委员会/□中国国际贸易仲裁委员会（二选一），按照申请仲裁时该会现行有效的仲裁规则进行仲裁。仲裁裁决是终局的，对双方均有约束力。

7.2.2　任何一方均有权向________人民法院起诉。

第八条　合同效力与签署

8.1　本合同文本由（□甲方/□乙方）提供，其已采取合理的方式提请对方注意免除或者限制其责任的条款并予以说明；甲乙双方对本合同各条款的内容均充分理解并经协商达成一致。

8.2　本合同一式________份，自双方签字、盖章之日起生效，其中甲方执________份，乙方执________份，每份具有同等法律效力。

8.3　本合同附件为本合同不可分割的组成部分，本合同及其附件内空格部分填写的文字与印刷文字具有同等法律效力，但正式的发行放映合同签署后，与本意向合同不一致的，以正式的发行放映合同为准。

第九条 其他

本合同未尽事宜,由双方当事人另行协商确定。

甲方:
(盖章)

法定代表人:
委托代理人:
年 月 日

乙方:
(盖章)

法定代表人:
委托代理人:
年 月 日

电影片保底分成发行放映合同

合同适用范围

《电影片保底分成发行放映合同》主要适用于拥有电影片著作权的机构在取得《电影片公映许可证》前后，与发行、放映机构就发行、放映事宜进行约定的情形，尤其是适用于电影片首映，双方约定就发行、放映收益进行保底分成方式进行分配，且发行机构同时拥有影戏剧院、院线等放映机构或者影戏剧院、院线等放映机构同时持有《电影发行经营许可证》的场合。

特别风险提示

此部分未提及的，请参照《电影片发行意向合同》、《电影片分账发行放映合同》部分。

双方应共同防范如下风险：

审慎约定利益分配。就著作权人而言，主要是确保保底与分账能够落袋为安；就发行、放映机构而言，应尽可能保守、客观地预估发行收益，以免入不敷出、或者仅为他人做嫁衣裳。

*　　　*　　　*

电影片保底分成发行放映合同（范本）

合同编号：

甲方：

法定代表人：

住所（注册地址）：

乙方：

法定代表人：

住所（注册地址）：

通讯地址:	通讯地址:
邮政编码:	邮政编码:
联系人:	联系人:
电话:	电话:
传真:	传真:
电子信箱:	电子信箱:

本合同由________________(下称甲方)、________________(下称乙方)于______年______月______日签订于________________。

鉴于:

1. 甲方为依据________(国家或地区)法律在________________注册成立并有效存续的(□有限公司/□合伙企业/□ ________),享有电影片《________》(下称电影片)的著作权,该电影片(□已经/□即将)取得《电影片公映许可证》。

2. 乙方为依据 ________(国家或地区)法律在________________注册成立并有效存续的(□有限公司/□合伙企业/□ ________),其已合法取得电影片发行、放映资格,有意发行、放映甲方所摄制的电影片。

3. 甲方同意乙方在相应区域和期限内发行该电影片。

甲乙双方依据《中华人民共和国合同法》、《中华人民共和国著作权法》、《电影管理条例》等法律、法规的规定以及平等自愿、诚实信用、等价有偿的原则,就甲方授权乙方发行甲方享有著作权的电影片事宜,经友好协商,特达成本合同,以资共同遵守。

第一条 基本信息

1.1 制作单位

1.1.1 电影片的制片单位为____;

1.1.2 《电影片公映许可证》上(□已经/□拟定)载明的出品单位为________________________________;

1.2 影片长度

电影片正片长________分________秒。

1.3 主创人员

1.3.1 编剧为____;

1.3.2 导演为____;

1.3.3 主要演员为____________________________________;

1.3.4 摄像师为____；

1.3.5 录音师为____；

1.3.6 灯光师为____。

第二条 授权范围

2.1 授权类别

2.1.1 □独占许可,指作为电影片著作权人的甲方将享有的电影片发行权、放映权(根据发行渠道的不同,涉及广播权、信息网络传播权的,则包括广播权及/或信息网络传播权)在合同规定的发行期限和发行区域内授予乙方,乙方对该项授权享有排他的独占权,授权方甲方以及任何第三方均不得再行使。

2.1.2 □排他许可,指作为电影片著作权人的甲方将享有的电影片发行权、放映权(根据发行渠道的不同,涉及广播权、信息网络传播权的,则包括广播权及/或信息网络传播权)在合同规定的发行期限和发行区域内授予乙方,乙方对该项授权享有排他权,授权方甲方不得再授权他人行使,但授权方甲方仍然可以行使该项权利。

2.1.3 □普通许可,指作为电影片著作权人的甲方将享有的电影片发行权、放映权(根据发行渠道的不同,涉及广播权、信息网络传播权的,则包括广播权及/或信息网络传播权)在合同规定的发行期限和发行区域内授予乙方,不但授权方甲方可以行使该项权利,而且授权方甲方仍然可以授权任何第三方行使该项权利。

2.2 发行渠道

乙方发行电影片仅限于[□电影院/□戏剧院/□无线电视/□有线电视(□包括/□不包括上星频道及全国播出的数字付费频道等所有覆盖或开通范围突破发行区域的频道)/□数字电视/□IPTV/□网络电视台/□视频网站/□________]放映,未经甲方书面同意,乙方不得通过任何未经授权的渠道对电影片进行放映。

2.3 发行区域

乙方发行电影片的区域为________(下称发行区域),未经甲方书面同意,乙方不得在发行区域外发行电影片,也不得使发行区域内的发行行为之后果及于其他区域。

2.4 发行期限

□电影片首次发表后第50年的12月31日,即电影片著作权保护期届满之日。

□乙方发行电影片的期限为电影片在本合同确定的发行区域内首映之日起历经________(小写:________)个自然天。

电影片在发行区域内的首映日初步确定为______年______月______日。发行渠道为□有线电视且包括上星频道及全国播出的数字付费频道等频道/□数字电视/□IPTV/□网络电视台/□视频网站的,播映的时间分别为______________。

未经甲方书面同意,乙方不得在发行期限届满后继续发行电影片。

第三条 利益分配

3.1 乙方应向甲方支付人民币________(小写:________)元整,此款项为甲方应得的电影片发行、放映收入的保底金额,无论电影片的实际发行、放映收入如何,甲方或乙方均不得要求增加或减少此保底金额;保底金额支付的时间为________,方式为______________。

除前项约定的保底金额外,双方还应就电影片的发行毛收益进行分配,即乙方根据本合同的授权行使发行权、放映权获得的所有形式的直接或者间接收入后双方进行分配,甲方的分配比例是________%。乙方向甲方支付电影片票房收入分配额的时间为________,方式为______________。

甲方户名:

开 户 行:

账　　号:

乙方户名:

开 户 行:

账　　号:

3.2 电影片的票价由甲乙双方根据影片的制作成本、发行区域的平均消费水平等因素共同制定。双方可以根据影片发行的实际情况在协商一致后对电影片在发行区域和发行期限内的放映票价进行调整,但不得低于人民币________(小写:________)元。若电影片实际放映票价低于此金额,以此金额为准计算电影片票房收入,若电影片实际放映票价高于此金额,以实际放映票价为准计算电影片票房收入。

3.3 甲方收到乙方全部的授权费用后,应于最后一次收款之日起________个工作日内向乙方交付正式的发票,发票抬头为________________,项目为______________。

第四条 物料交付

4.1 甲方应于□本合同签署之日/□取得《电影片公映许可证》之日起________个工作日内向乙方交付有关电影片发行必需的全部素材和资料,所产生的费用由(□甲方/□乙方)承担。全部素材和资料的具体目录详见本合同附件或者列举如下:____。

前款未作约定的物料,若因乙方发行、放映需要,甲方也应在接到乙方书面通知后________个工作日内尽力提供;若因甲方不能提供、不愿提供或者甲方所提供物料不符合相关标准而被退回,且确属乙方发行、放映必需的物料,乙方有权自行制作该等物料,由此产生的必要费用由(□双方平均分担/□甲方分担/□乙方分担)。

4.2 甲方按照本合同的规定向乙方交付的电影片发行必需的素材和资料的所有权归属,依据下列第________种方式确定:

4.2.1 甲方按照本合同的规定向乙方交付的素材和资料仍归甲方所有,乙方应于发行期限结束之日起________日内将其归还甲方,归还所产生的费用由(□甲方/□乙方)承担,造成损坏的,乙方应折价赔偿。

4.2.2 甲方按照本合同的规定向乙方交付的素材和资料归乙方所有,乙方应于本合同签署之日起________日内向甲方支付人民币________(小写:________)元整,但素材和资料的知识产权、商品化权(或称形象权、角色权等)等权利并不因此转移。

4.2.3 其他:____。

4.3 乙方有权依照本合同的约定直接或间接获得适用于电影院发行放映的电影片底片、复制拷贝或主拷贝等本合同或者本合同附件列明的素材和资料,就此素材和资料乙方应尽到如下勤勉尽责的检查、保存、储存和安保义务:

4.3.1 在任何时候都保存全部物料完整、准确的存货清单。

4.3.2 未经书面授权,避免任何物料被复制、发行、放映,以及其他使用或者利用。

4.3.3 在发行区域内自首映之日起________日内,随时配合甲方的审验,以及之后每年不超过________次的审验。

4.3.4 若物料遗失,乙方应在立即通知甲方后按照甲方确认的格式就遗失物料的有关情况提供书面说明,并尽最大努力找回遗失的物料。

4.3.5 乙方应遵守甲方就处置物料所发出的合理指示,乙方根据指示销毁有关物料的,应向甲方提供销毁证明,处置费用由乙方承担。

第五条 权利义务

5.1 甲方权利义务

5.1.1 除参加电影节或电影展以及乙方书面同意外,甲方应严格按照本合同授权类别的约定履行不得自行或者授权第三人发行、放映的义务。

5.1.2 电影片在发行区域内自首映之日起________日内,甲方不得自行或许可第三方出版电影片的音像制品;在发行区域内首映之日起________日内,甲方不得自行或许可第三方将电影片通过有线电视、无线电视、网络以及其他任何媒体进行播放。

5.1.3 甲方应获得电影片文学剧本及配乐、词曲等音乐作品的著作权人以及其他相关人员的必要授权,以确保相关人员不会因乙方在发行期限和发行区域内发行电影片而向乙方主张任何形式的权利;否则,相关问题由甲方自行解决,概与乙方无关。

5.2 乙方权利义务

5.2.1 乙方应严格按照本合同授权类别的约定进行发行、放映,并尽力争取最佳的发行、放映收益。

5.2.2 乙方应于电影片在发行区域内自首映之日起每________天以电子邮件、传真形式向甲方报送一次该期限内电影片票房收入的财务报表,并授权________(身份证号:________________)至少每________天书面确认一次。

5.2.3 电影片在发行区域内自首映之日起________天内,乙方不得在发行区域内另行发行、放映其他电影片。

5.2.4 乙方接收甲方交付的物料后应及时查验。对于物料数量、包装等通过肉眼即可初步查验的,若有异议应即时提出;对于质量等需要进一步查验的,若有异议应在收到后________个工作日内提出,否则视为甲方交付的物料数量、包装、质量等符合约定。

5.2.5 自本合同签署生效之日起至发行期限结束之日,乙方为了发行的需要有权以任何合法形式在发行区域内的各种媒介上对电影片进行宣传、推广,该所有发行费用由乙方承担,包括但不限于:广告,宣传,在相应发行渠道与区域的电影市场、电影节与电影展进行放映,供发行商、媒体、影评的特别场,翻译与传译,电话、互联网、传真、邮递,主创人员等剧组及相关人员之巡回宣传,样带制作,电影拷贝与录像素材之存储,素材之复制与销毁,保险,律师服务,院线发行奖励的费用。

5.2.6 乙方在对电影片的宣传、推广过程中,有权采用电影片的内容自行制作或委托第三方制作宣传片或预告片,有权使用或许可第三方使用电影片编剧、导演、主要演员等主创人员的姓名和肖像,有权使用或许可第三方使用电影片的配乐、词曲等音乐作品,且乙方不必因上述使用行为而向甲方或相关人员支付任何形式的酬金,但该等使用仅限于对电影片进行宣传、推广之目的,且不应使受众产生任何诸如某主创人员可能为某品牌代言等误认或误解。

乙方在电影片发行时的所有宣传、推广中使用的摄制单位以及其他主创人员名单,应严格按照甲方提供给乙方的物料和其他相关广告材料中确定的排名表进行罗列或经甲方事先书面同意,且应采取必要措施与手段促使放映机构不得作任何增加与删改(翻译除外)。

5.2.7　乙方应于电影片首映日举办首映式，甲方应予以配合，并尽可能邀请电影片编剧、导演、主要演员等较多主创人员按时参加电影片首映式，费用由乙方承担；除首映式外，甲方还应邀请有关主创人员至少参加________次由乙方举办的电影片宣传活动。

有关主创人员参加电影片首映式和其他宣传活动的食宿及交通费用由乙方承担，费用标准详见本合同附件或者列举如下：________________________。

5.2.8　乙方有权在电影片、宣传片或预告片的片头、片尾字幕以及其他宣传资料中设置自己的署名。署名的具体方式、位置和形式由乙方自行决定，但不得对电影片的名称和内容进行任何其他形式的变更，也不得违反国家有关法律、法规等的规定，且应书面通知甲方。

5.2.9　未经甲方书面同意，乙方不得擅自在电影片中加载或删减贴片广告；经甲方书面同意加载贴片广告的，贴片广告一律加在《电影片公映许可证》画面之前，不得占用电影片放映时间，且乙方保证所加载贴片广告的内容真实、合法，所加载贴片广告的总播出时间不超过________秒。

5.2.10　未经甲方书面同意，乙方不得自行或委托第三方对电影片进行除授权之外的其他处置，包括但不限于（例如，将电影片进行音像制品出版或电子出版，将电影片改编或拍摄为电视剧或戏剧等其他形式，以及发行电影片中的音乐作品等）。

5.2.11　在发行期限内，乙方应于电影片在发行区域内的放映过程中采取必要措施，以防止他人对电影片进行非法盗版录制。

5.2.12　乙方依据本合同享有的权利被第三方侵权时，乙方享有的是独占、排他许可权的，可以自己的名义直接主张，支出的全部成本与通过调解或者和解或者诉讼所取得的赔偿均由乙方负担、享有；乙方享有的是普通许可权的，乙方需要以甲方的名义主张的，甲方应予以配合，支出的全部成本由乙方负担，通过调解或者和解或者诉讼所取得的赔偿扣除维权的必要成本后，按照甲方与乙方分别占________的比例分配。

第六条　承诺与保证

6.1　甲方承诺与保证：

6.1.1　其注册地法律、法规、章程或其他合同义务对其签订、履行本合同不存在任何限制、构成任何障碍。

6.1.2　甲方（□已经/□将于本合同签署之日起________日内）依法取得《电影片公映许可证》。

6.1.3　甲方为电影片的□唯一著作权人，有权利签署并有能力履行本合同/

□著作权人之一,已获得电影片其他著作权人授权,有权利签署并有能力履行本合同。

6.1.4 本合同签署之前,甲方(□尚未/□已经)授权第三方在发行区域内发行、放映电影片;本合同签署之日至发行期限结束之日,甲方亦不会再授权第三方在发行区域内发行电影片。

6.1.5 本合同签署之前,甲方未以商业目的在发行区域内放映电影片。

6.1.6 甲方向乙方提供的电影片在技术和艺术质量上均应为合格产品,且电影片已经完成拍摄以及配音、音乐、音效合成、字幕等后期制作,适合用于电影院放映。

6.1.7 其他:____。

6.2 乙方承诺与保证:

6.2.1 注册地法律、法规、章程或其他合同义务对其签订、履行本合同不存在任何限制、构成任何障碍。

6.2.2 已依法获得《电影发行经营许可证》、《电影放映经营许可证》或者能且只能许可持有《电影放映经营许可证》的单位放映。

6.2.3 有权利签署并有能力履行本合同。

6.2.4 保证发行区域内放映电影片的机构所上报票房收入的真实性。

6.2.5 其他:____。

第七条 不可抗力

7.1 本合同中所称不可抗力,是指导致本合同一方部分或完全不能履行本合同的不能预见、不能避免并不能克服的客观情况,包括但不限于由自然原因引起的地震、洪水、火灾、暴风雪等自然现象,由社会原因引起的战争、暴动、罢工、骚乱、等社会现象,以及禁运等政府行为。

7.2 若在本合同履行期间发生不可抗力事件,双方应本着将不可抗力造成的影响降至最低的原则,就合同的履行立即进行协商并尽快达成一致。不能达成一致的,受到不可抗力影响的一方的义务在不可抗力事件持续的期限内自动中止,其履行期限自动延长,延长期间等同于中止期间,该方无须为此承担任何责任,但主张不可抗力的一方应及时以书面形式通知另一方,并应在通知发出后的________个工作日内向另一方提供不可抗力发生以及持续期间的充分证据。

7.3 不可抗力事件或其影响持续超过________天且双方未就合同的履行一致,任何一方皆可通过书面形式通知对方而解除本合同,且解除方可根据不可抗力的影响大小,主张部分或者全部免除责任。

第八条 合同变更

8.1 未经甲乙双方签署书面文件,不得对本合同进行任何变更。

8.2 未经对方书面同意,一方不得将其在本合同中的权利及/或义务全部或部分转让给任何第三方。

8.3 未经甲方书面同意,乙方不得将其在本合同中的权利许可或者授予任何第三方。

第九条 合同终止

9.1 有下列情形之一的,本合同的权利义务终止:

(1) 发行、放映期限届满,甲乙双方另有约定的除外。

(2) 甲乙双方协商一致后通过书面形式解除本合同。

(3) 甲方或乙方依据本合同的约定解除本合同。

(4) 其他:____。

9.2 本合同履行期间,国家广播电影电视行政主管机关决定直接停止发行、放映该电影片的,或者决定经修改后方可发行、放映,但电影片著作权人未予修改或修改后仍未通过而被国家广播电影电视行政主管机关决定停止发行、放映的,任何一方皆可通过书面形式通知对方解除本合同。

9.3 有下列情形之一的,甲方可以通过书面形式通知乙方解除本合同:

(1) 乙方被吊销《电影发行经营许可证》及/或《电影放映经营许可证》。

(2) 乙方破产、解散或被依法吊销企业法人营业执照,而甲方仍不同意变更本合同主体的。

(3) 乙方在本合同中所作的承诺与保证与事实不符。

(4) 其他:____。

9.4 有下列情形之一的,乙方可以通过书面形式通知甲方而解除本合同:

(1) 甲方不享有电影片的著作权或者未取得《电影片公映许可证》。

(2) 甲方未依据本合同的规定向乙方交付相应物料,且自接到乙方书面催告通知之日起________个工作日内仍未交付的。

(3) 甲方破产、解散或被依法吊销企业法人营业执照,而乙方仍不同意变更本合同主体的。

(4) 甲方在本合同中所作的承诺与保证与事实不符。

(5) 其他:____。

第十条 违约责任

10.1 甲方未履行或未按约定履行本合同规定的义务,应分别承担相应的违约责任,具体如下:

10.1.1　甲方明知或者应知不具有电影片的著作权或者享有的著作权具有瑕疵而授权乙方的，或者授权乙方后甲方违反本合同的约定自行或者授权第三方发行、放映的，应按照全部授权费用________%的标准向乙方支付违约金。

10.1.2　甲方未获得电影片文学剧本及配乐、词曲等音乐作品的著作权人以及其他相关人员的必要授权而导致乙方承担责任的，该责任应由甲方全部承担，包括但不限于因甲方侵权导致乙方承担的全部赔偿责任、乙方处理侵权所支出的必要费用、电影片不能或不能及时发行导致的损失，以及甲方不支付前述费用而导致乙方通过法律途径解决所支出的律师费、差旅费、诉讼费或者仲裁费等费用。

10.1.3　甲方未根据第4.1款所列具体目录交付物料的，逾期在________个自然天内，每逾期1天应支付乙方已付款的________%作为违约金，合同继续履行。逾期超过________个自然天（该日期应当与前者的日期相同）后，乙方有权解除合同；乙方解除合同的，甲方应自解除合同通知送达之日起________个工作日内按照乙方已付款的________%向乙方支付违约金，并由甲方退还乙方全部已付款（前后两项违约金不做累加）。

10.1.4　甲方根据第9.2款的约定解除本合同的，甲方除应在本合同解除之日起________个工作日内返还乙方不能发行、放映期间所对应的所有已付款，还应承担相应的发行费用；若甲方拒不返还的，每迟延一天应根据应返还款项的________%的标准支付违约金。

10.1.5　未发生本合同约定的或者法律规定的解除合同的情形，甲方单方面解除本合同的，应根据____________的标准向乙方支付违约金，违约金不足以弥补乙方损失的，甲方应赔偿乙方该部分的损失。

10.1.6　甲方具有第9.4款所列情形之一，且乙方据此解除本合同的，甲方应赔偿乙方相应的损失，未履行完毕的，应继续履行。

10.1.7　其他：____。

10.2　乙方未履行或未按约定履行本合同约定的义务，应承担相应的违约责任：

10.2.1　乙方未依据本合同约定按时、足额向甲方支付授权费用的，逾期在________个自然天内，每逾期1天应向甲方支付逾期应付款的________%作为违约金，合同继续履行。逾期超过________个自然天（该日期应当与前者的日期相同）后，甲方有权解除合同；甲方解除合同的，乙方应自解除合同通知送达之日起________个工作日内按照累计逾期应付款的________%向甲方支付违约金，并由甲方退还乙方全部已付款（前后两项违约金不做累加）。

10.2.2　乙方未依据本合同约定的授权范围发行、放映的，乙方每突破一个渠

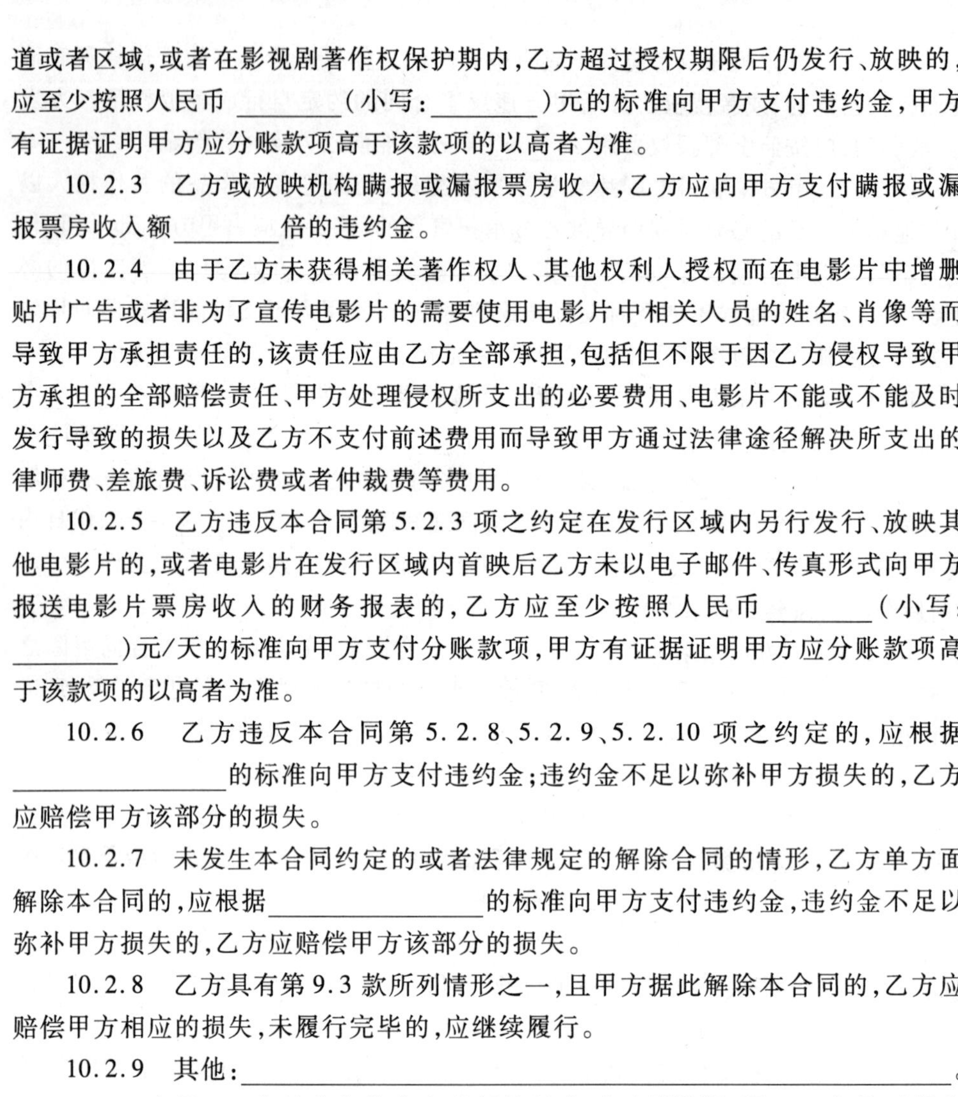

道或者区域，或者在影视剧著作权保护期内，乙方超过授权期限后仍发行、放映的，应至少按照人民币________（小写：________）元的标准向甲方支付违约金，甲方有证据证明甲方应分账款项高于该款项的以高者为准。

10.2.3　乙方或放映机构瞒报或漏报票房收入，乙方应向甲方支付瞒报或漏报票房收入额________倍的违约金。

10.2.4　由于乙方未获得相关著作权人、其他权利人授权而在电影片中增删贴片广告或者非为了宣传电影片的需要使用电影片中相关人员的姓名、肖像等而导致甲方承担责任的，该责任应由乙方全部承担，包括但不限于因乙方侵权导致甲方承担的全部赔偿责任、甲方处理侵权所支出的必要费用、电影片不能或不能及时发行导致的损失以及乙方不支付前述费用而导致甲方通过法律途径解决所支出的律师费、差旅费、诉讼费或者仲裁费等费用。

10.2.5　乙方违反本合同第5.2.3项之约定在发行区域内另行发行、放映其他电影片的，或者电影片在发行区域内首映后乙方未以电子邮件、传真形式向甲方报送电影片票房收入的财务报表的，乙方应至少按照人民币________（小写：________）元/天的标准向甲方支付分账款项，甲方有证据证明甲方应分账款项高于该款项的以高者为准。

10.2.6　乙方违反本合同第5.2.8、5.2.9、5.2.10项之约定的，应根据________________的标准向甲方支付违约金；违约金不足以弥补甲方损失的，乙方应赔偿甲方该部分的损失。

10.2.7　未发生本合同约定的或者法律规定的解除合同的情形，乙方单方面解除本合同的，应根据________________的标准向甲方支付违约金，违约金不足以弥补甲方损失的，乙方应赔偿甲方该部分的损失。

10.2.8　乙方具有第9.3款所列情形之一，且甲方据此解除本合同的，乙方应赔偿甲方相应的损失，未履行完毕的，应继续履行。

10.2.9　其他：____。

10.3　自甲乙双方就此合作事宜进行接触之时至无限期，甲乙双方均不得向任何第三方披露本合同及本合同所涉相关事宜，即便诉诸法律解决也不应对不相关的人进行任何披露。否则，披露方应给予另一方相应的赔偿，每披露一次应给予的赔偿额为人民币________（小写：________）元整。

第十一条　通知与送达

11.1　甲乙双方因履行本意向合同而相互发出或者提供的所有通知、文件、资料等，均应按照本意向合同扉页所列明的通讯地址、传真、电子邮件以邮寄或传真或电子邮件方式送达；一方如果迁址或者变更电话、电子邮件应当书面通知对方，否则发至本合同扉页所列明的通讯地址或者传真、电子邮件系统的通知、文件、资料均视为有效送达。

11.2　以邮寄方式送达的，另一方签收之日视为送达；签收之日不明确的，以信件寄出或者投邮之日起算________日视为送达。通过传真、电子邮件方式送达的，通知、文件、资料等数据电文进入另一方系统之时视为送达；通知、文件、资料等数据电文进入另一方系统之时不明确的，以传真、电子邮件发出后的第二日视为送达。

第十二条　法律地位与知识产权、所有权保留

12.1　任何一方不因本合同之签订，而成为另一方之合伙人、代表人或成立其他相类似之法律关系；除非另有约定，双方为履行本合同所为之法律行为，均应以自己之名义独立行使，不成为另一方的代理人。

12.2　甲方未收到乙方支付的全部授权费用前，甲方或者电影片所涉的各方享有的一切知识产权以及物料等的所有权均属甲方或者电影片所涉的各方所有；甲方收到乙方支付的全部授权费用后，知识产权与所有权的归属、使用依据本合同的其他约定执行。

第十三条　法律适用与争议解决

13.1　本合同的订立、效力、解释、履行和争议的解决均适用中华人民共和国的法律。

13.2　凡因本意向合同引起的或与本意向合同有关的任何争议，由双方协商解决；协商不成的，按下列第□1/□2 种方式（二选一）解决：

13.2.1　任何一方均有权将争议提交设在□北京/□________________的□北京仲裁委员会/□中国国际贸易仲裁委员会（二选一），按照申请仲裁时该会现行有效的仲裁规则进行仲裁。仲裁裁决是终局的，对双方均有约束力。

13.2.2　任何一方均有权向________________人民法院起诉。

第十四条　合同效力与签署

14.1　本合同文本由（□甲方/□乙方）提供，已采取合理的方式提请对方注意免除或者限制其责任的条款并予以说明；甲乙双方对本合同各条款的内容均充分理解并经协商达成一致。

14.2　本合同一式________份，自双方签字、盖章之日起生效，其中甲方执________份，乙方执________份，每份具有同等法律效力。

14.3　本合同附件为本合同不可分割的组成部分；本合同及其附件内空格部分填写的文字与印刷文字具有同等法律效力。

第十五条　其他

本合同未尽事宜,由双方当事人另行协商确定。

甲方:	乙方:
(盖章)	(盖章)
法定代表人:	法定代表人:
委托代理人:	委托代理人:
日期:	日期:

电影片分账发行放映合同

合同适用范围

《电影片分账发行放映合同》主要适用于拥有电影片著作权的机构在取得《电影片公映许可证》前后，与发行、放映机构就发行、放映事宜进行约定的情形，尤其是适用于电影片首映，双方约定就发行、放映收益进行纯分账方式进行分配，且发行机构同时拥有影戏剧院、院线等放映机构，或者影戏剧院、院线等放映机构同时持有《电影发行经营许可证》的场合。

特别风险提示

此部分未提及的，请参照《电影片发行意向合同》部分。

1. 双方应共同防范如下风险：

（1）审慎约定发行期限。这样做既是为了使著作权人不违约，也是为了使发行、放映机构的宣传、推广更有节奏和效率、效果，以便最终双方能够取得更好的收益。就此，著作权人应把握好电影片的杀青与《电影片公映许可证》的办理期间，而发行、放映机构应把握好宣传、推广环节。

（2）审慎地约定利益分配。首先，双方应尽可能客观、公正地预估发行收益以便平衡双方的利益而做到共赢。其次，双方应实现确认分配的依据与前提，并尽可能就发行毛收益、纯利润等概念作出界定，以免分配时产生分歧。最后，双方应就收入分配额的数额、支付时间、支付方式予以明确。例如，收入每满人民币×元整或者每×个自然天分配一次都是不错的选择；为了不使收入成为糊涂账或者不使双方互不信任，应约定好报账、对账时间、方式，不便于当面确认或者传真无法保存电子数据的，应至少采取专门电子邮件收发的方式予以确认。

2. 就电影片的著作权人而言，应着重防范如下风险：

（1）应特别重视对票房等收入报账、对账时间、方式的约定，并就对账后对账单的有效性、证明力引起足够重视。

（2）应将涉及物料交付时间、内容、接收人等的信息作为档案予以保存，一旦发生争议便可作为有力证据证明己方已依据法律规定、合同约定进行了适格交付。

例如，当面交付的，应要求对方签字、盖章，不便盖章的，应要求对方事先出具授权委托书，授权委托书应载明授权某人负责接收、签署、送达文件、资料等事项；邮寄送达的，应在邮递物件时签署的详情单的“文件名称”栏中，明确记载邮递的物料内容、份数等信息。

(3) 鉴于发行、放映机构的宣传、推广需要使用电影片的元素以及首映式上需要主创人员出席，因此，著作权人应在与主创人员等相关人员签署合同时获得相应授权以及承诺。

(4) 发行、放映机构依据合同约定应支付授权费用之日起满两年未支付，而著作权人又不能证明存在诉讼时效中止、中断、延长等情形的，将导致著作权人因诉讼时效内未主张权利而丧失胜诉权。因此，一旦发行、放映机构在两年内不支付或不能全部支付授权费用，或未能就争议达成一致的，著作权人应至迟在两年的诉讼时效届满前提起诉讼或者仲裁。

* * *

电影片分账发行放映合同(范本)

合同编号：

甲方：	乙方：
法定代表人：	法定代表人：
住所(注册地址)：	住所(注册地址)：
通讯地址：	通讯地址：
邮政编码：	邮政编码：
联系人：	联系人：
电话：	电话：
传真：	传真：
电子信箱：	电子信箱：

本合同由________________(下称甲方)、________________(下称乙方)于______年______月______日签订于________________。

鉴于：

1. 甲方为依据 ________(国家或地区)法律在________________注册成立并有效存续的(□有限公司/□合伙企业/□ ________),享有电影片《________》(下称电影片)的著作权,该电影片(□已经/□即将)取得《电影片公映许可证》。

2. 乙方为依据 ________(国家或地区)法律在________________注册成立并有效存续的(□有限公司/□合伙企业/□ ________),其已合法取得电影片发行、放映资格,有意发行、放映甲方所摄制的电影片。

3. 甲方同意乙方在相应区域和期限内发行该电影片。

甲乙双方依据《中华人民共和国合同法》、《中华人民共和国著作权法》、《电影管理条例》等法律、法规的规定以及平等自愿、诚实信用、等价有偿的原则,就甲方授权乙方发行甲方享有著作权的电影片事宜,经友好协商,特达成本合同,以资共同遵守。

第一条　基本信息

1.1　制作单位

1.1.1　电影片的制片单位为____;

1.1.2　《电影片公映许可证》上(□已经/□拟定)载明的出品单位为________________________________;

1.2　影片长度

电影片正片长________分________秒。

1.3　主创人员

1.3.1　编剧为____;

1.3.2　导演为____;

1.3.3　主要演员为____;

1.3.4　摄像师为____;

1.3.5　录音师为____;

1.3.6　灯光师为____。

第二条　授权范围

2.1　授权类别

2.1.1　□独占许可,指作为电影片著作权人的甲方将享有的电影片发行权、放映权(根据发行渠道的不同,涉及广播权、信息网络传播权的,则包括广播权及/或信息网络传播权)在合同规定的发行期限和发行区域内授予乙方,乙方对该项授权享有排他的独占权,授权方甲方以及任何第三方均不得再行使。

2.1.2　□排他许可,指作为电影片著作权人的甲方将享有的电影片发行权、放映权(根据发行渠道的不同,涉及广播权、信息网络传播权的,则包括广播权及/或信息网络传播权)在合同规定的发行期限和发行区域内授予乙方,乙方对该项授权享有排他权,授权方甲方不得再授权他人行使,但授权方甲方仍然可以行使该项权利。

2.1.3 □普通许可,指作为电影片著作权人的甲方将享有的电影片发行权、放映权(根据发行渠道的不同,涉及广播权、信息网络传播权的,则包括广播权及/或信息网络传播权)在合同规定的发行期限和发行区域内授予乙方,不但授权方甲方可以行使该项权利,而且授权方甲方仍然可以授权任何第三方行使该项权利。

2.2 发行渠道

乙方发行电影片仅限于[□电影院/□戏剧院/□无线电视/□有线电视(□包括/□不包括上星频道及全国播出的数字付费频道等所有覆盖或开通范围突破发行区域的频道)/□数字电视/□IPTV/□网络电视台/□视频网站/□ ________]放映,未经甲方书面同意,乙方不得通过任何未经授权的渠道对电影片进行放映。

2.3 发行区域

乙方发行电影片的区域为________________(下称发行区域),未经甲方书面同意,乙方不得在发行区域外发行电影片,也不得使发行区域内的发行行为之后果及于其他区域。

2.4 发行期限

□电影片首次发表后第 50 年的 12 月 31 日,即电影片著作权保护期届满之日。

□乙方发行电影片的期限为电影片在本合同确定的发行区域内自首映之日起历经________(小写:________)个自然天。

电影片在发行区域内的首映日初步确定为______年______月______日。发行渠道为□有线电视且包括上星频道及全国播出的数字付费频道等频道/□数字电视/□IPTV/□网络电视台/□视频网站的,播映的时间分别为________________。

未经甲方书面同意,乙方不得在发行期限届满后继续发行电影片。

第三条 利益分配

3.1 双方分配的依据与前提是发行毛收益,即乙方根据本合同的授权行使发行权、放映权获得的所有形式的直接或者间接收入,甲方的分配比例是________%。乙方向甲方支付电影片票房收入分配额的时间为________________,方式为________________________________。

涉及发行权、放映权外的其他授权类别及/或影视剧院、院线外的其他渠道的,分配方式为________________,分配时间为________________。

甲方户名：
开 户 行：
账　　号：
乙方户名：
开 户 行：
账　　号：

3.2　电影片的票价由甲乙双方根据影片的制作成本、发行区域的平均消费水平等因素共同制定。双方可以根据影片发行的实际情况在协商一致后对电影片在发行区域和发行期限内的放映票价进行调整，但不得低于人民币________（小写：________）元。若电影片实际放映票价低于此金额，以此金额为准计算电影片票房收入，若电影片实际放映票价高于此金额，以实际放映票价为准计算电影片票房收入。

3.3　甲方收到乙方全部的授权费用后，应于最后一次收款之日起________个工作日内向乙方交付正式的发票，发票抬头为______________________，项目为______________。

第四条　物料交付

4.1　甲方应于□本合同签署之日/□取得《电影片公映许可证》之日起________个工作日内向乙方交付有关电影片发行必需的全部素材和资料，所产生的费用由（□甲方/□乙方）承担。全部素材和资料的具体目录详见本合同附件或者列举如下：____。

前款未作约定的物料，若因乙方发行、放映需要，甲方也应在接到乙方书面通知后________个工作日内尽力提供；若因甲方不能提供、不愿提供或者甲方所提供物料不符合相关标准而被退回，且确属乙方发行、放映必需的物料，乙方有权自行制作该等物料，由此产生的必要费用由（□双方平均分担/□甲方分担/□乙方分担）。

4.2　甲方按照本合同的规定向乙方交付的电影片发行必需的素材和资料的所有权归属，依据下列第________种方式确定：

4.2.1　甲方按照本合同的规定向乙方交付的素材和资料仍归甲方所有，乙方应于发行期限结束之日起________日内将其归还甲方，归还所产生的费用由（□甲方/□乙方）承担，造成损坏的，乙方应折价赔偿。

4.2.2　甲方按照本合同的规定向乙方交付的素材和资料归乙方所有，乙方应于本合同签署之日起________日内向甲方支付人民币________（小写：________）元整，但素材和资料的知识产权、商品化权（或称形象权、角色权等）等权利并不因此转移。

4.2.3 其他：____。

4.3 乙方有权依照本合同的约定直接或间接获得适用于电影院发行放映的电影片底片、复制拷贝或主拷贝等本合同或者本合同附件列明的素材和资料，就此素材和资料乙方应尽到如下勤勉尽责的检查、保存、储存和安保义务：

4.3.1 在任何时候都保存全部物料完整、准确的存货清单。

4.3.2 未经书面授权，避免任何物料被复制、发行、放映，以及其他使用或者利用。

4.3.3 电影片在发行区域内自首映之日起________日内随时配合甲方的审验，以及之后每年不超过________次的审验。

4.3.4 若物料遗失，乙方应在立即通知甲方后按照甲方确认的格式就遗失物料的有关情况提供书面说明，并尽最大努力找回遗失的物料。

4.3.5 乙方应遵守甲方就处置物料所发出的合理指示，乙方根据指示销毁有关物料的，应向甲方提供销毁证明，处置费用由乙方承担。

第五条 权利义务

5.1 甲方权利义务

5.1.1 除参加电影节或电影展以及经乙方书面同意外，甲方应严格按照本合同授权类别的约定履行不得自行或者授权第三人发行、放映的义务。

5.1.2 电影片在发行区域内自首映之日起________日内，甲方不得自行或许可第三方出版电影片的音像制品；在发行区域内自首映之日起________日内，甲方不得自行或许可第三方将电影片通过有线电视、无线电视、网络以及其他任何媒体进行播放。

5.1.3 甲方应获得电影片文学剧本及配乐、词曲等音乐作品的著作权人以及其他相关人员的必要授权，以确保相关人员不会因乙方在发行期限和发行区域内发行电影片而向乙方主张任何形式的权利；否则，相关问题由甲方自行解决，概与乙方无关。

5.2 乙方权利义务

5.2.1 乙方应严格按照本合同授权类别的约定进行发行、放映，并尽力争取最佳的发行、放映收益。

5.2.2 乙方应于电影片在发行区域内自首映之日起每________天以电子邮件、传真形式向甲方报送一次该期限内电影片票房收入的财务报表，并授权________（身份证号：________________）至少每________天书面确认一次。

5.2.3 电影片在发行区域内自首映之日起________天内，乙方不得在发行区域内另行发行、放映其他电影片。

5.2.4 乙方接收甲方交付的物料后应及时查验。对于物料数量、包装等通过肉眼即可初步查验的,若有异议应即时提出;对于质量等需要进一步查验的,若有异议应在收到后________个工作日内提出,否则视为甲方交付的物料数量、包装、质量等符合约定。

5.2.5 本合同签署生效之日起至发行期限结束之日,乙方为了发行的需要,有权以任何合法形式在发行区域内的各种媒介上对电影片进行宣传、推广,该所有发行费用由乙方承担,包括但不限于:广告,宣传,在相应发行渠道与区域的电影市场、电影节与电影展进行放映,供发行商、媒体、影评的特别场,翻译与传译,电话、互联网、传真、邮递,主创人员等剧组及相关人员之巡回宣传,样带制作,电影拷贝与录像素材之存储,素材之复制与销毁,保险,律师服务,院线发行奖励的费用。

5.2.6 乙方在对电影片的宣传、推广过程中,有权采用电影片的内容自行制作或委托第三方制作宣传片或预告片,有权使用或许可第三方使用电影片编剧、导演、主要演员等主创人员的姓名和肖像,有权使用或许可第三方使用电影片的配乐、词曲等音乐作品,且乙方不必因上述使用行为而向甲方或相关人员支付任何形式的酬金,但该等使用仅限于对电影片进行宣传、推广之目的,且不应使受众产生任何诸如某主创人员可能为某品牌代言等误认或误解。

乙方在电影片发行时的所有宣传、推广中使用的摄制单位以及其他主创人员名单,应严格按照甲方提供给乙方的物料和其他相关广告材料中确定的排名表进行罗列或经甲方事先书面同意,且应采取必要措施与手段促使放映机构不得做任何增加与删改(翻译除外)。

5.2.7 乙方应于电影片首映日举办首映式,甲方应予以配合,并尽可能邀请电影片编剧、导演、主要演员等较多主创人员按时参加电影片首映式,费用由乙方承担;除首映式外,甲方还应邀请有关主创人员至少参加________次由乙方举办的电影片宣传活动。

有关主创人员参加电影片首映式和其他宣传活动的食宿及交通费用由乙方承担,费用标准详见本合同附件或者列举如下:________________________________。

5.2.8 乙方有权在电影片、宣传片或预告片的片头、片尾字幕以及其他宣传资料中设置自己的署名。署名的具体方式、位置和形式由乙方自行决定,但不得对电影片的名称和内容进行任何其他形式的变更,也不得违反国家有关法律、法规等的规定,且应书面通知甲方。

5.2.9 未经甲方书面同意,乙方不得擅自在电影片中加载或删减贴片广告;经甲方书面同意加载贴片广告的,贴片广告一律加在《电影片公映许可证》画面之前，不得占用电影片放映时间，且乙方保证所加载贴片广告的内容真实、合法，所加载贴片广告的总播出时间不超过________秒。

5.2.10　未经甲方书面同意，乙方不得自行或委托第三方对电影片进行除授权之外的其他处置，包括但不限于（例如，将电影片进行音像制品出版或电子出版，将电影片改编或拍摄为电视剧或戏剧等其他形式，以及发行电影片中的音乐作品等）。

5.2.11　在发行期限内，乙方应于电影片在发行区域内的放映过程中采取必要措施，以防止他人对电影片进行非法盗版录制。

5.2.12　乙方依据本合同享有的权利被第三方侵权时，乙方享有的是独占、排他许可权的，可以自己的名义直接主张，支出的全部成本与通过调解或者和解或者诉讼所取得的赔偿均由乙方负担、享有；乙方享有的是普通许可权的，乙方需要以甲方的名义主张的，甲方应予以配合，支出的全部成本由乙方负担，通过调解或者和解或者诉讼所取得的赔偿扣除维权的必要成本后，按照甲方与乙方分别占________%和________%的比例分配。

第六条　承诺与保证

6.1　甲方承诺与保证：

6.1.1　注册地法律、法规、章程或其他合同义务对签订、履行本合同不存在任何限制、构成任何障碍。

6.1.2　甲方（□已经/□将于本合同签署之日起________日内）依法取得《电影片公映许可证》。

6.1.3　甲方为电影片的□唯一著作权人，有权利签署并有能力履行本合同/□著作权人之一，已获得电影片其他著作权人授权，有权利签署并有能力履行本合同。

6.1.4　本合同签署之前，甲方（□尚未/□已经）授权第三方在发行区域内发行、放映电影片；本合同签署之日至发行期限结束之日，甲方亦不会再授权第三方在发行区域内发行电影片。

6.1.5　本合同签署之前，甲方未以商业目的在发行区域内放映电影片。

6.1.6　甲方向乙方提供的电影片在技术和艺术质量上均应为合格产品，且电影片已经完成拍摄以及配音、音乐、音效合成、字幕等后期制作，适合用于电影院放映。

6.1.7　其他：____。

6.2　乙方承诺与保证：

6.2.1　注册地法律、法规、章程或其他合同义务对签订、履行本合同不存在任何限制、构成任何障碍。

6.2.2 已依法获得《电影发行经营许可证》、《电影放映经营许可证》或者能且只能许可持有《电影放映经营许可证》的单位放映。

6.2.3 有权利签署并有能力履行本合同。

6.2.4 保证发行区域内放映电影片的机构所上报票房收入的真实性。

6.2.5 其他:____。

第七条 不可抗力

7.1 本合同中所称不可抗力是指导致本合同一方部分或完全不能履行本合同的不能预见、不能避免并不能克服的客观情况,包括但不限于由自然原因引起的地震、洪水、火灾、暴风雪等自然现象,由社会原因引起的战争、暴动、罢工、骚乱等社会现象,以及禁运等政府行为。

7.2 若在本合同履行期间发生不可抗力事件,双方应本着将不可抗力造成的影响降至最低的原则,就合同的履行立即进行协商并尽快达成一致。不能达成一致的,受到不可抗力影响的一方的义务在不可抗力事件持续的期限内自动中止,其履行期限自动延长,延长期间等同于中止期间,该方无须为此承担任何责任,但主张不可抗力的一方应及时以书面形式通知另一方,并应在通知发出后的________个工作日内向另一方提供不可抗力发生以及持续期间的充分证据。

7.3 不可抗力事件或其影响持续超过________天且双方未就合同的履行一致确认,任何一方皆可通过书面形式通知对方解除本合同,且解除方可根据不可抗力的影响大小,主张部分或者全部免除责任。

第八条 合同变更

8.1 未经甲乙双方签署书面文件,不得对本合同进行任何变更。

8.2 未经对方书面同意,一方不得将其在本合同中的权利及/或义务全部或部分转让给任何第三方。

8.3 未经甲方书面同意,乙方不得将其在本合同中的权利许可或者授予任何第三方。

第九条 合同终止

9.1 有下列情形之一的,本合同的权利义务终止:

9.1.1 发行、放映期限届满,甲乙双方另有约定的除外。

9.1.2 甲乙双方协商一致后通过书面形式解除本合同。

9.1.3 甲方或乙方依据本合同的约定解除本合同。

9.1.4 其他:____。

9.2 本合同履行期间,国家广播电影电视行政主管机关决定直接停止发行、放映该电影片的,或者决定经修改后方可发行、放映,但电影片著作权人未予修改或修改后仍未通过而被国家广播电影电视行政主管机关决定停止发行、放映的,任何一方皆可通过书面形式通知对方解除本合同。

9.3　有下列情形之一的,甲方可以通过书面形式通知乙方解除本合同:

9.3.1　乙方被吊销《电影发行经营许可证》及/或《电影放映经营许可证》。

9.3.2　乙方破产、解散或被依法吊销企业法人营业执照,而甲方仍不同意变更本合同主体的。

9.3.3　乙方在本合同中所作的承诺与保证与事实不符。

9.3.4　其他:______________________________。

9.4　有下列情形之一的,乙方可以通过书面形式通知甲方解除本合同:

9.4.1　甲方不享有电影片的著作权或者未取得《电影片公映许可证》。

9.4.2　甲方未依据本合同的规定向乙方交付相应物料,且自接到乙方书面催告通知之日起________个工作日内仍未交付的。

9.4.3　甲方破产、解散或被依法吊销企业法人营业执照,而乙方仍不同意变更本合同主体的。

9.4.4　甲方在本合同中所作的承诺与保证与事实不符。

9.4.5　其他:______________________________。

第十条　违约责任

10.1　甲方未履行或未按约定履行本合同规定的义务,应分别承担相应的违约责任,具体如下:

10.1.1　甲方明知或者应知不具有电影片的著作权或者享有的著作权具有瑕疵而授权乙方的,或者授权乙方后甲方违反本合同的约定自行或者授权第三方发行、放映的,应按照全部授权费用________%的标准向乙方支付违约金。

10.1.2　甲方未获得电影片文学剧本及配乐、词曲等音乐作品的著作权人以及其他相关人员的必要授权而导致乙方承担责任的,该责任应由甲方全部承担,包括但不限于因甲方侵权导致乙方承担的全部赔偿责任、乙方处理侵权所支出的必要费用、电影片不能或不能及时发行导致的损失以及甲方不支付前述费用而导致乙方通过法律途径解决所支出的律师费、差旅费、诉讼费或者仲裁费等费用。

10.1.3　甲方未根据第4.1款所列具体目录交付物料的,逾期在________个自然天内,每逾期1天应支付乙方已付款的________%作为违约金,合同继续履行。逾期超过________个自然天(该日期应当与前者的日期相同)后,乙方有权解除合同;乙方解除合同的,甲方应自解除合同通知送达之日起________个工作日内按照乙方已付款的________%向乙方支付违约金,并由甲方退还乙方全部已付款

(前后两项违约金不做累加)。

10.1.4 甲方根据第9.2款的约定解除本合同的,甲方除应在本合同解除之日起________个工作日内返还乙方不能发行、放映期间所对应的所有已付款,还应承担相应的发行费用;若甲方拒不返还的,每迟延1天应根据应返还款项的________%的标准支付违约金。

10.1.5 未发生本合同约定的或者法律规定的解除合同的情形,甲方单方面解除本合同的,应根据________________的标准向乙方支付违约金,违约金不足以弥补乙方损失的,甲方应赔偿乙方该部分的损失。

10.1.6 甲方具有第9.4款所列情形之一,且乙方据此解除本合同的,甲方应赔偿乙方相应的损失,未履行完毕的,应继续履行。

10.1.7 其他:____。

10.2 乙方未履行或未按约定履行本合同约定的义务,应承担相应的违约责任:

10.2.1 乙方未依据本合同约定按时、足额向甲方支付授权费用的,逾期在________个自然天内,则每逾期1天应向甲方支付逾期应付款的________%作为违约金,合同继续履行。逾期超过________个自然天(该日期应当与前者的日期相同)后,甲方有权解除合同;甲方解除合同的,乙方应自解除合同通知送达之日起________个工作日内按照累计逾期应付款的________%向甲方支付违约金,并由甲方退还乙方全部已付款(前后两项违约金不做累加)。

10.2.2 乙方未依据本合同约定的授权范围发行、放映的,则乙方每突破一个渠道或者区域,或者在影视剧著作权保护期内,乙方超过授权期限后仍发行、放映的,应至少按照人民币________(小写:________)元的标准向甲方支付违约金,甲方有证据证明甲方应分账款项高于该款项的以高者为准。

10.2.3 乙方或放映机构瞒报或漏报票房收入,乙方应向甲方支付瞒报或漏报票房收入额________倍的违约金。

10.2.4 由于乙方未获得相关著作权人、其他权利人授权而在电影片中增删贴片广告或者非为了宣传电影片的需要使用电影片中相关人员的姓名、肖像等而导致甲方承担责任的,该责任应由乙方全部承担,包括但不限于因乙方侵权导致甲方承担的全部赔偿责任、甲方处理侵权所支出的必要费用、电影片不能或不能及时发行导致的损失以及乙方不支付前述费用而导致甲方通过法律途径解决所支出的律师费、差旅费、诉讼费或者仲裁费等费用。

10.2.5 乙方违反本合同第5.2.3项之约定在发行区域内另行发行、放映其他电影片的,或者电影片在发行区域内首映后乙方未以电子邮件、传真形式向甲方报送电影片票房收入的财务报表的，则乙方应至少按照人民币________（小写：________）元/天的标准向甲方支付分账款项，甲方有证据证明甲方应分账款项高于该款项的以高者为准。

10.2.6 乙方违反本合同第5.2.8、5.2.9、5.2.10项之约定的，应根据________________的标准向甲方支付违约金；违约金不足以弥补甲方损失的，乙方应赔偿甲方该部分的损失。

10.2.7 未发生本合同约定的或者法律规定的解除合同的情形，乙方单方面解除本合同的，应根据________________的标准向甲方支付违约金，违约金不足以弥补甲方损失的，乙方应赔偿甲方该部分的损失。

10.2.8 乙方具有第9.3款所列情形之一，且甲方据此解除本合同的，乙方应赔偿乙方相应的损失，未履行完毕的，应继续履行。

10.2.9 其他：____。

10.3 自甲乙双方就此合作事宜进行接触之时至无限期，甲乙双方均不得向任何第三方披露本合同及本合同所涉相关事宜，即便诉诸法律解决也不应对不相关的人进行任何披露。否则，披露方应给予另一方相应的赔偿，每披露一次应给予的赔偿额为人民币________（小写：________）元整。

第十一条 通知与送达

11.1 甲乙双方因履行本意向合同而相互发出或者提供的所有通知、文件、资料等，均应按照本意向合同扉页所列明的通讯地址、传真、电子邮件以邮寄或传真或电子邮件方式送达；一方如果迁址或者变更电话、电子邮件，应当书面通知对方，否则发至本合同扉页所列明的通讯地址或者传真、电子邮件系统的通知、文件、资料均视为有效送达。

11.2 以邮寄方式送达的，另一方签收之日视为送达；签收之日不明确的，以信件寄出或者投邮之日起算________日视为送达。通过传真、电子邮件方式送达的，通知、文件、资料等数据电文进入另一方系统之时视为送达；通知、文件、资料等数据电文进入另一方系统之时不明确的，以传真、电子邮件发出后的第二日视为送达。

第十二条 法律地位与知识产权、所有权保留

12.1 任何一方不因本合同之签订，而成为另一方之合伙人、代表人或成立其他相类似之法律关系；除非另有约定，双方为履行本合同所为之法律行为，均应以自己的名义独立行使，不成为另一方的代理人。

12.2 甲方未收到乙方支付的全部授权费用前，甲方或者电影片所涉的各方享有的一切知识产权以及物料等的所有权均属甲方或者电影片所涉的各方所有；

甲方收到乙方支付的全部授权费用后,知识产权与所有权的归属、使用依据本合同的其他约定执行。

第十三条 法律适用与争议解决

13.1 本合同的订立、效力、解释、履行和争议的解决均适用中华人民共和国的法律。

13.2 凡因本意向合同引起的或者与本意向合同有关的任何争议,由双方协商解决;协商不成的,按下列第□1/□2 种方式(二选一)解决:

13.2.1 任何一方均有权将争议提交设在□北京/□________的□北京仲裁委员会/□中国国际贸易仲裁委员会(二选一),按照申请仲裁时该会现行有效的仲裁规则进行仲裁。仲裁裁决是终局的,对双方均有约束力。

13.2.2 任何一方均有权向________人民法院起诉。

第十四条 合同效力与签署

14.1 本合同文本由(□甲方/□乙方)提供,已采取合理的方式提请对方注意免除或者限制其责任的条款并予以说明;甲乙双方对本合同各条款的内容均充分理解并经协商达成一致。

14.2 本合同一式________份,自双方签字、盖章之日起生效,其中甲方执________份,乙方执________份,每份具有同等法律效力。

14.3 本合同附件为本合同不可分割的组成部分;本合同及其附件内空格部分填写的文字与印刷文字具有同等法律效力。

第十五条 其他

本合同未尽事宜,由双方当事人另行协商确定。

甲方:	乙方:
(盖章)	(盖章)
法定代表人:	法定代表人:
委托代理人:	委托代理人:
日期:	日期:

电影片买断发行放映合同

合同适用范围

《电影片买断发行放映合同》主要适用于拥有电影片著作权的机构在取得《电影片公映许可证》前后，与发行、放映机构就发行、放映事宜进行约定的情形，尤其是适用于电影片首映，双方约定就发行、放映收益进行一次性买断方式进行分配，且发行机构同时拥有影戏剧院、院线等放映机构，或者影戏剧院、院线等放映机构同时持有《电影发行经营许可证》的场合。

特别风险提示

请参照《电影片发行意向合同》、《电影片分账发行放映合同》、《电影片保底分成发行放映合同》。

*　　　*　　　*

电影片买断发行放映合同（范本）

合同编号：

甲方：	乙方：
法定代表人：	法定代表人：
住所（注册地址）：	住所（注册地址）：
通讯地址：	通讯地址：
邮政编码：	邮政编码：
联系人：	联系人：
电话：	电话：
传真：	传真：
电子信箱：	电子信箱：

本合同由＿＿＿＿＿＿＿(下称甲方)、＿＿＿＿＿＿＿(下称乙方)于＿＿＿年＿＿＿月＿＿＿日签订于＿＿＿＿。

鉴于:

1. 甲方为依据＿＿＿＿(国家或地区)法律在＿＿＿＿＿＿＿注册成立并有效存续的(□有限公司/□合伙企业/□ ＿＿＿＿),享有电影片《＿＿＿＿》(下称电影片)的著作权,该电影片(□已经/□即将)取得《电影片公映许可证》。

2. 乙方为依据＿＿＿＿(国家或地区)法律在＿＿＿＿＿＿＿注册成立并有效存续的(□有限公司/□合伙企业/□ ＿＿＿＿),其已合法取得电影片发行、放映资格,有意发行、放映甲方所摄制的电影片。

3. 甲方同意乙方在相应区域和期限内发行该电影片。

甲乙双方依据《中华人民共和国合同法》、《中华人民共和国著作权法》、《电影管理条例》等法律、法规的规定以及平等自愿、诚实信用、等价有偿的原则,就甲方授权乙方发行甲方享有著作权的电影片事宜,经友好协商,特达成本合同,以资共同遵守。

第一条　基本信息

1.1　制作单位

1.1.1　电影片的制片单位为＿＿＿＿＿＿＿＿＿＿＿＿＿＿＿;

1.1.2　《电影片公映许可证》上(□已经/□拟定)载明的出品单位为＿＿＿＿＿＿＿＿＿＿＿＿＿＿＿;

1.2　影片长度

电影片正片长＿＿＿＿分＿＿＿＿秒。

1.3　主创人员

1.3.1　编剧为＿＿＿＿＿＿＿＿＿＿＿＿＿＿＿＿＿＿＿＿＿＿;

1.3.2　导演为＿＿＿＿＿＿＿＿＿＿＿＿＿＿＿＿＿＿＿＿＿＿;

1.3.3　主要演员为＿＿＿＿＿＿＿＿＿＿＿＿＿＿＿＿＿＿＿＿;

1.3.4　摄像师为＿＿＿＿＿＿＿＿＿＿＿＿＿＿＿＿＿＿＿＿＿;

1.3.5　录音师为＿＿＿＿＿＿＿＿＿＿＿＿＿＿＿＿＿＿＿＿＿;

1.3.6　灯光师为＿＿＿＿＿＿＿＿＿＿＿＿＿＿＿＿＿＿＿＿＿。

第二条　授权范围

2.1　授权类别

2.1.1　□独占许可,指作为电影片著作权人的甲方将享有的电影片发行权、放映权(根据发行渠道的不同,涉及广播权、信息网络传播权的,则包括广播权及/

或信息网络传播权）在合同规定的发行期限和发行区域内授予乙方，乙方对该项授权享有排他的独占权，授权方甲方以及任何第三方均不得再行使。

2.1.2　□排他许可，指作为电影片著作权人的甲方将享有的电影片发行权、放映权（根据发行渠道的不同，涉及广播权、信息网络传播权的，则包括广播权及/或信息网络传播权）在合同规定的发行期限和发行区域内授予乙方，乙方对该项授权享有排他权，授权方甲方不得再授权他人行使，但授权方甲方仍然可以行使该项权利。

2.1.3　□普通许可，指作为电影片著作权人的甲方将享有的电影片发行权、放映权（根据发行渠道的不同，涉及广播权、信息网络传播权的，则包括广播权及/或信息网络传播权）在合同规定的发行期限和发行区域内授予乙方，不但授权方甲方可以行使该项权利，而且授权方甲方仍然可以授权任何第三方行使该项权利。

2.2　发行渠道

乙方发行电影片仅限于[□电影院/□戏剧院/□无线电视/□有线电视（□包括/□不包括上星频道及全国播出的数字付费频道等所有覆盖或开通范围突破发行区域的频道）/□数字电视/□IPTV/□网络电视台/□视频网站/□________]放映，未经甲方书面同意，乙方不得通过任何未经授权的渠道对电影片进行放映。

2.3　发行区域

乙方发行电影片的区域为________（下称发行区域），未经甲方书面同意，乙方不得在发行区域外发行电影片，也不得使发行区域内的发行行为之后果及于其他区域。

2.4　发行期限

□电影片首次发表后第50年的12月31日，即电影片著作权保护期届满之日。

□乙方发行电影片的期限为电影片在本合同确定的发行区域内自首映之日起历经________（小写：________）个自然天。

电影片在发行区域内的首映日初步确定为______年______月______日。发行渠道为□有线电视且包括上星频道及全国播出的数字付费频道等频道/□数字电视/□IPTV/□网络电视台/□视频网站的，播映的时间分别为________________。

未经甲方书面同意，乙方不得在发行期限届满后继续发行电影片。

第三条　利益分配

3.1　乙方根据本合同的约定，买断电影片的发行权、放映权的费用为人民币________（小写：________）元整，无论电影片的实际发行、放映收入如何，甲方或乙方均不得要求予以增加或者减少。支付时间与方式为：

(1)自本合同签订后________个工作日内支付人民币________(小写:________)元整;

(2)自________个工作日内支付人民币________(小写:________)元整;

(3)自________个工作日内支付人民币________(小写:________)元整;

(4)其他:____。

3.2 账户信息

甲方户名:

开 户 行:

账 号:

乙方户名:

开 户 行:

账 号:

3.3 甲方收到乙方的全部授权费用后,应于最后一次收款之日起________个工作日内向乙方交付正式发票,发票抬头为________,项目为________。

第四条 物料交付

4.1 甲方应于□本合同签署之日/□取得《电影片公映许可证》之日起________个工作日内向乙方交付有关电影片发行必需的全部素材和资料,所产生的费用由(□甲方/□乙方)承担。全部素材和资料的具体目录详见本合同附件或者列举如下:________________________________。

前款未作约定的物料,若因乙方发行、放映需要,甲方也应在接到乙方书面通知后________个工作日内尽力提供;若因甲方不能提供、不愿提供或者甲方所提供物料不符合相关标准而被退回,且确属乙方发行、放映必需的物料,乙方有权自行制作该等物料,由此产生的必要费用由(□双方平均分担/□甲方分担/□乙方分担)。

4.2 甲方按照本合同的规定向乙方交付的电影片发行必需的素材和资料的所有权归属,依据下列第________种方式确定:

4.2.1 甲方按照本合同的规定向乙方交付的素材和资料仍归甲方所有,乙方应于发行期限结束之日起________日内将其归还甲方,归还所产生的费用由(□甲方/□乙方)承担,造成损坏的,乙方应折价赔偿。

4.2.2 甲方按照本合同的规定向乙方交付的素材和资料归乙方所有,乙方应于本合同签署之日起________日内向甲方支付人民币________(小写:________)元整,但素材和资料的知识产权、商品化权(或称形象权、角色权等)等权利并不因此转移。

4.2.3　其他：____。

4.3　乙方有权依照本合同的约定直接或间接获得适用于电影院发行放映的电影片底片、复制拷贝或主拷贝等本合同或者本合同附件列明的素材和资料，就该素材和资料乙方应尽到如下勤勉尽责的检查、保存、储存和安保义务：

4.3.1　在任何时候都保存全部物料完整、准确的存货清单。

4.3.2　未经书面授权，避免任何物料被复制、发行、放映，以及其他使用或者利用。

4.3.3　在发行区域内自首映之日起________日内随时配合甲方的审验，以及之后每年不超过________次的审验。

4.3.4　若物料遗失，乙方应在立即通知甲方后按照甲方确认的格式就遗失物料的有关情况提供书面说明，并尽最大努力找回遗失的物料。

4.3.5　乙方应遵守甲方就处置物料所发出的合理指示，乙方根据指示销毁有关物料的，应向甲方提供销毁证明，处置费用由乙方承担。

第五条　权利义务

5.1　甲方权利义务

5.1.1　除参加电影节或电影展以及乙方书面同意外，甲方应严格按照本合同授权类别的约定履行不得自行或者授权第三人发行、放映的义务。

5.1.2　电影片在发行区域内自首映之日起________日内，甲方不得自行或许可第三方出版电影片的音像制品；在发行区域内首映之日起________日内，甲方不得自行或许可第三方将电影片通过有线电视、无线电视、网络以及其他任何媒体进行播放。

5.1.3　甲方应获得电影片文学剧本及配乐、词曲等音乐作品的著作权人以及其他相关人员的必要授权，以确保相关人员不会因乙方在发行期限和发行区域内发行电影片而向乙方主张任何形式的权利；否则，相关问题由甲方自行解决，概与乙方无关。

5.2　乙方权利义务

5.2.1　乙方应严格按照本合同授权类别的约定进行发行、放映，并尽力争取最佳的发行、放映收益。

5.2.2　乙方应于电影片在发行区域内自首映之日起每________天以电子邮件、传真形式向甲方报送一次该期限内电影片票房收入的财务报表，并授权________（身份证号：________________________________）至少每________天书面确认一次。

5.2.3　电影片在发行区域内首映之日起________天内，乙方不得在发行区域内另行发行、放映其他电影片。

5.2.4 乙方接收甲方交付的物料后应及时查验。对于物料数量、包装等通过肉眼即可初步查验的,若有异议应即时提出;对于质量等需要进一步查验的,若有异议应在收到后________个工作日内提出,否则视为甲方交付的物料数量、包装、质量等符合约定。

5.2.5 自本合同签署生效之日起至发行期限结束之日,乙方为了发行的需要有权以任何合法形式在发行区域内的各种媒介上对电影片进行宣传、推广,该所有发行费用由乙方承担,包括但不限于:广告,宣传,在相应发行渠道与区域的电影市场、电影节与电影展进行放映,供发行商、媒体、影评的特别场,翻译与传译,电话、互联网、传真、邮递,主创人员等剧组及相关人员之巡回宣传,样带制作,电影拷贝与录像素材之存储,素材之复制与销毁,保险,律师服务,院线发行奖励的费用。

5.2.6 乙方在对电影片的宣传、推广过程中,有权采用电影片的内容自行制作或者委托第三方制作宣传片或预告片,有权使用或许可第三方使用电影片编剧、导演、主要演员等主创人员的姓名和肖像,有权使用或许可第三方使用电影片的配乐、词曲等音乐作品,且乙方不必因上述使用行为而向甲方或相关人员支付任何形式的酬金,但该等使用仅限于对电影片进行宣传、推广之目的,且不应使受众产生任何诸如某主创人员可能为某品牌代言等误认或误解。

乙方在电影片发行时的所有宣传、推广中使用的摄制单位以及其他主创人员名单应严格按照甲方提供给乙方的物料和其他相关广告材料中确定的排名表进行罗列或者经甲方事先书面同意,且应采取必要措施与手段促使放映机构不得做任何增加与删改(翻译除外)。

5.2.7 乙方应于电影片首映日举办首映式,甲方应予以配合,并尽可能邀请电影片编剧、导演、主要演员等较多主创人员按时参加电影片首映式,费用由乙方承担;除首映式外,甲方还应邀请有关主创人员至少参加________次由乙方举办的电影片宣传活动。

有关主创人员参加电影片首映式和其他宣传活动的食宿及交通费用由乙方承担,费用标准详见本合同附件或者列举如下:________________________________。

5.2.8 乙方有权在电影片、宣传片或预告片的片头、片尾字幕以及其他宣传资料中设置自己的署名。署名的具体方式、位置和形式由乙方自行决定,但不得对电影片的名称和内容进行任何其他形式的变更,也不得违反国家有关法律、法规等的规定,且应书面通知甲方。

5.2.9 未经甲方书面同意,乙方不得擅自在电影片中加载或删减贴片广告;经甲方书面同意加载贴片广告的,贴片广告一律加在《电影片公映许可证》画面之前，不得占用电影片放映时间，且乙方保证所加载贴片广告的内容真实、合法，所加载贴片广告的总播出时间不超过________秒。

5.2.10 未经甲方书面同意，乙方不得自行或委托第三方对电影片进行除授权之外的其他处置，包括但不限于（例如，将电影片进行音像制品出版或电子出版，将电影片改编或拍摄为电视剧或戏剧等其他形式以及发行电影片中的音乐作品等）。

5.2.11 在发行期限内，乙方应于电影片在发行区域内的放映过程中采取必要措施，以防止他人对电影片进行非法盗版录制。

5.2.12 乙方依据本合同享有的权利被第三方侵权时，乙方享有的是独占、排他许可权的，可以自己的名义直接主张，支出的全部成本与通过调解或者和解或者诉讼所取得的赔偿均由乙方负担、享有；乙方享有的是普通许可权的，乙方需要以甲方的名义主张的，甲方予以配合，支出的全部成本由乙方负担，通过调解或者和解或者诉讼所取得的赔偿扣除维权的必要成本后按照甲方与乙方分别占________%和________%的比例分配。

第六条 承诺与保证

6.1 甲方承诺与保证：

6.1.1 其注册地法律、法规、章程或其他合同义务对其签订、履行本合同不存在任何限制、构成任何障碍。

6.1.2 甲方（□已经/□将于本合同签署之日起________日内）依法取得《电影片公映许可证》。

6.1.3 甲方为电影片的□唯一著作权人，有权利签署并有能力履行本合同/□著作权人之一，已获得电影片其他著作权人授权，有权利签署并有能力履行本合同。

6.1.4 本合同签署之前，甲方（□尚未/□已经）授权第三方在发行区域内发行、放映电影片；本合同自签署之日至发行期限结束之日，甲方不会再授权第三方在发行区域内发行电影片。

6.1.5 本合同签署之前，甲方未以商业目的在发行区域内放映电影片。

6.1.6 甲方向乙方提供的电影片在技术和艺术质量上均应为合格产品，且电影片已经完成拍摄以及配音、音乐、音效合成、字幕等后期制作，适合用于电影院放映。

6.1.7 其他：____。

6.2 乙方承诺与保证：

6.2.1 注册地法律、法规、章程或者其他合同义务对其签订、履行本合同不存在任何限制、构成任何障碍。

6.2.2 已依法获得《电影发行经营许可证》、《电影放映经营许可证》或者能且只能许可持有《电影放映经营许可证》的单位放映。

6.2.3 有权利签署并有能力履行本合同。

6.2.4 保证发行区域内放映电影片的机构所上报票房收入的真实性。

6.2.5 其他:____。

第七条 不可抗力

7.1 本合同中所称不可抗力是指导致本合同一方部分或完全不能履行本合同的不能预见、不能避免并不能克服的客观情况,包括但不限于由自然原因引起的地震、洪水、火灾、暴风雪等自然现象,由社会原因引起的战争、暴动、罢工、骚乱等社会现象,以及禁运等政府行为。

7.2 若在本合同履行期间发生不可抗力事件,双方应本着将不可抗力造成的影响降至最低的原则,就合同的履行立即进行协商并尽快达成一致。不能达成一致的,受到不可抗力影响的一方的义务在不可抗力事件持续的期限内自动中止,其履行期限自动延长,延长期间等同于中止期间,该方无须为此承担任何责任,但主张不可抗力的一方应及时以书面形式通知另一方,并应在通知发出后的________个工作日内向另一方提供不可抗力发生以及持续期间的充分证据。

7.3 不可抗力事件或影响持续超过________天且双方未就合同的履行达成一致,任何一方皆可通过书面形式通知对方解除本合同,且解除方可根据不可抗力的影响大小主张部分或者全部免除责任。

第八条 合同变更

8.1 未经甲乙双方签署书面文件,不得对本合同进行任何变更。

8.2 未经对方书面同意,一方不得将其在本合同中的权利及/或义务全部或者部分转让给任何第三方。

8.3 未经甲方书面同意,乙方不得将在本合同中的权利许可或者授予任何第三方。

第九条 合同终止

9.1 有下列情形之一的,本合同的权利义务终止:

9.1.1 发行、放映期限届满,甲乙双方另有约定的除外。

9.1.2 甲乙双方协商一致后通过书面形式解除本合同。

9.1.3 甲方或乙方依据本合同的约定解除本合同。

9.1.4 其他:____。

9.2 本合同履行期间,国家广播电影电视行政主管机关决定直接停止发行、放映该电影片的，或者决定经修改后方可发行、放映，但电影片著作权人未予修改或修改后仍未通过而被国家广播电影电视行政主管机关决定停止发行、放映的，任何一方皆可通过书面形式通知对方解除本合同。

9.3　有下列情形之一的，甲方可以通过书面形式通知乙方解除本合同：

9.3.1　乙方被吊销《电影发行经营许可证》及/或《电影放映经营许可证》。

9.3.2　乙方破产、解散或被依法吊销企业法人营业执照，而甲方仍不同意变更本合同主体的。

9.3.3　乙方在本合同中所作的承诺与保证与事实不符。

9.3.4　其他：＿＿＿＿＿＿＿＿＿＿＿＿＿＿＿＿＿＿＿＿＿＿＿＿＿＿＿＿。

9.4　有下列情形之一的，乙方可以通过书面形式通知甲方解除本合同：

9.4.1　甲方不享有电影片的著作权或者未取得《电影片公映许可证》。

9.4.2　甲方未依据本合同的规定向乙方交付相应物料，且自接到乙方书面催告通知之日起＿＿＿＿个工作日内仍未交付的。

9.4.3　甲方破产、解散或被依法吊销企业法人营业执照，而乙方仍不同意变更本合同主体的。

9.4.4　甲方在本合同中所作的承诺与保证与事实不符。

9.4.5　其他：＿＿＿＿＿＿＿＿＿＿＿＿＿＿＿＿＿＿＿＿＿＿＿＿＿＿＿＿。

第十条　违约责任

10.1　甲方未履行或未按约定履行本合同规定的义务，应分别承担相应的违约责任，具体如下：

10.1.1　甲方明知或者应知不具有电影片的著作权或者享有的著作权具有瑕疵而授权乙方的，或者授权乙方后甲方违反本合同的约定自行或者授权第三方发行、放映的，应按照全部授权费用＿＿＿＿%的标准向乙方支付违约金。

10.1.2　甲方未获得电影片文学剧本及配乐、词曲等音乐作品的著作权人以及其他相关人员的必要授权而导致乙方承担责任的，该责任应由甲方全部承担，包括但不限于因甲方侵权导致乙方承担的全部赔偿责任、乙方处理侵权所支出的必要费用、电影片不能或不能及时发行导致的损失，以及甲方不支付前述费用而导致乙方通过法律途径解决所支出的律师费、差旅费、诉讼费或者仲裁费等费用。

10.1.3　甲方未根据第4.1款所列具体目录交付物料的，逾期在＿＿＿＿个自然天内，每逾期1天应支付乙方已付款的＿＿＿＿%作为违约金，合同继续履行。逾期超过＿＿＿＿个自然天（该日期应当与前者的日期相同）后，乙方有权解除合同；乙方解除合同的，甲方应自解除合同通知送达之日起＿＿＿＿个工作日内按照乙方已付款的＿＿＿＿%向乙方支付违约金，并由甲方退还乙方全部已付款

(前后两项违约金不做累加)。

10.1.4 甲方根据第9.2款的约定解除本合同的,甲方除应在本合同解除之日起________个工作日内返还乙方不能发行、放映期间所对应的所有已付款,还应承担相应的发行费用;若甲方拒不返还的,每迟延1天应根据应返还款项的________%的标准支付违约金。

10.1.5 未发生本合同约定的或者法律规定的解除合同的情形,甲方单方面解除本合同的,应根据______________的标准向乙方支付违约金,违约金不足以弥补乙方损失的,甲方应赔偿乙方该部分的损失。

10.1.6 甲方具有第9.4款所列情形之一,且乙方据此解除本合同的,甲方应赔偿乙方相应的损失,未履行完毕的,应继续履行。

10.1.7 其他:____。

10.2 乙方未履行或未按约定履行本合同约定的义务,应承担相应的违约责任:

10.2.1 乙方未依据本合同约定按时、足额向甲方支付授权费用的,逾期在________个自然天内,则每逾期1天应向甲方支付逾期应付款的________%作为违约金,合同继续履行。逾期超过________个自然天(该日期应当与前者的日期相同)后,甲方有权解除合同;甲方解除合同的,乙方应自解除合同通知送达之日起________个工作日内按照累计逾期应付款的________%向甲方支付违约金,并由甲方退还乙方全部已付款(前后两项违约金不做累加)。

10.2.2 乙方未依据本合同约定的授权范围发行、放映的,则乙方每突破一个渠道或者区域,或者在影视剧著作权保护期内,乙方超过授权期限后仍发行、放映的,应至少按照人民币________(小写:________)元的标准向甲方支付违约金,甲方有证据证明甲方应分账款项高于该款项的以高者为准。

10.2.3 乙方或放映机构瞒报或漏报票房收入,乙方应向甲方支付瞒报或漏报票房收入额________倍的违约金。

10.2.4 由于乙方未获得相关著作权人、其他权利人授权而在电影片中增删贴片广告或者非为了宣传电影片的需要使用电影片中相关人员的姓名、肖像等而导致甲方承担责任的,该责任应由乙方全部承担,包括但不限于因乙方侵权导致甲方承担的全部赔偿责任、甲方处理侵权所支出的必要费用、电影片不能或不能及时发行导致的损失,以及乙方不支付前述费用而导致甲方通过法律途径解决所支出的律师费、差旅费、诉讼费或者仲裁费等费用。

10.2.5 乙方违反本合同第5.2.3项之约定在发行区域内另行发行、放映其他电影片的,或者电影片在发行区域内首映后乙方未以电子邮件、传真形式向甲方报送电影片票房收入的财务报表的，则乙方应至少按照人民币________（小写：________）元/天的标准向甲方支付分账款项，甲方有证据证明甲方应分账款项高于该款项的以高者为准。

10.2.6　乙方违反本合同第5.2.8、5.2.9、5.2.10项之约定的，应根据________________的标准向甲方支付违约金；违约金不足以弥补甲方损失的，乙方应赔偿甲方该部分的损失。

10.2.7　未发生本合同约定的或者法律规定的解除合同的情形，乙方单方面解除本合同的，应根据________________的标准向甲方支付违约金，违约金不足以弥补甲方损失的，乙方应赔偿甲方该部分的损失。

10.2.8　乙方具有第9.3款所列情形之一，且甲方据此解除本合同的，乙方应赔偿乙方相应的损失，未履行完毕的，应继续履行。

10.2.9　其他：____。

10.3　自甲乙双方就此合作事宜进行接触之时至无限期，甲乙双方均不得向任何第三方披露本合同及本合同所涉相关事宜，即便诉诸法律解决也不应对不相关的人进行任何披露。否则，披露方应给予另一方相应的赔偿，每披露一次应给予的赔偿额为人民币________（小写：________）元整。

第十一条　通知与送达

11.1　甲乙双方因履行本意向合同而相互发出或者提供的所有通知、文件、资料等，均应按照本意向合同扉页所列明的通讯地址、传真、电子邮件以邮寄或传真或电子邮件方式送达；一方如果迁址或者变更电话、电子邮件应当书面通知对方，否则发至本合同扉页所列明的通讯地址或者传真、电子邮件系统的通知、文件、资料均视为有效送达。

11.2　以邮寄方式送达的，另一方签收之日视为送达；签收之日不明确的，以信件寄出或者投邮之日起算________日视为送达。通过传真、电子邮件方式送达的，通知、文件、资料等数据电文进入另一方系统之时视为送达；通知、文件、资料等数据电文进入另一方系统之时不明确的，以传真、电子邮件发出后的第二日视为送达。

第十二条　法律地位与知识产权、所有权保留

12.1　任何一方不因本合同之签订，而成为另一方之合伙人、代表人或成立其他相类似的法律关系；除非另有约定，双方为履行本合同所为的法律行为，均应以自己的名义独立行使，不成为另一方的代理人。

12.2　甲方未收到乙方支付的全部授权费用前，甲方或者电影片所涉的各方享有的一切知识产权以及物料等的所有权均属甲方或者电影片所涉的各方所有；

甲方收到乙方支付的全部授权费用后,知识产权与所有权的归属、使用依据本合同的其他约定执行。

第十三条　法律适用与争议解决

13.1　本合同的订立、效力、解释、履行和争议的解决均适用中华人民共和国的法律。

13.2　凡因本意向合同引起的或与本意向合同有关的任何争议,由双方协商解决;协商不成的,按下列第□1/□2 种方式(二选一)解决:

13.2.1　任何一方均有权将争议提交设在□北京/□________的□北京仲裁委员会/□中国国际贸易仲裁委员会(二选一),按照申请仲裁时该会现行有效的仲裁规则进行仲裁。仲裁裁决是终局的,对双方均有约束力。

13.2.2　任何一方均有权向________人民法院起诉。

第十四条　合同效力与签署

14.1　本合同文本由(□甲方/□乙方)提供,已采取合理的方式提请对方注意免除或者限制其责任的条款并予以说明;甲乙双方对本合同各条款的内容均充分理解并经协商达成一致。

14.2　本合同一式________份,自双方签字、盖章之日起生效,其中甲方执________份,乙方执________份,每份具有同等法律效力。

14.3　本合同附件为本合同不可分割的组成部分;本合同及其附件内空格部分填写的文字与印刷文字具有同等法律效力。

第十五条　其他

本合同未尽事宜,由双方当事人另行协商确定。

甲方:	乙方:
(盖章)	(盖章)
法定代表人:	法定代表人:
委托代理人:	委托代理人:
日期:	日期:

电视剧播映权许可使用合同

合同适用范围

《电视剧播映权许可使用合同》主要适用于拥有电视剧著作权的机构在取得《电视剧发行许可证》前后,与电视台等播映机构就播映事宜进行约定的情形,尤其是适用于电视剧首映的场合。

特别风险提示

1. 双方应共同防范如下风险:

(1) 任何一个合同范本都不是万能的,试图以一个一成不变的合同范本包揽一切的想法是最大的风险,因为每个项目或者事情都有其特殊性,况且法律、法规也在不断变化。

(2) 明确授权类别,谨慎作出选择。一方面,应确认是仅授予广播权,还是信息网络传播权等权利一并授予,一并授予的还应将可以行使广播权、信息网络传播权等权利的渠道、时间进行明确约定。另一方面,应区分授予的是专有使用权,还是非专有使用权,即在独占许可、排他许可、普通许可中作出选择。

(3) 与时俱进地掌握发行渠道的最新发展状况,审慎地约定发行渠道、区域、期限,并根据不同情形作出约定。尤其是播映权期限的约定应慎之又慎,既是为了使著作权人不违约,也是为了使播映机构的宣传、推广更有节奏和效率、效果,以便最终取得更好的收益。就此,著作权人应把握好电视剧的杀青与《电视剧发行许可证》的办理期间,而电视台等机构应把握好宣传、推广环节。

(4) 就一方需要保证与承诺的事项进行明确约定,并视具体情形进行增减。

(5) 审慎选择争议的解决方式与解决机构以及争议解决机构的所在地。实际上,诉讼还是仲裁解决各有利弊,应根据实际情况作出尽可能对自己有利的选择。选择诉讼解决的,双方的约定首先不得违反我国《民事诉讼法》对级别管辖和专属管辖的规定,其次,双方仅可以在书面合同中协议选择被告住所地、合同履行地、合同签订地、原告住所地、标的物所在地的人民法院管辖。

2. 就电视剧的著作权人而言,应着重防范如下风险:

（1）了解电视台的背景，避免遭遇无资质的“黑电视台”。

（2）谨慎预测拍摄期间并在合同中留有足够的交付时间，以免违约。

（3）应将涉及物料交付时间、内容、接收人等的信息作为档案予以保存，一旦发生争议便可作为有力证据证明己方已依据法律规定、合同约定进行了适格交付。例如，当面交付的，应要求对方签字、盖章，不便盖章的，应要求对方事先出具授权委托书，授权委托书应载明授权某人负责接收、签署、送达文件、资料等事项；邮寄送达的，应在邮递物件时签署的详情单的“文件名称”栏中明确记载邮递的物料内容、分数等信息。

（4）鉴于电视台等机构的宣传、推广时需要使用电视剧的元素以及主创人员出席，因此著作权人应在与主创人员等相关人员签署合同时获得相应授权以及承诺。

（5）实践中，个别电视台等机构存在播映后拒不支付许可费用的问题，而电视台等机构作为播映渠道的唯一性与有限性，著作权人又不愿意通过诉讼或仲裁等方式把关系闹僵，导致著作权人在主张许可费用时进退两难。为了防范该种风险与情形，可以在签约时对不支付或者迟延支付许可费用的情况明确约定相应的违约金，且该违约金应相对较高，以使电视台等机构承受支付许可费用与违约金的双重压力；也有著作权人将电视剧的著作权一次性、全部授予信得过的机构，再由信得过的机构对外授权，以此避免尴尬。

另外，还需注意的是，电视台等机构依据合同约定应支付许可费用之日起满两年未支付，而著作权人又不能证明存在诉讼时效中止、中断、延长等情形的，将导致著作权人因诉讼时效内未主张权利而丧失胜诉权。因此，一旦电视台等机构在两年内不支付或不能全部支付许可费用，或未能就争议达成一致的，著作权人应至迟在两年的诉讼时效届满前提起诉讼或者仲裁。

3. 就依据授权取得电视剧播映权的电视台等机构而言，应着重防范如下风险：

（1）审慎审查著作权人的资质文件，包括但不限于工商营业执照、法人组织机构代码证、相应的备案文件。电视剧的摄制组为电视剧的著作权人，并拟作为合同的一方主体与其签署合同的，应要求其以申请刻章的机构作为签约主体；若摄制组坚持以此进行签署的，应要求摄制组出示摄制组所持公章的合法来源的文件以及申请刻章的主体，并将该信息作为合同的附件，与合同一同加盖骑缝章。

（2）审慎评估电视剧著作权人的履约能力，不交付过高的预付款，以免电视剧未能创作完成或者著作权人将著作权授权他人后，在著作权人无财产的情形下，电视台等机构的损失。

（3）鉴于我国《著作权法》规定，著作权人在合同中未明确许可的权利，未经著作权人同意,另一方当事人不得行使。因此,电视台等机构应格外注意在合同中将被授予的权利予以明确。

(4) 收到著作权人交付的物料后,应依据法律规定、合同约定及时查验,以免丧失权利,造成对己方不利的后果。

* * *

电视剧播映权许可使用合同(范本)

合同编号:

甲方:	乙方:
法定代表人:	法定代表人:
住所(注册地址):	住所(注册地址):
通讯地址:	通讯地址:
邮政编码:	邮政编码:
联系人:	联系人:
电话:	电话:
传真:	传真:
电子信箱:	电子信箱:

本合同由______________(下称甲方)、______________(下称乙方)于_____年_____月_____日签订于_______。

鉴于:

1. 甲方为依据________(国家或地区)法律在_______________注册成立并有效存续的(□有限公司/□合伙企业/□________),享有电视剧《________》(下称电视剧)的著作权,该电视剧(□已经/□即将)取得《电视剧发行许可证》。

2. 乙方为依据________(国家或地区)法律在_______________注册成立并有效存续的(□有限公司/□合伙企业/□________),其已合法取得电视剧播映资格,有意播映甲方所摄制的电视剧。

3. 甲方同意乙方在相应区域和期限内播映该电视剧。

甲乙双方依据《中华人民共和国合同法》、《中华人民共和国著作权法》、《广播电视管理条例》等法律、法规的规定以及平等自愿、诚实信用、等价有偿的原则，就甲方授权乙方播映甲方享有著作权的电视剧事宜，经友好协商，特达成本合同，以资共同遵守。

第一条 基本信息

1.1 制作单位

1.1.1 电视剧的制作单位为________________________；

1.1.2 《电视剧发行许可证》上（□已经/□拟定）载明的制作机构为____________，合作机构为____________。

1.2 电视剧长________分钟/集，________集，带型：________。

1.3 主创人员

1.3.1 编剧为____________________________；

1.3.2 导演为____________________________；

1.3.3 主要演员为__________________________；

1.3.4 摄像师为___________________________；

1.3.5 录音师为___________________________；

1.3.6 灯光师为___________________________。

第二条 授权范围

2.1 授权类别

2.1.1 □独占许可，指作为电视剧著作权人的甲方将享有的电视剧播映权（根据播映渠道的不同，涉及广播权、信息网络传播权的，则包括广播权及/或信息网络传播权）在合同规定的播映期限和播映区域内授予乙方，乙方对该项授权享有排他的独占权，授权方甲方以及任何第三方均不得再行使。

2.1.2 □排他许可，指作为电视剧著作权人的甲方将享有的电视剧播映权（根据播映渠道的不同，涉及广播权、信息网络传播权的，则包括广播权及/或信息网络传播权）在合同规定的播映期限和播映区域内授予乙方，乙方对该项授权享有排他权，授权方甲方不得再授权他人行使，但授权方甲方仍然可以行使该项权利。

2.1.3 □普通许可，指作为电视剧著作权人的甲方将享有的电视剧播映权（根据播映渠道的不同，涉及广播权、信息网络传播权的，则包括广播权及/或信息网络传播权）在合同规定的播映期限和播映区域内授予乙方，不但授权方甲方可以行使该项权利，而且授权方甲方仍然可以授权任何第三方行使该项权利。

2.2 播映渠道

乙方播映电视剧仅限于[□无线电视/□有线电视(□包括/□不包括上星频道及全国播出的数字付费频道等所有覆盖或开通范围突破播映区域的频道)/□数字电视/□IPTV/□网络电视台/□视频网站/□________]播映,未经甲方书面同意,乙方不得通过任何未经授权的渠道对电视剧进行播映。

2.3 播映区域

乙方播映电视剧的区域为________(下称播映区域),未经甲方书面同意,乙方不得在播映区域外播映电视剧,也不得使播映区域内的播映行为之后果及于其他区域。但是,播映渠道为有线电视且包括上星频道及全国播出的数字付费频道等频道、数字电视、IPTV、网络电视台、视频网站的,乙方严格依据本合同约定在播映区域与播映渠道内播映,播映行为之后果及于其他区域的不在此限。

2.4 播映期限

□电视剧首次发表后第 50 年的 12 月 31 日,即电视剧著作权保护期届满之日。

□电视剧在本合同确定的播映区域内播映之日起历经________(小写:________)个自然天。

□自乙方收到全部播出带之日起________年,以满 365 个自然天为 1 年。

电视剧在播映区域内的首次播映日初步确定为______年______月______日;播映渠道为□有线电视且包括上星频道及全国播出的数字付费频道等频道/□数字电视/□IPTV/□网络电视台/□视频网站的,播映的时间分别为________________________________。

未经甲方书面同意,乙方不得在播映期限届满后继续播映电视剧。

第三条 授权费用

3.1 许可费用人民币________(小写:________)元整/集,共计人民币________(小写:________)元整。

3.2 磁带、复制、邮寄费人民币________(小写:________)元整/盘,共计人民币________(小写:________)元整。

上述费用共计人民币________(小写:________)元整。

3.3 乙方向甲方支付(□3.1 /□3.2)所列费用的支付时间与方式为:

3.3.1 自本合同签订后________个工作日内支付人民币________(小写:________)元整。

3.3.2 自________个工作日内支付人民币________(小写:________)元整。

3.3.3 自________个工作日内支付人民币________(小写:________)元整。

3.3.4 其他:____。

3.4　账户信息

甲方户名：

开 户 行：

账　　号：

乙方户名：

开 户 行：

账　　号：

3.5　甲方收到乙方全部的授权费用后，应于最后一次收款之日起________个工作日内向乙方交付正式的发票，发票抬头为________________________，项目为________________________________。

第四条　物料交付

4.1　甲方应于□本合同签署之日/□取得《电视剧发行许可证》之日起________个工作日内向乙方交付有关电视剧播映必需的全部素材和资料，全部素材和资料的具体目录详见本合同附件或者列举如下：________________。

前款未作约定的物料，若因乙方播映需要，甲方也应在接到乙方书面通知后________个工作日内尽力提供；若因甲方不能提供、不愿提供或者甲方所提供物料不符合相关标准而被退回，且确属乙方播映必需的物料，乙方有权自行制作该等物料，由此产生的必要费用由（□双方平均分担/□甲方分担/□乙方分担）。

除已确认磁带、复制、邮寄费的承担者外，交付其他物料所产生的费用由（□甲方/□乙方）承担。

4.2　甲方按照本合同的规定向乙方交付的电视剧播映必需的素材和资料的所有权归属，依据下列第________种方式确定：

4.2.1　甲方按照本合同的规定向乙方交付的素材和资料仍归甲方所有，乙方应于播映期限结束之日起________日内将其归还甲方，归还所产生的费用由（□甲方/□乙方）承担，造成损坏的，乙方应折价赔偿。

4.2.2 甲方按照本合同的规定向乙方交付的素材和资料归乙方所有，乙方应于本合同签署之日起________日内向甲方支付人民币 ________（小写：________）元整，但素材和资料的知识产权、商品化权（或称形象权、角色权等）等权利并不因此转移。

4.2.3　其他：____。

4.3　乙方有权依照本合同的约定直接或间接获得的素材和资料，就此素材和资料乙方应尽到如下勤勉尽责的检查、保存、储存和安保义务：

4.3.1　在任何时候都保存全部物料完整、准确的存货清单。

4.3.2 未经书面授权，避免任何物料被复制、播映以及其他使用或者利用。

4.3.3 若物料遗失，乙方应在立即通知甲方后按照甲方确认的格式就遗失物料的有关情况提供书面说明，并尽最大努力找回遗失的物料。

4.3.4 乙方应遵守甲方就处置物料所发出的合理指示，乙方根据指示销毁有关物料的，应向甲方提供销毁证明，处置费用由乙方承担。

第五条 权利义务

5.1 甲方权利义务

5.1.1 除参加电视节或电视展以及乙方书面同意外，甲方应严格按照本合同授权类别的约定履行不得自行或者授权第三人播映的义务。

5.1.2 电视剧在播映区域内自首映之日起________日内，甲方不得自行或许可第三方出版电视剧的音像制品；电视剧在□播映区域内自首次播映/□广电总局颁发《电视剧发行许可证》之日起________个自然月内，甲方不得自行或许可第三方将电视剧通过□有线电视的上星频道及全国播出的数字付费频道/□数字电视/□IPTV/□网络电视台/□视频网站等虽然在播映区域内播映，但是可能导致播映行为之后果及于其他区域的渠道进行播映。

5.1.3 甲方应获得电视剧文学剧本及配乐、词曲等音乐作品的著作权人以及其他相关人员的必要授权，以确保相关人员不会因乙方在播映期限和播映区域内播映电视剧而向乙方主张任何形式的权利，否则，相关问题由甲方自行解决，概与乙方无关。

5.2 乙方权利义务

5.2.1 乙方应严格按照本合同授权类别的约定进行播映。

5.2.2 乙方接收甲方交付的物料后应及时查验。对于物料数量、包装等通过肉眼即可初步查验的，若有异议应即时提出；对于质量等需要进一步查验的，若有异议应在收到后________个工作日内提出，否则视为甲方交付的物料数量、包装、质量等符合约定。

5.2.3 自本合同签署生效之日起至播映期限结束之日，乙方为了播映的需要，有权以任何合法形式在各种媒介上对电视剧进行宣传、推广，该所有宣传、推广费用由乙方承担。

5.2.4 乙方在对电视剧的宣传、推广过程中，有权采用电视剧的内容自行制作或委托第三方制作宣传片或预告片，有权使用或许可第三方使用电视剧编剧、导演、主要演员等主创人员的姓名和肖像，有权使用或许可第三方使用电视剧的配乐、词曲等音乐作品，且乙方不必因上述使用行为而向甲方或相关人员支付任何形式的酬金，但该等使用仅限于对电视剧进行宣传、推广之目的，且不应使受众产生任何诸如某主创人员可能为某品牌代言等误认或误解。

乙方在电视剧播映时的所有宣传、推广中使用的摄制单位以及其他主创人员名单,应严格按照甲方提供给乙方的物料和其他相关广告材料中确定的排名表进行罗列或经甲方事先书面同意,且应采取必要措施与手段促使播映机构不得做任何增加与删改(翻译除外)。

5.2.5　乙方对电视剧进行宣传、推广需要甲方邀请电视剧编剧、导演、主要演员等主创人员的,甲方应尽可能协助,出场费用以及食宿、交通费用由乙方承担,费用标准详见本合同附件或者列举如下:________________________________。

5.2.6　乙方有权在电视剧、宣传片或预告片的片头、片尾字幕以及其他宣传资料中设置自己的署名。署名的具体方式、位置和形式由乙方自行决定,但不得对电视剧的名称和内容进行任何其他形式的变更,也不得违反国家有关法律、法规等的规定,且应书面通知甲方。

5.2.7　未经甲方书面同意,乙方不得擅自在电视剧中加载或删减贴片广告;经甲方书面同意加载贴片广告的,贴片广告一律加在________之前,不得占用电视剧放映时间(或________),且乙方保证所加载贴片广告的内容真实、合法,所加载贴片广告的总播出时间不超过________秒。

5.2.8　未经甲方书面同意,乙方不得自行或委托第三方对电视剧进行除授权之外的其他处置,包括但不限于(例如,将电视剧进行音像制品出版或电子出版,将电视剧改编或拍摄为电视剧或戏剧等其他形式以及播映电视剧中的音乐作品等)。但是,乙方可以要求甲方按照乙方的要求对电视剧进行剪辑、修改以配合节目播出时间、技术和审查等需要;或者,乙方自行剪辑、修改,但是剪辑、修改不得破坏该剧整体风格、故事完整,不得侵犯编剧、导演、演员及其他演职人员的署名权等权利,且剪辑修改后的作品应征得甲方的同意后方可播映,否则,相关问题由甲方自行解决,概与甲方无关。

5.2.9　乙方依据本合同享有的权利被第三方侵权时,乙方享有的是独占、排他许可权的,可以自己的名义直接主张,支出的全部成本与通过调解或者和解或者诉讼所取得的赔偿均由乙方负担、享有;乙方享有的是普通许可权的,乙方需要以甲方的名义主张的,甲方应予以配合,支出的全部成本由乙方负担,通过调解或者和解或者诉讼所取得的赔偿扣除维权的必要成本后按照甲方与乙方分别占________%和________%的比例分配。

第六条　承诺与保证

6.1　甲方承诺与保证:

6.1.1　注册地法律、法规、章程或其他合同义务对签订、履行本合同不存在任何限制、构成任何障碍。

6.1.2　甲方(□已经/□将于本合同签署之日起________日内)依法取得《电视剧发行许可证》。

6.1.3　甲方为电视剧的□唯一著作权人,有权利签署并有能力履行本合同,/□著作权人之一,已获得电视剧其他著作权人授权,有权利签署并有能力履行本合同。

6.1.4　本合同签署之前,甲方(□尚未/□已经)授权第三方在播映区域内播映电视剧;本合同签署之日至播映期限结束之日,甲方亦不会再授权第三方在播映区域内播映电视剧。

6.1.5　甲方向乙方提供的电视剧在技术和艺术质量上均应为合格产品,且电视剧已经完成拍摄以及配音、音乐、音效合成、字幕等后期制作,适合用于电视台放映。

6.1.6　其他:____。

6.2　乙方承诺与保证:

6.2.1　注册地法律、法规、章程或其他合同义务对签订、履行本合同不存在任何限制、构成任何障碍。

6.2.2　具备播映资格。

6.2.3　有权利签署并有能力履行本合同。

6.2.4　其他:____。

第七条　不可抗力

7.1　本合同中所称不可抗力是指导致本合同一方部分或完全不能履行本合同的不能预见、不能避免并不能克服的客观情况,包括但不限于由自然原因引起的地震、洪水、火灾、暴风雪等自然现象,由社会原因引起的战争、暴动、罢工、骚乱等社会现象,以及禁运等政府行为。

7.2　若在本合同履行期间发生不可抗力事件,双方应本着将不可抗力造成的影响降至最低的原则,就合同的履行立即进行协商并尽快达成一致。不能达成一致的,受到不可抗力影响的一方的义务在不可抗力事件持续的期限内自动中止,其履行期限自动延长,延长期间等同于中止期间,该方无须为此承担任何责任,但主张不可抗力的一方应及时以书面形式通知另一方,并应在通知发出后的________个工作日内向另一方提供不可抗力发生以及持续期间的充分证据。

7.3　不可抗力事件或其影响持续超过________天且双方未就合同的履行一致,任何一方皆可通过书面形式通知对方解除本合同,且解除方可根据不可抗力的影响大小主张部分或者全部免除责任。

第八条 合同变更

8.1 未经甲乙双方签署书面文件,不得对本合同进行任何变更。

8.2 未经对方书面同意,一方不得将其在本合同中的权利及/或义务全部或部分转让给任何第三方。

8.3 未经甲方书面同意,乙方不得将其在本合同中的权利许可或者授予任何第三方。

第九条 合同终止

9.1 有下列情形之一的,本合同的权利义务终止:

9.1.1 播映期限届满,甲乙双方另有约定的除外。

9.1.2 甲乙双方协商一致后通过书面形式解除本合同。

9.1.3 甲方或乙方依据本合同的约定解除本合同。

9.1.4 其他:____。

9.2 本合同履行期间,国家广播电影电视行政主管机关决定直接停止播映该电视剧的,或者决定经修改后方可播映,但电视剧著作权人未予修改或修改后仍未通过而被国家广播电影电视行政主管机关决定停止播映、放映的,任何一方皆可通过书面形式通知对方解除本合同。

9.3 有下列情形之一的,甲方可以通过书面形式通知乙方解除本合同:

9.3.1 乙方被吊销播映所需要的资质。

9.3.2 乙方破产、解散或被依法吊销企业法人营业执照,而甲方仍不同意变更本合同主体的。

9.3.3 乙方在本合同中所作的承诺和保证和事实不符。

9.3.4 其他:____。

9.4 有下列情形之一的,乙方可以通过书面形式通知甲方而解除本合同:

9.4.1 甲方不享有电视剧的著作权或者未取得《电视剧发行许可证》。

9.4.2 甲方未依据本合同的规定向乙方交付相应物料,且自接到乙方书面催告通知之日起________个工作日内仍未交付的。

9.4.3 甲方破产、解散或被依法吊销企业法人营业执照,而乙方仍不同意变更本合同主体的。

9.4.4 甲方在本合同中所作的承诺与保证和事实不符。

9.4.5 其他:____。

第十条 违约责任

10.1 甲方未履行或未按约定履行本合同规定的义务,应分别承担相应的违约责任,具体如下:

10.1.1　甲方明知或者应知不具有电视剧的著作权或者享有的著作权具有瑕疵而授权乙方的,或者授权乙方后甲方违反本合同的约定自行或者授权第三方播映的,应按照全部授权费用________%的标准向乙方支付违约金。

10.1.2　甲方未获得电视剧文学剧本及配乐、词曲等音乐作品的著作权人以及其他相关人员的必要授权而导致乙方承担责任的,该责任应由甲方全部承担,包括但不限于因甲方侵权导致乙方承担的全部赔偿责任、乙方处理侵权所支出的必要费用、电视剧不能或不能及时播映导致的损失,以及甲方不支付前述费用而导致乙方通过法律途径解决所支出的律师费、差旅费、诉讼费或者仲裁费等费用。

10.1.3　甲方未根据第4.1款所列具体目录交付物料的,逾期在________个自然天内,则每逾期1天应支付乙方已付款的________%作为违约金,合同继续履行。逾期超过________个自然天(该日期应当与前者的日期相同)后,乙方有权解除合同;乙方解除合同的,甲方应自解除合同通知送达之日起________个工作日内按照乙方已付款的________%向甲方支付违约金,并由甲方退还乙方全部已付款(前后两项违约金不做累加)。

10.1.4　甲方根据第9.2款的约定解除本合同的,甲方除应在本合同解除之日起________个工作日内返还乙方不能播映期间所对应的所有已付款,还应承担相应的宣传、推广费用;若甲方拒不返还的,每迟延1天应根据应返还款项的________%的标准支付违约金。

10.1.5　未发生本合同约定的或者法律规定的解除合同的情形,甲方单方面解除本合同的,应根据________的标准向乙方支付违约金,违约金不足以弥补乙方损失的,甲方应赔偿乙方该部分的损失。

10.1.6　甲方具有第9.4款所列情形之一,且乙方据此解除本合同的,甲方应赔偿乙方相应的损失,未履行完毕的,应继续履行。

10.1.7　其他:____。

10.2　乙方未履行或未按约定履行本合同约定的义务,应承担相应的违约责任:

10.2.1　乙方未依据本合同约定按时、足额向甲方支付授权费用的,逾期在________个自然天内,则每逾期一天应向甲方支付逾期应付款的________%作为违约金,合同继续履行。逾期超过________个自然天(该日期应当与前者的日期相同)后,甲方有权解除合同;甲方解除合同的,乙方应自解除合同通知送达之日起________个工作日内按照累计逾期应付款的________%向甲方支付违约金,并由甲方退还乙方全部已付款(前后两项违约金不做累加)。

10.2.2　乙方未依据本合同约定的授权范围播映、放映的,则乙方每突破一个渠道或者区域,或者在电视剧著作权保护期内,乙方超过授权期限后仍播映、放映的,应至少按照人民币 ________(小写:________)元/渠道或区域的标准向甲方支付违约金。

10.2.3 由于乙方未获得相关著作权人、其他权利人授权而在电视剧中增删贴片广告或者非为了宣传电视剧的需要使用电视剧中相关人员的姓名、肖像等而导致甲方承担责任的,该责任应由乙方全部承担,包括但不限于因乙方侵权导致甲方承担的全部赔偿责任、甲方处理侵权所支出的必要费用、电视剧不能或不能及时播映导致的损失,以及乙方不支付前述费用而导致甲方通过法律途径解决所支出的律师费、差旅费、诉讼费或者仲裁费等费用。

10.2.4 乙方违反本合同第 5.2.8 项之约定的,应根据________的标准向甲方支付违约金;违约金不足以弥补甲方损失的,乙方应赔偿甲方该部分的损失。

10.2.5 未发生本合同约定的或者法律规定的解除合同的情形,乙方单方面解除本合同的,应根据________的标准向甲方支付违约金,违约金不足以弥补甲方损失的,乙方应赔偿甲方该部分的损失。

10.2.6 乙方具有第 9.3 款所列情形之一,且甲方据此解除本合同的,乙方应赔偿乙方相应的损失,未履行完毕的,应继续履行。

10.2.7 自甲乙双方就此合作事宜进行接触之时至无限期,甲乙双方均不得向任何第三方披露本合同及本合同所涉相关事宜,即便诉诸法律解决也不应对不相关的人进行任何披露。否则,披露方应给予另一方相应的赔偿,每披露一次应给予的赔偿额为人民币________(小写:________)元整。

第十一条 通知与送达

11.1 甲乙双方因履行本意向合同而相互发出或者提供的所有通知、文件、资料等,均应按照本意向合同扉页所列明的通讯地址、传真、电子邮件以邮寄或传真或电子邮件方式送达;一方如果迁址或者变更电话、电子邮件应当书面通知对方,否则发至本合同扉页所列明的通讯地址或者传真、电子邮件系统的通知、文件、资料,均视为有效送达。

11.2 以邮寄方式送达的,另一方签收之日视为送达;签收之日不明确的,以信件寄出或者投邮之日起算________日视为送达。通过传真、电子邮件方式送达的,通知、文件、资料等数据电文进入另一方系统之时视为送达;通知、文件、资料等数据电文进入另一方系统之时不明确的,以传真、电子邮件发出后的第二日视为送达。

第十二条 法律地位与知识产权、所有权保留

12.1 任何一方不因本合同之签订,而成为另一方之合伙人、代表人或成立其他相类似的法律关系;除非另有约定,双方为履行本合同所为的法律行为,均应以自己的名义独立行使,不成为另一方的代理人。

12.2 甲方未收到乙方支付的全部授权费用前,甲方或者电视剧所涉的各方享有的一切知识产权以及物料等的所有权均属甲方或者电视剧所涉的各方所有;甲方收到乙方支付的全部授权费用后,知识产权与所有权的归属、使用依据本合同的其他约定执行。

第十三条 法律适用与争议解决

13.1 本合同的订立、效力、解释、履行和争议的解决均适用中华人民共和国的法律。

13.2 凡因本意向合同引起的或与本意向合同有关的任何争议,由双方协商解决;协商不成的,按下列第□1/□2 种方式(二选一)解决:

13.2.1 任何一方均有权将争议提交设在□北京/□________的□北京仲裁委员会/□中国国际贸易仲裁委员会(二选一),按照申请仲裁时该会现行有效的仲裁规则进行仲裁。仲裁裁决是终局的,对双方均有约束力。

13.2.2 任何一方均有权向________人民法院起诉。

第十四条 合同效力与签署

14.1 本合同文本由(□甲方/□乙方)提供,并已采取合理的方式提请对方注意免除或者限制其责任的条款并予以说明;甲乙双方对本合同各条款的内容均充分理解并经协商达成一致。

14.2 本合同一式________份,自双方签字、盖章之日起生效,其中甲方执________份,乙方执________份,每份具有同等法律效力。

14.3 本合同附件为本合同不可分割的组成部分;本合同及其附件内空格部分填写的文字与印刷文字具有同等法律效力。

第十五条 其他

本合同未尽事宜,由双方当事人另行协商确定。

甲方:	乙方:
(盖章)	(盖章)
法定代表人:	法定代表人:
委托代理人:	委托代理人:
日期:	日期:

影视剧信息网络传播权许可使用合同

合同适用范围

《影视剧信息网络传播权许可使用合同》主要适用于拥有电影片、电视剧著作权的机构在取得《电影片公映许可证》或者《电视剧发行许可证》前后，专门与视频网站、IPTV 等新媒体机构就信息网络传播权许可事宜进行约定的情形。

特别风险提示

1. 双方应共同防范如下风险：

（1）任何一个合同范本都不是万能的，试图以一个一成不变的合同范本包揽一切的想法是最大的风险，因为每个项目或者事情都有其特殊性，况且法律、法规也在不断变化。

（2）明确授权类别，谨慎作出选择。一方面，应确认播映渠道与载体对应的是否是信息网络传播权，由于某些情况下并不属于公众在其个人选定的时间和地点获得作品的场合，这种权利可能是广播权，就需要新媒体机构获得广播权的授权；另一方面，应区分授予的是专有使用权，还是非专有使用权，即在独占许可、排他许可、普通许可中作出选择。

（3）就一方需要保证与承诺的事项进行明确约定，并视具体情形进行增减。

（4）审慎选择争议的解决方式与解决机构以及争议解决机构的所在地。实际上，诉讼还是仲裁解决各有利弊，应根据实际情况作出尽可能对自己有利的选择。选择诉讼解决的，双方的约定首先不得违反我国《民事诉讼法》对级别管辖和专属管辖的规定，其次，双方仅可以在书面合同中协议选择被告住所地、合同履行地、合同签订地、原告住所地、标的物所在地的人民法院管辖。

（5）鉴于新媒体的灵活性、便捷性，播放的短暂性，经常造成权利人发现影视剧的著作权被侵犯但是却往往来不及取证以及固定证据。因此，双方应根据授权类别的不同，界定影视剧的著作权被侵犯的情形下的维权安排，以便在播映前做好监控与取证以及证据固定工作。

2. 就影视剧的著作权人而言，应着重防范如下风险：

(1) 审慎审查新媒体机构的资质文件,包括但不限于工商营业执照、法人组织机构代码证等证件、文件,并将其作为合同的附件,与合同一同加盖骑缝章。

(2) 应将涉及物料交付时间、内容、接收人等的信息作为档案予以保存,一旦发生争议便可作为有力证据证明己方已依据法律规定、合同约定进行了适格交付。例如,当面交付的,应要求对方签字、盖章,不便盖章的,应要求对方事先出具授权委托书,授权委托书应载明授权某人负责接收、签署、送达文件、资料等事项;邮寄送达的,应在邮递物件时签署的详情单的"文件名称"栏中明确记载邮递的物料内容、分数等信息。

(3) 实践中,个别新媒体机构存在播映后拒不支付许可费用的问题,为了防范该种风险与情形,可以在签约时对不支付或者迟延支付许可费用的情况明确约定相应的违约金,且该违约金应相对较高,以使新媒体机构承受支付许可费用与违约金的双重压力;还需注意的是,新媒体机构依据合同约定应支付许可费用之日起满两年未支付,而著作权人又不能证明存在诉讼时效中止、中断、延长等情形的,将导致著作权人因诉讼时效内未主张权利而丧失胜诉权。因此,一旦新媒体机构在两年内不支付或不能全部支付许可费用,或未能就争议达成一致的,著作权人应至迟在两年的诉讼时效届满前提起诉讼或者仲裁。

3. 就依据授权取得影视剧信息网络传播权的新媒体机构而言,应着重防范如下风险:

(1) 审慎审查著作权人的资质文件,包括但不限于工商营业执照、法人组织机构代码证、相应的备案文件。影视剧的摄制组为影视剧的著作权人,并拟作为合同的一方主体与其签署合同的,应要求其以申请刻章的机构作为签约主体;若摄制组坚持以此进行签署的,应要求摄制组出示摄制组所持公章的合法来源的文件以及申请刻章的主体,并将该信息作为合同的附件,与合同一同加盖骑缝章。

(2) 鉴于我国《著作权法》规定,著作权人在合同中未明确许可的权利,未经著作权人同意,另一方当事人不得行使。因此,新媒体机构应格外注意在合同中将被授予的权利予以明确。

(3) 收到著作权人交付的物料后,应依据法律规定、合同约定及时查验,以免丧失权利,造成对己方不利的后果。

*　　*　　*

影视剧信息网络传播权许可使用合同(范本)

合同编号:

甲方:
法定代表人:
住所(注册地址):
通讯地址:
邮政编码:
联系人:
电话:
传真:
电子信箱:

乙方:
法定代表人:
住所(注册地址):
通讯地址:
邮政编码:
联系人:
电话:
传真:
电子信箱:

本合同由________________(下称甲方)、________________(下称乙方)于______年______月______日签订于________________。

鉴于:

1. 甲方为依据________(国家或地区)法律在________________注册成立并有效存续的(□有限公司/□合伙企业/□ ________),享有(□电视片/□电视剧)《________》(下称影视剧)的著作权,该影视剧(□已经/□即将)取得《电影片公映许可证》或者《电视剧发行许可证》。

2. 乙方为依据________(国家或地区)法律在________________注册成立并有效存续的(□有限公司/□合伙企业/□ ________),其已合法取得《信息网络传播视听节目许可证》等资格,有意取得甲方所摄制的影视剧的信息网络传播权予以传播。

3. 甲方同意乙方取得影视剧的信息网络传播权后,依据本合同的约定予以传播。

甲乙双方依据《中华人民共和国合同法》、《中华人民共和国著作权法》等法律、法规的规定以及平等自愿、诚实信用、等价有偿的原则,就甲方授权乙方依据本合同的约定传播甲方所摄制的影视剧事宜,经友好协商,特达成本合同,以资共同遵守。

第一条 基本信息

1.1 影视剧的摄制单位为________________________________。

1.2 电影片正片长________分________秒;或者,电视剧长________分钟/集,________集,带型:________。

1.3 主创人员

1.3.1 编剧为____;

1.3.2 导演为____;

1.3.3 主要演员为____;

1.3.4 摄像师为____;

1.3.5 录音师为____;

1.3.6 灯光师为____。

第二条 授权范围

2.1 授权类别

2.1.1 □独占许可,指作为影视剧著作权人的甲方将享有的影视剧信息网络传播权在合同规定的期限内授予乙方,乙方对该项授权享有排他的独占权,授权方甲方以及任何第三方均不得再行使。

2.1.2 □排他许可,指作为影视剧著作权人的甲方将享有的影视剧信息网络传播权在合同规定的期限内授予乙方,乙方对该项授权享有排他权,授权方甲方不得再授权他人行使,但授权方甲方仍然可以行使该项权利。

2.1.3 □普通许可,指作为影视剧著作权人的甲方将享有的影视剧信息网络传播权在合同规定的期限内授予乙方,不但授权方甲方可以行使该项权利,而且授权方甲方仍然可以授权任何第三方行使该项权利。

无论独占许可、排他许可、普通许可,乙方均不得提供下载服务。

2.2 授权区域

授权区域为中国境内(不包括香港、澳门和台湾地区,下称发行区域),即授权网站平台关于授权节目的观看,仅能覆盖中国大陆境内。

2.3 授权载体

2.3.1 □视频网站:乙方行使信息网络传播权的载体仅限于乙方自行运营经营的网络平台,即 www.________________.com(如乙方变更域名或开设分站,需提前1周以书面形式通知甲方并得到甲方的书面确认后方可将甲方授权影视节目在新域名平台上线);乙方使用方式仅限于本站服务器存储形式,以PC为终端在线互动性点播播放(不包括任何形式的定时点播,转播、下载、数字电视、IPTV及其他以电视机、手机、机顶盒为终端的播放和下载,且播放完毕,用户终端不留存任何影视节目的电子数据文件，包括片段的电子数据文件），未经甲方书面许可，乙方不得通过任何方式，包括但不限于转许可、超级链接、深层链接、播放器嵌套、共同设立合作频道等，以使得本合同以外的第三方得以直接或间接使用本协议授权作品。非经甲方特别书面许可，不得与电信互联星空及其他网络平台、网通、铁通、移动、联通、广电等运营商网络平台进行任何形式的CP或SP形式的合作。

2.3.2　□IPTV：乙方行使信息网络传播权的载体与渠道仅限于乙方运营的IPTV（须有乙方的标识或LOGO），具体指通过IPTV专网以外置机顶盒为终端向客户提供视频点播、直播（具体指IPTV）方式进行传播的权利，不包括数字电视、互联网电视等任何其他载体与渠道。

2.4　授权期限

□影视剧首次发行后第50年的12月31日，即影视剧著作权保护期届满之日。

□自乙方收到全部拷贝或者磁带（具备行使信息网络传播权的条件）之日起______年，自______年______月______日起至______年______月______日止。合同期满后，乙方愿意继续发行的，由双方另行签订合同，但同等条件下乙方享有优先权。

第三条　授权费用

3.1　许可费用共计人民币________（小写：________）元整。

3.2　乙方向甲方支付许可费用的时间与方式为：

（1）自本合同签订后________个工作日内支付人民币________（小写：________）元整；

（2）自甲方向乙方提供《电影片公映许可证》或者《电视剧发行许可证》的复印件（加盖公章）与剧照、版权文件、授权书、拷贝或者磁带后________个工作日内支付人民币________（小写：________）元整；

（3）自________个工作日内支付人民币________（小写：________）元整；

（4）其他：____。

3.3　账户信息

甲方户名：

开 户 行：

账　　号：

乙方户名：

开 户 行：

账　　号：

3.4 甲方收到乙方全部的授权费用后,应于最后一次收款之日起________个工作日内向乙方交付正式的发票,发票抬头为________________________,项目为________________________________。

第四条 物料交付

4.1 甲方应于□本合同签署之日/□取得《电影片公映许可证》或者《电视剧发行许可证》之日起________个工作日内向乙方交付有关行使信息网络传播权必需的全部素材和资料,因交付所产生的费用由(□甲方/□乙方)承担。全部素材和资料的具体目录详见本合同附件或者列举如下:________________________。

前款未作约定的物料,若因乙方行使信息网络传播权需要,甲方也应在接到乙方书面通知后________个工作日内尽力提供;若因甲方不能提供、不愿提供或者甲方所提供物料不符合相关标准而被退回,且确属乙方行使信息网络传播权必需的物料,乙方有权自行制作该等物料,由此产生的必要费用由(□双方平均分担/□甲方分担/□乙方分担)。

4.2 甲方按照本合同的规定向乙方交付的影视剧行使信息网络传播权必需的素材和资料的所有权归属,依据下列第________种方式确定:

4.2.1 甲方按照本合同的规定向乙方交付的素材和资料仍归甲方所有,乙方应于授权期限结束之日起________日内将其归还甲方,归还所产生的费用由(□甲方/□乙方)承担,造成损坏的,乙方应折价赔偿。

4.2.2 甲方按照本合同的规定向乙方交付的素材和资料归乙方所有,乙方应于本合同签署之日起________日内向甲方支付人民币________(小写:________)元整,但素材和资料的知识产权、商品化权(或称形象权、角色权等)等权利并不因此转移。

4.2.3 其他:____。

4.3 乙方有权依照本合同的约定直接或间接获得的素材和资料,就此素材和资料乙方应尽到如下勤勉尽责的检查、保存、储存和安保义务:

4.3.1 在任何时候都保存全部物料完整、准确的存货清单。

4.3.2 未经书面授权,避免任何物料被复制、发行以及其他使用或者利用。

4.3.3 若物料遗失,乙方应在立即通知甲方后按照甲方确认的格式就遗失物料的有关情况提供书面说明,并尽最大努力找回遗失的物料。

4.3.4 乙方应遵守甲方就处置物料所发出的合理指示,乙方根据指示销毁有关物料的,应向甲方提供销毁证明,处置费用由乙方承担。

第五条 权利义务

5.1 甲方权利义务

5.1.1 甲方应严格按照本合同授权类别的约定履行不得自行或者授权第三人行使信息网络传播权的义务。

5.1.2 甲方应获得影视剧文学剧本及配乐、词曲等音乐作品的著作权人以及其他相关人员的必要授权，以确保相关人员不会因乙方行使信息网络传播权而向乙方主张任何形式的权利，否则，相关问题由甲方自行解决，概与乙方无关。

5.2 乙方权利义务

5.2.1 乙方应严格按照本合同授权类别的约定行使信息网络传播权，并在行使信息网络传播权前，自行申请行使信息网络传播权等方面的行政许可。

5.2.2 乙方接收甲方交付的物料后应及时查验。对于物料数量、包装等通过肉眼即可初步查验的，若有异议应即时提出；对于质量等需要进一步查验的，若有异议应在收到后________个工作日内提出，否则视为甲方交付的物料数量、包装、质量等符合约定。

5.2.3 自本合同签署生效之日起至行使信息网络传播权期限结束之日，乙方为了行使信息网络传播权以任何合法形式在各种媒介上对影视剧进行宣传、推广，该所有宣传、推广费用由乙方承担。

5.2.4 乙方在对影视剧的宣传、推广过程中，有权采用影视剧的内容自行制作或委托第三方制作宣传片或预告片，有权使用或许可第三方使用影视剧编剧、导演、主要演员等主创人员的姓名和肖像，有权使用或许可第三方使用影视剧的配乐、词曲等音乐作品，且乙方不必因上述使用行为而向甲方或相关人员支付任何形式的酬金，但该等使用仅限于对影视剧进行宣传、推广之目的，且不应使受众产生任何诸如某主创人员可能为某品牌代言等误认或误解。

乙方所有宣传、推广中使用的摄制单位以及其他主创人员名单应严格按照甲方提供给乙方的物料和其他相关广告材料中确定的排名表进行罗列或经甲方事先书面同意。

5.2.5 未经甲方书面同意，乙方不得擅自在影视剧中加载或删减贴片广告；经甲方书面同意加载贴片广告的，贴片广告一律加在《电影片公映许可证》或者《电视剧发行许可证》画面之前，不得占用影视剧放映时间，且乙方保证所加载贴片广告的内容真实、合法，所加载贴片广告的总播出时间不超过________秒。

5.2.6 未经甲方书面同意，乙方不得自行或委托第三方对影视剧进行除授权之外的其他处置，否则，相关问题由甲方自行解决，概与甲方无关。

5.2.7 乙方依据本合同享有的权利被第三方侵权时，乙方享有的是独占、排他许可权的，可以自己的名义直接主张，支出的全部成本与通过调解或者和解或者诉讼所取得的赔偿均由乙方负担、享有;乙方享有的是普通许可权的,乙方需要以甲方的名义主张的,甲方应予以配合,支出的全部成本由乙方负担,通过调解或者和解或者诉讼所取得的赔偿扣除维权的必要成本后按照甲方与乙方分别占________%和________%的比例分配。

第六条　承诺与保证

6.1　甲方承诺与保证:

6.1.1　注册地法律、法规、章程或其他合同义务对签订、履行本合同不存在任何限制、构成任何障碍。

6.1.2　甲方(□已经/□将于本合同签署之日起________日内)依法取得《电影片公映许可证》或者《电视剧发行许可证》。

6.1.3　甲方为影视剧的□唯一著作权人,有权利签署并有能力履行本合同/□著作权人之一,已获得影视剧其他著作权人授权,有权利签署并有能力履行本合同。

6.1.4　本合同签署之前,甲方(□尚未/□已经)授权第三方在发行区域内行使影视剧的信息网络传播权;自本合同签署之日至行使信息网络传播权期限结束之日,甲方自行及/或再授权第三方在发行区域内行使信息网络传播权的家数不超过________家。

6.1.5　甲方向乙方提供的影视剧在技术和艺术质量上均应为合格产品,且影视剧已经完成拍摄以及配音、音乐、音效合成、字幕等后期制作,适合用于本合同约定的载体与渠道进行播放。

6.1.6　其他:____。

6.2　乙方承诺与保证:

6.2.1　注册地法律、法规、章程或其他合同义务对签订、履行本合同不存在任何限制、构成任何障碍。

6.2.2　具备行使信息网络传播权的资格。

6.2.3　有权利签署并有能力履行本合同。

6.2.4　其他:____。

第七条　不可抗力

7.1　本合同中所称不可抗力是指导致本合同一方部分或完全不能履行本合同的不能预见、不能避免并不能克服的客观情况,包括但不限于由自然原因引起的地震、洪水、火灾、暴风雪等自然现象,由社会原因引起的战争、暴动、罢工、骚乱等社会现象,以及禁运等政府行为。

7.2　若在本合同履行期间发生不可抗力事件,双方应本着将不可抗力造成的影响降至最低的原则,就合同的履行立即进行协商并尽快达成一致。不能达成一致的,受到不可抗力影响的一方的义务在不可抗力事件持续的期限内自动中止,其履行期限自动延长,延长期间等同于中止期间,该方无须为此承担任何责任,但主张不可抗力的一方应及时以书面形式通知另一方,并应在通知发出后的________个工作日内向另一方提供不可抗力发生以及持续期间的充分证据。

7.3　不可抗力事件或其影响持续超过________天且双方未就合同的履行达成一致,任何一方皆可通过书面形式通知对方而解除本合同,且解除方可根据不可抗力的影响大小主张部分或者全部免除责任。

第八条　合同变更

8.1　未经甲乙双方签署书面文件,不得对本合同进行任何变更。

8.2　未经对方书面同意,一方不得将其在本合同中的权利及/或义务全部或部分转让给任何第三方。

8.3　未经甲方书面同意,乙方不得将其在本合同中的权利许可或者授予任何第三方。

第九条　合同终止

9.1　有下列情形之一的,本合同的权利义务终止:

9.1.1　行使信息网络传播权的授权期限届满,甲乙双方另有约定的除外。

9.1.2　甲乙双方协商一致后通过书面形式解除本合同。

9.1.3　甲方或乙方依据本合同的约定解除本合同。

9.1.4　其他:____。

9.2　本合同履行期间,国家广播电影电视行政主管机关决定直接停止发行该影视剧的,或者决定经修改后方可发行,但影视剧著作权人未予修改或修改后仍未通过而被国家广播电影电视行政主管机关决定停止发行的,任何一方皆可通过书面形式通知对方解除本合同。

9.3　有下列情形之一的,甲方可以通过书面形式通知乙方解除本合同:

9.3.1　乙方被吊销行使信息网络传播权所需要的资质。

9.3.2　乙方破产、解散或被依法吊销企业法人营业执照,而甲方仍不同意变更本合同主体的。

9.3.3　乙方在本合同中所作的承诺与保证与事实不符。

9.3.4　其他:____。

9.4　有下列情形之一的,乙方可以通过书面形式通知甲方解除本合同:

9.4.1　甲方不享有影视剧的著作权或者未取得《电影片公映许可证》或者《电视剧发行许可证》。

9.4.2　甲方未依据本合同的规定向乙方交付相应物料，且自接到乙方书面催告通知之日起________个工作日内仍未交付的。

9.4.3　甲方破产、解散或被依法吊销企业法人营业执照，而乙方仍不同意变更本合同主体的。

9.4.4　甲方在本合同中所作的承诺与保证与事实不符。

9.4.5　其他：____。

第十条　违约责任

10.1　甲方未履行或未按约定履行本合同规定的义务，应分别承担相应的违约责任，具体如下：

10.1.1　甲方明知或者应知不具有影视剧的著作权或者享有的著作权具有瑕疵仍授权乙方的，或者授权乙方后甲方违反本合同的约定自行或者授权第三方行使信息网络传播权的，应按照全部授权费用________%的标准向乙方支付违约金。

10.1.2　甲方未获得影视剧文学剧本及配乐、词曲等音乐作品的著作权人以及其他相关人员的必要授权导致乙方承担责任的，该责任应由甲方全部承担，包括但不限于因甲方侵权导致乙方承担的全部赔偿责任、乙方处理侵权所支出的必要费用、影视剧不能或不能及时播映导致的损失，以及甲方不支付前述费用而导致乙方通过法律途径解决所支出的律师费、差旅费、诉讼费或者仲裁费等费用。

10.1.3　甲方未根据第4.1款所列具体目录交付物料的，逾期在________个自然天内，则每逾期1天应支付乙方已付款的________%作为违约金，合同继续履行。逾期超过________个自然天(该日期应当与前者的日期相同)后，乙方有权解除合同；乙方解除合同的，甲方应自解除合同通知送达之日起________个工作日内按照乙方已付款的________%向甲方支付违约金，并由甲方退还乙方全部已付款(前后两项违约金不做累加)。

10.1.4　甲方根据第9.2款的约定解除本合同的，甲方除应在本合同解除之日起________个工作日内返还乙方不能播映期间所对应的所有已付款，还应承担相应的宣传、推广费用；若甲方拒不返还的，每迟延1天应根据应返还款项的________%的标准支付违约金。

10.1.5　未发生本合同约定的或者法律规定的解除合同的情形，甲方单方面解除本合同的，应根据____________的标准向乙方支付违约金，违约金不足以弥补乙方损失的，甲方应赔偿乙方该部分的损失。

10.1.6　甲方具有第9.4款所列情形之一，且乙方据此解除本合同的，甲方应赔偿乙方相应的损失，未履行完毕的，应继续履行。

10.1.7 其他：____。

10.2 乙方未履行或未按约定履行本合同约定的义务，应承担相应的违约责任：

10.2.1 乙方未依据本合同约定按时、足额向甲方支付授权费用的，逾期在________个自然天内，则每逾期1天应向甲方支付逾期应付款的________%作为违约金，合同继续履行。逾期超过________个自然天（该日期应当与前者的日期相同）后，甲方有权解除合同；甲方解除合同的，乙方应自解除合同通知送达之日起________个工作日内按照累计逾期应付款的________%向甲方支付违约金，并由甲方退还乙方全部已付款（前后两项违约金不做累加）。

10.2.2 乙方未依据本合同约定的授权范围行使信息网络传播权的，则乙方每突破一个载体或者区域，或者在影视剧著作权保护期内，乙方超过授权期限后仍行使信息网络传播权的，应至少按照人民币 ________（小写：________）元的标准向甲方支付违约金。

10.2.3 由于乙方未获得相关著作权人、其他权利人授权而在影视剧中增删贴片广告或者非为了宣传影视剧的需要使用影视剧中相关人员的姓名、肖像等而导致甲方承担责任的，该责任应由乙方全部承担，包括但不限于因乙方侵权导致甲方承担的全部赔偿责任、甲方处理侵权所支出的必要费用、影视剧不能或不能及时播映导致的损失，以及乙方不支付前述费用而导致甲方通过法律途径解决所支出的律师费、差旅费、诉讼费或者仲裁费等费用。

10.2.4 未发生本合同约定的或者法律规定的解除合同的情形，乙方单方面解除本合同的，应根据______________的标准向甲方支付违约金，违约金不足以弥补甲方损失的，乙方应赔偿甲方该部分的损失。

10.2.5 乙方具有第9.3款所列情形之一，且甲方据此解除本合同的，乙方应赔偿乙方相应的损失，未履行完毕的，应继续履行。

10.2.6 自甲乙双方就此合作事宜进行接触之时至无限期，甲乙双方均不得向任何第三方披露本合同及本合同所涉相关事宜，即便诉诸法律解决也不应对不相关的人进行任何披露。否则，披露方应给予另一方相应的赔偿，每披露一次应给予的赔偿额为人民币 ________（小写：________）元整。

第十一条 通知与送达

11.1 甲乙双方因履行本意向合同而相互发出或者提供的所有通知、文件、资料等，均应按照本意向合同扉页所列明的通讯地址、传真、电子邮件以邮寄或传真或电子邮件方式送达；一方如果迁址或者变更电话、电子邮件应当书面通知对方，否则发至本合同扉页所列明的通讯地址或者传真、电子邮件系统的通知、文件、资料均视为有效送达。

11.2　以邮寄方式送达的,另一方签收之日视为送达;签收之日不明确的,以信件寄出或者投邮之日起算________日视为送达。通过传真、电子邮件方式送达的,通知、文件、资料等数据电文进入另一方系统之时视为送达;通知、文件、资料等数据电文进入另一方系统之时不明确的,以传真、电子邮件发出后的第二日视为送达。

第十二条　法律地位与知识产权、所有权保留

12.1　任何一方不因本合同之签订,而成为另一方的合伙人、代表人或成立其他相类似的法律关系;除非另有约定,双方为履行本合同所为之法律行为,均应以自己的名义独立行使,不成为另一方的代理人。

12.2　甲方未收到乙方支付的全部授权费用前,甲方或者影视剧所涉的各方享有的一切知识产权以及物料等的所有权均属甲方或者影视剧所涉的各方所有;甲方收到乙方支付的全部授权费用后,知识产权与所有权的归属、使用依据本合同的其他约定执行。

第十三条　法律适用与争议解决

13.1　本合同的订立、效力、解释、履行和争议的解决均适用中华人民共和国的法律。

13.2　凡因本意向合同引起的或与本意向合同有关的任何争议,由双方协商解决;协商不成的,按下列第□1/□2 种方式(二选一)解决:

13.2.1　任何一方均有权将争议提交设在□北京/□________的□北京仲裁委员会/□中国国际贸易仲裁委员会(二选一),按照申请仲裁时该会现行有效的仲裁规则进行仲裁。仲裁裁决是终局的,对双方均有约束力。

13.2.2　任何一方均有权向________人民法院起诉。

第十四条　合同效力与签署

14.1　本合同文本由(□甲方/□乙方)提供,其已采取合理的方式提请对方注意免除或者限制其责任的条款并予以说明;甲乙双方对本合同各条款的内容均充分理解并经协商达成一致。

14.2　本合同一式________份,自双方签字、盖章之日起生效,其中甲方执________份,乙方执________份,每份具有同等法律效力。

14.3　本合同附件为本合同不可分割的组成部分;本合同及其附件内空格部分填写的文字与印刷文字具有同等法律效力。

第十五条 其他

本合同未尽事宜,由双方当事人另行协商确定。

甲方:

(盖章)

法定代表人:

委托代理人:

年 月 日

乙方:

(盖章)

法定代表人:

委托代理人:

年 月 日

音像出版发行合同

合同适用范围

《音像出版发行合同》主要适用于拥有电影片、电视剧著作权的机构在取得《电影片公映许可证》或者《电视剧发行许可证》前后，与具备影视剧的音像出版、发行资格的机构就影视剧的音像制品的出版、复制、发行事宜进行约定的情形。

特别风险提示

1. 双方应共同防范如下风险：

(1) 任何一个合同范本都不是万能的，试图以一个一成不变的合同范本包揽一切的想法是最大的风险，因为每个项目或者事情都有其特殊性，况且法律、法规也在不断变化。

(2) 明确授权类别，谨慎作出选择。一方面，应确认是仅授予复制权，还是发行权等权利一并授予，一并授予的还应将可以行使复制权、发行权等权利的区域、载体、时间进行明确约定。另一方面，应区分授予的是专有使用权，还是非专有使用权，即在独占许可、排他许可、普通许可中作出选择。

(3) 就一方需要保证与承诺的事项进行明确约定，并视具体情形进行增减。

(4) 审慎选择争议的解决方式与解决机构以及争议解决机构的所在地。实际上，诉讼还是仲裁解决各有利弊，应根据实际情况作出尽可能对自己有利的选择。选择诉讼解决的，双方的约定首先不得违反我国《民事诉讼法》对级别管辖和专属管辖的规定，其次，双方仅可以在书面合同中协议选择被告住所地、合同履行地、合同签订地、原告住所地、标的物所在地的人民法院管辖。

2. 就影视剧的著作权人而言，应着重防范如下风险：

(1) 审慎审查复制、发行机构的资质文件，包括但不限于工商营业执照、法人组织机构代码证等证件、文件，并将其作为合同的附件，与合同一同加盖骑缝章。

(2) 谨慎预测拍摄期间并在合同中留有足够的交付时间，以免违约。

(3) 应将涉及物料交付时间、内容、接收人等的信息作为档案予以保存，一旦发生争议便可作为有力证据证明己方已依据法律规定、合同约定进行了适格交付。例如，当面交付的，应要求对方签字、盖章，不便盖章的，应要求对方事先出具授权委托书，授权委托书应载明授权某人负责接收、签署、送达文件、资料等事项；邮寄送达的，应在邮递物件时签署的详情单的"文件名称"栏中明确记载邮递的物料内容、分数等信息。

(4) 复制、发行机构依据合同约定应支付许可费用之日起满两年未支付，而著作权人又不能证明存在诉讼时效中止、中断、延长等情形的，将导致著作权人因诉讼时效内未主张权利而丧失胜诉权。因此，一旦复制、发行机构在两年内不支付或不能全部支付许可费用，或未能就争议达成一致的，著作权人应至迟在两年的诉讼时效届满前提起诉讼或者仲裁。

3. 就依据授权取得影视剧复制、发行权的机构而言，应着重防范如下风险：

(1) 审慎审查著作权人的资质文件，包括但不限于工商营业执照、法人组织机构代码证、相应的备案文件。影视剧的摄制组为影视剧的著作权人，并拟作为合同的一方主体与其签署合同的，应要求其以申请刻章的机构作为签约主体；若摄制组坚持以此进行签署的，应要求摄制组出示摄制组所持公章的合法来源的文件以及申请刻章的主体，并将该信息作为合同的附件，与合同一同加盖骑缝章。

(2) 审慎评估影视剧著作权人的履约能力，不交付过高的预付款，以免影视剧未能创作完成或者著作权人将著作权授权他人后，著作权人无财产的情形下，电视台等机构的损失。

(3) 鉴于我国《著作权法》规定，著作权人在合同中未明确许可的权利，未经著作权人同意，另一方当事人不得行使。因此，电视台等机构应格外注意在合同中将被授予的权利予以明确。

(4) 收到著作权人交付的物料后，应依据法律规定、合同约定及时查验，以免丧失权利，造成对己方不利的后果。

*　　　*　　　*

音像出版发行合同(范本)

合同编号：

甲方：	乙方：
法定代表人：	法定代表人：
住所(注册地址)：	住所(注册地址)：
通讯地址：	通讯地址：
邮政编码：	邮政编码：
联系人：	联系人：
电话：	电话：
传真：	传真：
电子信箱：	电子信箱：

本合同由____________(下称甲方)、____________(下称乙方)于_____年_____月_____日签订于____________。

鉴于：

1. 甲方为依据_______(国家或地区)法律在_____________注册成立并有效存续的(□有限公司/□合伙企业/□ _______),享有(□电视片/□电视剧)《_______》(下称影视剧)的著作权,该影视剧(□已经/□即将)取得《电影片公映许可证》或者《电视剧发行许可证》。

2. 乙方为依据_______(国家或地区)法律在_____________注册成立并有效存续的(□有限公司/□合伙企业/□_______),其已合法取得影视剧的音像出版、发行资格,有意出版、发行甲方所摄制的影视剧的音像制品。

3. 甲方同意乙方在相应区域和期限内出版、发行该影视剧。

甲乙双方依据《中华人民共和国合同法》、《中华人民共和国著作权法》等法律、法规的规定以及平等自愿、诚实信用、等价有偿的原则,就甲方授权乙方出版、发行甲方享有著作权的影视剧的音像事宜,经友好协商,特达成本合同,以资共同遵守。

第一条　基本信息

1.1　影视剧的摄制单位为________________________。

1.2 电影片正片长________分________秒,或者,电视剧长________分钟/集,________集,带型:________。

1.3 主创人员

1.3.1 编剧为____;

1.3.2 导演为____;

1.3.3 主要演员为____;

1.3.4 摄像师为____;

1.3.5 录音师为____;

1.3.6 灯光师为____。

第二条 授权范围

2.1 授权类别

2.1.1 □独占许可,指作为影视剧著作权人的甲方将享有的影视剧复制、发行音像制品的权利在合同规定的期限内授予乙方,乙方对该项授权享有排他的独占权,授权方甲方以及任何第三方均不得再行使。

2.1.2 □排他许可,指作为影视剧著作权人的甲方将享有的影视剧复制、发行音像制品的权利在合同规定的期限内授予乙方,乙方对该项授权享有排他权,授权方甲方不得再授权他人行使,但授权方甲方仍然可以行使该项权利。

2.1.3 □普通许可,指作为影视剧著作权人的甲方将享有的影视剧复制、发行音像制品的权利在合同规定的期限内授予乙方,不但授权方甲方可以行使该项权利,而且授权方甲方仍然可以授权任何第三方行使该项权利。

2.2 授权区域

乙方复制、发行影视剧的区域为________(下称发行区域),未经甲方书面同意,乙方不得在发行区域外发行影视剧。

2.3 授权载体

乙方发行的载体仅限于VCD、DVD、HDVD、LD、VHS等家庭音像制品(包括授权期限内新兴的音像载体),但不含VOD点播、付费电视、数字电视、宽带网络、互动网络播出等载体或者渠道。

2.4 授权期限

□影视剧首次发行后第50年的12月31日,即影视剧著作权保护期届满之日,以先届至者为准。

□自乙方收到全部拷贝或者磁带(具备出版、发行音像制品的条件)之日起______年,自______年______月______日起至______年______月______日止。合同期满后,乙方愿意继续发行的,由双方另行签订合同,但同等条件下乙方享有优先权。

第三条　授权费用

3.1　许可费用共计人民币________(小写:________)元整。

3.2　乙方向甲方支付许可费用的时间与方式为:

(1)自本合同签订后________个工作日内支付人民币________(小写:________)元整。

(2)自甲方向乙方提供《电影片公映许可证》或者《电视剧发行许可证》的复印件(加盖公章)与剧照、版权文件、授权书后________个工作日内支付人民币________(小写:________)元整。

(3)自甲方向乙方提供拷贝或者磁带________个工作日内支付人民币________(小写:________)元整。

(4)其他:____。

3.3　账户信息

甲方户名:

开 户 行:

账　　号:

乙方户名:

开 户 行:

账　　号:

3.4　甲方收到乙方全部的授权费用后,应于最后一次收款之日起________个工作日内向乙方交付正式的发票,发票抬头为____________________,项目为______________。

第四条　物料交付

4.1　甲方应于□本合同签署之日/□取得《电影片公映许可证》或者《电视剧发行许可证》之日起________个工作日内向乙方交付有关影视剧复制出版必需的全部素材和资料,因交付所产生的费用由□甲方/□乙方承担。全部素材和资料的具体目录详见本合同附件或者列举如下:______________。

前款未作约定的物料,若因乙方复制出版需要,甲方也应在接到乙方书面通知后________个工作日内尽力提供;若因甲方不能提供、不愿提供或者甲方所提供物料不符合相关标准而被退回,且确属乙方复制出版必需的物料,乙方有权自行制作该等物料,由此产生的必要费用由(□双方平均分担/□甲方分担/□乙方分担)。

4.2　甲方按照本合同的规定向乙方交付的影视剧复制出版必需的素材和资料的所有权归属,依据下列第________种方式确定:

4.2.1 甲方按照本合同的规定向乙方交付的素材和资料仍归甲方所有，乙方应于出版、发行期限结束之日起________日内将其归还甲方，归还所产生的费用由□甲方/□乙方承担，造成损坏的，乙方应折价赔偿。

4.2.2 甲方按照本合同的规定向乙方交付的素材和资料归乙方所有，乙方应于本合同签署之日起________日内向甲方支付人民币________（小写：________）元整，但素材和资料的知识产权、商品化权（或称形象权、角色权等）等权利并不因此转移。

4.2.3 其他：____。

4.3 乙方有权依照本合同的约定直接或间接获得的素材和资料，就此素材和资料乙方应尽到如下勤勉尽责的检查、保存、储存和安保义务：

4.3.1 在任何时候都保存全部物料完整、准确的存货清单。

4.3.2 未经书面授权，避免任何物料被复制、发行以及其他使用或者利用。

4.3.3 若物料遗失，乙方应在立即通知甲方后按照甲方确认的格式就遗失物料的有关情况提供书面说明，并尽最大努力找回遗失的物料。

4.3.4 乙方应遵守甲方就处置物料所发出的合理指示，乙方根据指示销毁有关物料的，应向甲方提供销毁证明，处置费用由乙方承担。

第五条 权利义务

5.1 甲方权利义务

5.1.1 甲方应严格按照本合同授权类别的约定履行不得自行或者授权第三人出版、发行影视剧的音像制品的义务。

5.1.2 甲方应获得影视剧文学剧本及配乐、词曲等音乐作品的著作权人以及其他相关人员的必要授权，以确保相关人员不会因乙方出版、发行影视剧的音像制品而向乙方主张任何形式的权利，否则，相关问题由甲方自行解决，概与乙方无关。

5.1.3 甲方□必须/□自主决定在影剧院、电视台等播放影视剧时注明："音像制品由乙方（全称）发行（若为独占许可的，应注明为'独家发行'）"的字样。

5.2 乙方权利义务

5.2.1 乙方应严格按照本合同授权类别的约定出版、发行影视剧的音像制品，并在出版、发行影视剧音像制品前，自行申请相关音像出版、发行等方面的行政许可。

5.2.2 乙方接收甲方交付的物料后应及时查验。对于物料数量、包装等通过肉眼即可初步查验的，若有异议应即时提出；对于质量等需要进一步查验的，若有异议应在收到后________个工作日内提出，否则视为甲方交付的物料数量、包装、质量等符合约定。

5.2.3 本合同签署生效之日起至出版、发行影视剧的音像制品期限结束之日，乙方为了出版、发行的需要有权以任何合法形式在各种媒介上对影视剧进行宣传、推广，该所有宣传、推广费用由乙方承担。

5.2.4 乙方在对影视剧的宣传、推广过程中，有权采用影视剧的内容自行制作或委托第三方制作宣传片或预告片，有权使用或许可第三方使用影视剧编剧、导演、主要演员等主创人员的姓名和肖像，有权使用或许可第三方使用影视剧的配乐、词曲等音乐作品，且乙方不必因上述使用行为而向甲方或相关人员支付任何形式的酬金，但该等使用仅限于对影视剧进行宣传、推广之目的，且不应使受众产生任何诸如某主创人员可能为某品牌代言等误认或误解。

乙方所有宣传、推广中使用的摄制单位以及其他主创人员名单应严格按照甲方提供给乙方的物料和其他相关广告材料中确定的排名表进行罗列或经甲方事先书面同意。

5.2.5 乙方对影视剧进行宣传、推广需要甲方邀请影视剧编剧、导演、主要演员等主创人员的，甲方应尽可能协助，出场费用以及食宿、交通费用由乙方承担，费用标准详见本合同附件或者列举如下：________________。

5.2.6 乙方有权在影视剧、宣传片或预告片的片头、片尾字幕以及其他宣传资料中设置自己的署名。署名的具体方式、位置和形式由乙方自行决定，但不得对影视剧的名称和内容进行任何其他形式的变更，也不得违反国家有关法律、法规等的规定，且应书面通知甲方。

5.2.7 未经甲方书面同意，乙方不得擅自在影视剧中加载或删减贴片广告；经甲方书面同意加载贴片广告的，贴片广告一律加在《电影片公映许可证》或者《电视剧发行许可证》画面之前，不得占用影视剧放映时间，且乙方保证所加载贴片广告的内容真实、合法，所加载贴片广告的总播出时间不超过________秒。

5.2.8 未经甲方书面同意，乙方不得自行或委托第三方对影视剧进行除授权之外的其他处置。但是，乙方可以要求甲方按照乙方的要求对影视剧进行剪辑、修改以配合节目播出时间、技术和审查等需要，或者，乙方自行剪辑、修改，但是剪辑、修改不得破坏该剧整体风格、故事完整，不得侵犯编剧、导演、演员及其他演职人员的署名权等权利，且剪辑修改后的作品应征得甲方的同意后方可出版、发行，否则，相关问题由甲方自行解决，概与甲方无关。

5.2.9 乙方应按甲方的要求在影视剧音像制品的外包装盒上标注甲方的"Logo"与主创人员的名称以及在包装盒的背面、片尾注明"版权归出品单位甲方(全称)"字样，且乙方音像制品封面设计需经过甲方书面认可方可印制、出版。

5.2.10 影视剧音像制品发行后________个工作日内，乙方应向甲方免费赠送 DVD(精装)________套;甲方需要再行购买的,乙方给予甲方最优惠的价格,具体为________________。

5.2.11 乙方依据本合同享有的权利被第三方侵权时,乙方享有的是独占、排他许可权的,可以自己的名义直接主张,支出的全部成本与通过调解或者和解或者诉讼所取得的赔偿均由乙方负担、享有;乙方享有的是普通许可权的,乙方需要以甲方的名义主张的,甲方予以配合,支出的全部成本由乙方负担,通过调解或者和解或者诉讼所取得的赔偿扣除维权的必要成本后按照甲方与乙方分别占________%和________%的比例分配。

第六条 承诺与保证

6.1 甲方承诺与保证:

6.1.1 注册地法律、法规、章程或其他合同义务对签订、履行本合同不存在任何限制、构成任何障碍。

6.1.2 甲方(□已经/□将于本合同签署之日起________日内)依法取得《电影片公映许可证》或者《电视剧发行许可证》。

6.1.3 甲方为影视剧的□唯一著作权人,其有权利签署并有能力履行本合同,/□著作权人之一,已获得影视剧其他著作权人授权,其有权利签署并有能力履行本合同。

6.1.4 本合同签署之前,甲方□尚未/□已经授权第三方在发行区域内发行影视剧;本合同签署之日至出版、发行期限结束之日,甲方亦不会再授权第三方在发行区域内出版、发行影视剧。

6.1.5 甲方向乙方提供的影视剧在技术和艺术质量上均应为合格产品,且影视剧已经完成拍摄以及配音、音乐、音效合成、字幕等后期制作,适合用于电视台放映。

6.1.6 其他:____。

6.2 乙方承诺与保证:

6.2.1 注册地法律、法规、章程或其他合同义务对签订、履行本合同不存在任何限制、构成任何障碍。

6.2.2 具备出版、发行资格。

6.2.3 有权利签署并有能力履行本合同。

6.2.4 其他:____。

第七条 不可抗力

7.1 本合同中所称不可抗力是指导致本合同一方部分或完全不能履行本合同的不能预见、不能避免并不能克服的客观情况,包括但不限于由自然原因引起的地震、洪水、火灾、暴风雪等自然现象,由社会原因引起的战争、暴动、罢工、骚乱等社会现象,以及禁运等政府行为。

7.2 若在本合同履行期间发生不可抗力事件,双方应本着将不可抗力造成的影响降至最低的原则,就合同的履行立即进行协商并尽快达成一致。不能达成一致的,受到不可抗力影响的一方的义务在不可抗力事件持续的期限内自动中止,其履行期限自动延长,延长期间等同于中止期间,该方无须为此承担任何责任,但主张不可抗力的一方应及时以书面形式通知另一方,并应在通知发出后的________个工作日内向另一方提供不可抗力发生以及持续期间的充分证据。

7.3 不可抗力事件或其影响持续超过________天且双方未就合同的履行一致,任何一方皆可通过书面形式通知对方而解除本合同,且解除方可根据不可抗力的影响大小主张部分或者全部免除责任。

第八条 合同变更

8.1 未经甲乙双方签署书面文件,不得对本合同进行任何变更。

8.2 未经对方书面同意,一方不得将其在本合同中的权利及/或义务全部或部分转让给任何第三方。

8.3 未经甲方书面同意,乙方不得将其在本合同中的权利许可或者授予任何第三方。

第九条 合同终止

9.1 有下列情形之一的,本合同的权利义务终止:

9.1.1 出版、发行期限届满,甲乙双方另有约定的除外。

9.1.2 甲乙双方协商一致后通过书面形式解除本合同。

9.1.3 甲方或乙方依据本合同的约定解除本合同。

9.1.4 其他:____。

9.2 本合同履行期间,国家广播电影电视行政主管机关决定直接停止发行该影视剧的,或者决定经修改后方可发行,但影视剧著作权人未予修改或修改后仍未通过而被国家广播电影电视行政主管机关决定停止发行的,任何一方皆可通过书面形式通知对方解除本合同。

9.3 有下列情形之一的,甲方可以通过书面形式通知乙方解除本合同:

9.3.1 乙方被吊销出版、发行所需要的资质。

9.3.2 乙方破产、解散或被依法吊销企业法人营业执照,而甲方仍不同意变更本合同主体的。

9.3.3 乙方在本合同中所作的承诺与保证与事实不符。

9.3.4 其他:____。

9.4 有下列情形之一的，乙方可以通过书面形式通知甲方而解除本合同：

9.4.1 甲方不享有影视剧的著作权或者未取得《电影片公映许可证》或者《电视剧发行许可证》。

9.4.2 甲方未依据本合同的规定向乙方交付相应物料，且自接到乙方书面催告通知之日起________个工作日内仍未交付的。

9.4.3 甲方破产、解散或被依法吊销企业法人营业执照，而乙方仍不同意变更本合同主体的。

9.4.4 甲方在本合同中所作的承诺与保证与事实不符。

9.4.5 其他：____。

第十条 违约责任

10.1 甲方未履行或未按约定履行本合同规定的义务，应分别承担相应的违约责任，具体如下：

10.1.1 甲方明知或者应知不具有影视剧的著作权或者享有的著作权具有瑕疵仍授权乙方的，或者授权乙方后甲方违反本合同的约定自行或者授权第三方出版、发行的，应按照全部授权费用________%的标准向乙方支付违约金。

10.1.2 甲方未获得影视剧文学剧本及配乐、词曲等音乐作品的著作权人以及其他相关人员的必要授权导致乙方承担责任的，该责任应由甲方全部承担，包括但不限于因甲方侵权导致乙方承担的全部赔偿责任、乙方处理侵权所支出的必要费用、影视剧不能或不能及时播映导致的损失，以及甲方不支付前述费用而导致乙方通过法律途径解决所支出的律师费、差旅费、诉讼费或者仲裁费等费用。

10.1.3 甲方未根据第4.1款所列具体目录交付物料的，逾期在________个自然天内，则每逾期1天应支付乙方已付款的________%作为违约金，合同继续履行。逾期超过________个自然天(该日期应当与前者的日期相同)后，乙方有权解除合同；乙方解除合同的，甲方应自解除合同通知送达之日起________个工作日内按照乙方已付款的________%向甲方支付违约金，并由甲方退还乙方全部已付款(前后两项违约金不做累加)。

10.1.4 甲方根据第9.2款的约定解除本合同的，甲方除应在本合同解除之日起________个工作日内返还乙方不能播映期间所对应的所有已付款，还应承担相应的宣传、推广费用；若甲方拒不返还的，每迟延1天应根据应返还款项的________%的标准支付违约金。

10.1.5 未发生本合同约定的或者法律规定的解除合同的情形，甲方单方面解除本合同的，应根据________的标准向乙方支付违约金，违约金不足以弥补乙方损失的，甲方应赔偿乙方该部分的损失。

10.1.6 甲方具有第9.4款所列情形之一，且乙方据此解除本合同的，甲方应赔偿乙方相应的损失，未履行完毕的，应继续履行。

10.1.7 甲方未履行第5.1.3项约定的，应根据______________的标准向乙方支付违约金。

10.1.8 其他：____。

10.2 乙方未履行或未按约定履行本合同约定的义务，应承担相应的违约责任：

10.2.1 乙方未依据本合同约定按时、足额向甲方支付授权费用的，逾期在________个自然天内，则每逾期1天应向甲方支付逾期应付款的________%作为违约金，合同继续履行。逾期超过________个自然天（该日期应当与前者的日期相同）后，甲方有权解除合同；甲方解除合同的，乙方应自解除合同通知送达之日起________个工作日内按照累计逾期应付款的________%向甲方支付违约金，并由甲方退还乙方全部已付款（前后两项违约金不做累加）。

10.2.2 乙方未依据本合同约定的授权范围出版、发行的，则乙方每突破一个载体或者区域，或者在影视剧著作权保护期内，乙方超过授权期限后仍出版、发行的，应至少按照人民币________（小写：________）元的标准向甲方支付违约金。

10.2.3 由于乙方未获得相关著作权人、其他权利人授权而在影视剧中增删贴片广告或者非为了宣传影视剧的需要使用影视剧中相关人员的姓名、肖像等而导致甲方承担责任的，该责任应由乙方全部承担，包括但不限于因乙方侵权导致甲方承担的全部赔偿责任、甲方处理侵权所支出的必要费用、影视剧不能或不能及时播映导致的损失，以及乙方不支付前述费用而导致甲方通过法律途径解决所支出的律师费、差旅费、诉讼费或者仲裁费等费用。

10.2.4 乙方违反本合同第5.2.8项之约定的，应根据________________的标准向甲方支付违约金；违约金不足以弥补甲方损失的，乙方应赔偿甲方该部分的损失。

10.2.5 未发生本合同约定的或者法律规定的解除合同的情形，乙方单方面解除本合同的，应根据________________的标准向甲方支付违约金，违约金不足以弥补甲方损失的，乙方应赔偿甲方该部分的损失。

10.2.6 乙方具有第9.3款所列情形之一，且甲方据此解除本合同的，乙方应赔偿乙方相应的损失，未履行完毕的，应继续履行。

10.2.7 自甲乙双方就此合作事宜进行接触之时至无限期，甲乙双方均不得向任何第三方披露本合同及本合同所涉相关事宜，即便诉诸法律解决也不应对不相关的人进行任何披露。否则，披露方应给予另一方相应的赔偿，每披露一次应给予的赔偿额为人民币________(小写:________)元整。

10.2.8 乙方违反第5.2.9、5.2.10项约定的,应一次性支付甲方违约金人民币________(小写:________)元整。

第十一条 通知与送达

11.1 甲乙双方因履行本意向合同而相互发出或者提供的所有通知、文件、资料等,均应按照本意向合同扉页所列明的通讯地址、传真、电子邮件以邮寄或传真或电子邮件方式送达;一方如果迁址或者变更电话、电子邮件应当书面通知对方,否则发至本合同扉页所列明的通讯地址或者传真、电子邮件系统的通知、文件、资料均视为有效送达。

11.2 以邮寄方式送达的,另一方签收之日视为送达;签收之日不明确的,以信件寄出或者投邮之日起算________日视为送达。通过传真、电子邮件方式送达的,通知、文件、资料等数据电文进入另一方系统之时视为送达;通知、文件、资料等数据电文进入另一方系统之时不明确的,以传真、电子邮件发出后的第二日视为送达。

第十二条 法律地位与知识产权、所有权保留

12.1 任何一方不因本合同之签订,而成为另一方的合伙人、代表人或成立其他相类似的法律关系;除非另有约定,双方为履行本合同所为的法律行为,均应以自己的名义独立行使,不成为另一方的代理人。

12.2 甲方未收到乙方支付的全部授权费用前,甲方或者影视剧所涉的各方享有的一切知识产权以及物料等的所有权均属甲方或者影视剧所涉的各方所有;甲方收到乙方支付的全部授权费用后,知识产权与所有权的归属、使用依据本合同的其他约定执行。

第十三条 法律适用与争议解决

13.1 本合同的订立、效力、解释、履行和争议的解决均适用中华人民共和国的法律。

13.2 凡因本意向合同引起的或与本意向合同有关的任何争议,由双方协商解决;协商不成的,按下列第□1/□2种方式(二选一)解决:

13.2.1 任何一方均有权将争议提交设在□北京/□________________的□北京仲裁委员会/□中国国际贸易仲裁委员会(二选一),按照申请仲裁时该会现行有效的仲裁规则进行仲裁。仲裁裁决是终局的,对双方均有约束力。

13.2.2 任何一方均有权向________________人民法院起诉。

第十四条 合同效力与签署

14.1 本合同文本由□甲方/□乙方提供,其已采取合理的方式提请对方注意免除或者限制其责任的条款并予以说明;甲乙双方对本合同各条款的内容均充分理解并经协商达成一致。

14.2 本合同一式________份,自双方签字、盖章之日起生效,其中甲方执________份,乙方执________份,每份具有同等法律效力。

14.3 本合同附件为本合同不可分割的组成部分;本合同及其附件内空格部分填写的文字与印刷文字具有同等法律效力。

第十五条 其他

本合同未尽事宜,由双方当事人另行协商确定。

甲方:	乙方:
(盖章)	(盖章)
法定代表人:	法定代表人:
委托代理人:	委托代理人:
日期:	日期:

参考书目

1. 刘宁、张庆:《影视合同(制作、应用指南)》,法律出版社2005年版。

2. 刘宁、张庆:《影视音像合同应用与示范》,法律出版社2010年版。

3. 魏永征、李丹林主编:《〈影视法导论〉——电影电视节目制作人须知》,复旦大学出版社2005年版。

4. 李丹林:《电视剧法律问题研究》,中国传媒大学出版社2007年版。

5. 解乐轩:《电视剧组实用管理手册》,中国广播电视出版社2008年版。

6. 林晓霞主编:《电影合同的理论与实务》,中国电影出版社2007年版。

7. 高福安、宋培义主编:《影视制片管理基础》,中国传媒大学出版社2006年版。

后　记

花开花落，春华秋实。秋天的美丽，总是源于其成熟的风韵，总是伴随着收获的喜悦。

三年前的深秋，2008年10月，北京市律师协会传媒与新闻出版法律专业委员会编撰的《传媒业法律风险提示与案例读本》付梓了；三年后的清秋，2011年9月，传媒委员会编写的影视业务姊妹篇《影视法律实务与操作指南》和《影视合同范本与风险防范》也终于完稿了。

或许，只有播种的希冀与耕耘的艰辛，才能真正体味收获的欣慰。很多年前，看过一幅漫画，描绘的是文字、语言、思想的距离，现在看来，还真是——想的总是容易，说的总还简单，写的却是不易啊！好在，经过传媒委员会诸位律师同仁的悉心努力，这两块“指南”之砖，可以正式抛出引玉了。

律师执业，往往繁之又烦，能够挤点时间，静点心绪，专心于某一专业，委实难得。而正是基于专业之本，传媒委员会一直在坚持为提升专业水准、加强专业指导而努力，这两部书稿的诞生，恰恰是这一坚持的体现。

从影视企业的设立、影视项目的策划到影视剧的制作、影视剧组的管理以及影视作品的发行播映，从实体条件到办理程序及相应文本，从法律规范到实务操作及风险提示，从理论探讨到案例剖析及经验借鉴，书稿之“指南篇”，比较全面、系统地介绍了和影视行业有关的法律、法规、政策以及影视行业的相应法律实务，为律师从事影视法律服务提供了借鉴；而“合同篇”，则是完全以实务为主线，将业内众多他山之石与编著律师的多年实务经验融为一体，对影视融资合作类、影视制作技术类、影视素材许可类、影视人员聘请类、影视发行放映类等5大类共48小类影视合同范本进行了深度梳理，对每一个合同文本都进行了适用范围说明和特别风险提示。总的来说，实用性是这两部姊妹篇的特点，既有助于影视从业人员入门执业及行业的规范运行，也能使法律行业的朋友对影视法律业务有进一步的了解和运用，这也是我们编写此书的初衷。

只是，作为帮助同行从事影视行业法律服务而整理出的一些文字，美其名曰

“指南”，委实难当：因为文字总是黑色的，而实务之树常青，以一种逻辑的范畴涵盖现实的鲜活，往往只能似是而非；对于影视行业这一敏感而复杂、繁荣而繁乱的行业，要进行比较明确的法律指南，也往往有夸大法律作用的嫌疑；况且，我们的水平和精力真是非常的有限，和“案例读本”一样，两部书稿的“编撰工作不得不断断续续地进行着”，总是让人有些许不自量力的感慨，其中错漏之处，也必定在所难免。因此，我们的“指”砖“引”玉的本意，还恳请得到广大读者的理解和支持，对此，我们感激万分。

“秋天，果子成熟了，它怀着一颗感恩的心，去面对自己的生活。”多好的话啊！虽然只是来自于学生的考试作文。而这两部小小的“指南”，也正凝聚着我们传媒委员会全体同仁感恩的心，面对你们这些可敬的读者，但愿它能发挥出一缕启示的光芒，帮你照亮一段历程，伴你走过一段难忘的法律生涯。

北京市律师协会
传媒与新闻出版法律专业委员会
2012 年 4 月